教育部人文社科基金一般项目（12YJA710096）结项成果

上海高校高峰高原学科建设上海师范大学哲学学科高原项目资助出版

道德失范与文化救赎

张自慧 著

人民出版社

目　录

导　论

　　周虽旧邦，其命维新。

——《诗经》

　　这是最好的时代，这是最坏的时代。

——狄更斯《双城记》

　　三千多年前，经历了殷周剧变的文王后人发出了"周虽旧邦，其命维新"（《诗经·大雅·文王》）①的时代强音；21世纪的今天，处于经济、政治、文化大开放、大变革、大转型时期的中国，又将面临怎样的"旧邦新命"？

　　"这是最好的时代，这是最坏的时代；这是智慧的时代，这是愚蠢的时代；这是信仰的时期，这是怀疑的时期；这是光明的季节，这是黑暗的季节；这是希望之春，这是失望之冬；人们面前有着各样事物，人们面前一无所有；人们正在直登天堂，人们正在直下地狱。"②这段看似充满矛盾的话语，被英国文学家狄更斯用来描述工业革命发生后的大变革时代。20世纪以来，随着科学技术的高歌猛进，人类的物质财富不断涌流，生活水平大幅提升，征服自然、征服宇宙的信心空前倍增，这无疑是"最好"的时代；然而，罗马俱乐部的报告《寂静的春天》对人类环境危机和生存危机的严正警告，西方马克思主义、存在主义对技术社会中人性异化的深刻揭示，使人们原以为可托付给理性的希望化为泡影。残酷的事实告诉我

---

① 《大雅·文王》是歌颂周王朝奠基者周文王姬昌的诗，朱熹认为此诗创作于西周初年，作者是周公旦。

② [英]狄更斯：《双城记》，宋兆霖译，中国戏剧出版社2005年版，第3页。

们，在理性的光辉似乎照亮了人类历史道路、照亮了人类未来的同时，理性又将其可怖的一面展露无遗，奥斯威辛的焚化炉、广岛的原子弹、核军备竞赛等。尼采宣布"上帝死了"，然而，在现代技术理性面前，我们惊恐地发现，"人"也将消亡了。因此，在上帝死去之后，理性又被送上了审判台。① 这似乎又是"最坏"的时代。

那么，人类将靠什么来拯救自己？习近平在世界经济论坛 2017 年年会开幕式的演讲中引用狄更斯的名言，来形容今天的我们也生活在一个矛盾的世界之中。对经济迅速崛起的中国而言，社会的巨变正在上演着"最好"和"最坏"的活剧。一方面，中国社会用 40 年左右的时间完成了从土坯草房到摩天大楼、从纸质信件到手机微信、从自行车到高铁的时代跨越，中国人均 GDP 的世界排名从 1978 年的倒数第二位跃升至今天的正数第二位，物质财富的快速积累和膨胀使中国人由昔日的"东亚病夫"变成了"东方巨人"。近年来，中国倡导和推进实施的"一带一路"战略，正在成为世界经济发展的新引擎；中国领导人倡导的"人类命运共同体"思想在全球引起巨大反响，"中国模式"得到世界认可，"中国声音"愈益洪亮。不少西方媒体盛赞中国的经济奇迹，中国人被认为是世界上最幸福的人。这都是中国处于"最好时代"的标志。另一方面，在经济建设取得举世瞩目成就的同时，中国的文化发展和道德建设却相对滞后。在市场原则和资本逻辑的冲击下，司马迁所说的"天下熙熙，皆为利来；天下攘攘，皆为利往"（《史记·货殖列传》）成为当下中国社会的真实写照，拜金主义、享乐主义导致的"道德危机"，多样文化、多元价值观导致的信仰迷失，严重影响着中国社会的精神面貌和世道人心。在"一切向钱看"的风潮下，贪官"前腐后继"，奸商层出不穷，尊严和人格成为可以出卖的商品，诚信和良知成为稀缺资源，老人摔倒无人敢扶，路遇伤者没人相救，有毒食品危及生命等。一些国外媒体断言，"中国进入了一个无道德的时代"，甚至称中国的"世界工厂"是"制假工厂"。这都是中国处于"最坏

---

① 参见龚群：《道德乌托邦的重建》，商务印书馆 2003 年版，"前言"。

时代"的例证。

诚然，我们可以说，所谓"中国处于'最坏时代'"的证据和乱象是现代化过程中出现的问题，是中国社会转型期难以避免的问题，但对这些问题，我们不能熟视无睹或听之任之，而应直面挑战、积极应对。在这些问题中，近年来呈泛滥之势的"三俗"文化不容小觑。与中国社会的经济多样化、思想多元化相伴，文化领域也出现了多元并存的现象。大众文化异军突起，与主流文化、精英文化以鼎足之势形成了中国文化的三元格局。在消费主义和利益驱动之下，大众文化中出现了充斥着庸俗、低俗和媚俗内容的泛娱乐化、感性化、片面化的"快餐文化"。"三俗"文化借助于现代大众媒体快速传播，使大众的价值观和审美情趣发生逆转，以致于出现荣辱错位、美丑颠倒、是非混淆的社会乱象。"三俗"文化和道德失范问题是中国走向现代化过程中遇到的挑战和困境，是社会转型过程中价值意义系统和道德规范领域出现的迷茫、紊乱、失效、缺失等"症候"的集中显现。文化是一个民族的精神和灵魂，可以深刻影响一个国家发展的进程，改变一个民族的命运。没有先进文化的发展，没有全民族文明素质的提高，就不可能真正实现现代化。一旦"三俗"文化倡导的价值观跟社会上的不良风气形成恶性互动，就会产生严重的社会危害：挑战传统道德的价值观念，割断思想文化的传承发展，冲击社会主义的核心价值观，消解先进文化的影响力，导致道德失范和文化危机，损毁社会赖以进步发展的道德文化基础。如何遏制"三俗"文化的蔓延，如何铲除道德失范的根源，不仅是中国精神文明和道德建设的当务之急，而且关涉中华民族复兴梦想的实现和中华文明未来的走向。

众所周知，在农业文明向工业文明、前工业社会向工业社会的转变过程中，必将伴随着社会生活范型的转变。生活范型的转变意味着生活规范方式、社会价值体系、存在意义系统的更替。在此情况下，道德失范现象就难以避免。然而，现代化的生活方式又应当有其内在的秩序与规范。从某种意义上讲，现代化社会的标志就是建立新的社会交往秩序与价值规范体系。所以，现代化的过程必然是克服道德失范现象、建立新的社会交往秩序的过程。布莱克曾将现代化的一般过程归纳为四个阶段，现代性的挑战、现代化领导的稳固、经济与社会的转型、社会整合。① 这四个阶段的要义是在回应挑战的基础上实现社会文明结构转型，这恰恰是英国历史学家汤因比所深刻揭示的文明生长方式。在汤因比看来，文明的生长就在于能够不断对于新出现的挑战进行胜利的应战，文明正是在这种胜利的应战过程中进步的。② 隐含在这个进程中的基本前提是：在现代化过程中，社会由于既有结构秩序的打破，必定会出现某种无序，必然会有一个由无序向有序过渡的内在压力，因而必须实现社会结构的重构。人们从经验生活中，在体验到当代中国正发生深刻变化的同时，也感觉到某种社会秩序的失落、某种紊乱的存在，感觉到社会价值意义系统的缺失。道德失范是经验事实，承认和接受这个事实并不重要，重要的是如何合理地诠释和应对，如何使道德摆脱这种失范，如何重建新的生活交往秩序，如何重构积极向上、健康有效的价值与意义系统。

清末思想家章太炎认为"善进恶也进"，善与恶同时进化。每个时代有每个时代的困难，没有什么进化论可以给予我们安慰，我们不能希望经济的发展和财富的增长会自然而然地带来道德水平的提升。21 世纪的悲哀是价值信念的迷失、传统道德的消解和理想主义的放逐。事实证明，一个没有道德的社会，将是一个分崩离析、一盘散沙的社会；一个没有理想的社会，将是一个浑浑噩噩、迷失前进方向的社会。一个文明大国，不仅应是一个经济、科技、军事上的强国，还应是一个风清气正、公序良俗的善治社会；不仅要 GDP 遥遥领先，而且要文化昌盛、道德高尚、人心凝聚、社会和谐。这样的社会才能让每个公民拥有尊严和人格，才能让邻邦和世界尊重和敬慕。

中华民族是一个有着悠久历史和灿烂文明的民族，我们经历过无

---

① 参见［美］布莱克：《现代化的动力：一个比较史的研究》，景跃进等译，浙江人民出版社1989 年版，第 60 页。

② 参见［英］汤因比：《历史研究》，曹未风等译，上海人民出版社 1986 年版，第 456 页。

数次社会的大动荡、大变革和大转型，积累了丰富的历史经验。当下的道德失范和文化危机，又一次将"中国往何处去"的问题摆在了我们面前。当然，与上世纪初中国内忧外患、前途迷茫的情况不一样，今日的中国已没有那时的外敌入侵、贫困交加、军阀混战，我们已探索出了社会主义市场经济道路和成熟的"中国模式"，已经取得了巨大的经济成就，我们今天的问题是精神文化与经济发展不平衡、不协调的问题，是作为文化"软实力"的民族精神和道德文明滞后的问题。因此，今天"中国往何处去"的问题，主要是指"中国文化往何处去"、"中国的精神或道德往何处去"。围绕此问题，我们提出以下关键词作为思考脉络：

其一，刚健日新。商代明君商汤在其浴盆上镌刻着"苟日新，日日新，又日新"的铭辞，警醒自己每天应像清洗身上的污垢一样更新自身，毫不懈怠，追求"日新"之进步。《尚书·康诰》中也有"作新民"之语，强调要造就一代自新的人。在"西伯拘而演《周易》"之后，周文王赋予乾卦"元亨利贞"的卦辞，《易传》则以"天行健，君子以自强不息"的象辞将"日新"与"刚健"相结合，从天人合一的哲学角度提出了"富有之谓大业，日新之谓盛德，生生之谓易"的思想，把人的存在和发展高度概括为"富有""日新"和"生生"，认为"世界是富有而日新的，万物生生不息。'生'即创造，'生生'即不断出现新事物。新的不断代替旧的，新旧交替，继续不已，这就是生生，这就是易"[①]。从此，刚健日新就成为中华先民自觉践行的理念。进入战国以后，以儒家为代表的中华文化继续坚持了这样的思想和精神。《礼记·大学》开篇曰："大学之道，在明明德，在亲民，在止于至善。"宋儒程颐解"亲民"为"新民"，认为培养和教育被教育者做新民，是大学的目标和责任。可见，刚健日新是人类生生不息的动力，也是不断自我革新、自我完善的过程。今日之中国处在前所未有的历史机遇期，中华民族距离民族伟大复兴的梦想

---

① 　张岱年：《张岱年全集》第五卷，河北人民出版社 1996 年版，第 228 页。

从来没有像今天这样近，很少有民族能像中华民族这样历经苦难与辉煌，也很少有国家在持续奋斗中始终坚持"同一个梦想"。前进中的问题应该用不断进取的方法来应对，只要弘扬"自强不息，厚德载物"的中华民族精神，以刚健日新的心态和信心去行动，中国就一定能创造出如像经济奇迹一样的文化奇迹。

其二，文化传承。中华民族一向重视历史和文化的传承，这一优良传统可以追溯至孔子。孔子以"述而不作，信而好古"（《论语·述而》）自诩，他"删诗书，定礼乐，赞周易，修春秋"，其思想深深植根于《诗》《书》《礼》《乐》《易》《春秋》等元典之中，是中国文明的承继者和守望者。"仲尼祖述尧舜，宪章文武"（《礼记·中庸》），通过对三代古文明圣贤之德和王道政治之"述"，孔子对中华古文明的理性内核进行了萃取，使之成为儒家内圣外王之范型。① 虽然孔子一生命运多舛，但其始终以远宗、绍述与传承历史文化为"天职"，不屈不挠，愈挫愈奋。面对"道之不行"的困境，他表现出强烈的道德责任感和文化使命感，"天生德于予，桓魋其如予何？"（《论语·述而》）"文王既没，文不在兹乎？天之将丧斯文也，后死者不得与于斯文也；天之未丧斯文也，匡人其如予何！"（《论语·子罕》）他以"知其不可而为之"的入世态度和文化立场，无怨无悔地维护和兴复正在走向衰落的礼乐文化传统；他承传华夏元典之精华，开后世之聋聩，尽救世之宏愿，奠定了中国传统文化的根基。中华文明经历了从"巫觋文化""祭祀文化"到"礼乐文化"的发展过程，关注天、地、人三者的贯通及其相互关系的和谐是中国传统文化的基本特征，"文明以止"是中国传统文化的精神品性。"文明"一词在《易传》中凡六见，其一见于《乾文言》，余皆见于《象传》。《易传》作者揭示和阐发了一种极富中国特色的"文明"观念。所谓"文明以止"，意指一个人（特别是统治者）的德行能够像天地日月一样正大而光明，并用礼乐来教化世人，那么，天下的

① 孔子之"述"实质上是对社会发展"常道"之追求，用德国哲学家雅斯贝斯的话说："这里倡导的是对真理的温习，而不是对过去的模仿。"（《大哲学家》，社会科学文献出版社2005年版，第117页）

人民就会被他的光明之德所感召和指引而遵从礼义，以至行其所当行、止其所当止。① 在这一"文明"理念下，中华民族不是通过强权霸道来追求和实现国家的富强和社会的安定，而是通过礼乐教化来引导人民过一种道德化的伦理生活，以实现社会治理的目标；不是通过武力扩张和慑服的"奋武卫"（《尚书·禹贡》）方式来胁迫异族认同和接受自己的文化，而是以修文德以来远的"揆文教"（《尚书·禹贡》）方式来吸引和同化对方，以实现"协和万邦"、"天下一家"的目标；不是通过征服自然或无止境地掠夺和耗竭天然资源的方式来满足自身不断膨胀的欲求，而是通过节制自身欲望、协调天人关系的方式来达到"物"与"欲"的"相持而长"（《荀子·礼论》），以实现人与自然和谐共生的目标。由此可见，中华民族所心仪和崇尚的不是霸道强权、滥用武力和征服自然，而是敬德保民的治道理念、"以德服天下"的王道理想、天人合一的宇宙结构模式、人文化成的礼乐教化思想。② 历经五千年风雨的洗礼，上述这些具有巨大阐释空间和创新空间的中华智慧，可以为当下解决新问题释放不竭能量。放眼今日之世界，经济、政治、文化的全球化和多元化正在给 21 世纪人类带来更为复杂、更具挑战的局面，我们所能做的惟有理性地直面应对，正如康德所说："要有勇气运用你自己的理智。"③ 如果说今天人类的重要使命是恢复人类文明的元气，构建世界的和谐秩序；那么，中华民族的重要使命就是恢复礼乐文明的元气，构筑中国社会的良善秩序。

其三，道德涅槃。佛经中有"不离诸法而得涅槃"之说。"涅槃"是指燃烧烦恼之火灭尽，完成悟智之境地。从缘起法的角度来看，"涅槃"是诸法性空、即成见佛、物我两忘之境界。凡通达空境的圣人皆勘玄机于先兆，隐未来于变化，将东南西北上下六合统摄一心，过去未来同成一

---

① 参见林存光：《文明以止：中华民族的人文精神与文明特性研究》，学习出版社 2016 年版，第 122 页。

② 如汉儒刘向曰："圣人之治天下，先文德而后武力。"（《说苑·指武》）"礼乐者，行化之大者也。孔子曰：'移风易俗，莫善于乐；安上治民，莫善于礼。'是故圣王修礼文，设庠序，陈钟鼓。天子辟雍，诸侯泮宫，所以行教化。"（《说苑·修文》）

③ ［德］康德：《道德形而上学原理》，苗力田译，上海人民出版社 1986 年版，第 86 页。

体。中国人常用"凤凰涅槃"① 比喻一个人在肉体或精神经受了巨大痛苦和磨炼后实现的超拔和重生。当下中国道德和文化危机的重要原因之一是膨胀的物欲蒙蔽所导致的"无明"，因此，去掉执念、摆脱物欲是化解危机的举措之一。如果将中国比喻为一只历经沧桑的凤凰，那么她正在经历的是一次道德涅槃，要在精神和文化领域进行一次革命性的洗礼，要让中华民族在物质富裕之后完成灵魂的转向。

柏拉图在《理想国》中借苏格拉底之口提出了著名的"洞穴隐喻"。在此隐喻中，苏格拉底提出了"灵魂转向"的问题。他认为人们要获得真知，就必须灵魂转向，由黑暗愚昧转向光明智慧。"'灵魂转向'的核心问题是人的价值立场、价值精神问题，其要旨是精神解放。'灵魂转向'的过程就是人的自我批判、精神解放过程。"② 柏拉图的"洞穴之喻"也可理解为精神启蒙，从某种意义上说，启蒙是一个"弃暗投明"的过程，即走出"蒙昧"的洞穴，走向"光明"，面对真实的世界，在理性之光的照耀下"自我立法"，构建理性的现代社会。然而，蒙蔽人类理性的因素不仅有习惯的遮掩、认知的缺陷或知识的缺失，还有物欲的泛滥、政治的灌输和科技的作用等等。因此，对人类理性的启蒙不可能一蹴而就；相反，这是一个伴随人类文明和进步的漫长过程。现代人自以为经过了启蒙之后进入了一个"光明世界"，但这是一个幻觉，实际上是进入了另一个洞穴。启蒙哲学家将人从一个"自然洞穴"带入了另一个"人造的洞穴"。人们误以为看到了"阳光"，其实照耀他们的是人造的"日光灯"。人们自以为"理性之光"驱逐了"蒙昧之暗"，"科学"战胜了"迷信"，"知识"取代了"意见"，其实，来自这个"人造的洞穴"的危险并不比原来那个"自然洞穴"少，它集中表现为人类的精神迷茫和信仰的缺失。作为政治性的存在，难以消解习俗和传统

① 郭沫若在《凤凰涅槃》中说："凤凰每 500 年自焚为灰烬，再从灰烬中浴火重生，循环不已，成为永生。引申的寓意：凤凰是人世间幸福的使者，每五百年，它就要背负着积累于人世间的所有不快和仇恨恩怨，投身于熊熊烈火中自焚，以生命和美丽的终结换取人世的祥和与幸福。同样在肉体经受了巨大的痛苦和磨炼后它们才能以更美好的躯体得以重生。"参见郭沫若：《女神》，人民文学出版社 1978 年版，第 31 页。
② 参见高兆明：《道德文化：从传统到现代》，人民出版社 2015 年版，"代自序"。

等"洞穴性"特质的人类陷入了无所依归的"现代性危机"。在改革开放和社会主义市场经济取得巨大成就的今天，在资本逻辑、科学技术所合力打造的"现代性"症候不断凸显的当下，作为"现代性"溢出后果的道德和精神危机迫使我们思考：中华民族的道德和精神是否需要一个从前现代向现代转变的涅槃使命？炎黄子孙是否也到了一个"灵魂转向"的历史时刻？

中国曾被誉为礼仪之邦，中国传统文化是伦理型文化，其中居于主导地位的儒家文化最为关心的是人本身以及人的教化问题。在古代，与人的成长、成人、成才一路相伴的是礼教、乐教和诗教。礼乐教化不仅要让人明白"人之所以为人者，礼义也"的道理，而且要让人超脱"小人"成为"君子""贤人""圣人"；不仅要让人"修己以敬""修己以安人"，而且还要"修己以安天下"，以实现"修齐治平"的人生理想。这一切，都要通过将"日新"这一理念融入人格养成之中而实现。冯友兰将"周虽旧邦，其命维新"两句诗简化为"旧邦新命"，指出"旧邦"为中国源远流长的文化传统，"新命"为现代化和建设社会主义，并认为"这四个字，中国历史发展的新阶段足以当之"。他将"阐旧邦以辅新命，极高明而道中庸"作为自己的座右铭和"平生志事"，并身体力行地在其《新理学》《新世训》《新原人》中尝试了对传统文化"接着讲"，以构建新的道德伦理体系。中国原本拥有丰富的道德资源和优越的道德感，但进入 20 世纪后，我们经历了思想荡涤、文化浩劫和道德洗礼，伴随着信仰和价值观的迷惘，道德陷入了失范与危机的困境。今天，发掘传统文化中蕴含的丰富道德资源，吸纳外国优秀伦理文化，并与中国实际相结合，构筑新的伦理共同体，应是"旧邦新命"的重要内容。中华民族需以凤凰涅槃的精神，为新道德规范体系之建构而披肝沥胆、浴火重生。

一个国家的道德伦理体系是规约国民之行为、洗涤其旧习、培养社会新民的不二之途。梁启超曾说："新民之新的关键在于，一曰淬厉其所本有而新之；二曰采补其所本无而新之。"[①] 其实，"新民之新"的关键不

---

① 　梁启超：《饮冰室合集》第六卷，中华书局 1989 年版，第 5 页。

仅在于对本国传统和外来文化的转化和创新，更在于引领民众的价值观之"新"，即适应时代需要的、具有本民族特色的、科学的价值观。价值观是文化的核心，亦是道德伦理体系的枢轴。美国前国务卿基辛格曾说："1000 年来中国得以延续至今，主要靠的是中国平民百姓和士大夫信奉的一整套价值观"，"中国社会占统治地位的价值观源自一位古代哲学家的教诲，后人称其为'孔夫子'"，"孔子的核心思想是施仁政，重礼教，行孝悌"。① 英国前首相布莱尔曾指出："社会繁荣不能仅靠物质进步"，"没有经济发展，没有整个国家全面繁荣的前提，中国绝无可能发展和谐社会。但是，中国又不能仅仅通过经济进步来保证稳定的未来。社会性的凝聚和同心同德，有赖于共同的目标感、共同的价值观，以及一种共同认识：有必要用能够容纳所有人并肩站立的共同空间来平衡多样性"②，"当核心价值观将人们凝聚在一起，当孩子在成长的过程中被注入对他人的责任感，当齐心协力与互相帮助对家庭的维系极为重要时，这样的社会也最为成功。"③ 基辛格和布莱尔的观点都可谓切中肯綮，其提醒我们：一个成功的社会不仅要发展经济，而且还要加强社会的核心价值观与道德责任感的建设；一个文明大国不仅要靠科学技术来推动经济发展，而且要用法律、道德来治理社会；一个善治良序的社会不仅要依靠法律的硬规范，而且要用道德的软约束。同时，基辛格和布莱尔还从西方文化的视域对中国的道德文化建设提出了自己的建议。基辛格说："记载孔子言行的《论语》和其后的经史典籍构成的儒家经典，有点像西方的《圣经》和《宪法》的混合体"，"孔子提出的对策是施行正义的和谐社会之道。"④ 布莱尔指出："对于中国来说，发展里程中的主要挑战，就在于如何创造这样一种文化与机制，来促进非政府的民间责任与服务。……儒教虽不是宗教，但在道德意义和人类同情心方面，它与一般宗教中的许多价值都不谋而合。繁荣的艺

① ［美］亨利·基辛格：《论中国》，中信出版社 2012 年版，第 9—10 页。

② ［英］托尼·布莱尔：《旅程：布莱尔回忆录》，译林出版社 2011 年版，"前言"。

③ ［英］托尼·布莱尔：《写给中国的一封信》，《中华读书报》2011 年 9 月 7 日。

④ ［美］亨利·基辛格：《论中国》，中信出版社 2012 年版，第 10—11 页。

术与文化也会促进这样的社会和谐，使人们更加意识到精神性和超越性的事物。"① 今日中国，道德失范的文化救赎，需要立足本来，吸收外来，面向未来，从文化素质提升、礼仪道德教化和制度机制建设等方面多措并举，涵育德性，守护尊严，升华人性，形成价值共识，以夯实道德之基、修护道德之堤、构建道德之坝，让失范的道德走向规范，让失序的心灵重回和谐，让荒芜的精神家园变得葱茏繁茂。

---

① 　［英］托尼·布莱尔：《写给中国的一封信》，《中华读书报》2011 年 9 月 7 日。

第一章　"三俗"文化的危害与成因

　　不役耳目，百度惟贞。玩人丧德，玩物丧志。志以道宁，言以道
接。不作无益害有益，功乃成；不贵异物贱用物，民乃足。……夙夜
罔或不勤，不矜细行，终累大德。

——《尚书·旅獒》

　　所有的胜利都是价值观的胜利。胜利不会凭空而降，胜利是一群
人内心被同样的光照耀，自己也成为一束光。

——佚名

　　德国哲学家尼采认为，"哲学家是文化的医生"①，其职责是保护文化的
健康发展。文化之所以需要医生，是因为文化会生病，而文化生病的原因
在于文化是人类生活、表现和发展之所在，人类所遇到的各种问题都会反
映在文化上。文化氛围就像空气一样，当文化生态出现问题时，生活在其
中的人就会陷入价值观错乱的困境。"三俗"文化是当代中国在市场经济、
资本逻辑和道德滑坡等因素共同作用下产生的"病态"文化，它破坏了正
常的文化生态，危害着人们的身心健康，阻碍了社会的文明进步，亟须哲

---

① 尼采认为，哲学家是这样一种怪物，它不一定非得游离于城邦和世界，不一定非得做
"冷漠的隐士"，它仍然有积极的意义。对尼采来说，哲学家的恰当存在方式是"文化医
生"。"在涉及到某个文化时，哲学永远只能具有次要的而绝不是基础性的意义。""这种
意义是什么呢？""结论：哲学不能创造什么文化；但是它可以为此做准备；或者它可以保
存一种文化；或者它可以克制一种文化。"哲学家是文化的医生，作为医生，它的职责是
保护文化的健康发展。它不是要脱离文化，而只是不要建立什么文化，也不要直接质疑
文化。苏格拉底和柏拉图，只是因为他们质疑文化，才成为"文化的毒药"。参见尼采：
《哲学与真理》，田立年译，上海社会科学院出版社1993年版，第92—96页。

学以理性智慧探讨其成因，并引领其走出迷途。"三俗"文化和道德失范是当今中国社会的两大乱象，表面上看，是"三俗"文化导致了道德失范，事实上，"三俗"文化与道德失范之间是互为因果的关系。更严格地说，二者都不是对方真正的原因，其背后深层的原因是植根于文化深处、作为文化内核的价值观，以及与价值观相伴生的人生观、世界观和建基于"三观"之上的理想信念等。

一、何谓"三俗"文化

"三俗"文化是指当下中国社会存在的"庸俗、低俗、媚俗"文化的统称。那么，如何界定文化的庸俗、低俗和媚俗？其实，低俗与高雅相对，要弄清何谓低俗文化，首先需知道何谓高雅文化，亦需厘清通俗与"三俗"的关系。据《大辞海》的解释，高雅文化指以文化程度较高的知识分子和文化人为主要受众，旨在表达其价值判断、审美趣味和历史使命感的文化形态，具有底蕴深厚、内涵丰富、高尚风雅和小众性等特点。

高雅文化具备以下几个特征：（1）在内容上，符合社会一定历史阶段的主流意识形态和文化价值理念，能够提升社会文化和民族精神；积极向上，具有一定的思想深度，关注人的自由和全面的发展，具有人类学和社会学价值。（2）在形式上，其艺术形式具有原创性、相对稳定性。（3）在发展上，经过漫长的历史铸炼，符合人类社会发展规律，经得住历史的检验和广大人民群众的检验，具有强大的绵延不绝的生命力和远大的发展前途。如上所述，高雅和通俗是不矛盾的，高雅的东西可以通俗化，甚至寓于通俗之中，所以有"雅俗共赏"和"大俗即大雅"之说。[①]

[①] 张九海：《文化中不能承受之俗——论"三俗"的内涵、表现与成因》，《新疆社会科学》2011年第2期。

中国广播电视年鉴编辑部编撰的《世界各地广播电视反低俗化法规资料选编》指出，通常所说的"低俗化"，是指那些尚未达到淫秽色情等级，但又明显带有不敬、脏话、有伤风化、庸俗无聊、有害青少年身心健康等下流内容或者公然冒犯社会基本道德水准的广播电视节目。严格地说，低俗即低级且庸俗，与"高雅"相对；庸俗即平庸且鄙陋，与"高尚"相对；媚俗侧重于"媚"，指不惜舍弃尊严和道德标准，过分迁就以迎合取悦大众的行为。庸俗、低俗、媚俗的文化现象也是相互借重、相互联结纠缠在一起的。

当下中国，在市场经济的冲击下，社会上、文化界、影视界充斥着炫富拜金、奢靡享乐、色情泛滥、网络恶搞等低俗、媚俗、庸俗之文化现象。从风靡各大媒体的电视相亲节目到"超男超女"，再到丧失道德底线的网络直播平台，可谓泥沙俱下、鱼龙混杂。一些电影为了追求高票房高利润，一味降低文化品位和道德水准，用大量低俗、媚俗的暴力和色情场景迎合观众低俗的娱乐需求。

> 当前网络影视的"三俗"化表征，多集中于渲染黄暴、肆意恶搞、过度炒作几类。有的作品为了吸引眼球，刻意设置与作品的人物塑造和情节演进并无多大关联的大尺度床戏、挑逗性语言，或是细致展示凶杀、暴力的血腥画面；有的作品罔顾科学规律和客观事实，毫无逻辑地上天入地、穿越古今、篡改历史、调笑经典；有的作品不以内容创作为核心，却以宣传营销为紧要，不遗余力地炮制"噱头"哄骗受众；还有些贬损国家形象、煽动民族仇恨、宣扬邪教迷信、危害社会公德的作品，直接违反相关法律，构成犯罪。网络影视领域甚至形成一种行业共识：触碰那些传统影视不敢僭越的雷池，作品就能火。不少网络影视作品在这种偏激观念的指导下生产出来，在丧失艺术水准的同时丧失了从业者的职业底线。①

在单一的市场导向之下，文化艺术界出现了诸多怪象：影视作品的产

---

① 朱传欣：《警惕网络影视"三俗"化倾向》，《光明日报》2016年8月15日。

量大幅增长,有些作品极度热销、拥趸者众,但真正深入人心的却寥若晨星;影视界高票房、高利润,文化艺术呈现表象上的"大繁荣",但这种虚幻的繁荣并未消除国人价值追求的迷茫和精神家园的荒芜,甚至还有加剧之势。特别是随着社会网络化程度的提高,网络文化通过大众传媒成为最活跃的大众文化,而网络"三俗"化倾向的泛滥,使得反传统、反主流、反精英的价值观在"网生代"群体中发酵,这很可能导致意识形态紊乱、理想信念的虚无和道德失范的加剧。

二、"三俗"文化的表现及危害

当今社会,"三俗"文化大行其道,对社会风气产生了极为恶劣的影响。列奥·施特劳斯曾说:"大众文化是一种被没有任何智识和道德努力,并因此为廉价的最平庸的能力所占据的文化。"被"俗化"了的大众文化只为满足感官需要和颓废享乐。温家宝在同济大学百年校庆时指出:"一个民族有一些关注星空的人,他们才有希望;一个民族只是关心脚下的事情,那是没有未来的。"当前,庸俗、低俗、媚俗的"三俗文化"主要有十大表现,"裸文化、暴力文化、偷文化、鬼神文化、泛娱乐文化、不良语言文化、'炫文化、星文化、门文化'、'洋文化'、'假文化'、'丑文化、贱文化'"①。这些"三俗文化""打着通俗、大众的旗号,以'非主流、时尚、艺术、人本'为包装,与社会主流意识形态和价值观背道而驰,经不起科学的、历史的、人民群众的检验,不具有强大生命力的远大的发展前途,情趣平庸、格调低下、言语猥琐、过分迎合大众的低级趣味和'底层欲望',突破社会道德底线、在法律边缘打擦边球甚至公然违背法律。"②"三俗"文化的危害主要体现在三个方面:

"偷"在传统文化中本来是一个负面的不道德行为,然而,在浮躁无聊、

---

① 张九海:《当前十大"三俗文化"现象评析》,《编辑之友》2014 年第 9 期。

② 同上。

精神空虚的"三俗"文化中，"偷"居然被赋予了颠覆性的意义。"偷文化"在综艺、娱乐、访谈等各类节目中被高调谈论和炒作，如"偷窥""偷拍""偷情""偷菜""偷装备"等，炒作个人隐私、恶意传播他人隐私成为一个严重的问题。"偷文化"的流行使媒体提高了阅读量、点击率和收视率，明星和经纪人赚足了眼球、名气，迎合了大众的猎奇、刺激、窥探心理。"偷文化"放大了人性的阴暗面和弱点，使"偷"成为时尚，颠覆了社会主流价值观，也使社会文化充斥着侵犯他人隐私的低俗内容。低级趣味、审丑倾向、消费主义盛行，严重影响了公共话语平台的洁净度、美誉度和公信力。

在电视相亲节目中，媒体和主持人有意无意地宣扬拜金主义，类似于"宁可坐在宝马车里哭，也不坐在自行车上笑"的言论，产生了极坏的社会影响，误导了青少年的婚恋价值观。这些"不良涉性文化"几乎渗透到各种文化艺术形式之中，在其成为文化的"调味剂"的同时，也成为了人们灵魂的腐蚀剂。同时，资本逻辑导致的急功近利和诚信缺失，为"忽悠文化""假文化"提供了广阔的市场。暴力文化宣泄了人的本能中具有攻击性的一面，夸大了人性之恶，对大众特别是涉世未深的青少年具有很大的危害性。它宣扬了暴力崇拜和个人中心主义，误导了社会的价值取向，酿造了不良的社会氛围，为暴力犯罪提供了可模拟的犯罪技术，降低了人们对暴力行为的敏感度。总之，"偷文化""裸文化""忽悠文化""暴力文化"降低了道德底线，侵蚀了诚信，弱化了理性，最终导致了社会道德的失范。

文明离不开语言，在构成文明的诸多因素中，语言是最重要的因素。海德格尔在《走向语言之途》中说："语言是存在之家"，"存在就是巡游的王者，语言就像是王者的行宫。"[①]这就是说，语言与存在相互归属，语言的真实本性与存在直接相关，存在正是在本质的语言中才得以显现和澄明。既然"语言是我们人类存在的家园，我们正是以语言方式存在于世界之中"，那么，我们就可以透过每个时代的流行语言看出该时代"存

---

① 参见陈嘉映：《海德格尔哲学概论》，生活·读书·新知三联书店1995年版，第302页。

在"的概貌。自 20 世纪 70 年代末开始，中国社会进入改革开放的高速发展模式，散发着时代气息的新词语不断涌现，如政治文明、小康社会、科教兴国、可持续发展、西部大开发、纳税人、虚拟社区、文化快餐等。近年来，随着互联网、微信等新媒体的蓬勃兴起，作为人际沟通和交流工具的语言，更是新词迭出，让人眼花缭乱。其中，既有充满正能量、雅俗共赏、反映社会万千变化的词语，如前几年诞生的网络语言"给力""洪荒之力""小目标"等，它们或已被收入新华字典，成为标准化的语言，或入选国家语言资源监测与研究中心和商务印书馆等机构联合推出的年度十大网络流行语，或入选《咬文嚼字》杂志社评选出的年度十大流行语和百度热搜年度榜单；但也有不少"不良语言"会导致文化传播和人际交流的低俗。近年来，影视语言、网络语言追求"新奇特"，不仅导致了民族语言的低俗和失范，而且影响了社会文明和民族文化的自信。

"洋文化"盲目崇洋媚外，不顾发展历史、文化背景、经济政治条件的不同，把中外事件进行对比，如迷恋韩剧和日本的动漫、崇尚西方的享乐方式、夸大中国文化的糟粕成分等。有些文艺作品宣传正义和善良不足而彰显等级差别和人性丑恶有余，它们消解了真善美，鼓励人们伪善与复仇，其所产生的负面效应远远大于正面影响，对当下健康人际关系和良好社会风尚的构建有害无益，特别是对广大青少年的道德教化和健康成长危害尤烈。另外，不少年轻人热衷于"过洋节"，而对中国的传统节日却不甚了解，盲目崇拜国外名牌商品和西方生活方式。郁达夫在鲁迅追悼会上说："一个没有英雄的民族是可悲的奴隶之邦，一个有英雄而不知尊重的民族则是不可救药的生物之群。"今天，这一铿锵之语不应消匿，它应回荡在中华大地，唤醒那些麻木的灵魂。

在资本逻辑的推动下，在影视、报刊、网络空间等文化领域，大量存在着"泛娱乐化"和"娱乐至死"的倾向，刺激欲望、吸引眼球、不要理性、解构真相，娱乐精神"无底线"地过度膨胀，导致文化领域浮躁喧嚣、乌烟瘴气。"泛娱乐化"突出表现为网络"恶搞"的盛行和电视娱乐节目的泛滥。在这种"泛娱乐化"氛围中，拒绝崇高、告别信仰成为一些人自以为是、个性张扬的冠冕之语，理性、道德、理想、逻辑、人格、尊严、礼仪、素养等主流价值被边缘化，几乎已无立锥之地。"'泛娱乐'文化的实质是崇尚'娱乐至死'的享乐主义，其包装是时尚和流行，其借重的是以网络为基础的现代传媒，其背后是经济利益的追逐，其泛滥的结果和危害是核心价值观的颠覆和扭曲，道德底线的无限制下移，大众审美品位的降低，娱乐本身的庸俗化、低俗化、媚俗化，娱乐变为'愚乐'。"①古人云："逸豫可以亡身，忧劳可以兴国"；"生于忧患，死于安乐。"据《尚书·旅獒》记载，召公劝谏武王要敬德无逸，勿贪逸乐，厉行禁酒，破除恶习，"不役耳目，百度惟贞。玩人丧德，玩物丧志。志以道宁，言以道接。不作无益害有益，功乃成；不贵异物贱用物，民乃足。……夙夜罔或不勤，不矜细行，终累大德。""三俗"文化中的"享乐主义和奢靡之风"危害极大，无论是一个人还是一个民族，一旦沉溺于歌舞升平、声色犬马之中，人性失度、道德失范、心灵荒芜就接踵而至，危局困境将难以避免。

伴随着改革开放和经济的飞速发展，中国社会呈现出自由、包容、多元、向上的气象，文化领域"一片繁荣"。但这种"繁荣"是开放多元中的鱼龙混杂和泥沙俱下，既有积极向上的元素，也不乏消极颓废的成分。其中就有腐朽文化的沉渣泛起，表现之一就是封建迷信盛行和神秘主义思潮泛滥。一些人在用金钱塞满腰包的同时，迷失了理想信仰，成为心灵家园荒芜的"空心人"。

三、"三俗"文化的成因

在全球化时代的今天，互联网、微信等新媒体使"地球村"成为了现实，任何一个民族和国家的政治、经济和文化都愈来愈受到其他民族和国家的影响，与"文明的冲突"密切相伴的是"文明的渗透"，"置身事外"

---

① 参见陈嘉映：《海德格尔哲学概论》，生活·读书·新知三联书店1995年版，第302页。

的"独行侠"时代已不复存在。因此,对我国当下"三俗"文化成因的探析也需要具有世界眼光。20世纪90年代,随着世界冷战局势的急剧转变,福山的"历史终结论"在全球走红。这一理论给世人影响最大的不是其理论本身,而是那种站在胜利者立场倒推历史逻辑的姿态和腔调,如德里达所言,"历史的终结从根本上来说是基督教的末世学",福山以"使徒"自命,"平静地、神秘地以一种既平和又鲁莽的方式","声称给一个从来没有自我质问过其形成和展开的问题带来了一个'肯定的回答'"。这是一种封闭性的逻辑,它的全部力量在于论证一种"最不坏制度"的合理性,而杜绝了设想一种更合理制度的可能性。"存在的就是合理的"被高调重弹,"合理的必然是要被推翻的"被驱逐遗忘。按照福山的理论,中国当下的社会现实也远远没有达到"终结"的程度,但所谓"板结的历史"不再以说理的方式让人信服,而是以"存在"的方式让人接受。德里达批评福山镇定自若地大讲"福音","就是为了掩盖,首先是对自己掩盖这一事实:即这种胜利从来没有这样病入膏肓、这样摇摇欲坠、这样危机四伏过,甚至在某些方面它已大难临头,而在总体上已经灭亡"。"历史终结"论并没有给中国人带来反思、反抗、创新的契机,反而加固了历史的"板结"。面对残酷的经济形势、动荡的社会环境和缺乏确定性、稳定性的人生,人们更加心灰意冷,更加无助无奈,更加安之若命。这就使许多人真正陷入了齐泽克所说的"启蒙的绝境",一切都走向了启蒙理性的反面。在这个"后启蒙之后""后革命之后"的时代,一切革命的历史都被刻意遗忘或包装了,人们表面上安分守己,遵从"仪式",事实上自我"膨胀",将超越性的欲望和能量全部用于过个人的小日子,消费主义和享乐主义盛行。于是,我们进入了"小时代"①。何谓"小时代"?恐怕难有准确的定义,但其

---

① 2007年底,"青春教主"郭敬明在他主编的杂志《最小说》推出了《小时代》。不久,《小时代》登上"国刊"《人民文学》2009年第8期"新锐专号"。2013年由郭敬明亲任编导的电影《小时代》(共三部)陆续推出,不但连续创造票房奇迹,更使其影响力跃出青春文化圈,席卷全社会。"小时代"三个字,一语道破了我们时代的某种精神状况,其精准的概括力远远超过了众多著名作家的"时代大书"。

基本含义是指个人的、细小的、物欲的、功利的……TINY 对应的应该是GREAT，宏大的时代，伟大的时代。在"大时代"里，历史有宏大叙事，社会有整体价值，人类有共同愿景；而在"小时代"里，历史被解构成碎片，社会成为一个个互不相干的原子，价值和意义在质疑声中走向虚无。"大时代"崩溃解体成为"小时代"，历史已被宣布"终结"。表面上看，"小时代人"很像福山所说的"最后之人"。福山认为，在消费文化的笼罩下，全世界将日益成为一个同质化的社会，人们"气魄"尽失，"精神"颓废，只剩下欲望和理性，成为"最后之人"，就像是尼采说的"末人""没有胸膛的人"，所有关乎勇气、理想、想象力的奋斗，都转化为餍足消费以及解决琐碎技术问题的努力。如果福山所说的"历史终结"状态下的"最后之人"是最后摆脱了奴隶状态的人，那么在"历史板结"下的"小时代人"则是接受奴隶状态的人。这些接受奴隶状态的人自甘堕落，鄙夷尊严，成为彻头彻尾的犬儒主义者。具体来说，造成"三俗"文化盛行的原因主要有以下几个方面：

其一，西方思潮的影响和"小时代"犬儒主义的兴起。19 世纪末，尼采宣称"上帝死了"，并要求"重估一切价值"。他的叛逆思想对西方产生了深远影响。作为一股质疑理性、颠覆传统的思潮，尼采哲学成为解构主义的思想渊源之一。另外两股启迪和滋养了解构主义的重要思想是海德格尔的现象学以及欧洲左派批判理论。1968 年，一场激进学生运动席卷整个欧美资本主义世界。在法国，被称为"五月风暴"的抗议运动在轰轰烈烈之后昙花一现，转眼即逝。在随之而来的郁闷年代里，激进学者难以压抑的革命激情被迫转向学术思想深层的拆解工作。20 世纪六七十年代，法国哲学家德里达基于对语言学中的结构主义的批判，提出了"解构主义"的理论；他认为符号本身已能够反映真实，对于单独个体的研究比对于整体结构的研究更重要。他借助于海德格尔的"存在"概念，认为"在场的形而上学"意味着万物背后都有一个根本原则、一个中心语词、一个支配性的力、一个潜在的神或上帝，这种终极的、真理的、第一性的东西构成了一系列的逻各斯（logos）。德里达及其他解构主义者攻击的主要目标就是这种称之为逻各斯中心主义的思想传统。简言之，解构主义者就是打破现有的单元化的秩序，这里的秩序不仅指现有的社会道德秩序、婚姻秩序、伦理道德规范，而且还包括个人意识上的秩序，如社会风习、人们的思维习惯和人内心基于文化传统而形成的无意识的民族性格等。为了反对形而上学、逻各斯中心，乃至一切封闭僵硬的体系，解构运动大力宣扬主体消散、意义延异、能指自由。解构主义主张用分解的观念，打碎、叠加、重组，重视个体和部件本身，反对总体统一；强调语言和思想的自由嬉戏，哪怕这种自由仅仅是一种"戴着镣铐的舞蹈"。当这种具有强烈"叛逆性格"的解构主义思潮从建筑、艺术等领域蔓延至全社会后，就像一只被打开的"潘多拉"魔盒，迅速形成了一股否定文化传统和道德标准、消解一切价值和理性的狂潮，它和虚无主义思潮一起，使人类的精神世界陷入支离破碎，使人生充满了不确定感。随着中国的改革开放和市场经济体系的确立，当代西方思潮，特别是解构主义和虚无主义很快传入并产生了相当大的影响。在其侵蚀下，一些人开始滑入犬儒主义的泥淖，从愤世嫉俗走向玩世不恭，他们恶搞领袖，贬抑神圣，调侃一切，游戏人生；眼中只有金钱，心中只有自己；活着只为享乐，价值意义全无。在很多人的精神殿堂里，金钱是唯一的真神，它像一个巨大的怪兽，撕咬着人们的肉身和灵魂。现代犬儒主义思想为中国当代"精致的利己主义者"抹去了道德底线。在他们看来，既然无所谓高尚，也就无所谓下贱；既然没有什么是了不得的，因而也就没有什么是要不得的。这种"历史板结"之后的犬儒主义，是"小时代"的犬儒主义。在其支配下的中国当代青春文化或低眉顺眼，或少年老成，或虚假励志，以一种自欺欺人、逆来顺受的姿态抚慰着青年的心，也麻醉着青年的心。现代犬儒主义使礼义廉耻、尊严人格这些人之为人的基准道德日渐消解，使理想信仰不断"祛魅"，这是"三俗"文化盛行的深层原因。

其二，市场价值观的误导和经济利益的驱动。迈克尔·桑德尔指出："我们生活在一个几乎所有的东西都可以拿来买卖的时代。在过去的30年里，市场和市场价值观渐渐地以一种前所未有的方式主宰了我们的生活。……市场价值观在社会生活中渐渐扮演着越来越重要的角色。经济学也正在成为一个帝国领域。今天，买卖的逻辑不再只适用于各种商品，而是越来越主宰着我们的整个生活。"① 在这种市场价值观的支配下，无论是经济领域还是非经济领域的一切活动都受到了资本逻辑的驱使，唯利是图，追求利益最大化。今日中国"三俗"文化的泛滥就是这一社会氛围的产物。在拜金主义的诱惑下，网络、影视、媒体等文化领域"三俗"盛行，一部分人所追求的不再是作为精神食粮的高雅文化，而是满足物欲的商业利益。在他们看来，不管庸俗还是高雅，谋求经济利益是其唯一的目标。

其三，转型期社会的信仰缺失和精神家园荒芜。从表面上看，"三俗"文化的泛滥是某些媒体和媒体从业人员片面追求经济效益所导致，但其深层原因则是整个社会的精神家园荒芜、信仰缺失、价值观迷茫以及由此而导致的大众"心理浮躁症"。今天，浮躁已成为现代人的一种通病，一些人崇尚"理想理想有利就想，前途前途有钱就图"的信条，不少人越来越不能容忍贫穷和默默无闻，越来越不愿意用辛勤劳动和艰苦奋斗来获得成功和荣誉，几乎人人都梦想一夜暴富、一夜成名。在浮躁心理之下，淡泊明志、宁静致远成为奢望之心境，仰望星空、胸怀梦想成为罕见之境界。浮躁的心理像雾霾一样笼罩整个社会，而浮躁的社会又催生了浮躁的文化，最终浮躁文化演变为大众文化，迫使高雅文化、精英文化从中心退至边缘，甚至无奈离场。"如果说 20 世纪 80 年代文化的主流倾向仍是精英化的话，那么，经过了 90 年代的大众文化的生发与涤荡，整个文化的主流逐渐摆脱了精英的控制而走向了世俗化。最终，主流、精英和大众文化形成了所谓文化'三分天下'的局面。有趣的是，知识分子在这种文化分裂当中却被边缘化了，更具反讽意味的是，在他们曾千呼万唤的大众文化真正兴起之后，却发现其与当初的设想竟然是如此南辕北辙！然而，与欧美世俗化曾为中产阶级所主导不同，当前中国文化之所以出现了'三俗'

① 参见 [美] 迈克尔·桑德尔：《金钱不能买什么》，邓正来译，中信出版社 2012 年版，"引言：市场与道德"。

的倾向，并不是为类似的中等社会阶层而引领的，反倒是出现了逐渐被底层社会所引导的趋势。这也就是赵本山所代表的'农民出身'与郭德纲所代表的'市民出身'的民间草根文化在市场极度热销、拥有众多拥趸的原因。"① 吊诡的是，原本因社会精神家园荒芜、信仰缺失、价值观迷茫而孳生的"三俗"文化，在浮躁、肤浅、功利气息弥漫的当下却获得了强大的生命力，并以"野火烧不尽，春风吹又生"之势疯狂蔓延，反过来又加剧了人们精神、信仰和价值观的危机。

其四，荣辱是非美丑的错位与消费享乐的放纵。随着改革开放进程的加快和市场经济的迅速发育，人们的思想观念和价值取向日益多样化、多元化，一些人的道德判断标准出现了混乱，价值迷失、信念淡漠、道德滑坡成为现实，与之相伴的是荣辱颠倒、是非混淆、美丑错位的现象。一些人以耻为荣、以非为是、以丑为美，致使道德底线一破再破，整个社会"世风日下，人心不古"。两千多年前，荀子曾说："口能言之，身能行之，国宝也；口不能言，身能行之，国器也；口能言之，身不能行，国用也；口言善，身行恶，国妖也。治国者敬其宝，爱其器，任其用，除其妖。"（《荀子·大略》）现今社会也不乏这种荣辱是非美丑错位的"国妖"，心口不一的贪官，恶搞领袖人物、民族英雄和红色经典的网民，以颠覆和解构传统美德、消解传统文化为能耐的知识分子，以"审丑""秀丑"来吸引眼球的媒体，以绯闻和丑闻当作博取出位手段的网站等。对利益的追逐和"三俗"文化的附和，击碎了人们心中曾经的美丽和圣洁，毁灭了昔日的典雅和崇高，这是"三俗"文化滋生蔓延、泛滥成灾的温床。

其五，主流文化的市场"缺位"和文化管理机制的缺失。"三俗"文化的盛行从某种意义上说与主流文化的市场"缺位"密不可分。伴随着中国经济的快速发展，人民群众的生活水平有了极大提高，文化消费需求日益强劲，而主流文化产品和服务在数量和质量上都严重滞后，难以充分满足大众之需，以致于出现了饥不择食的现象。当然，这里也存在主流文化

---

① 刘悦笛：《"反三俗"：后乌托邦时代的文化救赎》，《探索与争鸣》2010 年第 12 期。

在形式和内容上呆板乏味、脱离民众、难以适应互联网等现代媒体特点的问题。在这种情况下，主流文化在与"三俗"文化的交锋中败下阵来，丧失了在互联网上的领导力。同时，有关文化部门的管理缺失是造成当前我国"三俗"文化横行的直接原因。盲目地追求政绩以及某些利益需求使得有关文化部门管理机制严重缺失，为"三俗"文化的泛滥打开了方便之门。一些地方文化部门官员被商家"俘获"，追求利益最大化，迎合部分"三俗"文化的制造商，对其"三俗"文化产品放而不管、视而不见，导致"三俗"文化在文化市场上肆虐滋生、畅行无阻。

综上，当今社会的"三俗"文化亟须引起全社会的高度重视，其不仅导致道德失范和底线突破，扰乱社会公序良俗，而且消解文化自信和民族自尊，解构主流文化和主流价值观。因此，以文化建设为阵地，以道德建设为抓手，治理"三俗"文化，已刻不容缓。

第二章　道德失范及其根由

礼之所兴，众之所治也；礼之所废，众之所乱也。

——《礼记·仲尼燕居》

一个稳定的社会，必须是合乎道德和正义的。如果人们相当广泛地认为这一社会严重不合乎正义、或者基本不合乎道德，改革乃至革命的时候就要到来。

——何怀宏

道德失范作为一种社会现象，在任何一个社会形态、任何一个历史时期，都会不同程度地存在。从历史上看，但凡生产力快速发展，经济结构、社会结构发生巨大变化之时，社会的道德失范现象就会凸显和加重。海德格尔曾说："世界黑夜弥漫着它的黑暗，世界黑夜的时代是思想贫乏的时代，不光诸神和上帝逃遁了，而且神性之光辉也已经在世界历史中黯然熄灭，世界失去了它赖以建立的基础，丧失了基础的世界悬于深渊中。"① 中国在经历了四十多年的改革开放和经济的飞速发展之后，社会的道德失范问题日渐显现。中国社会虽然没有海德格尔所说的诸神逃遁，但德性黯然所导致的黑暗却如期而至。在这个"思想贫乏"的时代，哲人何为？在这个物质充盈的世界，"精神家园"何在？

---

① 孙周兴：《海德格尔选集》，生活·读书·新知三联书店 1996 年版，第 408 页。

一、涂尔干的社会失范理论

19 世纪法国社会学家涂尔干在其《社会分工论》一文中使用了"失范"（Canomie，又译为"脱序"）一词，其含义是指在法国从农业社会向工业社会转变的过程中，旧有的价值观念、社会道德标准已经被打破，但是能够对人们社会关系产生普遍约束力的新的社会规范和道德准则尚未形成。关于道德失范的界定，涂尔干在其研究中明确指出："转眼之间，我们的社会结构竟然发生了如此深刻的变化，这些变化速度之快、比例之大在历史上也是绝无仅有的。与这种社会类型相适应的道德逐渐丧失了自己的影响力，而新的道德还没有迅速地成长起来，我们的意识最终留下了一片空白，我们的信仰也陷入了混乱的状态。"① 涂尔干认为，社会分工的增长削弱了集体意识，缩小了它在日常生活中的调节作用，从而为个人发展自身能力提供了更大的空间。由此潜藏的危险是，由社会分工所推动的结构变化与道德规范的变化并不总是同步的，在新旧道德规范交替时期，可能会出现道德的真空状态。涂尔干认为，现代社会的失范主要因个人私欲增长和道德调节缺位造成，现代社会的危机本质上是一种道德危机，所以重建社会秩序就是重建道德规范。由于"人们的欲望只能靠他们所遵从的道德来遏止"，因此，应建立一个与现代社会分工结构相适应的多层次的社会道德体系，从个体、群体、社会三个层次来重建道德秩序，从而消除因社会分工和道德失范所带来的种种社会危机。②

20 世纪 30 年代，社会学家默顿继承和发展了涂尔干的社会失范理论。在其论文《社会结构与失范》以及《社会结构与失范理论的连续性》中，他从中层理论角度出发，指出失范状态源于目标和手段之间呈现出一种不协调、不均衡，即价值体系或者伦理原则规定的目标无法通过社会赋予的正常手段所达到，从而出现了越轨的社会行为。20 世纪 70 年代，汤因比

① Gary.S.Becker: Invesment in Human Capital: A Theoretical Analysis, *Columbia University and National Bureau of Fconomic Research*, 1962, p.336.

② ［法］涂尔干：《社会分工论》，渠东译，生活・读书・新知三联书店 2000 年版，第 15 页。

指出，在文明解体、社会转型阶段，会出现灵魂的分裂，出现诸多互不相容的生活、行为、情感方式，从而产生出一种存在的杂乱感。在一般情况下，杂乱为一种混乱无序，杂乱感是一种在混杂无序中的无所适从感。这种杂乱感在社会变革、结构转型时期尤为突出。然而，社会变革、结构转型时期的杂乱及其杂乱感有其复杂性和特殊性，舍勒在研究资本主义精神实质及其未来时曾说："现存生活秩序衰亡的原因在于价值的颠覆。"[①]社会结构转型时期人们生活中的杂乱及其杂乱感，是在既有生活方式发生根本变化的基础之上，由于生活、习惯、思想、精神中注入新的因素，从而引起矛盾冲突之结果；是源于外来文化与本土文化的撞击，更具体说，源于对本土文化批判反思与对外来文化汲取利用而造成的既有社会价值观的振荡与崩塌。

"道德失范"（disordered moral，anomie in moral）是指作为存在意义系统的道德价值及其规范要求，或者缺失、紊乱，或者缺少有效性，不能对社会生活发挥正常的整合调节作用，社会所表现出的道德价值混乱、道德行为失范现象。[②]道德失范作为一种社会现象，所表现出的是社会精神层面的某种冲突、危机，标识着社会主流价值事实上的缺失。通常认为，道德规范是通过舆论、习惯、风俗、良心维护的，用来调节人们行为的规范要求是一种可言说的要求。可言说的只是表达了存在的某种内在特性。这样，道德规范首先是一种存在的内在特性，是人们相互关系的一种内在联系方式。从严格意义上说，道德失范不是指生活中可以言说的道德规范的缺失或无效，而是指作为社会交往的内在关系法则的失缺。这是一种生活方式本身的内在缺憾，是需要通过生活方式本身的完善才能得到有效克服的失范。因此，道德失范所揭示的是社会精神层面的某种危机或剧烈冲突。一般地说，"道德失范指的是这样一种社会状态：在这种状态中，社会既有的行为范式、价值观念被普遍怀疑、否定，或被严重破坏，逐渐失

---

① ［德］马克思·舍勒：《资本主义的未来》，生活·读书·新知三联书店 1997 年版，第 2—3 页。

② 高兆明：《道德失范研究》，商务印书馆 2016 年版，第 29 页。

却对社会成员的影响力与约束力，而新的行为范式、价值观念又尚未形成，或尚未被人们普遍接受，对社会成员不具有有效影响力与约束力，从而使得社会成员发生存在的意义危机，行为缺乏明确的社会规范约束，在现象界形成社会缺少某种正常交往秩序与行为规范的现象。"[1] 道德失范会导致道德"真空"，使社会呈现紊乱无序状态。

道德失范的内容包含两方面：其一，人们的行为不合某种道德规范，表现为行为越轨，其实质是传统道德对人们的思想行为失去了调节和规范作用，人们摒弃传统、蔑视道德说教，传统道德失去了往日的尊严和威望；其二，人们内在精神世界中意义系统被破坏、动摇、否定或失落。人们行为的越轨只不过是内在精神世界状态的具象化。就人们精神世界意义系统的动摇或破坏来说，又大致分为两种类型：一是良知遮蔽，即存有基本的价值体系，只是由于种种原因，产生心灵的迷茫困惑、意志力的薄弱，使这种价值体系不能转化为现实的行为；一是良知缺失，即缺失基本价值体系，内在精神家园荒芜枯槁。综合上述两种情况，可以看出，道德失范集中表现为人们心灵中意义系统的危机。消除良知遮蔽的关键在于通过一系列有效手段增强意志力，解决良知缺失的途径则是建立一种具有合理性的意义系统。

依据道德失范发生的社会背景，可以将其分为常态下的道德失范和转型期的道德失范。二者的根本区别在于，出现道德失范现象时社会生活方式本身的合理性基础是否存在。当下中国社会的道德失范是转型期的道德失范，如政治领域的贪污腐败、滥用职权、司法腐败、草菅人命，经济领域的见利忘义、诚信缺失、坑蒙拐骗，社会生活领域的暴戾横行、邪恶猖獗、伪善成灾、寡廉鲜耻，以及家庭美德滑坡、社会公德缺失、学术道德失序等。转型期道德失范的特点表现在两个方面：从历史的进程中看，当前的社会转型发生的时间较晚，是在国际环境发生变化的情况下产生的，也就是说呈现出"外生型"的特点；从横向发展程度看，中国的社会转型

---

[1] 高兆明：《道德失范研究》，商务印书馆 2016 年版，第 29 页。

表现出了"时空压缩"的现状，即在短时期内需要完成工业化、社会化、市场化、现代化等多方面的转变，不仅要求社会结构向现代社会过渡，同时经济、文化、政治等方面都要求快速地在同一时段内转变，这种转变在西方社会用了很长的时间。简单地说，当前中国的社会转型呈现出后发型、外向型以及发展时间短、转型层面叠加的特点，在这样复杂的社会背景下，道德失范问题的凸显是不可避免的。

由生活方式所决定的规范体系、意义系统本身是一个充满内在否定性的、生长着的过程。随着社会交往方式、生活条件的变迁，既有的社会规范体系、意义系统，或者内部产生矛盾，或者本身已经不能满足社会生活要求时，就会逐渐或迅速地出现被修正或改变的现象。规范体系、意义系统的这种内在冲突、被修正现象，从社会发展的过程看，是其自身发展的中介环节。因为没有这种内在冲突、被修正过程，就没有社会意义系统提升之可能。在这种内在冲突被修正过程中，作为社会价值评价标准的善恶本身亦会向各自对立面转化。正是在这个意义上，道德失范又是社会新价值体系或意义系统形成所必不可少的中介。这符合辩证法所揭示的事物发展过程中的否定之否定规律，也正是在这个意义上，道德失范并不是一个绝对消极的因素。例如，常态下的道德失范，其赖以形成的那个社会生活方式在根本上仍然没有失却其存在的合理性根据，因而，这种道德失范一般是在一种局部、暂时的意义上出现。尽管我们不能绝对地说常态下的社会道德失范都是消极的，也不能否定常态下的社会道德失范最终会转化为某种改良、推进社会发展的积极因素，甚至也不能否定常态下的某些道德失范现象本身就是积极的，但是，较之社会转型时期的道德失范，它在总体上可能具有更多的消极性特质。社会转型时期中的道德失范，其存在的根据在于既有的那种生活方式、交往方式、生活世界失却了存在的合理性根据，在于社会生活方式本身正在发生深刻的变化。一方面，它意味着曾经在一个相当长的历史时期中对社会生活发挥有效调节作用的社会价值规范体系的合理性受到强烈冲击，意味着一个新的社会价值规范体系诞生的必然性；另一方面，意味着这种社会道德失范的原因在于两种生活方式的更替，以及由此所决定的两种社会价值规范体系的更替。以历史的眼光看，社会转型时期的道德失范负有建立一种新的社会价值规范体系、意义系统的历史使命。正是在这个意义上，它较之常态下的道德失范，具有更多的积极性特质。①当然，这种道德失范的"积极性"是基于其对现有社会生活方式不合理性基础的冲击和对社会新价值体系建构的促进而言的，并不意味着这种道德失范在短期内没有社会危害性。

二、"后乌托邦时代"的道德困境

要准确分析当下中国社会道德失范的困境及其成因，我们必须首先了解道德失范的历史背景和当今时代的基本特征。如果说道德失范的现实背景是改革开放和市场经济的冲击，那么其历史背景就是长期以来中国社会"道德乌托邦"的幻灭。从这个意义上说，今天的时代可以成为"乌托邦之后"的时代，或"后乌托邦时代"。乌托邦（UTOPIA）一词来源于希腊语 ou（无）和 topos（场所），意思为"乌有之乡"。"乌托邦所指的是不在时间和空间中存在的事物，它的存在形态是纯观念性的而不是现实性的，是愿望向未来的可能性的投射。"②自从英国思想家莫尔发表《乌托邦》（1516 年）一书以来，"乌托邦"这一概念就是未来理想社会的代名词，其所表明的是观念性存在的美好社会，是以超越现实的理想态对象为取向的。

基于人类对自身贫穷、痛苦、无奈困境超越的欲望，以及对自由、平等和美好幸福生活获取的向往，乌托邦理想始终伴随着人类，成为其在艰难困苦中奋力前行的灯塔和原动力。但乌托邦毕竟是乌托邦，它总是保持着与现实有些遥远的距离，让人可望而不可即。每一个乌托邦的幻灭都是对人类的一次重创，但作为有精神追求的人类，乌托邦的理想永远不会消

① 高兆明：《道德失范研究》，商务印书馆 2016 年版，第 36—37 页。
② 参见龚群：《道德乌托邦的重构——哈贝马斯交往伦理思想研究》，商务印书馆 2003 年版，"前言"。

失，它总是以新的形态和面貌出现在人类的前方。

回顾人类 20 世纪的历史，如果说其上半叶是乌托邦意识不断高涨的时期，那么，其下半叶则是乌托邦意识衰退甚至普遍幻灭的时期。回望中华文明史，在中国人的精神国度里，回响着道德乌托邦消弭所带来的精神震荡。纵观中西方文明，可以发现，从儒家的大同社会到老子的小国寡民社会，从柏拉图的理想国到莫尔的社会乌托邦再到卢梭的政治乌托邦，这些关于未来社会的理想虚构或理性设计，道德理想一直居于其中心位置，成为乌托邦的灵魂和衡量一切的价值标准。例如，《礼记·礼运》中假借孔子之口提出的"大同"与"小康"：

　　大道之行也，天下为公。选贤与能，讲信修睦。故人不独亲其亲，不独子其子，使老有所终，壮有所用，幼有所长。矜寡、孤独、废疾者，皆有所养。男有分，女有归。货，恶其弃于地也，不必藏于己；力，恶其不出于身也，不必为己。是故谋闭而不兴，盗窃乱贼而不作。故外户而不闭。是谓大同。

　　今大道既隐，天下为家。各亲其亲，各子其子。货力为己。大人世及以为礼，城郭沟池以为固，礼义以为纪，以正君臣，以笃父子，以睦兄弟，以和夫妇，以设制度，以立田里，以贤勇知，以功为己。故谋用是作，而兵由此起。禹、汤、文、武、成王、周公由此其选也。此六君子者，未有不谨于礼者也，以著其义，以考其信，著有过，刑仁讲让，示民有常。如有不由此者，在执者去，众以为殃。是谓小康。

可以看出，无论"大同"还是"小康"，古代中国社会理想的核心是道德方面的内容，如仁爱友善、信义礼让等。在卢梭的政治乌托邦理想中，道德同样是最为核心的内容。自由和平等是卢梭社会契约论学说的核心，是整个人类社会生活的两个终极性目标，是历史运动的理想终点。卢梭把自由分为三种，即天然的自由、社会的自由和道德的自由。他认为："惟有道德的自由才使人类真正成为自己的主人，因为仅只有嗜欲的冲动便是奴隶状态，而惟有服从人们自己为自己所规定的法律，才是自由。"①
这就是人为自己立法。综上，可以说，乌托邦理想的幻灭主要表现为道德
乌托邦的消弭。

20世纪伊始，孔子及其儒家就被推到了政治文化运动的风口浪尖，
随后，接踵而至的"五四"新文化运动、"文化大革命"、"批林批孔"运
动、西化风潮等等，以"三纲五常"为内核的中国传统文化受到一次次的
重创，传统儒家式的道德乌托邦几近崩溃，中国民族的精神危机以不同的
样态呈现在中华大地上。当然，这期间伴随有"十月革命"给中国人送来
的马克思列宁主义，有中国人在本国革命和实践基础上总结形成的毛泽东
思想、邓小平理论、三个代表重要思想、科学发展观和新时代中国特色社
会主义思想等，中国人一直在努力重建自己的理想王国，并在20个世纪
取得了辉煌的成就。然而，由于"左倾"思想的影响，从50年代到60年代，
我们多次重复脱离实际向理想王国跃进的错误行为，并为之付出了沉重代
价。"文化大革命"是这种"左"的理解的极致，林彪、"四人帮"的极"左"
政治几乎耗尽了这一乌托邦的内在能量。例如，"破四旧，立四新"是"文
革"期间最为响亮的口号，其实质是一种道德理想主义。因此，随着"文
化大革命"的结束，实际上也宣告了道德乌托邦的消弭。在这个意义上，
我们依然处于乌托邦之后的时代。有学者将"文化大革命"中"破四旧，
立四新"的打、砸、抢"革命行动"与法国大革命中的雅各宾党人为了重
建道德而采取的恐怖行动相比较②，认为"历史仿佛是在不同的精神国里重
演一幕旧剧"③。近代以来，工具理性的宰制以及由此生长出来的西方近代
文明的自信，是西方现代乌托邦的内核。正是这样一种支配性、占有性的
工具理性型乌托邦的危机，使世界处于乌托邦之后的历史时代。但人类的
精神追求使得人类不可能没有乌托邦的理想追求，因为乌托邦体现着人类
的希望之光。而进入后乌托邦时期，也就意味着失去了这种光辉的夜晚。

---

① ［法］卢梭:《社会契约论》，商务印书馆1980年版，第30页。
② 参见朱学勤:《道德理想国的覆灭》，上海三联书店1994年版。
③ 龚群:《道德乌托邦的重构——哈贝马斯交往伦理思想研究》，"前言"。

海德格尔说："世界之夜的时代是贫乏的时代，因为它甚至变得更加贫乏。它已经成为如此地贫乏，以致它不再将上帝的缺席看作是缺席。"① 在这样一个夜半时期，时代的贫乏是巨大的，由于处于贫乏之中，"贫乏的时代甚至不再能体验自己的贫乏"。海德格尔认为："时代处于贫乏并非在于上帝之死，而在于短暂者对他们自身的短暂性几乎没有认识和没有能够承受。短暂者没有获得到达他自身本性的所有权。"② 海德格尔认为，由于西方人作为价值之源的上帝的死去，使得短暂存在的人失去了价值的依托。人存在的根基失去了，人也就失去了汇入永恒的可能。他们遗忘或"没有认识"自己的暂在性因而沉沦下去，因没有超越的需要和高远的价值追求而放纵自己，让人生迷失在毒品或荒谬的欲望中。在海德格尔那里，"烦"是存在的基本概念，人类精神的苦闷、痛苦和绝望成为普遍现象，而道德乌托邦的隐退就是展现在人们面前的一幅贫乏的精神画面。"人类生活的实践告诉我们，如果没有昭示未来的乌托邦，我们所感受到的是一个颓废的存在；人若没有乌托邦精神，就总是沉沦于世俗之中。一个没有乌托邦的文化，是一个窒息了的文化。"③ 今天，我们处在人类历史发展的一个极为重要的时刻。这是个需要重新审视我们的理想、我们的道德乌托邦的历史时期，人类不可能没有乌托邦，尤其不可能没有道德乌托邦。

需要说明的是，重建道德乌托邦是在道德理想和道德信仰层面的事情，这并不意味着在现实的道德建设上脱离实际，以违背人性人情的所谓"高大上"的道德规范要求所有人。中华民族是礼仪之邦，自古以来非常重视伦理道德，中国社会也被认为是一个伦理型社会，几千年来创造并传承了极为丰厚的道德文化，如"为国以礼""为政以德""德主刑辅""以德服人"等。历代统治者在治国理政方略上推行王道政治，追求德服天下的境界；社会大众养成了尊老爱幼、父慈子孝、扶弱济困、见义勇为等美德。改革开放以来，党和国家对道德建设更加重视，坚持用社会主义新型

① ［德国］海德格尔：《诗·语言·思》，文化艺术出版社1991年版，第82页。
② ［德国］海德格尔：《诗·语言·思》，文化艺术出版社1991年版，第87页。
③ 参见龚群：《道德乌托邦的重构——哈贝马斯交往伦理思想研究》，"前言"。

道德教育人民，弘扬正气，积极倡导热爱祖国、热爱人民、热爱集体、大公无私、先人后己、严于律己、公正诚实的道德行为规则，但处于经济社会急剧转型的中国尚未形成与社会快速发展相适应的道德规范体系。尤其要指出的是，自古以来，儒家一直推崇和倡扬精英道德，这体现在儒家文化对圣人、贤人、君子人格的推崇和对普通大众道德规范构建的忽视。以儒家伦理为主流意识形态而构建的中国道德体系、道德标准一直处于"高悬"状态，而基准道德长期缺失，缺乏清晰的底线伦理。新中国成立后，社会主义的新型道德也沿用了高标准的道德要求，如对民众不加区分地一律要求其做到大公无私、先人后己，要求其以集体主义乃至共产主义道德标准约束自己。这种重集体、轻个人且要求过高的道德规范脱离了大多数人的道德觉悟水平，导致其只能高高在上、难于企及，而与广大民众精神境界和觉悟水平相适宜的道德要求，不是被忽视就是被贬斥，最终导致一些道德规范因目标"高悬"而失效，甚至导致社会上大量"伪善"的存在。这正是当下道德失范面临的困境之一。

三、道德失范的根由

现代社会的道德危机和道德失范的出现是一个历史的过程，这一问题并非中国社会所独有，从世界范围看，其是资本主义时代的伴生性问题。这种道德与信仰危机在尼采"上帝死了"的命题中得到了深刻表达；从某种意义上说，"上帝死了"意味着价值或道德危机的必然到来。这里的"上帝"不仅指传统基督教意义上的"上帝"，而且指一切超感性领域对社会秩序发挥重要作用的要素，比如"风习""理想""规范""法则""目标""道""本质"等。在西方社会，正是依凭着对"上帝"的信仰和诸种道德与法律规范的约束，才使整个社会具有了秩序与和谐，才为人的存在及其意义指明了方向。但是"上帝死了"意味着一切超感性生活领域的崩溃，意味着现代人的生活失去了"目标""意义""方向"和"根据"，意味着虚无主义时代的来临。虚无主义的实质就是"最高价值的自行贬黜。

没有目标；没有对目的的回答"①。在工具理性泛滥、物欲高度膨胀而上帝又缺席的情况下，人们已没有了对"理想""价值"和"不朽"的追求，并时常处于孤独、无聊、乏味、焦虑、空虚、绝望的纠缠中。这一危机被列奥·施特劳斯称为"现代性危机"，即"现代西方人再也不知道他想要什么——他再也不相信自己能够知道什么是好的，什么是坏的；什么是对的，什么是错的"②。换言之，现代人在"我应该如何生活"这一至关重要的问题上，变得无所适从了。对他们而言，"好的生活"就是追求金钱、权力的世俗生活。这种生活，在马克思看来，不过是一种物化了的、使人由目的变成工具的生活。关于这种现代社会的道德危机的表现，有学者将其概括为九个方面：（1）消费主义、纵欲主义诱发的感性泛滥；（2）个人主义导致"虚妄的自我膨胀感"；（3）拜金主义与泛功利意识造就了新的"名利场"；（4）只讲权利不讲义务，社会责任感和使命感的消退；（5）道德天平倾斜带来的道义迷失与沉沦；（6）生存压力形成的心态失衡与精神焦虑；（7）带着形形色色面具的多重人格及人格分裂；（8）工具理性取代价值理性的价值错误；（9）"耻言理想、嘲弄信仰、蔑视道德、躲避崇高、拒斥传统、不要规则、怎么都行"的信念危机。③上述现象集中反映了现代人道德冷漠、道德败坏和道德沦丧的状态。面对现代的文明人再度沦为野蛮人的怪象，让人想起卢梭以及霍克海默和阿多诺的疑问：文明没有使人从野蛮中解放出来，反而陷入新的野蛮，其原因究竟为何？道德危机这一本质上从属于现代社会和现代性的问题，关联到对现代社会的本质理解。戴维·哈维指出："我们时代的道德危机是一种启蒙思想的危机。因为在启蒙思想真的有可能把人'从淹没个人自由的中世纪社群和传统中'解放出来时，启蒙运动对于'没有上帝的自我'的肯定最终却否定了它自

---

① ［德］尼采：《权力意志——重估一切价值的尝试》，张念东、凌素心译，商务印书馆1991年版，第148页。

② ［德］列奥·施特劳斯：《现代性的三次浪潮》，见贺照田编：《西方现代性的曲折与展开》，吉林人民出版社2002年版，第86页。

③ 漆思：《现代文化矛盾的哲学反思与文化自觉》，《社会科学战线》2012年第5期。

身，因为如果没有任何精神的或道德的目标，那么作为一种手段的理性就在上帝的真理不在场时被遗弃了。倘若贪欲和权力是'无需理性之光去发现的仅有的价值'，那么理性就不得不成为一种使他人屈服的惟一工具。"① 就中国而言，当下的道德危机和道德失范问题既是世界范围内"现代性危机"的局部表现，也是社会转型期各种矛盾和问题的集中反映，其成因是多方面的。既然道德失范的真义是社会既有的道德规范丧失了对社会成员的影响力与约束力，我们就从原有规范的失效切入，来探寻道德失范的根由。

（一）经济根源——道德规范因资本逻辑泛滥而失效

市场经济给中国社会带来了翻天覆地的变化，使中国的 GDP 达到了世界第二的水平，但我们的精神文明建设并未同步提升，相反还遭遇了前所未有的冲击和挑战。恩格斯曾说："一切以往的道德论归根到底都是当时的社会经济状况的产物"，"人们自觉地或不自觉地，归根到底总是从他们阶级地位所依据的实际关系中——从他们进行生产和交换的经济关系中，获得自己的伦理观念。"② 马克思也说："良心是由人的知识和全部生活方式来决定的。"③ 社会主义市场经济是一柄"双刃剑"，它在给中国社会带来巨大物质财富的同时，也使世道人心、道德风尚遭遇了前所未有的冲击和挑战。正如马克思、恩格斯所说，资本是一种"社会权力"，"金钱代替刀剑成了社会权力的第一杠杆"④。在现代社会，资本逻辑以其强大的力量推动着全球化和新科技革命的进程，这种以私利为原点、以利润最大化为目的的资本逻辑并不甘于仅在市场中发挥威力，它几乎无孔不入，以所向披靡之势渗透到了社会生活的各个领域。正如哲学家席美尔所说的，当

---

① [美] 戴维·哈维：《后现代的状况——对文化变迁之缘起的探究》，阎嘉译，商务印书馆 2004 年版，第 59 页。
② 《马克思恩格斯选集》第 3 卷，人民出版社 2012 年版，第 471、470 页。
③ 《马克思恩格斯全集》第 6 卷，人民出版社 1961 年版，第 152 页。
④ 《马克思恩格斯文集》第 9 卷，人民出版社 2009 年版，第 273 页。

货币成为人们生活的"绝对手段"之时，在他们的心理上它就成了"绝对的目的"。市场经济及其资本逻辑所引发的道德危机，表现为近年来中国社会私德、公德一再突破底线，各类职业道德不断滑坡，官场上享乐主义、奢靡之风盛行，就连在社会职业道德体系中具有引领和示范作用的师德医德也屡遭诟病，频频亮起黄牌。"市场经济具有四大负面作用：市场经济主体发展的目标与社会发展目标相矛盾；私人成本与社会公平成本相矛盾；竞争中浓厚的利己价值观与社会公平价值观相矛盾；效益价值与伦理价值相矛盾。"① 一百多年前美国社会的道德困境正在中国上演，辛克莱的小说《屠场》里描写的美国食品工厂里的种种黑暗，如同我们今天遭遇的苏丹红、瘦肉精、三聚氰胺一样。资本的自我复制性和逐利性决定了食品加工厂不是以生产卫生的食品为指归，而是以最大化地利用原料和劳动力，进而赚取最多的利润为目的。在中国，资本不仅为了追求利润而无所不为，而且它还与各种公共权力结合，导致权力腐败和官员堕落，并诱发社会风气和道德风尚的污浊和恶化。杜维明曾不无忧虑地指出："如果市场经济逐渐滑入所谓的'市场社会'，即社会各个不同的领域都被市场化，不仅是企业、媒体乃至政府或者宗教都被市场所侵噬。这是值得我们深刻忧虑的。"②

（二）社会根源——道德规范因社会快速转型而失效

中国古老的乡村曾是中华民族的温馨家园以及中国传统文化的滥觞之地。几千年来绝大部分中国人在乡村里聚族而居，安土重迁，形成了民风淳朴、民俗浓郁的熟人社会。③ 儒家所倡导的宗法血缘伦理和以尊尊亲亲

---

① 黄鹍：《当前道德乏力的原因及对策之我见》，《中共浙江省委党校学报》1998 年第 5 期。
② 杜维明：《阳明心学的时代已经来临》，《贵州文史丛刊》2010 年第 4 期。
③ 费孝通在其《乡土中国》中认为，中国社会是"熟人社会"，其是一个"能放能收、能伸能缩"的"动态"格局，它以己为中心，像石子一般投入水中，如水的波纹一般，愈推愈远。这种差序性的熟人社会格局是建构性的、能动的，同时更是生活的、历史的，其"自己人／外人"的推浪形式，使群己关系的界限也变成相对的。在这种"熟人社会"中，传统道德发挥着维护秩序的重要作用。

为内核的传统纲常有效地维系着广袤乡村的世道人心，成为中国百姓安伦尽分、安身立命之基。然而，自改革开放以来，在中国乡村，尤其是经济落后的中西部地区的乡村，多数青壮年农民随着浩浩荡荡的民工潮离开乡村进入城市，致使许多乡村仅剩下了老、弱、病、残、幼，大量的留守儿童、留守老人成为社会的难题，道德伦理问题也随之而生。农村的凋敝、家庭的解构，导致独生子女或单亲孩子的无助和家教缺失，造成传统伦理关系的简单化和传统孝道的虚无化。而中国乡土社会中最核心的家庭生活、孝道伦理以及父母对子女的言传身教，被日益疏落的人口现状所"消解"。而在不少城市，特别是大城市，存在着与农村相似的人口流动，不少成年子女出国留学、工作或定居，年迈的父母成为无人关照的"空巢"老人，家庭伦理和孝道规范无处归依。同时，30 余年的计划生育政策下出生的大批独生子女，无法体悟和感受传统伦理规范中的兄良弟悌、长幼有序，一些人伦关系成为悬置的存在，传统道德由于失去客观的伦理实体以及伦常习俗之依托而走向"空心化"。近年来，随着"单身贵族""丁克家庭"的增多，传统的五伦关系（父子有亲，君臣有义，夫妇有别，长幼有序，朋友有信）规范和协调的人群范围在缩小，道德建设面临着不少新问题。与传统"熟人圈"的伦理关系相适应的主体道德，一旦时空倒错，致使其遭遇"生人圈"时，就会丧失其伦理功效，传统伦理意义上的"好人"，很难直接成为现代伦理意义上的"好公民"。

（三）文化根源——道德规范因传统价值观式微而失效

"现代技术已经在新的规模上引进了行为，以前伦理学的框架已经不能包括它的目标和结果。"[①] 随着科技的飞速发展和网络化、信息化、电商化的高歌猛进，人类"能做的"不断突破"应做的"底线和边界，道德失范现象日渐增多。一些人以所谓的"价值中立"为借口，将一些社会领域

---

① ［德］乔纳斯：《哲学论文：从古代信条到技术人》，载［英］鲍曼编：《后现代伦理学》，张成岗译，江苏人民出版社 2003 年版，第 255 页。

或者社会行为变为游离于伦理学视野的一块块"飞地"、一座座"孤岛"。这表明，在当下中国，存在着人们对道德规范的需求与合理道德规范供给之间"严重的脱节"问题。具体表现为，一方面，中国社会的快速发展对人们的思想观念产生了巨大冲击，不少人特别是改革开放后出生的年轻一代，认为中国的传统文化过时了，传统的道德不再适应新时代的要求。他们极力挣脱一切传统的束缚，快速接纳从西方传入的自由思想，渴望绝对自由开放的生活方式；他们不知也不愿了解传统的"仁义礼智信"为何物，对当代的社会主义核心价值观也不以为然，甚至思想抵触。在此态势下，中国的传统思想、传统文化、传统道德日渐式微，面临"断根"的危险。另一方面，一百多年来原本就存在于国人内心深处的"西化"情结获得了极佳的复活氛围，抛弃中国传统文化、走"拿来主义"甚至"全盘西化"之路日益成为文化主流。从我国近代以来翻译的西方著作数量便可见一斑。20 世纪以来，中国翻译了西方大约 106800 余册著作，而与此同时，中国著作被翻译到西方的只有区区 800 余册。[①] 中国人的大脑成为西方现代主义和后现代主义文化思潮的"跑马场"，一些人力主用他们崇仰的西方理论指导和改变中国社会。那些盲目西化的人们，甚至不惜斩断自己的文化根脉，牺牲民族的人格尊严，文化自觉、文化自信在他们那里已荡然无存。而生活在转型期社会的芸芸众生，在老房子被拆毁、新房子又未建起来的情况下，就成为随波逐流、心灵无所皈依、找不到精神家园的"迷路人"。可以看出，社会变迁必将导致道德嬗变，革命和改革常常对社会造成制度性冲击，包括对原有社会道德的撼动，且具有基础性和整体性特征，致使原有的道德规范不再适应转型期社会的状况，造成领域性失效和整个规范系统失效。道德失范的文化根源最终可归结为价值观危机，原有的道德规范被新的价值观所抛弃。这就提醒人们道德失范的救治也必须在传统文化的继承上用力。

---

① 这一数字为北京大学王岳川教授对中外各大图书馆长时间的统计所得。详见王岳川编：《发现东方》，北京图书馆出版社 2003 年版，第 26 页。

（四）思想根源——道德规范因价值多元化而失效

与经济快速发展相伴，人们的思想观念和价值观也在急剧裂变，从单一走向多元，金钱万能、道德无用、拜金主义、享乐主义等甚嚣尘上，主流价值观遭受"冷遇"，各种扭曲的价值观疯狂肆虐，使得整个社会价值混乱、信仰迷茫、理想失落，充满了无意义感和生存焦虑。思想和价值观的多元化使人们产生误解：似乎个人做出任何价值选择均具"合理性"，都可以找到事实与理论为自己辩护。特别是在"经济市场化"理念蔓延泛滥至"社会市场化"之后，一切都待价而沽，金钱成为评判一切的标准，什么是崇高、什么是卑鄙、什么是善、什么是恶，这些最基本的道德问题在价值多元的时代，其彼此之间应有的界限变得模棱两可、含糊不清。人们在困惑迷茫之中由不知所措走向各行其是，各种不受社会主义道德约束的行为随之大量出现，于是乎，世风日下、人心不古、道德滑坡成为人们不愿看到的现实存在。同时，在思想和价值观多元化的背景下，坚守道德正义的难度在增加，这使得道德标准因"跟风"而失效。"跟风"是人们行为的一种普遍性特征，植根于人的自我保存意识和趋利避害的本能，是从众和模仿共同作用的产物。跟风的必然结果是，恶德驱逐良德，如劣币驱逐良币，这表现在国家、社会提倡的价值导向与现实的利益导向的背离上。在社会价值导向上，国家大力宣传道德模范，号召大家学雷锋做好事，而现实的利益导向却往往与此相背离。因此，人们常常看到这样一些怪象：好人常常得不到好报，见义勇为的英雄常常"流血又流泪"，有"德"之人未必有"福"。这些现象让"好人"寒心，也让社会变得冷漠。再加上职业道德疲软、社会公德滑坡等，导致当下的道德生态恶化，道德冷漠心理蔓延，以致于不少人将"事不关己高高挂起"当作自己行事的原则。因道德标准的不良"跟风"，人们不再期望成为道德上的"好人"，而更愿做一个冷眼旁观者，道德规范因此而失效。

从总体上看，当下中国的道德失范是经济社会大转型时期各种矛盾和冲突在道德领域的反映。"当一个国家从经济发展的一个阶段转入另一个阶段时，经济发展的过程就达到一个转折关头。在此关头会出现各种诱惑。如果国家抵制住了这种诱惑，它就会实现发展；否则，它就只会繁荣一时"。"一个国家必须以有利于经济发展的方式度过诱惑的关头。如果有一定的价值观占上风，就可以做到这一点。"① 目前，中国社会道德失范的基本特征是价值标准、规范体系、意义系统的缺失和抵牾。面对社会道德失范的困境，尤其是道德价值观扭曲、道德自信心下降，社会道德风尚阴霾笼罩，中国的精神文化如何重建？中华民族精神家园的颓废荒芜之势如何挽救？国人的灵魂和道德自信如何再生？这是每一个有责任担当的炎黄子孙都不能回避的问题和挑战。找准道德失范的根因，收拾道德人心，重振民族精神，这是中华民族再度崛起、实现伟大复兴必须完成的历史重任。中华民族是礼仪之邦，两千多年来，面对各种民族危机和挑战，包括对社会政治和道德风气的治理，"占主导地位的思维框架一直是心性为本根，借思想、文化以解决问题的方法，即便是以与传统全盘决裂为标榜的五四运动，亦未跳出这个罗网。"② 因此，探索道德失范的文化救赎之策，建构有利于经济社会发展的价值观体系，是走出道德失范乱象、回归道德理性和道德秩序的必由路径。

---

① ［美］塞缪尔·亨廷顿、［美］劳伦斯·哈里森：《文化的重要作用：价值观如何影响人类进步》，新华出版社 2010 年版，第 87 页。

② 参见高兆明：《道德失范研究》，商务印书馆 2016 年版，"自序"。

第三章　文化救赎道德何以可能

> 刚柔交错，天文也；文明以止，人文也。观乎天文，以察时变，观乎人文，以化成天下。
>
> ——《易·贲卦·彖传》

> 一个国家的繁荣，不取决于它的国库之殷实，不取决于它的城堡之坚固，也不取决于它的公共设施之华丽；而在于它的公民的文明素养，即在于人们所受的教育、人们的远见卓识和品格的高下。这才是真正的利害所在、真正的力量所在。
>
> ——马丁·路德

社会问题起于文化失调。"所谓文化失调，就是说任何文化都有它特殊的结构模式，新的文化特质引入之后，不能配合于原有的模式中，于是发生失调的现象。文化本是人类的生活方法，所以文化失调就在社会中各个人的生活上引起了相似的裂痕，反映于各个人心理上的就是相似的烦闷和不安，这种内心的不安逼着大家要求解脱，于是就有所谓社会问题。"[①]面对当代社会的道德失范问题，我们需探赜其背后的文化根源，寻找文化救赎的路径。

一、何谓"文化"

文化虽是每个人须臾不可离的生存方式，但是人们往往对其视而不

---

① 费孝通：《文化与文化自觉》，群言出版社 2016 年版，第 1 页。

见。黑格尔曾说："熟知并不是真知。"文化是一个非常广泛和最具人文意味的概念，虽然我们对其并不陌生，但若要给文化下一个准确的定义却并非易事。古今中外对文化概念的解释有两百多种，可谓见仁见智。下面我们分别从中西方视域来看看关于文化的定义。

（一）"以文化人"与"文治教化"

在中国古代，文化就是"以文化人"或"文治教化"。近代在吸收西方学术思想后，文化又被赋予了新的涵义。文化概念的演化，绝不仅仅只是一个定义变迁的问题，它实际上反映了随着历史的发展，文化的内涵在日益丰富，人们对文化的理解也在广延度和深刻度上不断拓展。今天通用的"文化"一词，便是近代学人在译介西方相关语汇"culture"时，借用中国固有的"文""化"及"文化"等词汇，加以熔铸再创而成的。在汉语系统中，与 culture 的内涵较为接近的有"文化"和"文明"两词，而"文明"一词似乎更为切合 culture 之意。"文明"最初是由人类的物质创造（尤其是对火的利用）引申到精神领域的，寓意是光明普照大地。唐人孔颖达疏解《尚书·舜典》"睿哲文明"时说："经天纬地曰文，照临四方曰明。"因此，"文明"较之汉语系统中"以文教化"的"文化"一词内蕴更广，接近于今日所说的兼容物质创造和精神创造的广义文化。当然，"文明"与"文化"是有区别的。"文明指的是能够以理性指标进行衡量的人类成就；而文化则是指只能以价值观或精神类型去定位的人类成就。如果说文明是技术水平，文化则是精神境界，或者，文明表现的是'理智'（mind）而文化表现的是'心志'（heart）。""假如一种文化不能产生'高度'发达和复杂的文明生活，那么这种文化就会被认为是粗糙的；假如一种文明不能产生具有强烈精神吸引力或精神快感的文化，那么就会被认为是低俗的。"① 如果说文明体现着一个民族历史发展的整体高度，那么，文化则标志着一个民族的精神高度。

---

① 赵汀阳：《文化为什么成了个问题？》，《世界哲学》2004 年第 3 期。

在汉语口语系统和典籍中，"文"和"化"是常用字汇。"文"的本义，指各色交错的纹理。《周易·系辞下》载："物相杂，故曰文。"《礼记·乐记》称："五色成文而不乱。"《说文解字》称："文，错画也，象交叉。"在此基础上，"文"又有若干引申义。其一，指包括语言文字在内的各种象征符号，具体化为文物典籍、礼乐制度。如《尚书·序》记载，伏羲画八卦，造书契，"由是文籍生焉"；《论语·子罕》记载，孔子曰："文王既没，文不在兹乎。"其二，由伦理之说导出彩画、装饰、人文修养之义，与"质""实"对称。如《尚书·舜典》疏曰"经纬天地曰文"，《论语·雍也》称"质胜文则野，文胜质则史，文质彬彬，然后君子"。其三，在前两层意义之上，导出美、善、德行之义。如《礼记·乐记》云"礼减而进，以进为文"，郑玄注"文犹美也，善也"，《尚书·大禹谟》云"文命敷于四海，祗承于帝"。"化"，本义为改易、生成、造化。如《庄子·逍遥游》云"化而为鸟，其名曰鹏"，《周易·系辞下》云"男女构精，万物化生"，《黄帝内经·素问》云"化不可代，时不可违"，《礼记·中庸》云"可以赞天地之化育"等。综合以上诸说，"化"指事物形态或性质的改变，同时又引申为教行迁善之义。正如钱穆所说："惟其人群乃由不同种类相杂而成，于是乃求相和相通，乃有所谓'化'。"①

"文"与"化"并联使用，较早见之于战国末年儒生编辑的《周易·贲卦·象传》："刚柔交错，天文也；文明以止，人文也。观乎天文，以察时变，观乎人文，以化成天下。"这里的"文"，即从纹理之义演化而来。日月往来交错文饰于天，即"天文"，亦即天道自然规律。"人文"指人伦社会规律，即社会生活中人与人之间纵横交织的关系，如君臣、父子、夫妇、兄弟、朋友，构成复杂网络，具有纹理表象。这段话告诉我们，治国者既须观察天文，以明了时序之变化；又须观察人文，使天下人均能遵从文明礼仪，行为止其所当止。在这里，"人文"与"化成天下"紧密联系，"以文教化"的思想已十分明确。西汉以后，"文"与

---

① 钱穆：《中华文化精神》，九州出版社 2011 年版，第 5 页。

"化"方合成一个词，如"圣人之治天下也，先文德而后武力。凡武之兴，为不服也。文化不改，然后加诛"（《说苑·指武》），"文化内辑，武功外悠"（《文选·补之诗》）。这里的"文化"，或与天造地设的自然对举，或与无教化的"质朴""野蛮"对举。因此，在汉语系统中，"文化"的本义就是"以文教化"，它表示对人性情的陶冶，品德的教养，属于精神范畴。随着时间的流变和空间的差异，"文化"逐渐成为一个内涵丰富、外延宽广的多维概念，成为众多学科探究、阐发、争鸣的对象。总之，中国古代的"文化"概念，基本属于精神文明范畴，是文治教化的总和。

（二）诸文化特质的整合体

在西方，文化（culture）作为一个内涵丰富的多维概念被众多学科所探究和阐发，始于近代的欧洲，与近代欧洲人的两种批判性观察直接相关。"其一，经历了文艺复兴以降多次反封建的文化运动，人们认识到，风俗、信仰、社会形态，乃至语言，并非如中世纪神学宣称的那样凝固不变，而是一个历时性的动态进程。其二，因海外探险和范围广泛的殖民活动，欧洲人发现，不同地域的社会制度、风俗习惯、语言文字大相径庭，人类文化呈现纷繁斑驳的共时性多样化状貌。"[1] 下面，我们简单梳理一下西方学者关于"文化"概念的代表性观点。

泰勒在其1871年所著的《原始文化》中，给文化下了一个著名的定义：文化是一个复杂的总体，包括知识、信仰、艺术、道德、法律、风俗，以及人类在社会生活里所得到的一切能力与习惯。这个长期被视作经典的定义，强调的是文化的精神方面，认为物质文化不是文化本身，只是文化行为的产物。这个定义并举了文化内容的诸层面，将文化看作这些层面的复合总体，而未正面揭示文化的本质，因此它只是一个描述性定义。美国人类学家弗朗兹·博厄斯及其学生本尼迪克特认为，各民

---

[1]　参见冯天瑜、何晓明、周积明：《中华文化史》，上海人民出版社2005年版，"导论"。

族并非遵循同一路线进化，处于不同地理环境的各个文化都有独特的历史过程，同时又受到外部文化传播的影响。按照这种"文化相对论"，该学派提出文化发展多向性的论点，认为一个群体的文化是社会遗产的组合与总体，由于群体的历史与种族的气质而获得特别的社会意义。所谓文化，是由各个文化特质共同构成的整合体。任何一个单项文化物质，都是一套特殊的行为模式。这些文化物质，基本上受历史、地理因素的塑造。20世纪上半叶兴起了"文化形态史观"，其代表是德国哲学家奥斯瓦尔·斯宾格勒和英国历史学家汤因比。斯宾格勒强调各类文化的横向比较，反对把文化纵向排列为古代、中世纪和近代。他认为世界上存在八种独立的文化——埃及文化、印度文化、巴比伦文化、中国文化、阿拉伯文化、墨西哥文化等，每一种文化都是具有生、长、盛、衰诸阶段的有机体。这些各具独立形态的"文化"便是历史研究的单位，人类社会和历史发展均由文化的兴亡盛衰所决定。汤因比承袭了斯宾格勒的观点，他对东方和西方的种种文化"自我中心的错觉"加以批评，进而把人类数千年文明史分为两大类（东方文明和西方文明）共二十六种类型，如希腊文明、中国文明、印度文明、伊朗文明、阿拉伯文明、西方基督教文明等。每个文明都有起源、生长、衰落、解体和灭亡五个阶段，一个文明社会如果对来自自然环境和社会环境的各种挑战有健全的应战能力，就可以走向繁荣和发展，否则便衰落、解体以至灭亡。斯宾格勒和汤因比突破了文化直线发展的模式，并纠正传播学派关于文化由一点扩展到四方的论点的偏颇，揭示出这样一个真实的图景：由于人性一致的原则，不同民族发展到一定的阶段，当生活需要某些发明的时候，许多重大的文化成就可以在彼此距离遥远的地区、间隔漫长的时间，一次又一次地被不同民族创造出来。当然，斯宾格勒和汤因比把社会进步一味归咎为文化力量，特别是"富有创造性的少数人"，这种"文化归因主义"陷入了唯心史观。文化功能学派的主要代表、英国社会学家马林诺夫斯基认为要彻底了解某一文化，必须研究活生生的文化生命体，而不能满足于对文化这个有机体作"尸体解剖"，这就必须进行功能研究。每个活的文化，其结合的整体及其各个组成部分，都与人生的需要相关，而文化特质的功能就是满足这一社会成员间的某种需要。他认为，器物和习惯构成文化的两大方面——物质的方面和精神的方面，它们互相形成、互相决定，共同实现文化的功能。法国文化人类学家列维—斯特劳斯创立的结构学派把文化视作系统，并借助模式解释社会关系。他认为社会结构的某些模式植根于人类的心灵中，所谓文化便是人类内在结构的缩影，文化系统中的普遍模式是人类思想中恒定结构的产物，文化是由彼此关联、彼此互相依赖的习惯性反应方式所组成的系统。符号——文化学派创始人之一的怀特不赞成其老师博厄斯的文化相对论，支持摩尔根和泰勒的文化进化观，把人类社会和文化的进化划分为"蒙昧"和"文明"两大阶段，而私有制的出现是文明社会区别于蒙昧社会的基本标志。他把广义符号定义为"被运用它的人赋予事物价值和意义"的东西，从而将所有人造标志都纳入符号概念之中。他认为文化符号的主要功能，在于能够具体说明感官方面那些抽象的和无法表达的东西。德国哲学家卡西尔在探讨人的本质时提出：人与其说是"社会的动物""理性的动物"，不如说是"符号的动物"，即利用符号创造文化的动物。因为社会性本身并不是人的唯一特性，它也不是人独有的特权，某些"社会动物"（如蜜蜂、蚂蚁）也有劳动分工和严密的社会组织。"人与动物的根本差异在于，动物只能对信号做出条件反射，人则能把这些信号改造成有自觉意义的符号，并运用符号创造文化。""人只有在创造文化的活动中才能成为真正意义上的人，文化无非是人的外化、对象化，无非是符号活动的现实化和具体化。"[1]符号——文化学派的文化定义将文化与人结合为统一体，在揭示文化本质的道路上又向前推进了一步。美国文化人类学家克罗伯（A.L. Krober）和克拉孔（Clyde Kluckhohn）在《文化：概念和定义的批判性回顾》一书中，检讨了160多个关于"文化"的界说，最后的结论是

---

[1]　参见［德］恩斯特·卡西尔：《人论》，甘阳译，上海译文出版社2003年版，第38—42、99—111页。

把文化看作成套的行为系统，而文化的核心则由一套传统观念，尤其是价值系统所构成。这是迄今欧美公认度较高的文化定义。上世纪70年代，哈佛大学教授丹尼尔·贝尔提出："文化本身是为人类生命过程提供解释系统，帮助他们对付生存困境的一种努力。"①

（三）人类超越生存困境的一种努力

在了解中国"文化"一词的内涵和西方学者关于文化的概念之后，我们会发现一个共同点——文化是一种"总合体"。这也可以从中国近现代学者对文化概念的言说窥其一斑。梁启超认为："文化者，人类心能所开积出来之有价值的共业也。""文化是包含人类物质精神两面的业种业果而言。"②蔡元培指出："文化是人生发展的状况。"③陈独秀指出："文化是对军事、政治、产业而言"，"文化底内容，是包含着科学、宗教、道德、美术、文学、音乐这几种。"④梁漱溟认为，文化"是人类生活的样法"⑤，"文化，就是吾人生活所依靠之一切"。⑥贺麟从"心物合一"观出发，认为"所谓文化就是经过人类精神陶铸过的自然"。⑦冯友兰指出，文化是一种"总合体"，"中国文化就是中国之历史、艺术、哲学……之总合体；除此之外，并没有别的东西，可以单叫做中国文化。"⑧钱穆认为："文化就是我们的'人生'"，"是长时期的大众集体公共人生，而中国文化，则是中国人或中华民族经过了四五千年长时期变化蕴积而到今天之所成。"⑨楼宇烈认为："文化就是人类创造性的实践和理论的结晶，它包含着一个

① ［美］丹尼尔·贝尔：《资本主义的文化矛盾》，赵一凡等译，生活·读书·新知三联书店1992年版，第24页。
② 梁启超：《什么是文化》，《时事新报》副刊《学灯》1922年12月7日。
③ 蔡元培：《何谓文化》，《蔡元培美学文选》，北京大学出版社1963年版，第113页。
④ 陈独秀：《新文化运动是什么?》，《新青年》第七卷第五号。
⑤ 梁漱溟：《东西文化及其哲学》，商务印书馆2015年版，第66页。
⑥ 梁漱溟：《中国文化要义》，上海人民出版社2003年版，第9页。
⑦ 贺麟：《文化的体与用》，《文化与人生》，商务印书馆1947年版，第32页。
⑧ 冯友兰：《三松堂学术文集》，北京大学出版社1984年版，第43页。
⑨ 钱穆：《中华文化精神》，九州出版社2011年版，第2页。

民族的价值观念、思维方法、生活样式和信仰习俗等，跟一个国家的历史和传统密切相关。"① 黄文山认为："文化的内容，是由人类过去的遗业所构成的。所谓遗业，在性质上是累积的，而累积是一种客观的、历史的现象。"② 美籍华人学者余英时指出，文化是"成套的行为系统，其核心则由一套传统观念，尤其是价值系统所构成"③。樊浩认为："文化是超越人的生存困境的一种努力，大痛苦产生大文化。"④ 其实，在我国学术界还存在一种"大文化"的观点，就是把文化分为器物、制度和精神三个层面：器物文化是指物质方面的成就，当然也包括经济方面的成就；制度文化则包括政治制度、法律制度和各种各样的管理制度；精神文化是指意识形态和意识形式的成果。按照这种定义，"文化"的内容可谓无所不包，这无疑是一个"总合体"。

随着时代的进步，人类创制的文化不断向深度和广度拓展，"文化"这一概念所包藏的内容也愈益丰富。我们在努力穷尽文化广延度的同时，更需要把握文化的本质属性。西方各文化学派虽然均有建树，但似乎未能提出一个明朗的、论证充分的关于文化本质的定义。在林林总总的中西方"文化"定义中，有一点是学者们公认的，即文化与人不可分离。有了人，就开始有了历史；有了人，也就开始有了文化。没有人的主动创造，文化便失去了光彩，失去了活力，甚至失去了生命。人创造了文化，同样文化也创造人自身。基于此，文化的实质性含义应是"人类化"或"人化"，是人类价值观念在社会实践过程中的对象化，是人类创造的文化价值经由符号这一介质在传播中的实现过程，而这种实现过程包括外在文化产品的创制和人自身心智的塑造。

---

① 楼宇烈：《中国的品格》，当代中国出版社 2007 年版，第 3 页。
② 黄文山：《文化学的方法》，转引自《多维视野中的文化理论》，浙江人民出版社 1987 年版，第 11 页。
③ 余英时：《从价值系统看中国文化的现代意义》，载《中国思想传统的现代诠释》，江苏人民出版社 2003 年版，第 28 页。
④ 樊浩：《文化与安身立命》，福建教育出版社 2009 年版，第 44 页。

二、文化与人性

按照丹尼尔·贝尔的文化定义①，"文化是想对生存困境提供一系列内在一致的应对的努力。"② 其内容包括四个要素：一是"生命过程"，文化的对象是人类的生命过程；二是"生存困境"，生存困境是人生命的深度和厚度之存在，人类有了生存困境，于是就产生了对文化的需要，需要文化对人类困境进行建构性的揭示；三是文化的存在形态和功能，文化是应对人类生命过程生存困境的一个"解释系统"，文化解释系统的真谛是对困境的超越；四是文化的目标，即超越生存困境的一种"努力"，人生最大的困境是死亡，为了减少"向死而生"的终极痛苦，于是有了帮助人类摆脱死亡恐惧的上帝，有了宗教文化中的天国，有了非宗教国家伦理文化中对"永垂不朽"的向往和期待，有了对审美文化的需要。

（一）文化与人的社会化

文化是以人为中心、以人的生命过程为对象的存在。作为有目的行为，文化的第一要素是生命过程。生命过程既包括时间意义上的生命，也包括生活和人生。同时，文化还是一种意志行为，常常表现为精神。作为精神的文化有两个特点：其一，一个单一的人或者一个个体的人如何和群体的公共本质相同一，即人的社会化。黑格尔认为，人间最神圣的事业就是成为一个人。中国古代教育十分强调把学生培养成人，"成人"之"人"不是指原子式的个人，而是指一种普遍的、体现人的公共本质和最重要本性的存在。其二，文化不仅是一种意识，更重要的还是一种意志。只有意识与意志统一起来，才是一种精神。因此，文化不是片面地强调个性，一

① 丹尼尔·贝尔认为，文化"试图揭示或表达人类存在意义的努力。文化的形态并不多，它们来自于所有人在所有时期，在意识的本质中都会面对的生存境况：如何面对死亡，如何理解悲剧本质和英雄人物，如何理解忠诚和责任的意义、灵魂的救赎，如何理解爱、牺牲和包容，如何理解兽性和人性间的张力，以及如何平衡本能和约束"。见〔美〕丹尼尔·贝尔：《资本主义文化矛盾》，严蓓雯译，人民出版社 2010 年版，第 11 页。

② 〔美〕丹尼尔·贝尔：《资本主义文化矛盾》，严蓓雯译，人民出版社 1978 年版，第 5 页。

个人行为怪诞，与他人难以相处，与社会格格不入，这不是有文化的表现。一个有文化的人，其行为、教养应符合人的公共本性和普通本质。教育、教化的目的是让人成为有文化的社会人。

（二）文化与人性的化育和提升

在中国，人性或德性最完美的体现就是孔子哲学中的"仁"。孔子指出："仁者，人也，亲亲为大。"（《礼记·中庸》）"克己复礼为仁。一日克己复礼，天下归仁焉！"（《论语·颜渊》）"仁"涵盖人生命中的一切，它内发于人性，以推己及人为要旨。在孔子那里，追求"仁"、践履"礼"是提升人性、完成人性的基本路径。在中国传统伦理体系中，"仁"被视为至德或全德，它既是中国伦理体系结构的"原点"，也是中国伦理道德追求的理想；而"礼"是通向"仁"的必由之路，人们通过视听言动的合宜来符合"礼"的要求，抵达"仁"之境界。孔子哲学彰显着人类理性之成熟，是"基础哲学"，它可以作为"人性之根，社会之本"。[1]

从历史上看，孔子处于由自发的伦理精神向自觉的伦理精神转化的枢纽地位，其思想体系对人性的化育发挥了重要作用。

> 孔子在中国伦理精神发展史上的地位有三：一是使氏族体制政治化，把西周建立的那套政治体制理论化、系统化，形成自觉的人际关系的组织、结构原理；二是客观伦理主观化，把客观的、外在的伦理规范转化为内在的道德要求；三是确立了中国伦理的中庸风格。在这些方面，孔子对中国伦理精神以永恒性的影响，可以说，他的伦理思想不仅是儒家伦理精神的母胎，而且也奠定了民族伦理精神的基调。[2]

孔子对中国文化和伦理精神的永恒性影响主要体现在其"一轴两翼"

---

① 卢雪崑：《常道：回到孔子》，广西师范大学出版社 2016 年版，第 15 页。

② 樊浩：《中国伦理精神的历史建构》，江苏人民出版社 1992 年版，第 76—77 页。

的思想体系中。中国传统文化以儒家文化为主体，而儒家文化又以孔子的思想为内核，因此，文化要完成"以文化人"的使命，就离不开以"仁""礼"来化育和提升人性。今天，我们要用文化化育和提升人性，救赎失范的道德，就必须抓住儒家文化特别是孔子思想的核心与灵魂①，否则，人文化育、文化救赎将难见成效。

三、价值观是文化的核心与灵魂

（一）价值观是文化的灵魂

从哲学的角度看，如果存在着这样一个符号体系，它给各种事物赋予了这些事物本身所不具备的各种意义，那么，这个符号体系就是文化。在内容上，文化由一套"主观意见"所构成，这些"意见"的核心是价值观，或者说是，去做或不去做某些事情的理由；在形式上，文化表现为关于各种事物的想象、表述和解释，在这些表述和解释的基础上得以建构社会性的话语、意象、规范和制度。② 文化的核心和灵魂是价值观，文化要真正发挥作用，正确价值观的培育、构建和弘扬是重中之重。价值观是指人们在认识各种具体事物的基础上，形成的对事物价值的总的看法和根本观点。价值观决定人的自我认识，它直接影响和决定着一个人的理想、信念、生活目标和追求方向。文化是人类在社会历史发展过程中所创造的物质财富和精神财富的总和。确切地说，文化是凝结在物质之中又游离于物质之外，是一个国家或民族的历史、地理、风土人情、传统习俗、生活方式、文学艺术、行为规范、思维方式、价值观念等的集合体，是人类普遍认可的用以交流和传承的意识形态。20 世纪 30 年代被西班牙人誉为"共和国之父"

---

① 孔子学说的核心精神是"礼"还是"仁"，这是千百年来学术界、思想界聚讼纷纭的话题。有人认为，"仁"是孔子及其儒学的主体，"德化"、"德治"为孔子及其后学汲汲追求的完美政治愿景；也有人认为，"礼"的精神是孔子及其儒学的核心，"礼治"是孔子所推崇的政治最高理想。从学术界看，主张孔子思想核心为"仁"的观点占主流。本人认为，孔子思想的核心是"一轴两翼"结构：以"时中观"为轴心，以"仁"与"礼"为两翼。

② 参见赵汀阳：《文化为什么成了个问题?》，《世界哲学》2004 年第 3 期。

的奥尔托加曾指出："文化不是科学。文化是一种生命信念，一种带有我们时代特征的信念。"①在现实生活中，由于价值观的不同，人们会选择不同的生活方式；而不同的生活方式则体现和展示着人们不同的素质和修养。由此我们可以感受到文化对人的生活方式及人格品位的影响，而作为文化之核心和灵魂的价值观，则是文化影响力的根本所在。因此，马丁·路德曾说："一个国家的繁荣，不取决于它的国库的殷实，不取决于它的城堡之坚固，也不取决于它的公共设施之华丽；而在于它的公民的文明素养，即在于人们所受的教育、人们的远见卓识和品格的高下。这才是真正的利害所在、真正的力量所在。"马丁·路德在此所强调的与其说是公民的文明素养，不如说是一个社会的文化及其作为文化核心的价值观，因为，文化才是与殷实的国库、坚固的城堡等经济和物质元素相对应精神元素，而价值观则是公民文明素养的灵魂。当然，文化具有丰富多样的形态或表现方式。文化大体上存在着精神形态（如观念等），实物形态（如器物等），以及实践形态（如生活方式、精神生产、文化产业等）。剥开文化的外壳，我们会发现，深藏其内并持久发生重要作用的是价值观。价值观反映一定社会主体的利益和需求，并渗透在文化的各种形态中。作为文化影响力的重要构成因素，价值观强烈地影响着社会和人的行为。马克思曾经把哲学视为"文化的灵魂"。作为世界观和方法论的哲学观念，不仅蕴含着智慧，而且承载了人们对人生、社会乃至整个世界的意义的认识和价值判断。虽然不能把所有文化都归结为价值观，但文化中的价值观对于人的发展和社会进步的重要性越来越被人们所认同，以至于人们在谈论传统文化或文化软实力时，文化中所包蕴的特定的价值观就成为被关注的重中之重。

（二）价值观决定人生之成败和民族之兴衰

价值观究竟具有怎样的力量呢？相传，古希腊犬儒学派哲学家第欧根

---

① 　〔西〕奥尔托加·加塞特：《大学的使命》，徐小洲等译，浙江教育出版社 2001 年版，第 87 页。

尼住在一个木桶里，其所拥有的全部财产就是一个木桶、一件斗篷、一支棍子、一个面包袋。有一次，亚历山大大帝慕名拜访他，问他需要什么，并保证会兑现他的愿望。第欧根尼回答道："我希望你闪到一边去，不要遮住我的阳光。"亚历山大大帝后来感叹说："我若不是亚历山大，我愿是第欧根尼。"同样是在古希腊，数学家欧几里德有一次被学生诘问，"学几何有何用处？"欧几里德告诉仆人："给他点钱，让他走。"又一次，欧几里德和妻子吵架，妻子生气地说："收起你的乱七八糟的几何图形，它难道为你带来了面包和牛肉？"欧几里德笑了笑，说道："妇人之见，你知道吗？我现在所写的，到后世将价值连城！"妻子嘲笑道："难道让我们来世再结合在一起吗？你这书呆子。"欧几里德刚要分辩，只见妻子拿起他写的《几何原本》的一部分投入火炉中，据说妻子烧掉的是《几何原本》中最后最精彩的一章。这两个故事反映出了第欧根尼和欧几里德的价值观，他们在各自价值观的支配下，选择了与众不同的生活方式，并将自己的一生奉献给了他们所热爱的哲学和数学。在第欧根尼眼中，阳光象征自然、自由以及合乎自然、自由的生活，它远比金钱、权力重要；在欧几里德心里，追求智慧、崇尚思辨的意义大于一切。价值观是一个人对周围客观事物的意义、重要性的总评价和看法，它决定着人的行动和思想。通常而言，一个人只会去想他认为有价值的和所相信的；他认为没有价值或者不相信的，他根本不会想，更不会去做。不同时代、社会、生活环境所形成的价值观是不相同的。"仁义礼智信"是儒家倡导的中国传统价值观，四谛（苦、集、灭、道）则是印度佛教崇尚的价值观。当然，每个人也都有自己的价值观，千万人的价值观汇聚在一起就成为一个社会、民族、国家的价值取向。对个人而言，有什么样的价值观，就拥有什么样的人生；对于国家民族而言，有什么样的价值取向，就有什么样的国势民运。一个拜金主义盛行的社会，必然导致"笑贫不笑娼"的乱象；一个迷恋霸权的民族，必将走向穷兵黩武的末路；一个失去理想的国家，必然陷入道德失范、丑恶肆虐的窘境。因此，上世纪六七十年代，当丹尼尔·贝尔看到资本主义社会的文化与社会发生断裂时，他指出："新教伦理被资产阶级社会抛弃之后，剩下的便只是享乐主义了。资本主义制度也因此失去了它的超验道德观……一旦社会失去了超验纽带的维系，或者说当它不能继续为它的品格构造、工作和文化提供某种'终极意义'时，这个制度就会发生动荡。"① 也就是说，丧失了新教伦理价值观的新生的文化理念不仅不再为资本主义社会提供前进动力，而且还将解构社会。

在科学技术越来越发达、物质财富越来越丰富、做人做事愈来愈浮躁的当代社会，人们与远大理想、崇高道德和善良人性日渐疏离，内心的价值坐标也变得模糊不清。在政界，一些官员把获取权力、晋升官位、人生享乐视为奋斗目标，理想和信仰成为装潢门面的招牌，其结果是行贿受贿、蜕化堕落者前"腐"后继。在企业界和商界，一些人唯利是图，将获得金钱、攫取利润当成人生的全部意义，其结果是不少企业和企业家"城头变幻大王旗，各领风骚三两年"，基业长青者寥寥无几。由于缺乏正确价值观的引领，一些人为了赢得市场，却践踏了诚信；为了合作发展，却丧失了原则；为了"价值"（value），却放弃了"价值观"（Values）。这表明，如果一个人失去了价值观和理想信仰的导航，人生之舟就会偏离方向或触礁沉没；如果企业领导者对企业发展与成功的价值取向无法摆脱人性弱点的羁绊，就会忽视基本的商业规则和市场风险，做出错误的战略决策，将企业引上不归之路。事实上，但凡成功的企业无不十分重视企业文化和价值观的作用，并将价值观的力量发挥到极致。曾任亿贝（eBay）公司 CEO 的梅格·惠特曼在其所著的《价值观的力量》一书中谈到，当亿贝（eBay）公司面临巨大经营危机的时候，最重要的问题是确立正确的价值观；是每位 eBay 员工铭牌上的价值观② 帮助企业走出黑暗的低谷、奔向光明的未来。她还总结出具有普适性的十种价值观，即人性本善、行动导

---

① 　[美] 丹尼尔·贝尔：《资本主义文化矛盾》，生活·读书·新知三联书店 1989 年版，第 66—68 页。

② 　亿贝（eBay）公司的价值观内容如下：A. 我们相信人性本善——大多数人本质上是善良的；B. 我们认可并尊重每个人都是独一无二的；C. 我们相信人皆有用，应该集思广益；D. 我们鼓励为人处世需要换位思考——己所不欲，勿施于人；E. 我们相信诚信正直、公开透明的环境可以引发人性的光辉。

向、真诚正直、崇尚节约、注重结果、积极聆听、专心致志、团队合作、勇敢坚毅、灵活应变。① 今天，我们应牢记惠特曼的忠告，"赢和幸福，都需要价值观的力量"②，让正确价值观的灿烂阳光普照中华大地。

（三）价值观引领和支撑文化之前行

作为文化之核心和灵魂的价值观，对文化的发展具有引领和支撑作用。正如一个人的价值观决定其高雅与低俗、成功与失败一样，一个社会的核心价值观也决定着公众文化品位的高低、社会风尚的好坏。文化的力量来自于其所内蕴的价值观的魅力。中国文化对中华民族所产生的凝聚力和对其他民族所具有的吸引力，都源于中国古代礼乐文明的魅力，源于孔孟老庄之学所蕴含的指导人伦关系、生活方式、社会理想等的价值观念，这些散发着恒久魅力的价值观在一定意义上成为了中华民族的标识。美国学者塞缪尔·亨廷顿指出，虽然文化有多重含义，但是"文化若是无所不包，就什么也说明不了，因此，我们是从纯主观的角度界定文化的含义，指一个社会中的价值观、态度、信念、取向以及人们普遍持有的见解"③。被称为"软实力之父"的美国著名政治学家、哈佛大学名誉教授约瑟夫·奈在其《软实力》④ 一书中，首次提出了"软实力"概念。随着该书风靡全球，人们开始从关心领土、军备、武力、科技进步、经济发展、地域扩张、军事打击等有形的"硬实力"，转向关注文化、价值观、影响力、道德准则、文化感召力等无形的"软实力"。我国有着悠久的历史和优秀的文化，自古以来高度重视价值观问题，"仁、义、礼、智、信""五常"之道就是中国古代的核心价值观，其对中国社会发展和民心凝聚一直发挥着"软实力"的作用。

作为文化"软实力"的价值观，体现着民族和时代的特点，并成为不

---

① ［苏］惠特曼、［美］汉密尔顿：《价值观的力量》，吴振阳等译，机械工业出版社 2010 年版，"序言"。

② 同上书，推荐序一。

③ ［美］塞缪尔·亨廷顿、［美］劳伦斯·哈里森：《文化的重要作用》，程克雄译，新华出版社 2010 年版，第 9 页。

④ 参见［美］约瑟夫·奈：《软实力》，马娟娟译，中信出版社 2013 年版。

同民族文化和不同时代文化的最重要特征。一定社会文化蕴含的价值观往往反映不同民族的诉求，受制于特定的时代、制度和实践。当代中国的主流价值观念，是在继承民族传统文化和充分反映中国特色社会主义建设实践的基础上产生的。在改革开放和向现代化目标迈进的过程中，伴随由农业社会向工业社会、由计划经济体制向市场经济体制的转变，为了适应社会主义初级阶段的基本国情，中国特色社会主义核心价值观也应运而生。当代中国的核心价值观表达了国家、社会和公民三个层面的基本价值目标、价值取向和价值标准，具体展开为：实现国家的富强、民主、文明、和谐，促进社会的自由、平等、公正、法治，提倡公民的爱国、敬业、诚信、友善。今天，24 字核心价值观已日渐深入人心，并正在成为全民的共识，成为凝练中华民族凝聚力和向心力的重要元素。

四、文化的永恒主题与神圣使命

丹尼尔·贝尔认为，文化"是为人类生命过程提供的解释系统，是帮助他们对付生存困境的一种努力"[①]。按照这一观点，"文化"将与"生命过程""生存困境""解释系统"和"超越性努力"四个词汇相连；同时，每当人类面临重大生存难题时，文化都将担当起救助苍生以摆脱困境的神圣使命。那么，面对当下中国社会巨大转型期出现的道德失范和精神家园荒芜，文化又当何为？纵观人类发展史，可以看出，伴随着人类而诞生的文化始终关注着两大主题：人应当如何生活？我们如何在一起？这些既是哲学问题，又是文化的使命所在。

（一）"人应当如何生活"与人文教化之本

回溯人类文明史，可以看出，人类文明发展与进步的过程实质上就

---

① ［美］丹尼尔·贝尔：《资本主义的文化矛盾》，赵一凡等译，生活·读书·新知三联书店1992 年版，第 24 页。

是人类不断以自己创造的文化来使人日益摆脱愚昧、野蛮、依附而走向智慧、文明和独立自由的过程。从一定意义上说，一部人类文明史，就是一部人类借助于文化而脱离动物属性、彰显人性的历史，也可以说文化即"人化"，这是对文化实质的一种诠释。为了正确把握"文化"即"人化"的内涵，可以把"文化"当作一个动词，"文化"就是由"文"而"化"，即通过"文"而使人发生变化，或者通过"文"使自身发生变化。

我们先来剖析"文"之意蕴。"文"与"质"相对，从"质"到"文"是"文化"和"人化"的过程。"文"在古汉语中的通假字是"纹"，古人乃至今人在自己的皮肤上雕龙绣凤或绘出其他喜欢的图案标识，目的是改变身体的自然状态，即改变原来"质"的状态，让自己与众不同。当然，对不同的民族纹身的含义会有区别，但凸显个性、追求美感、展示财富、表现毅力等都是重要目的。纹身所表达的是人的追求，是"人化"的目标。"文"是对自然状态的改变，而自然状态本身我们称其为"质"。中国文化把"质"的状态和"朴"相联系，即"质朴"；而"朴"又和"素"相联系，即"朴素"。从原初意义看，"朴"是指刚刚锯下的树木，还没有做成任何家具；"素"是指刚刚从茧里抽出的丝，还没有染上任何颜色。合而言之，"朴素"就是人或者事物的原初状态或者自然状态。文是与质相对的，文化是对这样一种质朴状态的改变、超越。《圣经》告诉我们，人类最初的状态是一丝不挂的，只是在亚当和夏娃被蛇引诱偷吃禁果之后，才有了羞耻意识，才知道以树叶遮身，服装的历史由此开启，文化和文明由此萌芽。人是从动物进化而来的，劳动使人直立行走，使其手足分离、大脑高度发育，从物质层面使人类超越了动物；而"文化"则使人有了羞耻心、审美感、同情心、理性智慧等，从精神层面让人类超越了动物。

文化的大智慧是在"文"和"质"之间保持合理的张力。孔子曰："质胜文则野，文胜质则史，文质彬彬，然后君子。"（《论语·雍也》）在孔子看来，质朴超过了文采，就会粗野；文采超过了质朴就会虚浮。文采和质朴相辅相成，配合恰当，才能成为君子。"文"就是要人和他的质之间保持合适的距离，过犹不及。然而，自古以来，就存在着重"质"轻"文"

现象，对此，《论语》中子贡与棘子成的对话则很好地回答了这个问题。"棘子成曰：'君子质而已矣，何以文为？'子贡曰：'惜乎，夫子之说君子也；驷不及舌。文犹质也，质犹文也。虎豹之鞟犹犬羊之鞟。'"(《论语·颜渊》)子贡强调，内心的本质和外表的文采对于君子来说都是重要的，这就如同兽皮一样，如果把两张皮的毛全拔去，就分不出哪是虎豹之皮，哪是犬羊之皮了。正确的做法是，既重视质又不轻视文，即"文质彬彬，然后君子"。

"文化"之"化"字，最简单的意思是"变化"。在汉语中，其表层意思是指人外在的自然状态的变化；其深层意思则是指一种境界，"化"乃彻头彻尾、彻里彻外之变化。所以，文化的最高境界就是彻底改变人类的原始自然状态，从而使人成为一个完全或真正意义上的人，即一个有精神和人格境界的人。中国儒家一向倡导的人伦教化、礼乐教化，其宗旨就是要以文化人。《论语·宪问》记载，子路问成人，子曰："若臧武仲之知，公绰之不欲，卞庄子之勇，冉求之艺，文之以礼乐，亦可以为成人矣。"这里的"文之以礼乐"，就是指以礼乐美化和升华人性，提升礼仪教养和人格境界，让人成为彬彬有礼之君子。可见，文化不仅是一种状态、一个过程，还是一种境界。"有文化"与"没文化"相比较，文化是一种开化状态，人类有"文"而"明"，无"文"而"暗"，故文化是一个启蒙的过程；以文化人则人性彰显，不以文化人则兽性呈现，中国古代圣贤通过制礼作乐，"使人以有礼，知自别于禽兽"(《礼记·曲礼上》)，故文化是一种境界，一种让人类摆脱动物属性的精神境界。这表明，"以文化人"旨在解决"人如何成为人"或"人应当如何生活"的问题，这是文化的重要使命之一。

人文教化的重点是通过伦理道德教化来培养人之"大体"，增强人之共性和普遍性。从人的"文化水平"可以看出"人化水平"的高低。一个人的"文化水平"，并非仅仅是其人生履历表中的所谓小学、中学、大学、硕士、博士，其本质是指"文"和"质"之间的距离，是人和自己的自然状态的距离，也就是人和动物的距离。人应该怎样"成为一个人"？只有通过"文"来使自己和他人发生变化；怎样来衡量这种变化呢？我们就把这个衡量标准叫作"文化水平"。一个人与自然状态的距离越大，文化水平就越高。[①] 教育的根本目的是培养人，而不仅仅是教授知识，单一的灌输知识是教育功能的异化。关于教育的本质，中国古代对其有精辟解释。东汉许慎在《说文解字》中说："教者，上所施，下所效"，"育者，教子使作善也。"这表明，教育最重要的本质是要长者、上者以身作则，教孩子使其能够做善人、行善事。中国古代就有"大学""小学"的区分，"大学"是培养"大人"的学问，"大人"是和自己的原始自然状态距离最远的那样一种人。在西方，大学叫 university，为什么叫 university？其前缀 universal 是"普遍的""全体的""共同的"的意思，名词"universe"则是"宇宙、世界、天地万物"的意思。固然，大学倡扬独立精神和个性自由，这种独立个性主要指在对真理的追求上能够有批判精神，不畏惧权威，不人云亦云；而不是指在做人和遵守社会道德规范上特立独行。相反，大学所培养的人是和人的普遍性之间距离最为接近的人，只有在做人和遵守社会道德规范时遵循普遍性要求，一个人才能成为合格的社会公民，而培养合格的社会公民正是大学的教育宗旨。孟子曾说："养其大者为大人，养其小者为小人。"（《孟子·告子上》）在孟子看来。人有大体和小体之分，小体就是人的自然本能，大体是指人的伦理道德。人文教化就是要通过伦理道德教化把人培养成为大人。在这里，"大"与"小"是人格意义上的而非规模意义上的。因此，我们衡量一个人的"文化程度"，就是看其能在多大程度上驾驭自己的自然状态、控制自己的本能。一个放纵欲望、放任自然本能的人，是无"文"无"化"之人，是一个缺乏教育或教育失败的人。另外，自由不等于任性，一个率性而为的人不是真正自由的人。事实上，教育的目标就是实现共性与个性、普遍性与特殊性的统一。因为个性和特殊性是人自身就具有的，故教育的用力之处在于共性和普遍性的培养上。

---

① 参见樊浩：《文化与安身立命》，福建教育出版社 2009 年版，第 49 页。

（二）"我们如何在一起"与"人类命运共同体"

在全球化时代，人类已经成为一个不可分离的"共同体"，"我们如何在一起"的哲学问题从未像今天这样成为人类亟需解决的生存难题。如果将地球比作一艘大船，世界各国就是这艘大船的一个个船舱。只有不同国家相互尊重、平等相待，才能合作共赢、共同发展；只有坚持不同文明兼容并蓄、交流互鉴，承载着全体人类的"地球号"巨轮才能乘风破浪、抵达彼岸。国际社会正在成为一个你中有我、我中有你的"命运共同体"，面对世界经济的复杂形势和全球性问题，任何国家都不可能独善其身。为此，必须倡导"人类命运共同体"意识。人类命运共同体是指在追求本国利益时兼顾他国合理关切，在谋求本国发展中促进各国共同发展。"命运共同体"是中国政府首倡并强调的人类社会新理念，旨在寻求人类共同利益和共同价值，以超越种族、文化、国家与意识形态的界限，为开创人类的美好未来提供新视角，为推动世界和平发展给出理性的行动方案，最终实现同舟共济、权责共担、合作共赢、福祉共享的理想目标。

"共生"是自然界和人类社会共有之规律。"人类命运共同体"意识可以追溯到"共生"概念。德国植物学家、医生、著名的真菌学奠基人安东·德里巴（Anton deBary）于 1879 年提出共生概念以来[1]，共生研究在生物学界和社会学界得到了高度重视及重大发展。自然界是共生的整体，整个地球就是一个共生系统，英国化学家詹姆斯·洛夫洛克（James E. Lovelock）提出了盖娅假说，对地球作为一个共生系统进行了很好的阐释，水、空气、物质与能量的交换，各类生物之间、有机物与无机物之间的相互依存与相互影响，形成了一个不可分割的共生整体。人类社会是自然界的一个组成部分，人类社会也是共生的整体。人是自然界长期进化的产物，人与其他生物天然地、永恒地、紧密地联系在一起。马克思指出，"人靠自然界生活……人是自然界的一部分"[2]，并认为"人的本质不是单个

---

① 洪黎民：《共生概念发展的历史、现状与展望》，《中国微生态学杂志》1996 年第 4 期。

② 马克思：《1844 年经济学哲学手稿》，人民出版社 2000 年版，第 56 页。

人所固有的抽象物，在其现实性上，它是一切社会关系的总和"①。人不能离开社会关系而存在，在人与人之间、人与社会之间、组织之间、民族之间、国家之间、文化之间等都存在着共生关系。只有理顺共生关系，人类才能解决好"我们如何在一起"的问题。从广义上说，"我们如何在一起"包括人与自然、人与人、人与社会、群体与群体、国家与国家之间关系的协调。中国传统政治伦理中的"天人合一"与"立中制节"、"家国一体"与"万物各得其所"、"王道思维"与"世界主义"、"和而不同"与"忠恕之道"等揭示了宇宙、社会、国家和族群不同层次命运共同体和谐共生、和睦相处的准则，可以为当代"人类命运共同体"的构建提供可资借鉴的智慧。

1."天人合一""立中制节"与宇宙命运共同体

"天人合一"是中国古代哲学的核心范畴和理论基石，也是中华民族宇宙观和思维方式的重要特征。农耕社会的中国先人无不从"天"那里求得问题的最终答案。可以说，中国人从一开始就有了天人相通的思维方式。"天人合一"不是经验科学的思想形态，而是对原始的"天人相通"思维方式的哲学升华。将"人"即社会的伦理关系抽象化并上升为"天""天理"，构架了一个"天人合一"的宇宙结构"伦理模式"；转而由"天道"推出"人道"，并通过"天命之谓性"的人性论环节，在尽心、知性而知天的修养中达致人生境界的"天人合一"。"天人合一"从道德哲学的高度回答了道德本原和人类共生相处等各种问题。日本的池田大作就从《论语》中发现了儒家的"共生哲学"。他认为，中国崇拜天的起源，最初可能源于一种万物有灵论的人格神，后来逐渐非人格化，演变为一种自然循环和生命生成、消亡、连锁的法则的概念。孔子的天论就承担着这一演变和转化的功能。所以池田大作在同季羡林对话时指出："'天何言哉，四时行焉，百物生焉，天何言哉！'大概意思是说天什么也没有说，但春夏秋冬却在不停地运行，包括生物在内的万物各自都在发育成长。这一切都是

---

① 《马克思恩格斯选集》第 1 卷，人民出版社 2012 年版，第 139 页。

天的伟大作用，但天什么也没说。看来孔子对天的感觉，已把重点从人格神的性质转向自然法则的性质。"① 既然天不是一个人格神，而是自然法则的体现，因此，儒家的天人合一思想就是指人对自然法则和自然规律的遵循，就是人与自然万物在自然规律和法则的基础上的共生共存。池田大作认为，当今"环境破坏已经达到威胁人类物种生存的地步，能不能同大自然协调、和平共存，对人类来说，是关系到生存的大问题"②。所以，儒家的共生哲学或者说东方文明的"共生的道德气质"在全世界都是有用的。

中国传统文化中的"天人合一"思想体系，蕴含着"古今通理"，为解决人类所面临的普遍性的"精神危机"和"生态危机"提供了颇有价值的文化思想资源。中国文化的"宇宙结构伦理模式"可以表述为"天、地、人"相通、相依的宇宙结构形态。人是宇宙的有机构成，"天、地、人"三者相通是中国哲学的最高境界。所谓"天人合一"就是天与人相通、相依的宇宙秩序。正是这个"秩序"，使人与天地构成了一个"生命共同体"。在这个生命共同体里，"人"与"天地"紧密相依、共生共存。虽然人因"有义"成为"万物之灵"，但也因之而赋予了人"赞（助）天地之化育"的神圣责任。人与天既合一又相"参"，人不是消极被动的"三才"之一。在人与自然的关系中，既"参"又"一"，既"赞"又"和"；既非以"人"为中心，也非以"天"（自然）为中心。因此，对"人"与"自然"相参"一体"的宇宙生命体系而言，既不应坚持"人类中心论"，也不应偏向"自然中心论"，而应以敬畏之心关怀包括人在内的宇宙万物。从宇宙命运共同体视角看，人与自然关系的处理应力争构建"天地境界"的"生态伦理学"③。现代"生态伦理学"不是以"物"为对象，而是以包括人在内的宇宙万物之"生命"为对象；不是冷冰冰的研究物与物关系的学问，而是对宇宙万物充满着人文情理的学问。孔子主张"钓而不纲，弋不射宿"（《论语·述

---

① ［日］池田大作、季羡林、蒋忠新：《畅谈东方智慧》，四川人民出版社 2004 年版，第 242 页。
② 同上书，第 132 页。
③ 朱贻庭：《"天人合一"的道德哲学精义》，《华东师大学报》2017 年第 4 期。

而》），正是体现了人类对自然"生态"的人文关怀，表述了"人与天地参"的真谛。

人类如何与自然和谐相处是构建宇宙命运共同体的关键所在。国学大师钱穆曾说："中国文化过去最大的贡献，在于对天人关系的研究。……中国古人认为人生与天命最高贵最伟大之处，便在于能把他们两者和合为一。"[①]"天人合一"把人与自然看作一个有机整体，认为人与自然关系的本质是共生共荣与和谐统一。《周易·系辞上》曰："一阴一阳之为道"，意指阴阳两种势力的相互作用与消长构成了宇宙整体的和谐循环，这是宇宙万物生成与发展的终极依据。基于这种认识，先哲们指出人应该顺应和尊重自然规律。《周易大传》曰："夫大人者，与天地合其德，与日月合其明，与四时合其序，与鬼神合其吉凶，先天而天弗违，后天而奉天时。"清人王夫之将人与自然应有的和谐关系作了进一步的深化，他认为："天地以和顺为命，万物以和顺为性，继之者善，和故善也。成之者性，和顺者斯成矣。""和顺"即"太和"，它既是宇宙和谐的最佳状态，也是社会和谐的最佳状态。只有顺天而动，遵循自然规律，人类才能顺利地生存和发展。

人与自然关系的"和顺"需要通过"礼法自然"和"立中制节"两种路径来实现。礼法自然是古人制礼的基本原则，是人类对自然的领悟与效仿。"礼法自然"使人与自然的关系通过"礼"而得到了理性的关联与融合。夏、商、周是中国古代礼制渐次产出、发展、兴盛的时期，那时先民生活于以农业为主、渔猎与山林砍伐为辅的经济形态下，农业劳动使其附着于土地，更深切地关注自然界的天文历象、风雨寒暑，他们对自然万物有着浓厚的亲和感情，其许多智慧和创造往往得益于自然万物的启迪。如《周礼》称"六官"分别为天官、地官、春官、夏官、秋官、冬官，显然是为了合天地四时之数。《礼记·礼运》曰："圣人作则，必以天地为本，以阴阳为端，以四时为柄，以日星为纪，月以为量，神鬼以为徒，五行以

---

① 钱穆：《中国文化对人类未来可有的贡献》，《中国文化》1991 年第 1 期。

为质，礼仪以为器，人情以为田，四灵以为畜。"礼法自然还表现在古人制礼对自然时令的重视上。昔先王之制礼，必顺天时，《尚书·尧典》记载，尧帝时，"乃命羲和，钦若昊天，历象日月星辰，敬授人时"，"是故昔先王之制礼也，因其财物而致其义焉尔。故作大事必顺天时，为朝夕必放于日月，为高必因丘陵，为下必因川泽。"（《礼记·礼器》）其目的是让"礼""合于天时，设于地财，顺于鬼神，合于人心，理万物者也"。这说明先王制礼都严格遵循时令节度的规律，适应时代的不同要求。春秋以后的儒家学派将时令纳入礼教之中，使之成为礼制。在古代，甚至"人"本身也被认为是天地之造化、五行之精汇，古人与自然密切相关、融为一体的程度可见一斑。尽管这里有非科学的成分，但仍蕴含着人与自然我中有你、你中有我的和谐因子。

"立中制节"是协调人与自然关系的准则。人类要真正实现人与自然的和谐，仅有对人与自然的效法是远远不够的，还必须确立人与自然相处的基本行为准则来规约人类的行为。《月令》是中国古代一部"以四时为节律"的礼制，旨在以礼教化万民，严守节度。它强调"春作夏长，秋敛冬藏"，要求人们的生产、生活各当其节。该书中很多礼的规则都是当时农业生产的时间表，通过遵循自然规则来适应四时变化、协和万物生长。人与自然关系是否和谐的关键在于人类能否用理性战胜感性，能否抑制自己对自然天物索取的贪欲。正如老子所云："祸莫大于不知足，咎莫大于欲得。"（《老子·第四十六》）亦如庄子所言："故上悖日月之明，下烁山川之精，中堕四时之施。"（《庄子·胠箧》）他们认为是人类的贪欲对上搅乱了日月的光明，对下熔耗了山川的精灵，中间破坏了四时的运行，终致天下大乱，危机四伏。儒家则明确提出了"立中制节"的原则，以节制人类的不当欲望，协调人与自然的关系。"立中"就是追求中道与适中，做到无过无不及；"制节"就是克制与节度，运用理性，遵循规律。"立中制节"在人与自然的关系上要求人类对自然天物要"索取有度"，不"竭泽而渔"，重视自然时令和节度，遵循自然规律，以实现宇宙共同体的可持续发展。

首先，"立中制节"要求人类对自然天物"索取有度"。成语"网开一面"描述的就是商汤建议人们将网罟张开一面、让部分鸟兽逃走的仁及鸟兽的故事。周文王在临终前嘱咐武王：

> 厚德广惠，忠信爱人。……山林非时不升斤斧，以成草木之长；川泽非时不升网罟，以成鱼鳖之长；不麛不卵，以成鸟兽之长。畋渔以时，童不夭胎，马不驰骛，土不失宜。……无杀夭胎，无伐不成材，无堕四时，如此者十年，有十年之积者王，有五年之积者霸，无二年之积者亡。生十杀一者物十重，生一杀十者物顿空。十重者王，顿空者亡。(《逸周书·文传解》)

周文王的警世之言，把人与自然的关系提到了国家治乱兴亡的高度。其次，"立中制节"要求人类遵循自然规律，严格按自然时令和节度办事。一年四季，春夏秋冬，周而复始，运行不衰；雷电云霓，风霜雨雪，依其规律，届时而至。自然界的时令节度、运行规律是不以人的意志为转移的，人只有顺应自然才能更好生存。孟子曰："顺天者存，逆天者亡。"(《孟子·离娄上》)荀子亦云："天行有常，不为尧存，不为桀亡。应之以治则吉，应之以乱则凶。"(《荀子·天论》)这都是对自然界运行规律的尊重。在《礼记·月令》中，先哲们将春、夏、秋、冬四季各分为孟、仲、季三个月，即将一年十二个月的自然生态包括气候天象、川泽草木、鸟兽虫鱼等的变化特点和生长规律都作了详细分析，要求人类的生产、生活与自然生态规律相吻合、相协调，而且每一部分最后都警示后人，若不按季节行政令、违背自然规律、破坏生态环境会遭受怎样的惩罚和灾难。如孟春之月是雌性动物繁育生命的时节，"命祀山林川泽，牺牲毋用牝"，"禁止伐木，毋覆巢，毋杀孩虫、胎夭、飞鸟，毋麛毋卵"，以利于林木的生长和鸟兽的繁育。仲春之月，"毋竭川泽，毋漉陂池，毋焚山林"，"祀不用牺牲，用圭璧，更皮币"(《礼记·月令》)。因此时动物尚幼小，故祭祀时就用圭璧和皮帛来代替牲作祭品。孟夏之月，"毋大田猎"，"毋伐大树"(《礼记·月令》)。这都是强调要顺天时、行人事。倘若人类违背自然规律就会破坏和谐、遭受灾难。相反，"孟夏行秋令，则苦雨数来，五谷不滋，四鄙入保。行冬令，则草木蚤枯，后乃大水，败其城郭。行春令，则蝗虫为灾，暴风来格，秀草不实。"(《礼记·月令》)这些可怕的后果听起来似乎有点危言耸听，但当今世界生态破坏、人与自然关系恶化的现实，使我们不能不感佩中国古人的智慧与卓识。

现代社会在市场法则和资本逻辑的冲击下，人与自然的关系空前紧张，生态环境的恶化已将人类推向岌岌可危的境地。中国政治伦理中"天人合一"与"立中制节"的思想，有助于在人与自然之间建立"民吾同胞，物吾与也"(《正蒙·乾称篇·西铭》)的和谐关系，有助于我们用人类的智慧构筑起宇宙命运共同体。

2."家国一体""万物各得其所"与社会命运共同体

"家国一体"是中国社会的主要特征，协调家国关系的纲常伦理是古代政治伦理的重要内容。中国古代社会是以血亲——宗法关系为基础的宗法社会。周公制礼作乐，奠定了周代礼制的根基。周初"兼制天下，立七十一国，姬姓独居五十三人"[1]，西周由此确立了通过氏族血缘纽带实行国家政治统治的宗法制度。自周代始，中国就形成了"家国同构"的社会组织模式。所谓"家国同构"，即家庭、家族与国家在组织结构方面有共通性，且遵循共同的道德行为准则。在宗法社会家国同构的格局下，家族是家庭的扩大和延伸，国家是家族的扩大和延伸。换言之，家是小的国，国是大的家。在家庭、家族内，父亲、族长地位至尊，权力至大；在国家层面，君王、天子地位至尊，权力至大。伴随着嫡长子继承制，家长、族长的宗主地位通过血脉遗传，代代相继。同样，君王自命"天子"，龙种高贵，君王驾崩，君统不辍。家长在家庭是绝对权威，君王在国家至高无上，国君如父，而且各级地方政权的掌控者亦被视为百姓的"父母官"，掌握着生杀予夺的大权。这就是古人所说的父为"家君"，君为"国父"，君父同伦，家国同构。为了与这种"家国同构"的社会政治模式相适应，儒家提出了"尊尊亲亲"的伦理准则，制定了协调君臣、父子、兄弟、夫

---

[1]　王国维：《殷周制度论》，引自陈其泰主编：《二十世纪中国礼学研究论集》，学苑出版社1998年版，第289页。

妇、朋友"五伦"关系的礼仪道德规范，即"十义"："父慈、子孝；兄良、弟悌；夫义、妇听；长惠、幼顺；君仁、臣忠"（《礼记·礼运》）。尽管"家国同构"的社会组织模式存在各种弊端，但它使中国社会形成了基础牢固的命运共同体。有学者将这种"家国同构"的社会组织模式称之为中国封建社会的"超稳定结构"①，正是这种结构以及建基于其上的命运共同体，使得中华文明五千年生生不息，绵延不衰。

"万物各得其所"是社会共同体和谐有序的基础。社会共同体的核心是利益共同体，最广大人民的根本利益是道德共识、道德规范以及伦理共同体的本源，社会共同体所有成员之所以认同共同的规则、目标、制度，关键在于各主体之间存在着共同利益，因此，社会共同体本质上就是个体利益向社会共同利益的让渡，把个体对自身利益的追求约束到实现社会共同利益的轨道中来，通过协调个体、群体和社会内部的各种利益关系，形成社会共同体的共同利益。在中国传统文化中，"礼"是最普遍的社会规范和交往形式，它指导人们通过"合宜""适中"的行为来协调人际关系，这就是"礼之用，和为贵"（《论语·学而》）的重要内涵。此处之"和"即为适度、合宜之意。在中国古代，"和"是最为合宜的生存之道。孔子强调"过犹不及"（《论语·先进》），认为事物的理想状态是各适其度、各尽其宜。孟子认为，"人和"是事业兴衰成败的决定性因素，"天时不如地利，地利不如人和"（《孟子·公孙丑下》）。荀子认为，人之所以"最为天下贵"，就在于人能"和"，"和则一，一则多力，多力则强，强则胜物"（《荀子·王制》）。董仲舒是把"和"作为德行的最高境界和标准，他说："德莫大于和……和者，天之功也，举天地之道而美于和。"（《春秋繁露·循天之道》）同时，中国古代的思想家以宇宙视角把"和"视为天地万物相互依存、相互影响、有机联系的状态。荀子曰："万物各得其和以生，各得其养以成。"（《荀子·天论》）在古代政治家看来，体现着礼之合宜性

---

① 金观涛、刘青峰：《兴盛与危机：论中国社会超稳定结构》，湖南人民出版社1984年版，第12页。

的"和"是最高的政治伦理原则。《尚书·尧典》云："克明俊德，以亲九族。九族既睦，平章百姓。百姓昭明，协和万邦。"《礼记·礼运》云："父子笃，兄弟睦，夫妇和，家之肥也。大臣法，小臣廉，官职相序，君臣相正，国之肥也。"这是一幅家和国睦的和谐社会蓝图。总之，以"万物各得其所"为目标的儒家之"礼"既是伦理道德规范，也是社会政治伦理，它平衡着各种利益得失，协调着各种社会关系，支撑着社会命运共同体的有序和谐。

　　坚持"中道"方能做到"万物各得其所"。"中和位育"被古人刻在孔庙大成殿前，代表了儒家文化的精髓，成为中国人基本的价值取向。"中和位育"一词出自《礼记·中庸》，"喜怒哀乐之未发，谓之中；发而皆中节，谓之和。中也者天下之大本也；和也者，天下之达道也。致中和，天地位焉，万物育焉。""中和"是中国文化的基本价值取向，中国人自古崇尚中道。关于"中道"，朱熹的《四书集注》解释为"不偏不倚""无过无不及"。董仲舒说："中者，天地之所始终也；和者，天地之所生成也。"（《春秋繁露·循天之道》）关于"位育"的含义，潘光旦认为："'位'者安其所也，'育'者遂其生也。位育即安所遂生。所谓'中和位育'者是，惟有经由中和的过程，才能达到位育的归宿。"[①] 他认为"中和"是手段和过程，"位育"是目的和归宿。只有遵循事物自身发展的规律，给万物以合理、合宜的定位，才能使其各安其位、各得其所、生生不息。对社会而言，通过礼来保持适度合宜的社会差分，维护良好的社会秩序，从而实现人类的和谐相处与和平发展。其实，早在宋代，程子就指出："万物庶事莫不各有其所，得其所则安，失其所则悖。""圣人所以能使天下顺治，非能为物作则也，唯止之各于其所而已。"（《二程集·河南程氏粹言》）冯友兰在谈及程子这一思想时说："宋明道学家所谓'万物各得其所'或'无一物不得其所'的境界……是一太和。"[②] 所以，和的形态可以用"各得其所"四个字来表

---

① 潘乃穆：《中和位育：潘光旦百年诞辰纪念》，中国人民大学出版社 1999 年版，第 39 页。
② 冯友兰：《新世训》，华东师大出版社 1996 年版，第 480 页。

述。"和"的状态，表现为一种秩序，就是多元的统一，多种成分、各个局部共生在一起。钱逊认为，在统一的整体中，各个成分、各个局部各有其自己的地位，也就是"万物庶事莫不各有其所"，处于不同地位的各个成分、各个局部构成一定的关系，相成、相济；这种关系的总和形成一种稳定的、和谐的秩序，这就是"和"。总体的和，通过各个成分、各个局部特定的地位及其相互关系而确立和维持；每一个局部成分都处于适当的位置，是"和"的前提与基础。每一个局部，只有在其应处的地位才能顺利发展和发挥其作用；如果某个局部不能在其应处的地位，此局部就不能顺利发展；这就是"得其所则安，失其所则悖"。局部失所而不安，整体的"和"也就得不到保证。从整体说，各个局部位置的恰当，是全局稳定和谐的前提和基础；从局部说，位置的恰当，也是其正常存在和发展的前提。也就是说，使组成事物的各个部分各得其所，既是为保证整体的和谐，同时也是为了保证各个局部得到其最好的发展。所以，做到各得其所是和平与发展的基础和前提，要使天下顺治，"唯止于各于其所而已"①。

在当今社会上，承认并满足个人和社会组织对自身利益的诉求，是社会共同体构建的基本前提。只有人与人、组织与组织之间彼此尊重、相互关爱，同时还应使其各有其位、各得其所，才能使其各安其位、各展其长。唯如此，才能在互相尊重、平等互利中，营造平衡和谐的各种社会关系，构建持久稳定的社会共同体。

3."王道思维""天下主义"与国家命运共同体

"王道"思维凝聚着中国古代的政治伦理智慧。中国传统文化中的"王道"思想由来已久。在我国最早的政事史料汇编典籍《尚书》中，就有关于"王道"的记载："无偏无党，王道荡荡；无党无偏，王道平平。"（《尚书·洪范》）在这里，箕子劝说周武王不要行偏，不要结党，这样治国之策才能适度得体，治国之道才能平荡笔直。孔子的"为国以礼""仁者，爱人"，是对"王道"思想的进一步发展。孟子一生推崇王道，他提出了

---

① 钱逊：《"和"——万物各得其所》，《清华大学学报》2001 年第 5 期。

"以德服人者，心中悦而诚服也"（《孟子·公孙丑上》）以及"仁者无敌"（《孟子·梁惠王上》）的仁政主张。荀子则提出了"仁眇天下，义眇天下"（《荀子·王制》）的"王天下"思想。他认为"以德服天下"的王者争取的是天下人心，"以力服天下"的霸者掠夺的是他国土地。前者因民心归顺而使国家变得富强并走向繁荣，后者因民心悖逆而使社稷削弱乃至走向灭亡，正所谓"善之者众则强，恶之者众则危"（《荀子·王制》）。中国古代的"王道"思想奠定了中华民族以仁德和道义赢得人心的强国理念和治国方略。

　　"天下主义"也被后人称为"世界主义"，是中国古代处理国与国关系的伦理原则，体现了礼乐文明的博大与友善。由于儒家"王道"思想的影响，中国人具有悠久而强烈的"天下"意识。儒家先哲以自己博大的心胸、辽阔的视野和明智的理性，提出了"以天下为己任"的人生追求和"修身、齐家、治国、平天下"的人生理想，"天下"成为一个高于国家之上的人类层面的概念。这一思维范式不仅有理论形态，而且经历了春秋战国时期"周天子——诸侯国"五百余年实践的洗礼，这是其他国家和民族不曾有过的。梁启超指出：

　　　　中国的政治思想有三大特色：曰世界主义，曰民本主义，曰社会主义。……此三种主义，为我国人夙所信仰。欧洲人包括美国人则是"国家主义者"，在"国家主义"思想支配下的欧洲社会以向内团结、向外对抗为根本精神。国家主义之苗，常利用人类交相妒恶之感情以灌溉之，而日趋蕃硕。故愈发达而现代社会杌陧不安之象愈著。中国人则自有文化以来，始终未尝认国家为人类最高团体。其政治论常以全人类为其对象，故目的在平天下，而国家不过与家族同为组成"天下"之一阶段。①

这种"天下主义"的思维和心胸，使中国文化具有了强大的同化能力，不

---

① 　梁启超：《先秦政治思想史》，天津古籍出版社 2004 年版，第 83 页。

仅保障了五千年礼乐文明的连绵不断，而且使中国的疆域不断扩大、人口日渐增多、民族日益繁盛。

　　"天下主义"是中国传统文化的基本特征，可以成为构建国家命运共同体的指导思想。赵汀阳在其《天下体系》一书中指出："古人深谋远见，早有天下之论，堪称完美世界制度之先声，进可经营世界而成天下，退可保守中华于乱世。"①"天下主义"意识根源在于中国文化"博大仁爱"与"谐和"的品性。从历史上看，中国的许多帝王都将"仁爱天下""协和万邦"作为执政理想，将"怀柔远人，厚往薄来"作为对外交往准则。即使古人用于军事斗争的谋略，也经常折射出和平的曙光。如《孙子兵法》中所说："百战百胜，非善之善者也；不战而屈人之兵，善之善者也。"就连"武"字本身，也是"止戈为武"，避免刀兵相见。这种"不以兵车，一匡天下"的思维，体现了中华民族对和平的崇尚和向往，形成了中华文明与西方文明的差异。日本著名学者池田大作曾说："与其说中国人是有对外推行征服主义野心的民族，不如说是在本质上希望本国和平与安泰的稳健主义者。实际上，只要不首先侵犯中国，中国是从不先发制人的。近代以来，鸦片战争、中日战争、朝鲜战争以及迄今和中国有关的战争，无论哪一次都可以叫作自卫战争。"②汤因比指出："世界统一是避免人类集体谋杀之路。在这点上，现在各民族中具有最充分准备的，是两千年来培育了独特思维方式的中华民族。"③这种思维方式就是中国人的"共存式"和谐思维。这种"共存式"思维支撑中华民族走过了五千多年的峥嵘岁月，谱写了国内民族团结、国际万邦协和的历史篇章，人们有理由相信，这种由"王道思维""天下主义"理念为内核的"共存式"思维，也将在世界范围内成为国家命运共同体的理论支撑，有助于世界不同力量的制衡与世界和谐新秩序的建立。

---

① 赵汀阳：《天下体系：世界制度哲学导论》，中国人民大学出版社 2011 年版，序言。
② ［英］汤因比、［日］池田大作：《展望 21 世纪——汤因比与池田大作对话录》，荀春生等译，国际文化出版社 1985 年版，第 280 页。
③ 同上书，第 284 页。

4. "和而不同""忠恕之道"与族群命运共同体

"忠恕之道"与"和而不同"是中国古代处理人与人、族群与族群关系的基本准则。众所周知，群居是人类的生活方式，这是由人的社会属性决定的。因此，个人只有与他人建立起命运共同体，才能更好生存。荀子曰："人力不若牛，走不若马，而牛马为用，何也？曰：人能群，彼不能群也。"（《荀子·王制》）梁启超曾将"群"说成是人类天性，"群者……不学而知不虑而能也"[1]，"人者，动物之能群者也。"[2]但仔细推敲其关于"群"的叙述，其中潜藏着一个更基本的人性认知。一方面，梁启超从未将人与自然界的其他物种截然分立，在他所服膺的进化论中，自然界成员必须遵循适者生存的天演律，作为高级灵长生物，人也必定具有求存之共性。另一方面，"人类本以合群然后能生存"[3]，人一旦脱离群体就会失去生存的屏障。他还将群之论推至国之论，认为"国家之立，由于不得已也。即人人自知仅恃一身之不可，而别求彼我相团结、相补助、相捍救、相利益之道也。"[4]由此观之，梁启超实际上就是把"求存"作为人行动所依凭的自然本性看待。儒家的"和而不同"与"忠恕之道"思想可以为群体命运共同体的构建提供可资借鉴的文化资源。

"和而不同"是族群命运共同体建立与存在的基本原则。"和而不同"是儒家对人际关系理性思考的结果。孔子曰："君子和而不同，小人同而不和。"（《论语·子路》）何晏《论语集解》解释曰："君子心和然其所见各异，故曰不同；小人所嗜好者同，然各争利，故曰不和。"其意是说，君子在人际交往中能够与他人保持一种和谐友善的关系，但在对具体问题的看法上却不必苟同于对方。小人习惯于在对问题的看法上迎合别人的心理、附和别人的言论，但在内心深处却并不抱有一种和谐友善的态度。在

---

① 梁启超：《梁启超全集》，北京出版社 1999 年版，第 94 页。

② 同上书，第 1078 页。

③ 同上书，第 2843 页。

④ 同上书，第 663 页。

先秦时期，先哲们从实践经验中总结出了"和而不同"的真理性认识。周太史史伯提出"夫和实生物，同则不继。以他平他谓之和，故能丰长而物归之。若以同稗同尽乃弃矣。故先王以土与金、木、水、火、杂，以成百物。"（《国语·郑语》）可见，"和"是指一种有差别的、多样性统一，因而有别于"同"。比如烹调，必须使酸、甜、苦、辣、咸调和在一起，达到一种五味俱全、味在咸酸之外的境界，才能算是上等佳肴；比如音乐，必须将宫、商、角、徵、羽配合在一起，达到一种五音共鸣、声在宫商之外的境界，才能算是上等美乐；反之，如果好咸者一味放盐，好酸者拼命倒醋，爱宫者排斥商、角，喜商者不用羽、徵，其后果便不难设想，也不堪设想了。因此，早于孔子的晏婴曾说："若以水济水，谁能食之？若琴瑟专一，谁能听之？"（《左传·昭公二十年》）儒家将其修身、齐家、治国、平天下的一系列构想都建立在"和而不同"的思维之上，认为不同的社会群体中有不同的和，君臣之间叫"和敬"，家族邻里之间叫"和顺"，父子兄弟之间叫"和亲"。但"和敬""和顺""和亲"都是存在差异的"和"，不是一味地服从和求同。孔子告诉其意欲从政的学生，对国君"勿欺也，而犯之"（《论语·宪问》），他讨厌无原则求同的"乡愿"先生，对于"不义"之父、"不仁"之君，他主张"子不可以不争于父，臣不可以不争于君"（《孝经·谏诤章》）。儒家认为真正的孝子忠臣不是盲目从命，而是"匡救其恶"。这一切都是儒家"和而不同"思想在实践中的体现。孔子希望社会各阶层的人们从修己做起，以无差别的仁，推己及人；亲亲、尊尊，以有差别的礼使不同等级的人达到"和"，以建立仁爱和谐、等级有序的理想社会。因此，"和而不同"是协调各种复杂关系的理性思维方式，是化解矛盾和冲突、走向和谐的有效路径。就世界范围看，"不同"是各个国家存在的基本样态，"和"则是国家之间关系的理想状态。"和"的本质意蕴是多样性的统一。《周易·象传》解释"乾"卦说："乾道变化，各正性命，保合太和，乃利贞。首出庶物。万国咸宁。"可见，保持"各"自之独立性的"和"，才是"太和"；有"太和"才能"利贞"，才能最终达于"万国咸宁"。冯友兰在为西南联大纪念碑撰写的碑文中说："同无妨异，异不害同。五色交辉，相得益彰。八音合奏，终和且平。万物并育而不相害，道并行而不相悖。小德川流，大德敦化。此天地之所以为大。"[1] 和谐以共生共长，不同以相辅相成。纵观中国文化，可以说，史伯提出的"和实生物"是地道的中国哲学话语，概括了世界上一切事物生存、发展的普遍法则。万物由"和"而生，"和"是事物生存的最佳状态和生命之源。其后，儒家提出"中和"，由"中"而"和"，回答了"和"何以可能，而"致中和，天地位焉，万物育焉"补充并发展了"和实生物"。"和实生物"的辩证法还体现在人自身的心理世界和德性修养、人与自然的生态领域等各个方面。"生"是"和"的本质和灵魂，讲"和"而不讲"生"，就"和"论"和"，就会丢失中国传统"和"文化的灵魂。[2] 正是在这个意义上，有学者将中国传统的"和"文化表述为"和生"学[3]。今天，"和而不同"是人际交往的基本原则，也是族群相处、协调发展的真谛。

"忠恕之道"是人与人、群体与群体相处的"黄金法则"。"己所不欲，勿施于人"（《论语·颜渊》）和"己欲立而立人，己欲达而达人"（《论语·雍也》）被后人称为儒家的"忠恕之道"。忠恕作为一种统一的德行，最接近于儒家之仁者大道。《论语》记载："夫子之道，忠恕而已矣！"在曾参看来，为孔子一生所孜孜以求、竭力主张并予以大肆推扬的，无非是"忠恕之道"，一切仁政的要求与外王的理想也都是忠恕之道的延伸。"忠，谓尽中心也。恕，谓付己度物也。"竭尽一己之全部心意，真诚忘我，便称为行忠。把一己的性情推广于别人、他物，则叫做恕道。"夫子之道，唯以忠恕一理，以统天下万事之理，更无他法，故云而已矣。"[4] 忠恕之道是人对待天下万事万物的一种普遍的态度与方法，人人可操持，事事可落实。所以，朱熹解释说："尽己之谓忠，推己之谓恕。"[5] 孔门之道只在尽己与推

①　冯友兰：《三松堂全集》，河南人民出版社 2001 年版，第 154 页。
②　朱贻庭：《"和"的本质在于"生"——"大道和生学"之我见》，《江汉论坛》2016 年第 11 期。
③　钱耕森：《大道和生学》，《光明日报》2015 年 3 月 2 日。
④　何晏、邢昺：《论语注疏》，北京大学出版社 1999 年版，第 51 页。
⑤　朱熹：《四书章句集注》，中华书局 1983 年版，第 72 页。

己之间，人格的完善、理想的实现首先取决于主观内在的德性自觉。清代学者刘宝楠在《论语正义》中指出："君子忠恕，故能尽己之性；尽己之性，故能尽人之性；非忠则无由恕，非恕奚称为忠也。"又，"己立、己达，忠也；立人、达人，恕也。二者相因、无偏用之势，而已矣者。"[1] 冯友兰对孔子的这两句名言解释如下："在消极方面，一个'仁人'要'己所不欲，勿施于人'。我不愿意别人怎样对我，我也不怎样对别人。这就是孔子所谓'恕'。在积极方面，一个'仁人'要'己欲立而立人，己欲达而达人'，就是说，我愿意别人怎样对我，我就怎样对别人。这就是孔子所谓'忠'。"[2] 可以看出，忠恕之间，既存在着一种德性推演的因果逻辑，又存在着一种意义互生、互成的涵摄关系。由尽己而推人、尽人、达人，尽己之性是尽人之性、达人之性的前提条件；由忠而恕，忠是恕的发生本源，但是如果离开了恕，忠也无法落到实处。而在认识论的程序上予以剖析，自己先立、先达，然后才能够去使别人立、使别人达。推己才能够及人，忠先恕后。自己先获得对仁的精神体验，然后再尽心尽力帮助别人也进入仁的境地。先体仁，后行仁，才是儒门的大道、正途。[3] 所以，《礼记·中庸》说："忠恕，违道不远，施诸己而不愿，亦勿施于人。"诚然，"忠恕之道"在皇权专制背景下有其愚忠的成分，但其作为儒家之仁者大道，可以用以协调人与人、人与群体、群体与群体、国与国之间的关系，是一切共同体巩固与发展的"黄金法则"。

"忠恕之道"被世界各国奉为全球伦理准则。池田大作认为，儒家的理念是一种积极的共生哲学，是一种以他人为中心的共生哲学。所以，当杜维明与其谈到儒家的"己所不欲，勿施于人"的互惠黄金律时，池田大作赞赏道："这是一个很重要的观点。不是以自我为中心，而是以对方的心为中心，不是以我，而是以我们为基调，共同生存，互相支持，

---

① 刘宝楠：《论语正义》，河北人民出版社 1988 年版，第 82 页。

② 冯友兰：《论孔子》，《三松堂全集》第十二卷，河南人民出版社 2001 年版，第 257 页。

③ 参见余治平：《忠恕而仁：儒家尽己推己、将心比心的态度、观念与实践》，上海人民出版社 2012 年版，第 183 页。

共同繁荣——这种共生的生活态度，应当成为 21 世纪的时代精神。"① 基辛格在其《论中国》中说："中国梦和美国梦可以实现'双梦'共赢。"因为中国梦遵循的基本原则是两千多年前孔子提出的"己所不欲，勿施于人"(《论语·颜渊》)、"己欲立而立人，己欲达而达人"(《论语·雍也》)，而这一原则与西方的"自由、平等、博爱"具有天然的相通之处。美国总统林肯在南北战争之后，签署了《解放宣言》，宣布美国全境的奴隶永远获得自由。他为此收到过夹着子弹的恐吓信，有人问他为什么不退缩？他回答："少年时代，一队队黑人奴隶被押解着从我家门前经过，他们痛苦的呻吟使我至今难忘。因为我不愿当奴隶，所以我也不愿意有人做奴隶。"林肯的执政伦理，恰可用"己所不欲，勿施于人"来概括。孔子的这句渗透着人性之善和儒家礼文化精髓的箴言，在被基督教传教士带到欧洲之后，先后被写进法国 1793 年和 1795 年的宪法。今天，"己所不欲，勿施于人"被誉为处理国家间关系的"黄金法则"，用世界上多种文字镌刻于联合国总部大厅的墙上，被世界各国奉为全球伦理准则。它折射出尊重和仁爱的"至善"之光，体现了中华民族的"礼敬之道"。

　　横览当今世界，解决国家之间矛盾和冲突大体上有两种思路：一种是"征服式"对抗思维，即通过战争、通过暴力，使他国皈依自己的模式；另一种是"共存式"和谐思维，即通过谈判、借助于和平沟通与宽容接纳等外交手段，赢得他国的理解和尊重，以构建和谐的国家关系。美国著名学者亨廷顿在《文明的冲突》中，忽视不同文明的交融与互置，以其冷战思维断定文化之间存在冲突，其思想集中反映了西方文化的"征服式"对抗思维。而基于农耕文明的中国传统文化，则属于"共存式"和谐思维。宋代哲学家张载曾说："有像斯有对，对必反其为；有反斯有仇，仇必和而解。"(《正蒙·太和篇》)这是对事物发展对立统一规律的高度凝练。冯友兰指出中国传统哲学的辩证法是"仇必和而解"，因为"人

---

① 　[日]池田大作、杜维明：《对话的文明》，四川人民出版社 2007 年版，第 106 页。

是最聪明、最有理性的动物，不会走'仇必仇到底'那样的道路"①。费孝通晚年也将中国文化的和谐特性概括为"各美其美，美人之美，美美与共，天下大同"②。回望历史，可以看出，中华文明作为一个庞大种族在几千年间形成的精神惯性，早已把王道、和平、非攻、世界主义等原则变成不可动摇的"文化契约"，把中庸、和为贵、和而不同、推己及人等内化成了代代相袭的"文化基因"，镌刻于中华儿女的心间，植根于炎黄子孙的脑海。

中国传统政治伦理中的命运共同体思想，早就引起欧美学者的关注，并受到高度的肯定与赞赏。英国哲学家罗素曾由衷地感叹："在中国人至高无上的伦理品质中，我把和平的态度放在第一位，它寻求在公正的基础上解决争端而不是诉诸武力。""如果世界上有'骄傲到不肯打仗'的民族，那么这个民族就是中国。中国人天生的态度就是宽容和友好，以礼待人并希望得到回报。假如中国人愿意的话，他们将是世界上最强大的国家。但他们希望的只是自由而不是支配。"③ 美国作家赛珍珠也说，"中国的哲学是智慧的哲学，它富于和平和自我控制"，"和谐是中国文明的关键词"④。

综上所述，泱泱华夏的悠久文明孕育和滋养了丰富的政治伦理资源和命运共同体思想⑤，这些文化资源和思想智慧有助于解决"我们如何在一起"的哲学难题，能够为宇宙、社会、国家和族群各个层次的命运共同体建构提供理论支撑和思想引领，也将为人类的生存发展和未来归宿贡献中华民族的才智和卓识。

---

① 冯友兰：《中国现代哲学史》，广东人民出版社 1999 年版，第 254 页。
② 费孝通：《文化自觉的思想来源与现实意义》，《文史哲》2003 年第 3 期。
③ ［英］罗素：《中国问题》，秦悦译，学林出版社 1996 年版，第 215、192 页。
④ 何兆武：《中国印象——外国名人论中国文化》，中国人民大学出版社 2011 年版，第 240 页。
⑤ 需要说明的是，为了使研究更有针对性，我们根据不同层面的共同体的特征，将传统政治伦理中的命运共同体思想进行了适度区分，形成了一定的对应关系。其实，有些共同体思想具有一定的普适性，应避免因为这种区分而使其囿于狭小的范围，影响其功用的发挥。

五、意义世界与安身立命

（一）文化与"意义世界"

文化作为人类创造的解释系统，其主要功能是为人类建构一个意义世界，使人类凭借这个意义世界找到安身立命之基，以摆脱和战胜生存之困境。

人与动物的区别，古来有多种说法。从意义理论的视角看，人乃"意义动物"，动物与世界打交道，需要的只是物质世界本身；自人、猿揖别，人已不满足于原始的物质世界，他同时在不断追求和创造意义的世界。人是人的历史、人的世界，而人的历史、人的世界无不打上意义的印记。那么什么是意义呢？中国语言的"意义"主要包括两层含义：第一层含义是"指谓"，是讲"是什么"，它以语言符号为载体表达主体对客体的认识。在这里，人是意义世界的赋予者，也是意义世界的理解者。第二层含义是"价值"，是讲"有什么用"，通常说"有意义"，即是说"有价值"。本章所讲的"意义"包含价值规范、价值理想的典范性价值，这是人们共生共存的基础。在西文化中，基督教认为人有"原罪"，因而将这种"意义"的源头归于"上帝"；在中国儒家文化中，这种"意义"就体现在现实社会的礼仪形式当中。"意义"一词，古已有之，如《神仙传》云"文字满纸，各有意义"，《二程外书》卷一云"性与天道，……意义渊奥"。"意义"在中文中一直是个未经分化的词汇，古代较习惯单用一个"义"字，它和今语"意义"含义一样。

"意义"对应的是"事实"，前者具有精神主观性的品格，后者具有物质客观性的品格。吊诡的是，对"意义"的追求指向此岸性，而对"事实"的追问则指向彼岸性。西方传统的哲学家大体注目于事实，因而诞生了伟大的形而上的系统，东方传统的哲学家大体注目于意义，因而孕育了深刻的生命体验的意境。这两种思维方式，对应着两种信仰体系：一种指向彼岸世界，此即宗教的信仰；一种指向此岸世界，此即意义的信仰。意义的信仰本质上是一种非宗教的信仰。意义的构成有三个要素：主体的需要、客体的属性、主体与客体之间的关系。客体到底有没有意义和价值，取决于主体和客体之间的需要与满足的关系。我需要它，它有满足我需要的属性和能力，意义便发生了。文化的意义发生在生命过程和生存困境的解释当中。在人的生命过程中，面对生存困境，对它作出解释，便赋予了它意义。这样一个解释系统既表现为知识，又不完全表现为知识。有知识的人不一定有文化，只有通过知识建构意义世界，才是有文化的表现。从本质上说，文化是一种素质。所谓文化素质，是人们运用知识建构解释系统、创造意义世界以超越生存困境的一种能力，也是人们运用解释系统创造意义世界来超越生存困境的一种状态。判断一个人是否有文化素质，关键是看其能否用所学知识构建解释系统、创造意义世界并超越生存困境。

（二）"三观"与"意义世界"的构筑

每一个正常的社会人都生活在三个世界中。第一个是自然世界，第二个是世俗世界，第三个是意义世界。其中，前两个世界可以统称为事实世界，后一个世界被称为价值世界。每个人都有自己的自然本能，都依自己的自然本能而生存，这是人的自然世界；但每个人都处于现实的社会关系中，自然本能的满足受客观关系的制约，这就是世俗世界或生活世界；第三个是在我们与这个世界发生关系的过程当中，在我们对自己的自然本能、对人和世界的关系的解释中所产生、创造的那样一个世界，这就是意义世界。意义世界不完全是虚拟世界，它是一种由主体和客体之间的关系缔造的世界。

人生既是一个从生到死的自然生命过程，又是一个被赋予意义的价值实现过程。每个人呱呱坠地就来到这个由天地万物构成的自然世界，然后在世俗世界中度过一生，经历一个向死而生的过程；但为了让人生有价值、有意义，多数人都要赋予自己的人生以目标、追求和理想。这三个世界有着不同的是非判断标准和微妙的相互关系。鲁迅在其散文《立论》中讲过一个故事，揭示了世俗世界和意义世界的不同：有户人家生了一个男孩，全家高兴透顶了。满月的时候，抱出来给客人看，大概自然是想得一点好兆头。一个客人说："这孩子将来要发财的。"他于是得到一番感谢。一个客人说："这孩子将来要做官的。"他于是收回几句恭维。一个客人说："这孩子将来是要死的。"他于是得到一顿大家合力的痛打。鲁迅对此颇为感慨，他认为这个孩子长大后能否发财或做官是难以预测的，而这个小孩将来必然会死则是绝对无疑的，因为没有哪个人可以不死。这个故事一方面揭露了社会人心之虚伪、说真话做老实人之难，另一方面也深刻地折射出世俗世界和意义世界的不同与矛盾。事实上，人有生必有死，但人却"向死而生"，追寻着有意义、有价值的人生。正如亚历山大大帝临终前感悟的那样，每个人都是紧握拳头、雄心勃勃来到这个世界，但又都两手空空、撒手人寰而离去。很多人在人生终点将近时会明白一个道理：人生原来是一场梦。但一个人决不能因人终有一死或人生如梦就蹉跎岁月、虚度年华，不能仅仅把人生当成一个过程，而忽视其意义和价值。为了在这个世界上美好地活着、勇敢地活着，同时活出人生的品位、境界与精彩，我们就要辩证地看待人生，树立正确的世界观、人生观和价值观，并以其引领和支撑自己奋勇开拓、愈挫愈奋、乐观向上，让自己的人生因有意义而辉煌，因有价值而灿烂。

构筑"意义世界"是人与动物的重要区别，是人之为人的标志所在。"意义世界和世俗世界的关系，就好比人的两条腿"。"人只要是往前走，永远是一条腿悬在空中，一条腿站在地上，这样才能前进。如果两条腿都踩在地上，脚踏实地，那永远只是立正稍息的姿势，而没有奋发前行的可能。悬在空中的世界就叫意义世界，踩在地上的世界就叫事实世界或世俗世界。一个人只有一半是生活在意义世界当中，一半是生活在现实世界当中，才是一个活生生的有活力的人，才是一个有前途的人。"① 按照马尔库塞的观点，缺失了"意义世界"，人就会成为"只知道物质享受而丧失精神追求，只有物欲而没有灵魂，只有屈从现实而不能批判现实"的单向度

---

① 参见樊浩：《文化与安身立命》，福建教育出版社 2009 年版，第 60 页。

的人、单面的人①。因此，生活在世俗世界的人们，无论是接受文化知识的教育，还是传承前辈的经验传统，其宗旨都是要运用这些知识和经验来解决自己人生中遇到的难题和困境，来构筑自己人生的"意义世界"和"安身立命"的精神家园。

（三）困境超越与安身立命

董仲舒曾说："天地人，万物之本也。天生之，地养之，人成之。天生之以孝悌，地养之以衣食，人成之以礼乐。"（《春秋繁露·立元神》）但人生并非一帆风顺，孝悌之践履、衣食之拥有、礼乐之教化都是充满艰辛的过程。人生活在天地之间、人群之中，必然会遭遇自然界的各种灾难，如风雨雷电、洪水地震等等，也定会面临人世间的各种困厄，如生老病死、生活困顿以及人生的种种挫折坎坷。当遭遇困境、面对痛苦之时，如何超越困境、如何安身立命是每个人无法绕过的人生难题。有学者指出："经济创造的是一个利益的世界，政治创造的是一个权力的世界，而文化创造的则是一个意义的世界。"② 一个有文化之人，可以借助于知识和人生阅历来建构意义世界，使自己超越人生困境，找到能够安身立命的精神家园。学校教育最重要的目的就是让每个人学会用知识建构合理的意义世界，来超越个人、家庭、民族、国家所面临的生存困境，以实现人生价值、家庭和谐、民族繁荣和国家昌盛。但并非说一个人受过教育、拥有了

---

① 单面人（one dimensional man），又译"单向度的人"，是马尔库塞在其重要著作《单面人——发达国家精神意识形态研究》中提出的一个概念。马尔库塞认为，由机器、技术、市场、物质产品等元素构成的"现代社会"是一个单面的社会，它在提供丰富的物质资源满足人的物质需求的同时，压抑了人的精神自由，它的标准化、批量化、模式化把统一的行为和生存方式强加给个人，从而泯灭了个性。在这个社会内，人变成了单面的人，一方面满足于享受物质的丰富性，另一方面在社会的各种宣传媒体的刺激下满足于享受社会设计和控制的精神资源。"单向度的人，即是丧失否定、批判和超越能力的人。这样的人不仅不再有能力去追求，甚至也不再有能力去想象与现实生活不同的另一种生活。这正是发达工业社会极权主义特征的集中表现。"参见赫伯特·马尔库塞：《单向度的人》，上海世纪出版集团 2008 年版，第 205 页。

② 参见樊浩：《文化与安身立命》，福建教育出版社 2009 年版，第 60—61 页。

各种文凭，就是一个能建构自己意义世界的人。我们经常看到不少有知识而没有文化素养的所谓"知识分子"，教育使其成为了"知识容器"，他们并未借助文化知识和人生经验建立起正确的世界观、人生观和价值观，因而不能辩证看待自己的人生挫折，不能妥善处理自己和周围世界的关系，无力构筑意义世界和精神家园，因此仍然不能超越自己遭遇的生存困境。事实上，只有能为自己的生命过程提供解释系统，能让自己超越生存困境的人，才是真正有文化素养的人。在知识爆炸的互联网时代，知识是最不短缺的资源，思想、智慧和素养正取代知识而成为现代的稀缺资源。知识如何渗透到我们的血肉和心灵之中，变成我们的思想、智慧和素养，从而使我们拥有构筑意义世界的能力，拥有能够安身立命的精神家园，这是当代人必须直面的问题。

人类的发展史就是一部不断克服困境的历史，生存困境是人生命的深度和厚度之所在，正如奥斯特洛夫斯基所说："人的生命似洪水奔流，不遇着岛屿与暗礁，难以激起美丽的浪花。"这是充满励志激情的诗句，然而人生征途上现实之困境却并非都如诗意般浪漫，而是充溢着残酷和无奈。在人生严酷的困境面前，尽管不乏强者和勇士，但也有无数弱者和失败者，后者就需要意义世界的建构与支撑。其实，自人类诞生开始，生存困境就伴随着、"眷恋"着人类，各种图腾崇拜、各种宗教都是人类为摆脱生存困境而进行的文化创造。耶稣被钉十字架上，却创造了拯救上帝子民的基督教；释迦牟尼丢弃王子之位，到菩提树下思考和修行，却创立了普度众生的佛教。这些宗教引导和帮助人们超度人生的痛苦和灾难。而在中国文化中，虽然没有浓厚的宗教氛围，儒释道三大文化体系也为中华民族提供了战胜挫折、超越困境的世界观、人生观、价值观，特别是儒家作为中国传统文化的主体，更是为国人创立了以"自强不息，厚德载物"为内核的民族精神和心灵家园，从这个意义上说，儒学就是一种"意义的信仰"[1]。在历史上，人类生存最困难、生命最痛苦的时期，往往是产生伟大

---

[1]　姜广辉主编：《中国经学思想史》，中国社会科学出版社 2003 年版，第 242 页。

文化的时期。例如，中国文化最辉煌的时期是春秋战国时期，事实上，那并不是令人向往的美好时代，而是一个"一切都被允许"的时代，即社会失序、伦理失范的时期，天下大乱，诸侯群起，王纲解纽，礼乐崩坏，社会失序，民不聊生。孟子称之为"争地以战，杀人盈野；争城以战，杀人盈城"（《孟子·离娄上》）。正是这种惨烈的生存状况催生了先秦诸子对社会问题的思考，形成了中国文明的"轴心时代"。就个人而言也是如此，司马迁在《报任安书》中说："文王拘而演《周易》；仲尼厄而作《春秋》；屈原放逐，乃赋《离骚》；左丘失明，厥有《国语》；孙子膑脚，《兵法》修列；不韦迁蜀，世传《吕览》；韩非囚秦，《说难》、《孤愤》；《诗》三百篇，大抵贤圣发愤之所为作也。"可见，大文化及意义世界的构建总是诞生在人类遭遇最深刻的生存困境的历史时期或人生阶段。

文化究竟如何帮助人类超越困境？众所周知，人生最大的痛苦是死亡，人来到世上，就开始了走向死亡的途程。那么，人类如何摆脱这种向死而生的痛苦呢？宗教作为文化的解释系统，不约而同地都创造了一个天国，并告诉世人天国是一个永恒的世界，人一旦到了那里，就可以获得永生；人从这个世俗世界消失，不是死，而是转世，是来到另一个没有痛苦的美好世界——天国。人们有了宗教信仰，就不再恐惧死亡，亦会坦然面对死亡，在人生终点时可以安详地离去。宗教的魅力在于，人的来世是没有办法经验地证明的，人们无法证明是否真有一个上帝存在，因为没有人从上帝那里回来过，所以没有一个人可以确证上帝的存在。当然，也没有人可以否证上帝的存在。既然如此，对必然遭遇各种困境的普通人而言，有上帝总比没有要好，上帝的存在可以减轻人的痛苦和对死亡的恐惧。难怪一度否定了上帝的康德、甚至宣布"上帝死了"的尼采都又拼命地要找回上帝。

伦理道德是文化创造的另一个解释系统。在中国这样一个非宗教传统的社会中，为了帮助人们解释和解决"死亡"恐惧这个终极性的难题，儒家提出了人可以"不死"的另一种设计——永垂不朽。儒家认为人们可以通过人生价值和意义的实现而让生命永留人间。中国人相信，"有的人活着他已经死了；有的人死了他还活着。"① 早在两千多年前的春秋时期，有两位同朝为官的卿大夫范宣子和叔孙豹，曾就人生能否不朽的问题展开过一场影响深远的辩论。范宣子对叔孙豹说："我的家族从尧舜时期就受封为贵族，经历夏、商、周，一直到春秋时期，世代受封，延续千年以上，长盛不衰，这是否可以说是不朽了？"叔孙豹回答："这不能算不朽，只能说是世禄。"范宣子问："哪怎样才算不朽呢？"叔孙豹回答："最重要的是立德，其次是立功，再次是立言，虽久不废，此之谓三不朽。"叔孙豹将"立德"置于人生不朽的最高位，表明道德是与人的尊严和人生价值同一层面的东西。宋代的大儒张载在此基础上将其概括为"为天地立心，为生民立命，为往圣继绝学，为万世开太平"。这里"为天地立心"就是"立德"于人世间，引领人类走向光明美好的未来。这样，中国文化系统就为人们创立了一个可以解决终极困惑的方案，那就是在自己的人生过程中立德、立功、立言，创造有意义、有价值的人生，以使自己可以"永远活在后人的心中"，可以"永垂不朽"。同样，在古希腊，苏格拉底、柏拉图、亚里士多德等先哲也在全力创造一个可以安顿人心和社会的伦理系统。苏格拉底提出了"人应当如何生活？"的诘问，问题的关键就在"应当"二字上。"应当"要求人不能像动物一样生活，从而使人披上了一层文化的铠甲，他严肃地告诉人们"未经审视的生活是不值得过的"。

人作为社会动物，仅仅从自身解决"人应当如何生活"是远远不够的，还必须进一步思考"我们如何在一起"的问题，即"伦理"问题。伦理是"人类长久的居留地"，人与人在一起生活，会面临两个相互矛盾的状况，一方面，人人都想按照自己的意志行动；另一方面，人总是在关系当中活

---

① 见臧克家 1949 年 11 月 1 日为纪念鲁迅逝世 13 周年而写的诗《有的人》：有的人活着他已经死了；有的人死了他还活着。有的人骑在人民头上："呵，我多伟大！"有的人俯下身子给人民当牛马。有的人把名字刻入石头，想"不朽"；有的人情愿作野草，等着地下的火烧。有的人他活着别人就不能活；有的人他活着为了多数人更好地活。骑在人民头上的人民把他摔垮；给人民作牛马的人民永远记住他！把名字刻入石头的名字比尸首烂得更早；只要春风吹到的地方到处是青青的野草。他活着别人就不能活的人，他的下场可以看到；他活着为了多数人更好地活着的人，群众把他抬举得很高，很高。

动，个体总要考虑他人的存在和情感。"每个人都存在于与他人的共在关系中，每个人都不可能先于共在而具有存在的意义；在共在之前，我只是一个自然存在而尚未成为一个价值存在。""只有当所做之事将我与他人化为共在之时，我才在共在中获得一席之地，我才不仅仅是一个概念而成为在场存在。这正是中国古典哲学强调做人所暗含的深刻含义：人不在自然意义上'是'人，而必须在'做'中实现为人，而做事就是与人共在。"①为了处理人与人之间的关系，就需要制定协调人际关系的规范和准则。如果遵循这些规则，养成良好的习惯，个人就能成为一个有德性的人。只有在一个有德性的社会中，我们的生活、我们的行为才是可以预期的。人类之所以要创造伦理和道德这样的文化解释系统，就是为了解决这些人生和社会方面的难题。然而，日益"单子化"的"现代人"很难与他人共在，他们大多崇尚个人主义，是失去生活目的之人，是仅仅为利益而活之人，也是敌视他人甚至漠视他人之人。"个人主义在争取和保护个人权利上无疑有着重大意义，但其副作用却使'他人'贬值。漠视他人不一定是敌视他人，而是心中根本没有他人，是无视他人，这比敌视他人还要糟糕，因为敌视他人至少还与他人有某种坏的关系，而漠视他人则是完全孤立自己同时孤立他人。这就是为什么现代人如此孤独的原因，而'孤独是可耻的'。现代人如此追求'物'而漠视'他人'，却不知生活的几乎全部意义、价值和幸福都不得不落实在'他人'上。离开他人，生活就完全没有意义，生活将一无所获。"②面对这种现代人际困境，文化就需承担起解决"我们如何在一起"的重任。

实际上，文化在帮助人们超越生存困境之时，也就帮助人解决了安身立命之基。但从内涵上看，安身立命的立足点和目标要远远高于生存困境的超越。安身立命问题关涉三个命题：用生、用世、立命。用生就是把文化运用于人生，解决人生过程中遇到的困惑和痛苦；用世就是把文化用

---

① 赵汀阳：《共在存在论：人际与心际》，《哲学研究》2009 年第 8 期。

② 赵汀阳：《论可能生活》，中国人民大学出版社 2010 年版，第 101 页。

来修身、齐家、治国、平天下，解决社会生活中的问题和难题；立命就是把文化用于人生价值的自我实现，创造有价值、有意义的人生，追求有高度、有境界的人格理想。①曾子所说的"士不可以不弘毅，任重而道远。仁以为己任，不亦重乎？死而后已，不亦远乎？"（《论语·泰伯》）就是以文化为人生立命的典范写照。

　　总之，文化以价值观为核心和灵魂，它通过"文化"即为"人化"的过程，使人类接受道德教化，提升人格境界；通过对"人应当如何生活""我们如何在一起"两大主题的关注和两项使命的完成，为人类确立正确的世界观、人生观和价值观；通过意义世界的构建为人类提供安身立命之基。由此，我们可以看出文化对道德失范救赎的重要价值。

---

① 樊浩：《文化与安身立命》，福建教育出版社 2009 年版，第 4 页。

第四章　传统伦理文化基因与意义世界建构

　　并世列强，虽新而无古；希腊罗马，有古而无今；惟我国家，亘古亘今。

——冯友兰

　　没有文化传统，我们很难想象一个民族如何能生存，一个社会如何不涣散，一个国家如何不崩解。

——庞朴

　　传统是围绕人类的不同活动领域而形成的代代相传的行事方式，是一种对社会行为具有规范作用和道德感召力的文化力量，也是人类在历史长河中的创造性想象的沉淀。传统是一个社会的文化遗产，是人类过去所创造的种种制度、信仰、价值观念和行为方式等构成的表意象征；它使代与代之间、一个历史阶段与另一个历史阶段之间保持了某种连续性和同一性，构成了一个社会创造与再创造自己的文化密码，并且给人类生存带来了秩序和意义。① 中华民族在亘古至今的五千年文明中积淀了自己的传统，创造了丰富的文化，形成了礼乐文明的独特模式。汤因比在其《历史研究》中将人类文明分为两大模式——西方模式和东方模式，西方模式以希腊文明为源头，东方文明以中国的礼乐文明为滥觞。他在与池田大作对话时指出，几千年来的历史已经证明，中国人民成功地把几亿民众从政治上、文化上团结起来，这"无与伦比"的成功经验在人类统一的过程中肯定会发挥"主导作用"。其实，中国传统文化不仅有丰富的政治"大一统"

---

① 　[美]爱德华·希尔斯：《论传统》，傅铿、吕乐译，上海人民出版社 2009 年版，第 12 页。

思想，而且还有独特的伦理文化和道德思想，能够为当代的意义世界建构和道德文化建设提供可借鉴的传统资源。遗憾的是，自步入现代社会以来，国人对祖先留给我们的精神财富视之如草芥、弃之如敝屣。但经过了一个多世纪代价巨大的社会实验之后，中国人终于懂得了一个真理：

> 未来的陷阱原来不是过去，倒是对过去的不屑一顾。就是说，为了走向未来，需要的不是与过去的一切彻底决裂，甚至将过去彻底砸烂；而应该妥善地利用过去，在过去这块既定的地基上构筑未来大厦。如果眼高于顶，只愿在白纸上描绘未来，那么，所走向的绝不会是真正的未来，而只能是过去的某些最糟糕的角落。这里所要讨论的"过去"，当然不是纯时间的范畴。在社会、文化的意义上，过去主要指的是传统，即那个在已往的历史中形成的、铸造了过去、诞生了现在、孕育着未来的民族精神及其表现。一个民族的传统无疑与其文化密不可分。离开了文化，无从寻觅和捉摸什么是传统；没有了传统，也不成其为民族的文化。①

庞朴曾对文化传统和传统文化进行区分，认为二者差别之大，几乎可以跟蜜蜂和蜂蜜的差别相媲美。他指出：

> 传统文化的全称大概是传统的文化，落脚在文化，对应于当代文化和外来文化而谓。其内容当为历代存在过的种种物质的、制度的和精神的文化实体和文化意识。例如说民族服饰、生活习俗、古典诗文、忠孝观念之类，也就是通常所谓的文化遗产。传统文化产生于过去，带有过去时代的烙印；传统文化创成于本民族祖先，带有自己民族的色彩。文化的时代性和民族性，在传统文化身上表现得最为鲜明。②
> 文化传统的全称大概是文化的传统，落脚在传统。文化传统与传统

---

① 庞朴：《儒家精神》，中国华侨出版社 2014 年版，第 27 页。
② 同上书，第 28 页。

文化不同，它不具有形的实体，不可抚摸，仿佛无所在；但它却无所不在，既在一切传统文化之中，也在一切现实文化之中，而且还在你我的灵魂之中。如愿套用一下古老的说法，可以说，文化传统是形而上的道，传统文化是形而下的器；道在器中，器不离道。文化传统是不死的民族魂。它产生于民族的历代生活，成长于民族的重复实践，形成为民族的集体意识和集体无意识。简单说来，文化传统就是民族精神。①

在此意义上说，本章所说的"传统文化精髓"实际上就是庞朴所说的"文化传统"。《周易·乾卦》云："天行健，君子以自强不息；地势坤，君子以厚德载物。"张岱年将其中的"自强不息，厚德载物"作为中华民族的民族精神。当然，这也是中国传统文化的精神和国人的安身立命之基。"自强不息，厚德载物"取义于天地，天（即自然）的运动刚强劲健，"天行有常，不为尧存，不为桀亡"。相应于此，君子处世，应像天一样，自我力求进步，刚毅坚卓，发愤图强，永不停息；大地的品格厚实和顺，托载万物，从不索取，不知疲倦，君子应效法大地，增厚美德，容载万物。"自强不息，厚德载物"的精神孕育了中华文明和中国文化特有的品格——人文精神。楼宇烈认为：

> 人文精神有两个突出的特点：一是人文是相对于神文和物文来讲的。中国人更注重的是精神生活，而不是受神、物的支配，因此中国文化"上薄拜神教，下防拜物教"，使人的自我价值得到了充分的体现。二是人文精神更多地强调礼乐教化。中国讲究人文教育，而不是武力和权力的压制。中国文化的核心是强调人在天地万物中的核心地位，突出了人本主义精神，这一特征又是通过人文教育形成的。中国文化虽然突出人的地位，但也非常尊重人生存的环境，尊重万物。因此，中国文化讲究"重天道"和"法自然"，又崇尚"人道"，重视礼乐教化。这些都是中国文

---

① 庞朴：《儒家精神》，中国华侨出版社 2014 年版，第 29 页。

化的特征和品格。①

在文明拓进的长河中，如果说历史是一股不息的生命之流，那么，传统就是蜿蜒于主体生命之中奔腾的血脉。这个以人类智慧锻造和民族生命凝就的血脉，联结着洪荒与当下，通向未来与悠远。它发端于生命浩瀚的源头，吮吸母体的乳汁，跨越时代的广袤，涓涓流淌，默默哺育着一代又一代新的生命。对作为伦理型社会的中国而言，伦理文化基因就是传统文化的血脉。

一、中国传统伦理文化基因——"敬""诚""良知"

在人类文明史上，炎黄子孙对中华民族的伦理精神进行了最为辉煌、最为成功的建构。几千年来，中国传统伦理的灵秀之光，穿越理性的荒原，划破历史的长夜，唤醒沉睡的人性，为中华民族构筑起丰富的意义世界。同时，中国伦理精神"卓有成效地引导和干预着社会生活，成为中国文化、华夏民族的血脉，被赋予超越民族国家的神圣意义"。②

从宏观上看，中国传统文化是由儒、释、道三部分组成的，人文精神的品格蕴含在这三个部分之中，无声地提示着国人奋进图强，反省自求，敬德尊人，提升自我。"在无声传阅的隐秘书写中，反复出现的潜在主题是，通过复兴传统信仰来拯救人类。"③儒家讲求天时地利人和，提倡自己创造，而不是坐等。儒家强调个体品德的提升才是根本，其重要理念是"皇天无亲，惟德是辅"。儒家认为"尽己之心"就能"尽物之心"，然后"参天地之化育"，主张"修身、齐家、治国、平天下"，使人自身和各种关系都得以和谐发展。佛教讲人的一切烦恼、痛苦都是人自身造成的。

---

① 楼宇烈：《中国的品格》，南海出版公司 2011 年版，"再版赘言"。

② 樊浩：《中国伦理精神的现代建构》，江苏人民出版社 1997 年版，第 21 页。

③ ［美］丹尼尔·贝尔：《资本主义文化矛盾》，生活·读书·新知三联书店 1989 年版，第 30 页。

从根本上讲，佛教是用来治心的，除去贪、嗔、痴之心，还自我以本来的面貌，尊重人的心性。佛教之所以能在中国生根，并很好地融入中国的本土文化，就是因为它提倡内省，反求诸己，这和中国文化的向内精神正好契合。道家认为："万物并作，吾以观复。夫物芸芸，各复归其根。"（《道德经·第十六章》）道家主张遵循天地万物的自然本性，不能以个人的意愿去随意改造，强调自然无为。同时，对他人也应该尊重，使其按本性去发展。只有按本性发展，才能达到最充分、最完美的状态。道教也强调反省自己，不干涉他物，因势利导。总之，中国传统文化提倡认识自我，特别是认识人的本性；强调天人合一，人在天地万物中，既和万物一样，又和万物不同；认为人是万物之灵，具有主动性和能动性，能够运用"中庸之道"这一实践原则，坚持"中"与"和"，做到"不勉而中，不思而得，从容中道"（《礼记·中庸》）。

自 1978 年改革开放以来，在"以经济建设为中心"理念的引领下，经过四十年的奋斗，中国的经济总量已跃居世界第二位。但在物质生活水平快速提升的同时，自我失落、道德失范、精神家园荒芜的问题也日益凸显，一些人被物所役，精神麻木，人生迷茫，丧失自我，不反求诸己而求之于神。从一定程度上说，精神文化的相对滞后已成为社会可持续发展的瓶颈。其实，邓小平早在 1986 年初就指出："经济建设这一手我们搞得相当有成绩，形势喜人，这是我们国家的成功。但风气如果坏下去，经济搞成功又有什么意义？会在另一方面变质，反过来影响整个经济变质，发展下去会形成贪污、盗窃、贿赂横行的世界。"① 为了未来经济社会的顺利发展，中国必须解决价值重建和自我认同的问题。中国传统文化的根本特征就是注重人的精神生活，提倡人文主义。在世界文化的发展历程中，中国文化曾在很长一段时间内走在世界的前列。过去有人批评中国文化，认为中国人只陶醉于自己的精神文明中。在当时经济落后的状态下，这也许有其合理性。但经过近现代一百年来的发展，中国社会的物质水平得到了很

---

① 《邓小平文选》第三卷，人民出版社 1993 年版，第 154 页。

大的提升，精神文明反而落后了。事实上，中国文化注重人文精神、伦理规范和道德教化的理念正好契合了现代社会的需求。儒家崇尚人道的礼仪教化，道家尊重天道的自然无为，佛教则注重人性的净化，这三方面的文化元素相互交织和渗透，共同形成了中华民族的精神家园。今天，我们仍应挖掘和吸纳以儒、释、道为代表的传统文化的精髓，高举人文主义精神的旗帜，建构当代中国人的意义世界，筑牢转型期社会的道德之基。

（一）从周公的"敬天""敬德"到孔子的"修己以敬"

1. 中国传统文化中的"德"：内"敬"外"礼"之统一

周公"制礼作乐"最终完成了"巫史传统"的理性化过程，从而奠定了中国文化大传统的根本。"德"和"礼"是这一理性化完成形态的标志。周初的文献以"敬德""明德"著称。周金文中也多见"德"字。关于"德"的含义，李泽厚认为，它大概最先与献身牺牲以祭祀祖先的巫术有关，是巫师所具有的神奇品质，继而转化成为"各氏族的习惯法规"。[1] 所谓"习惯法规"，也就是由来久远的原始巫术礼仪的系统规范。"德"是由巫的神奇魔力、遵循"巫术礼仪"规范等逐渐转化成君王行为、品格的含义，最终演变成为个体心性道德的含义。可见，周初之"德"，多指君王的一套行为，但不是一般的行为，而主要是祭祀、出征等重大政治行为。久而久之，它与祖先祭祀活动的巫术礼仪结合在一起，逐渐演变而成为维系氏族、部落、酋邦生存发展的一整套的社会规范、秩序、要求、习惯。也就是说，"德"首先是与"祀""戎"等氏族、部落、酋邦重大活动相关的非成文法规。"德"在周初被提到空前的高度，与周公当时全面建立以王的政治行为为核心的氏族——部落——国家的整套规范体制即"制礼作乐"有关。在"制礼作乐"过程中诞生的"德政"，其"德"之内涵可分为内外两个方面，"敬"与"礼"。

首先，"德"源于人们内心的"畏敬"。周初文诰中多"敬"字。它源

---

① 李泽厚：《中国古代思想史论》，人民出版社 1985 年版，第 86 页。

于上古的"巫术礼仪",是原始巫术活动中的迷狂心理状态的分疏化、确定化和理性化。但一直到孔子和《论语》一书,"敬"仍然保留了对神明的畏惧、恐怖、敬仰的情感特征。这种对神明的"畏敬",恰恰有着巫术礼仪的特质精神。牟宗三指出:"在敬之中,我们的主体并未投注到上帝那里去,我们所作的不是自我否定,而是自我肯定。仿佛在敬的过程中,天命、大道愈往下贯,我们主体愈得肯定。"[1] 也就是说,原典儒学讲的"敬",不是如宗教(如西方基督教)那种否定自身(人)去投入上帝,而是感到自身生命、存在由于与神同一而获得肯定。徐、牟用上述话语所描述的这种"中国哲学的特质",其实来源在于巫术礼仪中的心理认识——情感特征:它不是指向对象化的神的建立和崇拜,而是在活动自身中产生人神浑然一体的感受和体会。从这里生发不出"超越"(超验)的客观存在的上帝观念,而是将"与神同在"的神秘畏敬的心理状态,理性化为行为规范和内在品格,即由巫术力量(magic force)逐渐演化成为巫术品德(magic moral)。这也是"德"的内向化或内在化过程,并最终成为首先要求于政治首领的个体品德力量。这就是后世道德的张本。简言之,即原始巫君所拥有的与神明沟通的内在神秘力量的"德",变而为要求后世天子所具有的内在的道德、品质、操守。这种道德、品质、操守,仍然具有某种自我牺牲、自我惩罚、自我克制(如祭祀时必须禁欲、斋戒等等)特色,同时它又具有魔法般的神秘力量。所有这些都是原巫术礼仪的遗迹残痕。[2]

其次,"德"外现为社会生活中的"礼"。"夫德,俭而有度,登降有数,文、物以纪之,声、明以发之,以临照百官,百官于是乎戒惧,而不敢易纪律。"(《左传·桓公二年》)这里的"德"实际上就是"礼"。郭沫若说:"礼是由德的客观方面的节文所蜕化下来的。古代有德者的一切正当行为的方式汇集了下来便成为后代的礼。德的客观上的节文,……是明白地注重在

---

① 牟宗三:《中国哲学的特质》,台湾学生书局 1984 年版,第 20 页。

② 参见李泽厚:《由巫到礼 释礼归仁》,生活·读书·新知三联书店 2015 年版,第 23 页。

一个敬字上的。"① 先秦时期，德、巫、礼是紧密相连的。《礼记·祭统》曰："礼有五经，莫重于祭。""礼"首先是从原巫术祭祀活动而来，但经由历史，它已繁衍为对有关重要行为、活动、语言等一整套的细密规范。"夫祭有十伦焉，见事鬼神之道焉，见君臣之义焉，见父子之伦焉，见贵贱之等焉，见亲疏之杀焉，见爵赏之施焉，见夫妇之别焉，见政事之均焉，见长幼之序焉，见上下之际焉。"（《礼记·祭统》）"祭"作为巫术礼仪，使社会的、政治的、伦理的一切秩序得到了明确的等差安排。这种区分严格的体现与祭祀仪式、姿态、容貌、服饰等的"礼数"，实际上，是人伦道德的具体规范。正如《礼记·郊特牲》所说："礼之所尊，尊其义也。失其义，陈其数，祝史之事也。故其数可陈也，其义难知也。知其义而敬守之，天子所以治天下也。"古代的"经礼三百，曲礼三千"以及吉、凶、军、宾、嘉五礼，既是严格要求的各种行为规矩的仪文细节，又是具有伦理道德意义的道理。因此，《礼记·仲尼燕居》云："礼也者，理也。"《礼记·乐记》云："礼也者，理之不可易者也。"周公通过"制礼作乐"，将上古祭祀祖先、沟通神明以指导人事的巫术礼仪，全面理性化和体制化，以作为社会秩序的规范准则，此即所谓"亲亲尊尊"的基本规约。"亲亲之杀，尊贤之等，礼所生也。"（《礼记·中庸》）可见，所谓"德治"也就是"礼治"，二者的内涵基本相同。因此，在礼乐文化中，"德"外现为社会生活中的"礼"，换言之，人们日常生活中各种礼节仪式的内核和灵魂是其中蕴含的人伦道德理念。正因如此，孔子才以"仁"释"礼"，强调"礼"不只是语言、姿态、仪容等外在形式，而必须有内在的道德情感作为基础。"人而不仁如礼何？人而不仁如乐何？"面对当时"礼"失去内心应有的畏、敬、忠、诚等情感而沦为形式，孔子力图纳仁入礼，要求人们在礼仪中保持神圣的内心状态，这种状态孔子称其为"仁"。在他看来，"仁"应落实在人们日常生活的行为、言语、姿态之中。同时，孔子将上古巫术礼仪中的神圣情感心态，创造性地转化为世俗生存中具有神圣价值和崇高效用的人间情谊，即夫妇、父子、

———————————
① 郭沫若：《青铜时代》，见《沫若文集》卷十六，人民文学出版社 1957 年版，第 25 页。

兄弟、朋友、君臣之间的人际情感，以之作为政治的根本，"仁"因之成为人所以为人的内在根据。在郭店出土的竹简中有大量篇幅描写礼与人的情感关系，强调"礼生于情"。如"礼因人之情而为之"，"苟以其情，虽过不恶；不以其情，虽难不贵"，"始者近情，终者近义"等，这体现了原始儒学的传统，从孔子到孟子、荀子，无不如此。特别是《中庸》中的不少章句，如"至诚之道，可以先知"，"不诚无物"，"唯天下至诚为能尽其性……可以赞天地之化育"，"知天地之化育，夫焉有所倚。肫肫其仁，渊渊其渊，浩浩其天"等，都清晰地折射出礼仪背后人的"诚""仁""敬"等情感的力量。如果说周公"制礼作乐"完成了外在巫术礼仪理性化的最终过程，孔子释"礼"归"仁"则完成了内在巫术情感理性化的最终过程。相隔五百年的两位伟人——周公和孔子通过"精神联袂"，在中国完成了由巫术礼仪、祭祀礼仪向礼乐教化和礼乐文明的转化。正是这一转化，使中国没有出现西方科学与宗教、理性认知与情感信仰各自独立发展的局面，也使中国传统文化具有了浓厚的人文主义色彩和伦理道德气息。

2."头上三尺有神明"：道德的崇高性与敬畏感

"头上三尺有神明""人在做，天在看"是中国人人皆知的古训，它们集中体现了中华民族的道德敬畏感。敬畏道德，就是每个人应当尊重自己作为"人"的尊严，树立人格"自重""自尊"，做一个有道德的人。这是包含于传统"天人合一"道德哲学中的重要思想。人对道德的敬畏感，是传统"天人合一"的道德本体论的题中之义，也是"天人合一"论所内蕴的一条"古今通理"。《中庸》以"天命之谓性"的性善论转换，为"人道"确立了必然性和崇高性。人有道德不仅是"非人之所能为"的"天命"必然，而且是人所应当遵循的"当然之则""皆无所逃于天地之间"。在中国，人们斥责不道德人的行为是"禽兽不如"，对违背道德之人的惩罚与报应是"天理不容"，人们坚信"善有善报，恶有恶报"，这种信念不仅体现了老百姓心中的道德敬畏感，而且已固化为人们为善祛恶的道德心理。

"敬畏感"是指主体对对象既敬重又畏惧的复合情感。敬畏的对象是特定的，或为宗教信徒心目中至高无上的上帝，或为个人和群体所维护和遵循的万物生命、道德法律、文化传统等。人们因其崇高而敬，因其崇高而畏，即畏己之冒犯崇高也。因此，敬畏重在于"敬"。^①杨倞注荀子说"敬"："谓不敢慢也。"朱熹说："敬只是一个畏字。"敬畏感不是消极的恐惧心，而是积极的道德情感，唯有对崇高价值之敬畏才会有维护崇高价值的使命感和责任心。一个人如果丧失了对生命、道德、法律、文化等真、善、美价值的敬畏之心，就会无法无天、无恶不作。儒家认为，只有经常对道德抱有敬畏之心，才能在心中"天理常明"而达致"圣贤之域"。

自上古以来，中国人就有了道德敬畏的观念，认为天帝高高在上，时刻注视民间，能赏善而罚恶，尤其重视统治者的行为。《尚书》中所记之圣王贤臣言论，大多以敬畏"天命"相训导。《皋陶谟》就曾陈述尧舜时代的"天命有德""天讨有罪"的观念。《汤誓》记载商汤伐桀，认为这是替天伐罪："桀之多罪，天命我诛殛之。"周朝人同样相信"天命"，周公强调要效法先王，明德慎罚，以保天命之永久。《君奭》载周公告诉召公之语："天命不易，天难谌，乃其坠命。"西周时期开启了中国古代王朝政治的正统文化，其政治的法理根据便是"天"，而"天"给人的印象，与其说是可爱的，不如说是威严的，于是便有"天威"的观念。在《君奭》篇中，"天威"一词被周公用了4次。对"天威"的敬畏，反映了当时周朝贵族中间的一种文化心理。可见，周人对待自然和人事，对于当前和未来怀有一种"敬畏"的心理。在《尚书》周书19篇中，几乎篇篇都贯穿着"敬德"的思想。在周公的各种诰词中，直接讲到"德"字的地方就有56处。如《召诰》云："惟不敬厥德，乃早坠厥命。"《康诰》云："惟乃丕显考文王，克明德慎罚。"《洛诰》云："惟公德明光于上下。"《蔡仲之命》云："皇天无亲，惟德是辅。"周书中的诰文可以说是中国最早的德育教科书。他的《大诰》《康诰》《酒诰》《洛诰》等文的"诰"，就是告诫、劝勉之意，这些诰文可以说是中国最早的德育教科书。他担心成王"有

① 朱贻庭：《"天人合一"的道德哲学精义》，《华东师范大学学报》（哲学社会科学版）2017年第4期。

所淫泆",特写以告诫之,并要求其做到"无淫于观、于逸、于游、于田"(《尚书·无逸》),而应像文王那样"皇自敬德",克己自谦,遵行孝道。他在《康诰》《酒诰》中劝诫弟弟康叔要勤于国事,勿贪逸乐,厉行禁酒,破除恶习。周公本身更是克己修身的楷模,他为了礼贤下士常常"一沐三捉发,一饭三吐哺,起以待士,犹恐失天下之贤人"(《史记·鲁周公世家》)。荀子也盛赞周公曰:"周公其盛乎!身贵而愈恭,家富而愈俭,胜敌而愈戒。"(《荀子·儒效》)孔子继承了周公的"德敬"理念,《论语》中"德"字出现了 38 次。《论语·为政》云:"为政以德,譬如北辰,居其所而众星共之。""道之以政,齐之以刑,民免而无耻;道之以德,齐之以礼,有耻且格。"孔子明确提出:"君子有三畏:畏天命,畏大人,畏圣人之言。小人不知天命而不畏也,狎大人,侮圣人之言。"(《论语·季氏》)所谓"畏"就是敬畏。人常怀敬畏之心,才能成为言行一致品德高尚的君子,这是孔子倡导的立身处世之道。畏天命,是对自然规律的敬畏,顺之则吉,逆之则凶。畏大人,是对有德有位之人的敬畏,这些大人位高权重,他们的言谈举止对社会有着举足轻重的作用,稍有差错,就会殃及百姓。畏圣人,是因为他们通晓天道和人生安身立命的真谛,违背了就会有灾祸。无所畏惧的人生是极其危险的。王国维曾说:"殷周之兴亡,乃有德与无德之兴亡,故克殷之后,尤兢兢以德治为务。"[1] 周公的"敬德"思想即其政治伦理思想对孔子产生了深刻影响,成为其君子"三畏"思想的源头。

在"为国以礼"的古代,"敬"被视为"礼之本"。《左传·僖公十一年》云:"礼,国之干也;敬,礼之舆也,不敬则礼不行。"古代的礼节仪式和礼典规范都集中体现着礼乐文明和礼仪制度的创立者对人性与人格的充分尊重。殷周时期的各种礼典皆以祭礼为重,而在祭礼中,尤以祭祀祖先为重。李泽厚说:"礼是颇为繁多的,其起源和核心则是尊敬和祭祀祖先。"[2]

---

① 王国维:《殷周制度论》,《王国维文集》第四卷,中国文史出版社 1997 年版,第 56 页。
② 李泽厚:《新版中国古代思想史论》,天津社会科学院出版社 2008 年版,第 13 页。

是故先王之孝也，色不忘乎目，声不绝乎耳，心志嗜欲不忘乎心。致爱则存，致悫则著。著存不忘乎心，夫安得不敬乎？君子生则敬养，死则敬享，思终身弗辱也。……是故孝子临尸而不作。君牵牲，夫人奠盎。君献尸，夫人荐豆。卿大夫相君，命妇相夫人，齐齐乎其敬也，愉愉乎其忠也，勿勿诸其欲其飨之也。（《礼记·祭义》）

这段话描写的是人们在祭祀先王或祖先前虔敬斋戒和祭祀时毕恭毕敬的情景。这种对祖先的尊敬在《礼记》的《檀弓》《丧服小记》《丧大记》《祭法》《祭统》等篇中处处可见。可以看出，古人祭祀祖先，真正做到了"尽其悫而悫焉，尽其信而信焉，尽其敬而敬焉，尽其礼而不过失焉。进退必敬，如亲听命，则或使之也"（《礼记·祭义》）。这就是《礼记·祭统》中描述的"祭祀之道"："身致其诚信，诚信之谓尽，尽之谓敬，敬尽然后可以事神明，此祭之道也。"这种至尊至敬的行为体现的不仅是礼的庄严肃穆，而且还有礼背后笃敬的情感与思念，以及由此情感所维系的尊尊亲亲的社会秩序。

3."修己以敬"：修身立德的起点

《礼记·经解》借孔子之口曰："恭俭庄敬，《礼》教也。"在儒家看来，如果做到了谦恭辞让、庄重严肃、尊敬他人，那就是深刻地理解了《礼》。礼就是让人遵循恭敬辞让的道德，一个人掌握了"敬让之道"，就可以"以奉宗庙则敬，以入朝廷则贵贱有位，以处室家则父子亲、兄弟和，以处乡里则长幼有序"（《礼记·经解》）。因此，《礼记·曲礼上》云："人有礼则安，无礼则危，故曰礼者不可不学也。夫礼者，自卑而尊人。虽负贩者，必有尊也，而况富贵乎？富贵而知好礼，则不骄不淫。贫贱而知好礼，则志不慑。"无论古今中外，只有真正尊重他人的人，才会得到他人的尊重。此即孟子所说的"君子以仁存心，以礼存心。仁者爱人，有礼者敬人。爱人者，人恒爱之；敬人者，人恒敬之。"（《孟子·离娄下》）荀子则指出："恭敬，礼也；调和，乐也；谨慎，利也；斗怒，害也。""仁者必敬人。"（《荀子·臣道》）儒家还将"敬"上升到了治国理政的高度。孔子曾告诉鲁哀公：

"古之为政，爱人为大。所以治爱人，礼为大。所以治礼，敬为大……爱与敬，其政之本与？"（《礼记·哀公问》）对"敬"之重要性，《左传》中有精彩的案例：

> 春，晋侯使郤锜来乞师，将事不敬。孟献子曰："郤氏其亡乎！礼，身之干也。敬，身之基也。郤子无基。且先君之嗣卿也，受命以求师，将社稷是卫；而惰，弃君命也，不亡何为？"三月，公如京师。宣伯欲赐，请先使；王以行人之礼礼焉。孟献子从，王以为介而重贿之。公及诸侯朝王，遂从刘康公、成肃公会晋侯伐秦。成子受月辰于社，不敬。刘子曰："吾闻之：民受天地之中以生，所谓命也。是以有动作礼仪威仪之则以定命也。能者养之以福，不能者败以取祸。是故君子勤礼，小人尽力。勤礼莫如致敬，尽力莫如敦笃。敬在养神，笃在守业。国之大事，在祀与戎。祀有执月辰，戎有受月辰，神之大节也。今成子惰，弃其命矣，其不反乎？"（《左传·成公十三年》）

这段话讲述了两个故事。一个是郤锜乞师不敬，孟献子由此判断郤氏将会灭亡。第二个故事是讲成子受月辰于社不敬，刘康公预言成子将会回不来。这两个故事告诉我们，"敬"是礼的灵魂，行为不敬就是违礼，会造成十分严重的后果。其实，儒家修身、齐家、治国、平天下的每个环节都离不开"修己以敬"。修身就是学会尊敬自己、尊敬他人；齐家就是学会尊敬父母、妻儿；治国就是学会尊敬臣下、庶民，对民众"如保赤子"；平天下就是学会尊重他国及其民众，具有"德服天下""协和万邦"的品性和气度。礼主敬，敬乃和。如果一个人做到了礼敬谦让，身修、家齐、国治、天下平的境界就很容易达到；如果人人做到了礼敬谦让，协调的人际关系、和睦的家庭氛围、和谐的社会秩序就会成为现实。

道德作为社会的一种特殊的价值形态，既有它的内在价值，又有它的外在价值，是内在价值和外在价值的统一。道德的外在价值就是功利价值，即道德是获取功利的手段或工具；道德的内在价值是提升人格的精神境界，即道德是主体所要追求的目的，在内在本质上使人成之为"人"。人之所以敬畏道德，不在于道德之外在的功用价值，而在于道德成就了人之为"人"的内在价值。儒家关于"人兽之别"的判断标准，确立了人对道德的敬畏感（人们害怕自己会因丧失道德而沦为禽兽），彰显了道德的内在价值。汉代扬雄曰："纡朱怀金者之乐不如颜氏子之乐。颜氏子之乐也内，纡朱怀金者乐也外。"（《法言·学行》）如果将道德仅仅看作是获取功利的手段和工具，追求"纡朱怀金"的外在之乐，向往孟子所说的"人爵"，那就可能走向道德虚伪；如果将道德仅仅作为获取功利的手段和工具，内心道德崇高性的信念就会丧失，对道德的敬畏之心也将不复存在。

当下中国的道德失范现象的根源之一，就是许多人丧失了道德敬畏感，正是这种道德敬畏感的缺失，使道德溃败成为社会的普遍现象。在人们普遍丧失了道德崇高性的信念、将道德视为谋利手段和工具的情况下，在道德虚伪泛滥成为社会风气的氛围下，继承和发扬传统道德哲学，强调道德作为人之为"人"本质特征的思想，强调道德成就人格的内在价值，重塑道德的崇高性，重树人们对道德的敬畏感，是道德建设之根本。

（二）从《大学》的"诚意""正心"到王阳明的"致良知"

伦理体系的建立是以宇宙为最高、最大的内涵，开端于个人的自省和修持。若谓伦理的最高目标为"至善"，则其最初的起点即为"至诚"，从"至诚"到"至善"一步步推展开来。伦理体系的构建需历经"个人伦理""家庭伦理""国家伦理""世界伦理"等建立的过程，表现为实质的"修、齐、治、平"效果。《大学》在个人伦理的层面上，特别强调"格物""致知"以"诚意""正心"。①

1.《大学》：道德修养之纲目

《论语》《孟子》《大学》《中庸》是儒家的四部经典，简称"四书"，它们是两千多年来对中国历史发展影响最大的儒家典籍。按照黑格尔的观

---

① 参见樊浩：《中国伦理精神的历史建构》，江苏人民出版社 1992 年版，"序"。

点，中国哲学就是中国的道德哲学，对儒家哲学而言，更是如此。因此，"四书"也是中国的伦理学经典。在此，我们先谈谈《大学》中的伦理思想及其对当下道德失范救治的意义。

《大学》的突出贡献，是将儒家思想特别是伦理思想概括为"三纲领""八条目"。"三纲领"就是："明明德，亲民，止于至善。"这九个字概括了儒家伦理思想的精义。"八条目"是实现"三纲领"的八个依次递进的步骤：格物、致知、诚意、正心、修身、齐家、治国、平天下。"三纲领"和"八条目"准确而深刻地表达儒家伦理思想的精髓和要义。

"大学"乃"大人之学"。"明明德，亲民，止于至善"是要告诉人们，做学问做人最重要的是什么。"大学"即大人之学，就是关于如何培养"大人"的学问。何谓"大人"？"大人"类似于孔子所说的君子、贤人，是指那些具有良好品德、崇高人格，能够仁亲爱民、追求至善的人。"明明德"就是把自己光明的德性彰显出来。人性是善的，但是人性有可能被遮蔽，所以要彰显这个光明的德性。"明德"是每个人都具有的共体或实体，"明明德"就是向人的实体或所谓"大人"的回归，但"明明德"不是靠他人来"明"，而是要自己"明"，即"自明"。也就是通过修身养性求"放心"，把明德彰显出来，把善良的本性、良知焕发出来。如果说"明明德"是内圣的功夫，那么，"亲民"则是外王的功效。明明德是修己，亲民就是安人。儒家的主张仁爱，强调"亲亲仁民"。首先爱自己的亲人，然后再推己及人，去爱周围的人，做到"老吾老，以及人之老，幼吾幼，以及人之幼"（《孟子·梁惠王上》），这就是"亲民"。在古代"亲"与"新"是通用的，故"亲民"就是"新民"，就是让老百姓革去不好的和被污染的东西，即所谓"旧染"，而成为一个新人。也就是通过移风易俗，来提升国民素质和文明水平。"止于至善"是"明明德"和"亲民"的统一。至善就是最高的善，按照古代文献的解释，至善就是"事理当然之极"。"事"和"理"是两回事，"事"是较为具体的，而"理"是较为抽象的，"事理"就是特殊性与普遍性的统一。"至善"就是"事"和"理"应当达到的理想状态。具体说，"至善"到底是什么？西方道德哲学对这个问题讲得比较清楚。

例如，康德认为至善就是道德与幸福的统一。至善不仅仅是一种崇高的德性，还是一种幸福，是德性与幸福的统一状态。事实上，无论是中国文化还是西方文化，从一开始总要有一个信念，或者说总要有一个假设，认为德福是一致的。中国古人认为："德者，得也。内得于己，外得于人。"道德的德和获得的得是相通的，善恶是有报应的。所以，至善是一个终极性的理想，但是它并不是现实世界中的自然存在。黑格尔曾从哲学角度来解释至善，认为道德是永远没有完成的，你今天做了一件好事，但是不能就此证明你就是一个有道德的人，不能说明你就是至善的人。至善是一辈子的事情，未抵达人生终点就不能断定自己在余生不会犯错误、不会作恶。因此，至善是一种信念性的存在，是一个终极性的理想。

《大学》里的"至善"是怎样一种状态？就是儒家主张的与君臣、父子、夫妇、兄弟、朋友"五伦"关系相对应的"十义"："君仁、臣忠、父慈、子孝、兄良、弟悌、夫义、妇听、长惠、幼顺"（《礼记·礼运》）。在儒家看来，一个人做到了"五伦""十义"，就是"止于至善"。这里的"止"不是停止的意思，而是类似于佛教里的"禅定"，即禅定与固守之意。"止于至善"就是对"五伦""十义"这种至善状态的禅悟和固守。至善在现世中是难以达到的状态，因此，人们要不断地去努力，通过自强不息来逼近至善的目标，最终达到内圣与外王、修己与安人统一的境界。①

"八条目"可以分为三个层次，第一层是"格物致知"。"格物"就是"匡正万物"，把万物和各种自然的存在变成伦理的存在，使其各有其位、各安其位。"致知"就是孟子的"学问求放心"，就是王阳明的"致良知"。第二层是"正心、诚意"。诚意的要义是不自欺，不要自己欺骗自己。古代圣人最注重的是慎独，即自己要对自己恪守规范，个人在独处的时候要谨慎行事，时刻牢记"头上三尺有神明"，按照伦理规范和良知去行事，这是道德修养的一种高尚境界。通过不自欺和慎独，就可以匡正自己的良心、良知。第三层是"修身、齐家、治国、平天下"。修身，就是行忠恕

---

① 参见樊浩：《文化与安身立命》，福建教育出版社 2009 年版，第 212 页。

之道，推己及人；齐家的核心是遵循家庭伦理，恪守孝悌；治国最重要的是行"挈矩之道"。矩是古代木工的工具，其功能是画出"方正"，强调的是以规矩治国，在古代中国就是"为国以礼"。"平天下"就是要做到"老吾老，以及人之老，幼吾幼，以及人之幼"，能"视中国如一人，视天下如一家"，这样天下就太平了。在中国传统文化中，"天下"是一个文化意义上的概念，而"平"则是一个体现伦理原理和伦理取向的概念。"平天下"不是平定天下，而是在道德上行忠恕之道，己立立人，己达达人，己所不欲，勿施于人。当每个人都遵循忠恕之道时，社会就会井然有序，天下就会和谐太平。

面对当下中国的道德失范和精神危机，《大学》中的"三纲领""八条目"具有重要的启示意义。"三纲领"可以为我们指明道德修养的目标和境界，让我们以禅定的心态和意志追求"至善"的境界，并坚守伦理底线和基准道德；"八条目"则告诉我们，"至善"境界的抵达和人生目标的实现，需要我们脚踏实地、循序渐进，不能好高骛远。具体说，诚意、正心应从自己身边做起，从对待父母家人开始，然后推己及人，方能从齐家走向治国与平天下。

2. 王阳明的"良知"说

中国传统伦理文化不仅关注道德修养之纲目，亦十分重视道德提升之路径。从孔子的"克己复礼为仁"到孟子的"四端说"和"居仁由义"，从荀子的"化性去伪"到朱熹的"存天理，灭人欲"，可以看出历代伦理思想家对道德修养方法和路径的探赜。在程朱理学日渐成为外在于人心性修养的教条和桎梏时，心学大师王阳明明确把儒学界定为"为己之学"，"'为己'的真实意义是指哲学不应是一套理气的命题和体系，不是一套没有生命的章句训诂，本质上是一种生命的存在方式。"① 阳明心学直指人内在的"良知"本体，试图通过"致良知"的修养功夫，以达到"澄明"的最高道德之境，其学说代表着中国道德哲学典型的功夫论传统。

---

① 陈来：《有无之境——王阳明哲学的精神》，北京大学出版社 2013 年版，第 13—14 页。

　　道德的根据是什么？这是道德哲学的一个根本性问题。在中国道德哲学中，对于这个问题的理解大多是从人性论的层次上展开的。孟子首先提出了先验人性论的根据，他认为人先天具有一种道德情感，这就是由"恻隐之心、羞恶之心、辞让之心、是非之心"构成的四个"善端"。在此基础上，他又提出了人的"四德"：仁、义、礼、智，他认为，"四端"是人不虑而知、不学而能的"良知良能"，它不仅是人的德性行为发动的基础，而且是人的一种道德先验结构。王阳明直接沿袭了孟子的思想，提出了"良知"说来解释道德的本源或根据问题。不同于孟子的是，王阳明从"良知"出发，融本体论、认识论、道德论和人性论为一体，最终构造了一个首尾一致、体系严密的道德哲学体系。就思想的完整性与严密性而言，王阳明的良知说不仅远远超过了孟子，也为宋明理学的其他儒者所不及。从这点上说，王阳明是中国传统道德哲学的集大成者。何谓"良知"？首先，"良知"是道德本体。王阳明说："心者，身之主也。而心之虚灵明觉，即所谓本然之良知也。"① 又说："良知者，心之本体，即前所谓恒照者也。"② 值得注意的是，这里王阳明将"良知"作为心之本体，是指一种"道德本体"，它其实就是朱熹所说的"天理"。他说："良知是天理之昭明灵觉处，故良知即是天理。"③"良知"之所以是道德本体，乃因为它具有"至善之德"和"天命之性"。王阳明认为良知即"天命之性，猝然至善"。一切善或德性都来源于这个良知，"盖良知只是一个天理自然明觉发见处，只是一个真诚恻怛。致此良知之真诚恻怛以事亲，便是孝；致此之真诚恻怛以从兄，便是悌；致此良知之真诚恻怛以事君，便是忠。"④ 人有光明的良知就可以行孝、悌、忠之善；人的良知被蒙蔽，便有私欲之心、功利之见。因此，昭明的良知是一切善的根源，良知被蒙蔽便是产生恶的因由。

　　"良知"是衡量"天理"的尺度与标准。在王阳明看来，作为"德之

---

① 王阳明：《王阳明全集》卷二，上海古籍出版社 1992 年版，第 47 页。

② 同上书，第 61 页。

③ 同上书，第 72 页。

④ 同上书，第 84 页。

本体"的至善良知，是天理人道的昭明不昧状态，因而是判断一切"是非""邪正"的伦理标准，也是最终检验"天理"的最终标准。他说："良知只是个是非之心，是非只是个好恶。只好恶，就尽了是非。只是非，就尽了万事万物。"①良知在此作为最高的道德价值，在于它"知善知恶"，"这些子看得透，随他千言万语，是非诚伪，到前便明，合得的便是，合不得的便非，如佛家说心印相似，真是个试金石、指南针。"是非善恶真假和对错，一放到良知面前便明明白白。与良知相合的就是真、善、是、对，不合的就是假、恶、非、错。如果人们完全把握住了良知，就不会出现偏差。良知犹规矩尺度之于方圆长短，"善恶之机"，"真妄之辨"，舍良知无它。以"吾心良知"为准绳，王阳明由此突破了程朱以圣贤之教为标准的局限。同时，王阳明认为，"良知"之所以可以知善知恶，乃因为它处在虚灵明觉和恒照的状态。这就是说，良知是灵觉普照的光明之心、本然之心，它才可以成为判断我们道德行为的标准。王阳明这种说法克服了朱熹"天理论"在逻辑上的悖论。按照朱熹的说法，"存天理"之所以是道德的，乃因为"天理"的本性就是善的。但知道"天理"之所以是"善"的，却不可能以"天理"作为标准，否则就成为"同义反复"。就这种意义上说，王阳明提出以"虚灵明觉"的"良知"作为衡量善恶的标准，较之以"天理"作为标准更具有超验性。他晚年提出"无善无恶是心之体，有善有恶是意之动，知善知恶是良知，为善去恶是格物"的"四句教法"，这是阳明思想的核心命题。所谓"无善无恶"是说良知超越了人们一般的行为善恶，因而也即"至善"。只有超越了一般的善恶观念的"至善"，才能分辨一般的善恶。"无善无恶是心之体"强调的是"心所本来具有的无滞性"，是指"一切情感、念虑对于心之本体都是异在的，心之本体听凭情感念虑的往来出没，而它在意向性结构上并没有任何'执著'，是无"②。"心的这种对任何东西都不执著的本然状态是人实现理想的自在之境的内在根据。"③关

---

① 王阳明：《王阳明全集》卷二，上海古籍出版社 1992 年版，第 107 页。

② 陈来：《有无之境——王阳明哲学的精神》，北京大学出版社 2013 年版，第 190 页。

③ 同上书，第 197 页。

于"有善有恶是意之动"之意，王阳明认为，心体之无善无恶犹如太极之
非阴非阳，太极混混沌沌超越了阴阳，似处于极静之态，但其静中本就蕴
含了动，蕴含了无穷的生机，静极而动，此一动便不可收拾，一念萌动便
有了对立，便化作了阴阳、生成四象、孕育万物。意之动相当于佛教中说
的心动，是在心体之澄明圆融状态中突然一念萌动，这一刹那之发动便使
先天无善无恶之心体开始向后天经验之善恶转化。《传习录》云："心之所
发便是意。"意由心而发，而"意之所在便是物"，意动便有了善恶。关于
"知善知恶是良知"之意，王阳明认为，心之体被称为良知，良知是无善
无恶的本体，是产生善恶的基础，是良知中之意动形成了善恶。认识善恶
才能对善恶和善恶之行为进行选择。唯有良知才能知善知恶，知善知恶的
必定是良知。王阳明心学"致良知"中的"良知"一般理解为道德伦理意
义上的"良心"。人的意念都是"有善有恶"的，人要致"天理良知"之
善于行为中，去掉邪念恶行就是"格物"，此即"为善去恶是格物"。王阳
明认为，作为天理至善和天命之性的良知，作为道德本体和是非标准的良
知，是上至圣人下至凡愚，天下古今人人皆有、与生俱来的心性本体，是
人心中"自然灵昭明觉"的东西、常在不灭的东西，也就是孟子所说的那
个"是非之心"，不待虑而知，不待学而能。它不从"见闻"产生，不受
见闻束缚，而见闻莫非"良知之用"。既然良知为圣贤皆有，则区别只在
于良知的明亮程度或者受蒙蔽的程度大小而已，圣愚之分就在于能不能致
良知。"圣人之学，惟是致其良知而已。自然而致之者，圣人也；勉强而
致之者，贤人也；自蔽自昧而不肯致之者，愚不肖者也。愚不肖者，虽其
蔽昧之极，良知亦在。"[①] 致其良知，愚与圣人无异，正所谓"人皆可以为
尧舜"。总之，"良知"是一切道德的根据，所有善恶是非的标准。

3."知行合一"与"致良知"

王阳明认为，"良知"是包含了一切天理人道于自身的东西。不过，
良知在受到私欲蒙蔽的情况下，便不能处在灵昭明觉的状态，因而天理人

---

① 王阳明：《王阳明全集》卷八，上海古籍出版社 1992 年版，第 280 页。

道也就被遮掩了起来。要想求得天理人道之"知"，就要求"良知"；而要求良知，自然就需要去除私欲的蒙蔽，使良知显露出它的本然状态，去除私欲的过程就是行的过程。他认为："外心以求理，此知行所以二也；求理于吾心，此圣门知行合一之教。"①他反对的是"外心以求理"的"知行二分"，提倡的是"求理于吾心"的"知行合一"。王阳明的"知行合一"思想有两层含义：其一，"知"即是"行"。他说："一念发动处，便即是行了。发动处有不善，就将这不善的念克倒了，须要彻根彻底，不使一念不善潜伏在胸中，此是我立言宗旨。"②他强调，一念而善，即善人；一念而恶，即恶人；人之善恶，由于一念之间。强调知就是行，意念发动处就是行，实是为了把"恶"从一开始就彻底消灭于"意念"的萌芽状态，从而达到存善去恶之"行"的目的。其二，"行"就是"知"，换言之，"知"必须落实到"行"。对于所谓"只知不行"的问题，王阳明认为："未有知而不行者，知而不行，只是未知。"③实际上，知外无行，真知即必行，知行一体。可见，王阳明的"知"与"良知"绝不是一个用理性方法求取客观知识的"认知"过程，而是去除私欲蒙蔽，重返心中彻见"良知"的"实践"活动，此中的关键是要做到"知行不二"或"知行合一"。

成德、成人、成贤、成圣一向是中国道德哲学追求的目标和旨趣所在，对于王阳明来说也不例外，这同样是其全部道德哲学所要解决的中心问题。在道德的实现上，王阳明提出了新的"格物致知"和"致良知"的学说。在此之前，王阳明笃信朱熹的"格物穷理"之说，但龙场悟道之后他发现，朱熹"格物穷理"的外求方法是"务外遗内"，没有解决根本问题。他要提供一个简单易行，直指本心的方便法门，从根本上解决德性的内在超越问题。为此，他找到德性的内在基础，这就是"圣人之道，吾性自足"。他认为朱熹今日格一物，明日格一物，从外物求天理的途径完全是舍本逐末的做法。其实，心外无物，心外无事，心外无理，心外无义，心

---

① 王阳明：《王阳明全集》卷二，上海古籍出版社 1992 年版，第 43 页。
② 王阳明：《王阳明全集》卷三，上海古籍出版社 1992 年版，第 198 页。
③ 王阳明：《王阳明全集》卷一，上海古籍出版社 1992 年版，第 3—4 页。

外无善。天理就在人心，德性就在心内便可实现。"穷理"和"致知"不需求诸外物，只需求诸本心的"良知"即可。于是，王阳明对"格物致知"赋予了新的解释，并由此力倡"致良知"学说。王阳明对"格物致知"作了新的诠释："物"即是"事"，"格"即是"正"，"格物"的意思是正其不正以归于正。"正其不正者"就是"去恶"，"归于正者"就是"为善"，因此"格物"就是"正心"的意思，就是"格心之物""正心之物"。他说："故格物者，格其心之物也，格其意之物也，格其知之物也……正心者，正其物之心也；诚意者，诚其物之意也；致知者，致其物之知也。"①在"格物"的基础上去"致知"，便是对本体"心"的体认，对"良知"的体认，就是恢复到灵昭明觉的"本然之心"。所以，"格物致知"就是通过格掉心中的恶念或私欲，以回归或达致完满无缺的"纯善"良知，即"致良知"。"致良知"的提出，是阳明心学形成的基本标志。

　　如何"致良知"？也即如何做到"知行合一"？这就是王阳明所说的"为圣之功"，抵达路径如下：一是"存养"与"居敬"。王阳明认为，为善去恶需要"存养"之功，所谓存养是指存养"天理"。由于天理就在人心，所以"存养"就是"养心"。无论是"格物穷理"，还是"格物致知"和"致良知"，从根本上说都可归结为"养心"的过程，即"存养心之天理"的过程。而存养的功夫叫"居敬"，所谓"居敬"就是"主一"。"主一"并非指读书便一心一意在读书上，接事便一心一意在接事上，这不是"主一"而是"逐物"。"一者天理，主一是一心在天理上。……一心皆在天理上用功，所以居敬亦即是穷理。名虽不同，功夫只是一回事。"②可见，存养、居敬、穷理都是"存天理"。天理若存，人欲即去。二是省察与克治。省察即内省，反身而诚；克治即克己。就是说，要静坐反思，从心里将"好色、好名、好货"等私欲逐一追寻出来，从根上彻底克除干净。他指出，这种省察克治的功夫需要"真实切己，用功不已"，无论动时还是静时，都要

―――――――――

① 王阳明：《王阳明全集》卷二，上海古籍出版社 1992 年版，第 76 页。

② 王阳明：《王阳明全集》卷一，上海古籍出版社 1992 年版，第 33 页。

"念念去人欲存天理"。因而，省察克治功夫的实质是"思诚，只思一个天理"。克己，克尽一切"私欲"。去得人欲，便识天理。待修养到于"生死处"也能"见得破，透得过"的境界时，"心之全体"便"流利无碍"，"尽性至命"，彻底地无人欲，存天理了。三是"事上炼"。王阳明认为，道德修养之功不是单纯的坐在那里冥思苦想，还需要在日用常行之中修炼"人须在事上磨，方立得住，方能静亦定，动亦定"①。他说："圣人之求尽其心也，以天地万物为一体也。……未尝外人伦，遗事物，而专以存心养性为事，则固圣门精一之学也。"② 这种道德追求与为人处事不相分离的观念，体现了中国传统伦理思想的一贯特点，即道器不离、心物不分、主客不二、动静一源、体用为二、形上形下会通、极高明而道中庸等。

综上，王阳明以"知行合一"为灵魂的"致良知"道德哲学，把人先天的内心"良知"视为道德的本源和根据，作为判断是非善恶的尺度与标准，把反思克己、革除私欲、回归善良人性视为道德修养的基本路径，充分强调了人的道德主体性，肯定了人的自由自觉的存在本质，从而将人从程朱理学的教条主义桎梏中解放出来，使人立足于自身的"良知"以成就自己的德性。当今的中国乃至世界，物质文明、科学技术高度发达，人类的物质生存状态达到了空前水平，然而，人类却陷入了一场空前的精神与道德危机，人类的发展目的、生存价值和意义世界出现了前所未有的迷茫和困惑。人是什么？人为什么活着？人类如何在一起？人类将往何处去？这些看似虚泛而遥远的问题，好像就在眼前困扰着我们。中国传统伦理一向"以人为本"，富有人文精神和人文情怀，王阳明的"致良知"学说就是典型的代表。阳明心学重视人的主体价值，强调人格教化、道德启蒙的人文教育，致力于修身养性、省察克己、反身而诚的自我完善以及修齐治平、内圣外王之道德人格的追求，这些都可以为我们救治道德失范提供可资借鉴的路径。

---

① 王阳明：《王阳明全集》卷一，上海古籍出版社 1992 年版，第 12 页。
② 同上书，第 257 页。

（三）以良知培育和良习养成助推社会道德规范的完善

习惯是什么？如何形成？黑格尔将习惯理解为精神的自然存在，它是通过"重复"练习将"伦理事物"内容"砌入"进人的灵魂。[①]

1.良知的存在与遮蔽

中国传统道德体系是建立在思孟学派性善论的基础之上的儒家伦理。儒家认为，人人皆有良知。孟子曰："恻隐之心，人皆有之；羞恶之心，人皆有之；恭敬之心，人皆有之；是非之心，人皆有之。"（《孟子·告子上》）我们见到幼儿将掉入井中，会产生同情而欲救之；做了不道德的事会感到羞耻；见到不平的事情，会义愤填膺。这些是人人都有的内心感受，是人人都能够为善的基础。孟子还提出了"赤子之心"的概念，所谓赤子之心，就是人的本心以纯洁、宽容、无遮蔽为特征。王阳明发展了孟子的理论，同时提出了一个新的命题："人孰无良知乎？独有不能致之耳。"每个人都是有良知的，但却不是人人都能将良知彰显出来。那么，良知为什么难以做到呢？因为良知极易被遮蔽。老子在《道德经》里说："五色使人目盲，五味使人之口爽，五音使人之耳聋，驰骋田猎使人心发狂，难得之货使人之行妨。"无论是五色、五音、五味，还是田猎、难得之货，所指向的都是人的物欲。人无法离开物质而生活，但人之为人的本质属性在于人是具有心性的存在。因此，人与仅为欲求满足而死的鸟兽是不同的。对于人的良知被遮蔽这个问题，禅宗的神秀法师所作的偈文可视为形象的描摹："身是菩提树，心是明镜台，时时常拭免，不使染尘埃。"因为良知易被遮蔽，所以《大学》开篇就强调要"明明德"，即去除遮蔽，把自己的良知显现出来。

2.良知的发现与德性的养成

春秋时代一位鲁国大夫提出了"三不朽"的概念：立德、立功、立言。千百年来，多少仁人志士，都是在以这样的目标来修炼自我。然而，真能实现"三不朽"的，据说历史上只有两个半人：孔子、王阳明和曾国藩（半

---

① 参见〔德〕黑格尔：《精神哲学》，杨祖陶译，人民出版社 2006 年版，第 188 页。

个）。孔子之后，王阳明在军事、政治、思想和文学史上的功德，可谓"千古一人"，他的思想和修为很值得后人学习和借鉴。尽管人人均有良知，但是良知却常常被物欲所遮蔽。那么，在日常生活中，我们如何修身并不断提高自己的道德修养呢？王阳明的"致良知"学说告诉我们，良知是人人固有的，但只有"存养"天理，学会"居敬"、省察与克治，并能真正做到"事上炼"，才能使"知行合一"，才能实现良知的自觉和彰显。经过格物—致知—致良知的自我修炼过程，道德修养才能达到新的层次。

3."致良知"的落实与当代社会的道德重建

有了对"良知"的自觉意识，接下来就是要把良知落到实处。王阳明认为，知行合一，知是行之始，行是知之成。而且通过他一生的思考和行事来看，"行"是更为重要的，"致知之必在于行，而不行之不可以为致知也。"如果没有行动，良知之蔽无法去除，良知也无法彰显。只有实现了"知行合一"，才是真的"致良知"。在当代社会，"致良知"应该从以下几个方面入手。其一，君子素其位。《礼记·中庸》云："君子素其位而行，不愿乎其外素富贵，行乎富贵；素贫贱，行乎贫贱；素夷狄，行乎夷狄；素患难，行乎患难；君子无入而不自得也。"儒家主张"中和位育"，认为"天地位焉"，方能"万物育焉"。同样，社会的安定和谐也需要每个人扮演好自己的各种角色，各安其位，各尽其责，各得其所。这是"素其位"的要义。每个有追求的人都应该做好自己的本职，不要亵渎自己的身份；同时，无论在什么样的处境中，都不要有非分之想。官员素其位，就是要廉洁自律，用好人民赋予自己的权力，为国家、民族、社会的发展和人民生活水平的提高多办实事，而不是以权谋私、中饱私囊；商人素其位，就是经商有道，坚守诚信，在富裕之余能做公益事业，而不是生产劣质产品，赚昧心黑钱；普通民众素其位，就是父慈子爱，夫义妇贤，兄良弟悌，家庭和睦，遵守职业道德，做好本职工作，而不是整天好逸恶劳，渴望暴富，甚至铤而走险，丧失良知或触犯法律。其二，君子需慎独。慎独是儒家极力倡导的修身路径，也是提升个人道德素质、通往"内圣"的有效方法。人的一生会面临各种诱惑，如何抵御不良诱惑、坚守道德底线，是对我们人性的考验和意志的磨炼。东汉的杨震出任东莱太守途径昌邑时，县令王密为答谢杨震以前的举荐之恩，夜里拿着十斤黄金送他，杨震予以拒绝。王密说："夜黑人静，无人知晓。"杨震答曰："天知，地知，你知，我知。"说完即将黄金掷于地上。今天我们正处在社会大变革时代，法律体系和监督机制都不够健全，因此，慎独的精神就显得尤为重要，各种伦理底线和职业道德都需要人们通过慎独来坚守，慎独是道德自律之法宝。在夜深人静之时，人迹罕至之处，都应高悬道德的利剑，守好人之为人的边界。其三，努力做到诚意、正心。既然人都有内在于心的良知，那么就应时刻牢记自己内心的初衷，不要被太多的功名利禄所左右，做到以良知辨别善恶，抵达诚意、正心的境界。《中庸》里写道："唯天下至诚，为能尽其性；能尽其性，则能尽人之性；能尽人之性，则能尽物之性。"古人认为能够诚意、正心就能够获得先知的能力："至诚之道，可以前知。国家将兴，必有祯祥；国家将亡，必有妖孽；见乎蓍龟，动乎四体，祸福将至。善，必先知之；不善，必先知之。故至诚如神。"（《礼记·中庸》）王阳明在纠正朱熹对《大学》的理解时认为，诚意、正心应该在格物、致知之前，也就是说诚意、正心是个人道德修为的前提和基础。真诚地面对自己周围的一切，人人都能成为道德的坚强堡垒，都能以自己的良知去躬身行善、鞭挞丑恶，社会才会走向良序和谐。

二、儒家之人伦原理与核心德目

儒家文化是伦理型文化，蕴含着丰富的伦理元素和道德基因。梁漱溟认为，"宗教是中西文化之分水岭"，中国"以非宗教的周孔教化为中心"，"周孔教化'极高明而道中庸'，于宗法社会的生活无所骤变，而润泽以礼文，提高其精神。中国逐渐以转进于伦理本位，而家族家庭生活乃延续于后。西洋则以基督教转向大团体生活，而家庭以轻，家族以裂。"[1] 基于

---

[1] 梁漱溟：《中国文化要义》，上海人民出版社 2003 年版，第 61 页。

此，他得出了中国是重视礼仪道德的"伦理本位"社会的结论。那么，伦理与道德是怎样的关系？二者如何影响社会的发展？

> 伦理是就人类社会中人际关系的内在秩序而言，道德则就个人体现伦理规范的主体与精神意义而言；伦理侧重社会秩序的规范，而道德则侧重个人意志的选择。固然就具体行为及其目标着眼，两者不必有根本差异，但就个人与社会的相互关系而言，伦理与道德可视为代表社会化与个体化两个不同的过程。道德可视为社会伦理的个体化与人格化，而伦理则可视为个体道德的社会化与共识化。透过社会实践，个体道德才能成为社会伦理；透过个人修养，社会伦理才能成为个体道德。伦理与道德的相互影响决定了社会与个人品质的提升与下落。若要促进一个社会向真、善、美的高品质发展，显然社会伦理与个体道德的双向发展必须推行。因而一个社会中的伦理规范教育与道德修养教育是维护一个社会中的内在秩序及其健全发展的枢纽。①

道德准则与伦理规范是培育和提升人性的工具和手段，但其最初的设计和制定也必须基于对人性的准确认识。如果道德准则和伦理规范违逆人性之规律，不仅难以在现实中成为人性之"轨物"，而且还会阻碍社会的发展与进步。

（一）先秦儒家人性观与"仁""礼"兼备的思想体系

长期以来，学术界普遍认为，先秦时期儒家的三大代表人物奠定了儒家人性观的基础。其中，创始人孔子触及到了人性问题，但没有明确谈及人性的善与恶；孟子继承了孔子"仁"的思想，提出了人性善的观点；荀子发展了孔子"礼"的思想，提出了人性恶的观点。其后，汉代的董仲舒提出了"性有善有恶论"，扬雄和王充提出了"性善恶混"的论断。宋代

---

① 参见樊浩：《中国伦理精神的历史建构》，江苏人民出版社 1992 年版，"序"。

的张载、二程和朱熹等思想家在此基础上发展出两重人性论，认为人性是天地之性与气质之性的合一。上述认识给人们造成如下的印象：儒家对人性较为全面、合理的认识是在汉代以后才形成的；而在被誉为人类文明"轴心时代"的先秦时期，作为其重要代表人物的孔、孟、荀对人性的认识不是朦胧的，就是偏颇的；似乎孟子和荀子各居人性善恶的两个极端，固执而片面地坚持自己的理念。倘若如此，失去了合理人性根基的先秦儒家学说，怎么可能揭示出人生之哲理与社会之规律，并成为一代代中国人修身处世的宝典呢？带着这样的疑问，笔者重新审视先秦儒家的思想，从其"仁""礼"兼顾的学说体系中发现，孔、孟、荀的人性观并非像传统观点认为的那样简单和极端，而是有着丰富的内涵，"仁""礼"兼顾的体系实际上是针对人性的善恶兼有而构建的。孔、孟、荀都主张用"仁"来引导和培育人的善端和良知，使之学会"爱人""敬人"；用"礼"来规范和约束人的恶念和贪欲，使之拥有理性和智慧，这表明他们在人性善恶上并未完全执其一端。孔子的仁礼并重，孟子的仁主礼从，荀子的礼主仁从，反映了他们在人性善恶问题上的不同侧重及其对人性的不同运用。简单地将孟子归为人性善论者、将荀子归为人性恶论者的做法，是缺乏体系支撑且有失公允的。

1. 先秦儒家对人性的探赜

春秋末期，孔子创立了儒家学说。基于"入世""经世"的需要，儒家开始了对人性的思考与探索。孔子、孟子、荀子在对人性进行了深入的探究之后，提出了各自的人性观。

（1）孔子的"性相近"与"习相远"。孔子虽然没有明确谈及人性的善与恶，但他首次提出了"性"与"习"的关系问题。"性相近也，习相远也"（《论语·阳货》）可以视为儒家人性论的滥觞。关于何谓"性"？孔子曰："富与贵，是人之所欲也。不以其道得之，不处也。贫与贱，是人之所恶也。不以其道得之，不去也。"（《论语·里仁》）如果说人性是人类共有的普遍本性，那么人人共有的欲富欲贵、恶贫恶贱的情感与心绪就可以纳入人性的范畴。孔子"性相近也"的"性"指的就是人人共有的欲富欲贵、恶贫恶贱的人性。他认为后天的习染导致人的差异，故毕生倡导仁和礼，其目的是要建立一套道德规范、营造一种环境习尚，使人人养成良好习惯，使人性得以改善和提升。孔子的"克己复礼为仁"（《论语·颜渊》）则表明，一个人要达到"仁"的善良境界，就必须克制自己的不良欲望和人性中恶的成分，用礼仪规范约束自己。从某种意义上说，孔子的"性相近也，习相远也"和"克己复礼为仁"蕴涵着人性深处有善恶端倪的逻辑前提。孔子之后，告子提出了性无善恶论的观点。他说："性犹湍水也，决诸东方则东流，决诸西方则西流。人性之无分于善不善也，犹水之无分于东西也。"（《孟子·告子上》）在告子看来，人性是不可言道德善恶的。但这种认识很快就受到孟子新的人性观的挑战。

（2）孟子的"性善"与"情恶"。孟子认为，人类的本性里有一种向善的倾向，表现为"恻隐之心""羞恶之心""辞让之心""是非之心"（《孟子·公孙丑上》）。这"四心"是人不学而能、不虑而知的"良知"，是人类的天性和人异于禽兽的地方，也是仁义礼智的基础和道德教化的根据。因此，孟子得出了"人皆可以为尧舜"（《孟子·告子下》）的结论。后世学者据此认为孟子是性善论者。其实，孟子并没有完全否定人性中有不善的成分，只不过这种不善或恶是由具体情感产生的，而具体情感产生于抽象人性。他认为人的情感为善还是为恶是受社会环境影响的结果。"从其大体则为大人，从其小体则为小人。""富岁子弟多赖(懒)，凶岁子弟多暴，非天降之才尔殊也，其所陷溺者然也。"（《孟子·告子上》）为了充分扩充人的善性以使情感由恶向善，孟子提出了尽心知性知天的修养方法——寡欲思诚。"养心莫善于寡欲。"（《孟子·尽心下》）"诚身有道，不明乎善不诚其身矣，是故诚者天之道，思诚者人之道也。"（《孟子·离娄上》）他认为通过反身而诚、寡欲可以使人抵御物欲、保持善性。事实上，孟子的性善论只是更多地强调了人的社会属性，而较少关注人的自然属性。其缺陷在于彰显了人性与动物性不同的一面，忽视了二者相同的一面。

（3）荀子的"性恶"与"善伪"。荀子认为，人的本性是自然生成的，不可能学到，也不是后天人为的。"凡性者，天之就也，不可学，不可事；

礼义者，圣人之所生也，人之所学而能，所事而成者也。不可学不可事而在人者，谓之性。可学而能可事而成之在人者，谓之伪。是性伪之分也。"（《荀子·性恶》）在他看来，"今人之性，生而有好利焉，顺是，故争夺生而辞让亡焉；生而有疾恶焉，顺是，故残贼生而忠信亡焉；生而有耳目之欲，有好声色焉，顺是，故淫乱生而礼义文理亡焉。""人之性恶，其善伪也。""故圣人化性而起伪，伪起而生礼义，礼义生而制法度。"（《荀子·性恶》）由于人生来就有向恶的倾向，圣人担心这种倾向会导致人类良知丧失、引发社会动乱，所以制定礼义法度以矫治之，此谓之"伪"。后人据此认为荀子是性恶论者。然而，荀子在强调人性恶的同时，并未否定善的存在和恶经过教化可以向善的可能。他将人性划分为感官欲望和理性能力两部分，将人的善良美德视为后天礼义教化的结果。他主张用礼约束人的不良欲望，靠习染和教化使人由恶向善。此乃"积礼义而为君子"，"积善而全尽谓之圣人"（《荀子·儒效》）。因此，荀子性恶论只是更多地强调了人的自然属性，并将人的社会属性从其本性中剥离出来且视为"伪"的结果。

总之，尽管孔、孟、荀对人性善恶的认知各有侧重，但他们都承认人有好利疾恶、声色之欲的共同天性，都认为习染和教化可以培养和改造人性，使人由恶向善。特别需要指出的是，近年的考古发现也证明了这一点。1993 年湖北荆门郭店楚墓发现了战国时期的竹简，其中十四篇儒家经典被认为是由孔子向孟子过渡时期的学术史料[①]，其中《性自命出》简册属思孟学派的著作，它牵涉到人性问题：

> 凡人虽有性，心无定志，待物而后作，待悦而后行，待习而后定。喜怒哀悲之气，性也。及其见于外，则物取之也。性自命出，命自天降。道始于情，情生于性。始者近情，终者近义。知情（者能）出之，知义者能入之。好恶，性也。所好所恶，物也。善不（善，性也）。所善所不善，势也。（《郭店楚墓竹简·性自命出》简 4—5）

---

① 参见庞朴：《孔孟之间——郭店楚简的思想史地位》，《中国社会科学》1998 年第 5 期。

这些考古资料表明，先秦儒家的人性思维中虽未明确论及食色自然之性和善恶道德之性，但却蕴涵着人性可善可不善的思想。其实，"人性本来就是多元的，既有生而固有的同情心而能利他，又有生而固有的自爱心而利己。"① 人性之所以善恶兼有，是因为人是自然属性和社会属性的统一体。正是基于人性本质的有善有恶，儒家提出了以道德教化来扩大人们仁义礼智的"善端"、以礼仪规范和刑罚手段来抑制人们恶念和贪欲的治世思想。

2. 人性善恶与"仁礼兼顾"的学说体系

一般说来，对一位思想家学说的评价与定位既要从其基本观点中进行归纳、分析，也要从其学说的体系架构上进行考察研究。对孔、孟、荀人性观的定位也是如此。过去的研究多从前者入手，忽视了后者。这极易导致只见树木、不见森林的片面性错误。综观先秦儒家的伦理思想，特别是其以"仁"为目标、以"礼"为手段的基本架构，可以看出，先秦儒家力图用"仁"来引导和培育人性中的善端，使人们学会"爱人""敬人"；用"礼"来规范和约束人性中的恶念和贪欲，使人们拥有理性和智慧。孔、孟、荀学说的共同点都是从人性入手，致力于探索抑恶扬善、化性起伪、德化民众、美化风俗的手段和途径。这既表明了他们对人性善恶的默认，也反映了他们对人性的深刻理解和合理运用。

(1)"仁者爱人"与"克己复礼为仁"——孔子应对人性之策。在学术界，长期以来既有学者认为孔子学说的核心是"仁"②，也有学者认为孔子学说的核心是"礼"③。笔者认为，孔子的学说是仁礼并重④。在记载孔子言论的《论语》一书中，"仁"字 109 见，"礼"字 75 见，但这两个数字并不足以说明孔子的学说以仁为主。崇尚西周礼制、以周公为楷模且以仁释礼的孔

---

① 王海明：《人性论》，商务印书馆 2005 年版，第 374 页。

② 冯天瑜认为："如果说'隆礼'是儒学的表层结构的话，那么'贵仁'才是它的思想核心。"见《中华文化史》上册，上海人民出版社 2005 年版，第 300 页。

③ 蔡尚思认为："孔子以礼为核心的思想体系，不是任何的空话所能曲解的。"他还列举了三十多条理由以证明之。见《中国礼教思想史》，上海古籍出版社 2006 年版，第 14 页。

④ 学术界也有类似的观点。例如，颜炳罡认为："孔子建立了以仁为本源，以礼为表征，仁礼合一的思想体系。"见《依仁以成礼，还是设礼以显仁》，《文史哲》2002 年第 3 期。

子对礼的重视是毋庸置疑的。一方面，由于对人性中善良成分的希冀，孔子对基于父母亲情的"仁"极为推崇。他说："孝弟也者，其为仁之本与！"（《论语·学而》）"仁者，己欲立而立人，己欲达而达人。"（《论语·雍也》）他要求其弟子"志于道，据于德，依于仁，游于艺"（《论语·述而》）。另一方面，孔子对人性中欲富欲贵、恶贫恶贱的情感有着深刻的认识，他认为，如果不对其加以约束和克制，人性恶的一面就会显现出来，社会秩序就会混乱。"好勇疾贫，乱也。人而不仁，疾之已甚，乱也"（《论语·泰伯》）。因此，他提出人不仅要时刻尊奉仁，"君子无终食之间违仁，造次必于是，颠沛必于是"（《论语·里仁》），而且还要对自己的言行"约之以礼"，做到"非礼勿视，非礼勿听，非礼勿言，非礼勿动"（《论语·颜渊》）。因此，在孔子的思想体系中，仁与礼是并存并重的，仁是内部性情的流露，礼是外部行为的规范。仁不能离开礼，所谓"克己复礼为仁""一日克己复礼，天下归仁焉"（《论语·颜渊》）；礼不能离开仁，所谓"人而不仁如礼何"（《论语·八佾》）。"仁和礼相互为体、相互作用是孔子思想的最大特色和贡献。"① 由于礼、仁能有效地抑恶扬善、优化人性，因此孔子还将重仁、好礼视为统治阶级稳定社会秩序的重要手段，希望他们对民众"道之以德，齐之以礼"（《论语·为政》）。总之，尽管孔子没有明确提出人性之善恶，但"仁礼并重"思想体现了他对人性善恶兼有的认知，而他的"仁者爱人"（《论语·颜渊》）、"克己复礼为仁"和"为国以礼"（《论语·先进》）等修身与治国之道则反映了他对人性善恶的合理应对。

（2）"以仁存心"与"以礼存心"——孟子应对人性之策。孟子特别重视"仁"，他对孔子"仁"的思想作了全面的继承和发展，但他并没有丢弃"礼"。虽然孟子认为，"人皆有不忍人之心"，"恻隐""羞恶""辞让""是非"之心分别为仁、义、礼、智之端，"凡有四端于我者，知皆扩而充之矣，若火之始然，泉之始达"（《孟子·公孙丑上》），但他没有否认人性中的贪欲和恶念，"好色，人之所欲，妻帝之二女，而不足以解忧；富，人

---

① 庞朴：《孔孟之间——郭店楚简的思想史地位》，《中国社会科学》1998 年第 5 期。

之所欲，富有天下，而不足于解忧；贵，人之所欲，贵为天子，而不足于解忧。"（《孟子·万章上》）这些欲望都需要由礼来加以规范和约束。他告诉滕文公对民众要"教以人伦——父子有亲，君臣有义，夫妇有别，长幼有序，朋友有信"（《孟子·滕文公上》），这正是对礼的作用的强调。他还说："仁，人心也，义，人路也。舍其路而弗由，放其心而不知求，哀哉！"（《孟子·告子上》）此处之"义"即指礼义。他认为"大丈夫"的形象目标是："居天下之广居，立天下之正位，行天下之大道；得志，与民由之，不得志，独行其道。富贵不能淫，贫贱不能移，威武不能屈。"（《孟子·滕文公下》）意思是，大丈夫应住在天下最宽广的住宅——"仁"里，站在天下最正确的位置——"礼"上，走在天下最光明的大道——"义"上。可见，"礼"和"仁"一样被孟子视为规范言行、提升人性、升华道德人格的重要手段。在政治主张方面，孟子呼吁统治者既要仁爱天下又要重视礼义。他说："上无礼，下无学，贼民兴，丧无日矣。"（《孟子·离娄上》）"不信仁贤，则国空虚；无礼义，则上下乱。"（《孟子·尽心下》）他认为："君子所以异于人者，以其存心也。君子以仁存心，以礼存心。""非仁无为也，非礼无行也。"（《孟子·离娄下》）在孟子那里，仁是目标，礼是实现仁的手段，仁是其思想的核心。他在总结历史的经验教训后得出结论："三代之得天下也以仁，其失天下也以不仁。国之所以废兴存亡者亦然。天子不仁，不保四海；诸侯不仁，不保社稷；卿大夫不仁，不保宗庙；士庶不仁，不保四体。"（《孟子·离娄上》）他提出了"仁者无敌"（《孟子·梁惠王上》）的思想，将基于"善"之上的"仁"的作用提到了无以复加的高度。因此，孟子的思想体系是仁主礼从，"以仁为主兼顾礼"是他对人性善恶的应对策略。

（3）"隆礼重法"与"仁眇天下，义眇天下"——荀子应对人性之策。荀子特别强调"礼"，他对孔子"礼"的思想作了全面的继承和发展，但他并未忽视"仁"。在荀子看来，礼的产生是为了约束和抑制人性之恶。"礼起于何也？曰：人生而有欲，欲而不得，则不能无求，求而无度量分界，则不能不争。争则乱，乱则穷。先王恶其乱也，故制礼义以分之，以养人之欲，给人之求。使欲必不穷于物，物必不屈于欲，两者相持而长，是礼之所起也。"（《荀子·礼论》）他认为，礼能够"明分使群"，能够"养人之欲，给人以求"，能够满足人们合理的欲望和利益追求，并最终实现"贵贱有等，长幼有差，贫富轻重皆有称者也"（《荀子·礼论》）的社会有序和谐。基于人性恶的认识，荀子反对孟子单纯以教化来扩大善端、提高道德修养的做法，他提出"隆礼重法"的主张，将礼义法度并重，即"明礼义以化之，起法正以治之，重刑罚以禁之，使天下皆出于治，合于善也"（《荀子·性恶》）。虽然荀子认为善是"化性起伪"的结果，经由后天的礼义教化而形成的善不是人性本有的，但他并不否认人可以通过环境改善和教化而由恶向善，即社会属性可以为善，可见他不是绝对的人性恶论者，因此他在强调以"礼"抑恶的同时也没有忽视以"仁"和"义"来扬善。他说："仁义不一，不足谓善学。"（《荀子·劝学》）即仁义之道不能一心一意地奉行，就不能称之为善于学习。只有"体恭敬而心忠信，术礼义而情爱人"，才能"横行天下，虽困四夷，人莫不贵"（《荀子·修身》）。他不仅主张"隆礼重法"，而且主张统治者要修道行义，"仁眇天下，义眇天下。"（《荀子·王制》）只有这样，天下百姓才会"归之如流水，亲之如父母"（《荀子·富国》）。因此，荀子的思想体系是礼主仁从，"以礼为主兼顾仁"是他对人性善恶的应对策略。

3.孔、孟、荀崇尚的"义"与人性善恶

在儒家学说体系中，礼是行为规范，仁是思想精髓，义则是价值准绳。那么，何谓义？儒家认为，"义"是符合"礼"之规范和"仁"之精神的人的行为。"义者，宜也。"（《礼记·中庸》）意思是人的言行举止只有符合"礼"的要求，即"度于礼"，"立于礼"，"约之以礼"，"节之以礼"，"齐之以礼"，才能在价值判断意义上远离"恶"而达到"善"的要求，接近"仁"的境界，否则"动之不以礼，未善也"（《论语·卫灵公》）。在孔子那里，"义"几乎成为"善"的同义语。"德之不修。学之不讲，闻义不能徒，不善不能改，是吾忧也。"（《论语·述而》）孔子一生不问某事之有利无利，只问合义不合义。合于义，即是真、是善、是美；不合于义，即

是伪、是恶、是丑。孔子以义为立身之本，认为"君子喻于义"（《论语·里仁》），"君子义以为上"（《论语·阳货》）。孟子指出"义，人之正路也"（《孟子·离娄上》），"非礼之礼，非义之义，大人弗为"，"大人者，言不必信，行不必果，惟义所在"（《孟子·离娄下》），以至于"舍生取义"成为人生价值的最高实现。荀子也把义置于首要地位，认为"荣辱之大分在于义，由义而荣，背义而辱"，"先义而后利者荣，先利而后义者辱"（《荀子·荣辱》），"义胜利者为治世，利克义者为乱世"（《荀子·大略》）。从孔、孟、荀对"义"的重视及相关论述中可以看出，儒家将"义"视为融合"仁""礼"于一体的更高层次的价值标准。如果说"仁"是对人性之善的体现和扩充，"礼"是对人性之恶的约束和克制，那么"义"则是抑恶扬善，是对人欲的合理限制，是倡导人类谋合义之利、弃不义之利。一句话，以"义"为价值判断标准是孔、孟、荀人性善恶兼有理念的凝练与升华。

综上所述，"仁""礼"兼顾的学说体系是儒家对人性善恶的认知与应对，而以"义"为价值判断标准则是先秦儒家人性善恶兼有理念的凝练与升华。同时，"仁""礼"兼顾的思想体系也表明，孔、孟、荀在人性善恶上并未完全执其一端。孔子的仁礼并重，孟子的仁主礼从，荀子的礼主仁从，反映了他们在人性善恶问题上的不同侧重及其对人性的不同运用。而后人对孟、荀人性学说的极端化定位则是存在偏颇且有失公允的。我们只有从仁礼兼顾的学说体系上重新审视和观照先秦儒家的人性观，才能避免简单化和极端化的错误，才能给孔、孟、荀的人性观以准确的定位。这对我们全面合理地理解孔、孟、荀的思想，并有效地挖掘其合理成分为今天的道德建设所用，是至关重要的。

（二）儒家之礼：社会生活秩序与伦理世界建构

人生活在群体社会中，其人生的幸福与美好离不开群体和社会的有序和谐。在中国古代，这种有序和谐是由"礼"来规范和保障的。只有人人按其身份、地位履行各自的职责，社会才能正常运转。在周公"制礼作乐"之后，礼就成为社会生活秩序和伦理秩序的基本规范和准则。礼的规范植根于人性和人类社会的特质。个人价值的实现，需要得到他人和社会的认同，这就要求其对他人和社会作出贡献。因此，每个社会成员都要尽伦尽职，按自己的身份地位做好自己该做的事。在孔子生活的先秦时期，人们安身、立命、修身、爱人等的价值建构都是靠礼来完成的。那时的礼是一个内涵丰富的概念，既是国家层面的典章制度，也是社会层面的道德规范，还是个人层面的礼节仪式。中国之所以成为礼仪之邦，就在于每个人都清楚自己的身份、地位、责任和义务，并严格按照五伦关系道德准则的要求来规范自己的言行，从而形成了人与人之间互相尊重、理解包容、礼貌恭敬的和谐氛围与井然有序的生存环境。

1.“礼”与礼仪之邦的文化

孔子在《论语》中讲“礼”颇多，一部《论语》讲到礼的有 43 章，“礼”字出现 75 次。“礼”虽非孔子所创造，但孔子对“礼”进行了重新建构。“礼”本来起源于原始社会后期，它实际是原始社会后期的一种“习惯法”。西周时期，周公通过“制礼作乐”把“礼”上升、改造成为治国理政的法则和规范，这一制度系统即“礼制”。由此，“礼”便成了一个兼具习惯意义、政治意义和伦理意义的重要范畴，成为中国人修身、齐家、治国、平天下的行动指南和基本准则，因此，中华民族被称为礼仪之邦。与西方其他文明相比，中华文明是世界上唯一从未中断的文明，其原因在于它从一开始就成功地利用了迄今为止人类历史上最漫长的原始社会所形成的一种文明积淀，因此可以说，“礼”是中国文化的一根脐带。这根脐带和母体保持着一种天然联系，使中国文化具有一种获得性的免疫力，从而能够五千年生生不息，存续繁荣。同时，中国的社会结构是“家国一体”，家是一种基于血缘之上的自然秩序，礼则是一套适应“家国一体”政治需要的社会秩序系统。

在中国古代，“礼”不仅局限于制度层面，而且还是一套仪式系统。“文化”在以文化人的过程中使“礼”的一套秩序内化为个体的教养和修为，然后以“礼貌”的形式在行为中体现出来。这样原本是内部的“礼”就外化成了看得见的“貌”。所以，“礼”的基本原理就是血缘、伦理、政治三位一体，家庭、社会、国家一体贯通。"礼"的自然秩序是基于宗法、血缘关系之上的道德伦理秩序。孔子曰："周监于二代，郁郁乎文哉！吾从周。"（《论语·八佾》）他指出："殷因于夏礼，所损益，可知也；周因于殷礼，所损益，可知也，其或继周者，虽百世，可知也。"（《论语·为政》）他认为这一套礼的系统，前后相继，百年不变，今后无论经过多少代，即使会变化，也是万变不离其宗。那么，在现实中，这套代表自然秩序的礼是怎样的存在状态？儒家是由孔子创立的先秦主要思想流派之一，其最早的职业身份是司仪，专事为人们主持婚丧嫁娶的礼仪事务。这些古代礼仪所依据的就是宗法、血缘关系及其与之相符的伦理规范。例如丧葬之礼，所有家族成员、亲戚朋友在葬礼过程中的服饰、排位等安排，即戴孝之轻重，实际上是家族血缘关系重温、巩固、认同和建构的过程。每次类似的礼仪活动，都是对家族关系的一次演习，也是对家族成员地位的一次认定和巩固。另外中国礼仪还通过人际称谓将每个人的社会关系进行梳理，并借以对其社会地位进行认可和确立，从一种自然逻辑来对家族血缘关系以及权利、义务关系进行固化。在古代中国，家谱几乎家家都有，它具有区分家族成员血缘关系亲疏远近的作用，是中国封建宗法制度的产物。家谱通过每个人名字的固定排序把他和祖先之间的关系，乃至与整个家族血缘之间的关系确立下来。其实，在把每个人的名字纳入家族血缘谱系的同时，也就将一个人的言行导入了"光宗耀祖"伦理轨道。所以"礼"是从历史发展过程中形成的一套秩序原理，需要我们从自然秩序、社会秩序和国家政治秩序的血缘、伦理、政治三位一体的意义上来理解和把握它。

2."礼"之精神与中华礼乐文明的特质

周公与孔子是中华文明的奠基者，是礼仪之邦的开拓者。周、孔不仅对中国历史文化的形成和发展举足轻重，而且两人之间存在着思想上的承继关系。孔子心中有着牢固的"周礼情结"和执着的"周公梦想"。对借鉴了夏商两代之文明精华而集完备的典章制度和有效的人文化成于一体的周礼，孔子心向往之。他说："周监于二代，郁郁乎文哉，吾从周。"（《论语·八佾》）对"制礼作乐"、以"德""仁"彰显天下并奠定了中华文明根基的周公，孔子魂牵梦绕，以至于晚年时常感叹："甚矣吾衰也！久矣吾不复梦见周公！"（《论语·述而》）基于此，人们常常将他们二人并称为"周孔"。杨向奎曾说："没有周公就不会有传统的礼乐文明，没有周公就没有儒家的历史渊源，没有儒家中国传统的文明可能是另一种精神状态。"[①] 今天，我们要探讨"礼"的精神，就不能绕过"周孔"，就需要弄清二者思想上的承继关系和精神上的相通之处，探索孔子一生执着地"复礼""从周"的原因与内容，揭示周礼的精神实质。

两千多年前，孔子的学生颜渊问仁，子曰："克己复礼为仁。一日克己复礼，天下归仁焉。为仁由己，而由人乎哉？"颜渊曰："请问其目。"子曰："非礼勿视，非礼勿听，非礼勿言，非礼勿动。"（《论语·颜渊》）孔子"复礼"是要恢复周礼之精神，那么。周礼的精神究竟是什么？

首先，敬畏是周礼仪式背后的精神要素。《说文·示部》曰："礼，履也，所以事神致福也，从示从豐。""示，神也。豐，行礼之器，从豆象形。"可见，礼是敬祀神灵从而获得神灵福佑的祭神活动。因此，从"礼"产生的时空顺序看，它最早是巫君事神的巫术活动，这种祭神仪式要求从祭者德行高尚、对人忠信、对神衷心、充满敬畏，唯如此，才能"明德惟馨"（《尚书·君陈》）、祈祷福祉。我们的祖先由祭神仪式推衍出了祭祀祖先的祭礼，并将礼的精神内核——"敬"一以贯之到所有的礼之中。如孔子所云："祭如在，祭神如神在。"（《论语·八佾》）由此可见，礼立于敬而源于祭。李泽厚认为："'敬'即畏敬，包括恐惧、崇拜、敬仰种种心理情感。周初文浩中多'敬'字，它源于上古的'巫术礼仪'，是原始巫术活动中的迷狂心理状态的分疏化、确定化和理性化。但一直到孔子和《论语》一书，'敬'仍然保留了对神明的畏惧、恐怖、敬仰的情感特征。这种对神明的'畏敬'正是巫术礼仪的特质精神。"[②] 徐复观也指出："周初所强调的敬的观念，与宗教的虔敬，近似而实不同。宗教的虔敬，是人把自

---

① 杨向奎：《宗周社会与礼乐文明》，人民出版社 1992 年版，第 136 页。

② 李泽厚：《新版中国古代思想史论》，天津社会科学院出版社 2008 年版，第 298 页。

己的主体性消解掉，将自己投掷于神的面前而彻底皈依于神的心理状态。周初所强调的敬，是人的精神，由散漫而集中，并消解自己的官能欲望于自己所负的责任之前，凸显出自己主体的积极性与理性作用。"① 从礼源于祭、祭重于敬可以看出，一切礼仪形式的灵魂与核心都是"敬"。因此，作为"十三经"之一的《礼记》，开篇即曰"勿不敬"，朱熹将此语视为《礼记》一书的纲领和灵魂，他说："敬之一字，真圣学之纲领，存养之要法。""'敬'字功夫，乃圣门第一义，彻头彻尾，不可顷刻间断。"② 陈来认为："中国早期文化的理性化道路，也是先由巫觋活动转变为祈祷奉献，祈祷奉献的规范——礼由此产生，最终发展为理性化的规范体系周礼。"③这样，周礼自然就承继了早期祭神等巫觋活动中所贯穿和强调的敬畏与敬仰等精神和情感。

其次，"忠""信""义"是由"敬"延展出的周礼精神。从周公制礼的历史文化依据看，"制礼作乐"不仅最终完成了"巫史传统"的理性化过程，而且从祭礼的"敬"中推衍发展出了"忠""信""义"等周礼之精神，奠定了中国文化"大传统"的根本。提出"轴心时代"理论的德国哲学家雅斯贝尔斯认为："前轴心文化……的某些因素进入了轴心期，并成为新开端的组成部分。"④ 如果说中国的轴心期是先秦时期，那么夏、商、西周则为中国的"前轴心期"。周公在吸纳和继承中国"前轴心时代"文明与文化的基础上"制礼作乐"，他不仅重视礼仪的形式，更强调形式背后的精神，即礼义。正如《礼记》所云："礼之所尊，尊其义也……知其义而敬守之，天子所以治天下也。"(《礼记·郊特牲》)周公"制礼作乐"是为了帮助周天子治理天下，他怎么会舍礼之义而仅留礼之形式呢？如果说礼仪是礼之外在形式，那么礼义则是礼之内在意蕴，即礼之精神和道

---

① 徐复观：《中国人性论史》，学生书局 1984 年版，第 22 页。
② 朱熹：《朱子语类》卷十二，黎靖德编，中华书局 1986 年版，第 210 页。
③ 陈来：《古代宗教与伦理——儒家思想的根源》，生活·读书·新知三联书店 1996 年版，第 11 页。
④ 〔德〕雅斯贝尔斯：《历史的起源与目标》，华夏出版社 1989 年版，第 13 页。

德层面的内涵。《礼记》云："致爱则存，致悫则著。"意思是（在祭祀时）对祖先的爱戴达到极点，所以祖先总是活在心上；虔诚之心达到极点，所以祖先的形象赫然出现在眼前。可以看出，祭礼要求人们"齐齐乎其敬也，愉愉乎其忠也"（《礼记·祭义》）。"孝子之祭也，尽其悫而悫焉，尽其信而信焉，尽其敬而敬焉，尽其礼而不过失焉。"（《礼记·祭义》）可见，"忠""信""敬""义"是祭礼之内在精神。《礼记·祭统》更进一步揭示了祭礼形式背后的人伦道德意蕴："夫祭有十伦焉，见事鬼神之道焉，见君臣之义焉，见父子之伦焉，见贵贱之等焉，见亲疏之杀焉，见爵赏之施焉，见夫妇之别焉，见政事之均焉，见长幼之序焉，见上下之际焉。"无疑，"祭"作为巫术礼仪，其借助于仪式所彰显的精神和理念为社会的政治伦理和个人的生活伦理提供了基本的规范和准则，进而促使社会走向等差有序与和谐稳定。事实上，"礼"作为非成文的规范，既是严格约束世人行为举止的仪文与细节，又是具有神圣意义的道德和精神。因此，古代圣贤常将"礼"等同于"理"，《礼记·仲尼燕居》云："礼也者，理也。"礼之仪文细节即"礼数"，渊源于巫术活动中的身体姿态、步伐手势、容貌言语等等，这就赋予了礼以超道德的神圣性、仪式性、禁欲性。在此基础上，"周公通过'制礼作乐'，将上古祭祀祖先、沟通神明以指导人事的巫术礼仪，全面理性化和体制化，以作为社会秩序的规范准则，此即所谓'亲亲尊尊'的基本规约"①。周公将巫术礼仪中蕴涵的敬、畏、忠、诚、庄、信等精神提炼出来，并使其与周礼融为一体。其实，《礼记·经解》曾借孔子之语阐述礼之精神以及礼之精义与弊端："恭俭庄敬，《礼》教也"，"《礼》之失，烦"，"恭俭庄敬而不烦，则深于《礼》者也。"意思是，如果做到了谦恭辞让、庄重严肃而又不烦琐，那就是深刻地理解了《礼》。从周礼所强调的敬、忠、信、义等礼之精神，我们可以看出其背后所蕴含的仁德理念。李泽厚认为，德、巫、礼本紧密相连，"'德'本来也有以自己作牺牲以侍奉神明的含义，其后演化为从'修身'做起的'智、仁、勇'

---

① 李泽厚：《新版中国古代思想史论》，天津社会科学院出版社 2008 年版，第 298 页。

等所谓'三达德'。"① 因此，周公的伟大不仅在于其"制礼作乐"奠定了中华文明的根基，亦在于其将"明德"(《尚书·康诰》)、"仁人"(《尚书·武成》)作为统治者的基本素质，将"敬"、"忠"、"信"、"义"作为周礼的精神和灵魂，从而确定了中国伦理型文明的基调。

再次，周礼中的德治精神与教化思想。《论语·八佾》云："周监于二代，郁郁乎文哉，吾从周。""吾从周"一语标志着孔子的精神方向，蕴含着中国文化"大传统"的根柢。弄清孔子"从周"的内容，不失为我们挖掘周礼精神的一个视角。孔子"从周"的深层意蕴是追从周公之志及礼宜乐和的社会理想。周公的制礼作乐思想和德治主义主张对孔子及其儒家产生了巨大影响。杨向奎指出："以德、礼为主的周公之道，世世相传，春秋末期遂有孔子以仁、礼为内容的儒家思想。"② 许启贤先为："周公是中国第一位伦理思想家"，"没有周公的政治伦理思想，就很难想象以孔子为代表的儒家伦理思想是个什么样子。孔子是大圣人，是儒家思想的集大成者。但是，他的思想源头却在周公那里。"③ 陈来也指出：

> 周公是一个真正的克里斯玛人物和中国历史上第一个思想家，不仅经他之手而奠定了西周的制度，而且构造了西周的政治文化。我们知道，周公的个人魅力、他所开创的事业以及他的思想，极大地影响了数百年后的另一个伟人——孔子，周公所遗留的政治、文化遗产是孔子和儒家思想的主要资源。孔子之后的 1500 年间，中国文化一直以'周孔'并称，既表明周公与孔子一脉相承的联系，又充分显示出周公享有的重要文化地位。④

刘起釪则指出："孔子之学全部与《尚书》有关。他的学说的主干，就是

---

① 李泽厚：《新版中国古代思想史论》，天津社会科学院出版社 2008 年版，第 307 页。

② 杨向奎：《宗周社会与礼乐文明》，人民出版社 1992 年版，第 279 页。

③ 许启贤：《周公是中国第一位伦理思想家》，《道德与文明》2003 年第 2 期。

④ 陈来：《古代宗教与伦理——儒家思想的根源》，生活·读书·新知三联书店 1996 年版，第 196 页。

承自周公的四项遗教，完全是从《尚书》篇章中周公的各篇诰词中学得的。"① 那么，孔子究竟从周公周礼那里继承了什么？

第一，周礼中的"德治"精神。在中国伦理思想史上，周公第一次提出并论证了道德特别是政治道德在国家兴亡中的重大作用，指出"明德"是政治家必备的素质。孔子继承了周公的"德治"理念，《论语·为政》云："为政以德，譬如北辰，居其所而众星共之。""道之以政，齐之以刑，民免而无耻；道之以德，齐之以礼，有耻且格。"孔子在周公明德、崇德、仁人、王道、保民、用贤等"德治"思想的基础上，发扬光大了周公"仁"的思想萌芽，并将"仁"作为自己理论体系的核心，提出了仁者爱人、政者正也、举贤才、克己复礼为仁等仁爱与德政思想。

第二，周礼中的教化思想。为了巩固西周政权、稳定社会秩序，周公以德为内核、以敬为宗旨"制礼作乐"，力图构建一个礼宜乐和、秩序井然的理想社会。孔子对春秋时期"礼坏乐崩"的无序局面充满焦虑和不安，他抨击"天下无道，则礼乐征伐自诸侯出"的国君，谴责"八佾舞于庭，是可忍也，孰不可忍"的季氏，花费大量的心血来"删诗书，定礼乐，赞周易，修春秋"，并"以诗书礼乐教，弟子盖三千焉"（《史记·孔子世家》），很好地继承了周公的礼乐教化思想，力图通过礼乐教化的推行来恢复社会秩序。孔子十分重视"礼"内在的精神实质，反对徒具形式、僵化而无人性味的礼节仪式，强调"礼"不仅是语言、姿态、仪容等外在形式，而且必须有内在的精神和道德情感作为基础和支撑。当其学生子贡要把鲁国每月初一祭祖庙的活羊撤去不用时，孔子严肃地说："赐也！尔爱其羊，我爱其礼。"（《论语·八佾》）这表明，子贡重视的是祭礼的仪式，而孔子重视的是祭礼中蕴涵的尊敬和诚信等道德精神。针对春秋时期礼的"形式化"趋向，孔子尖锐指出："礼云礼云，玉帛云乎哉？乐云乐云，钟鼓云乎哉？"（《论语·阳货》）"人而不仁，如礼何？人而不仁，如乐何？"（《论语·八佾》）在他看来，周礼已完全沦为类似于玉帛和钟鼓之类的仪

---

① 刘起釪：《古史续辨》，中国社会科学出版社 1991 年版，第 405 页。

式，失去了其原有的精神意蕴和道德内涵——敬、诚、忠、信等，于是孔子才大声疾呼"克己复礼"，他所说的"述而不作，信而好古"（《论语·述而》），并不是自己泥古不化、不与时俱进，而是强调他要遵循周公所制周礼中蕴涵的礼的内在精神和道德情感。但需要指出的是，孔子的礼乐思想以维护等级制度为目的，他所追求的礼乐和谐、社会和谐是等级的和谐。今天我们对其礼宜乐和思想的继承，必须突破等级制的藩篱，以按劳分配为原则，在各阶层适度等差的基础上构建社会主义的和谐秩序。

3."安伦尽分"：儒家伦理思想之核心

孔子思想以仁礼为架构，其礼学思想的主旨是"正名"。"正名"思想强调等级道德规范，旨在维护社会秩序的稳定与和谐。《论语·子路》云："名不正则言不顺，言不顺则事不成，事不成则礼乐不兴，礼乐不兴则刑罚不中，刑罚不中则民无所措手足。故君子名之必可言也，言之必可行也。君子于其言，无所苟而已矣。"这里"名"有两层意义：一是名词、称谓，二是名分。例如，君、臣、父、子的等级身份不同，其权利义务不同，各自应遵守的规范也不同，用"君""臣""父""子"不同的称谓把这些内容规定下来就叫作名分。孔子的"正名"是指正名分，即用君臣父子之名纠正他们各自的行为，使不同等级的人按照自己的名分去行动。孔子认为，名不正，说话就没有人听，说话没人听，事情就办不成，于是礼乐不兴，刑罚不当，人民便无所适从了。所以他回答齐景公问政时强调："君君，臣臣，父父，子子。"（《论语·颜渊》）从伦理学角度看，孔子通过等级之称谓、正名之手段鞭策人们遵守礼制，以维护当时社会的等级制度和社会秩序。当看到管仲以臣之身份却过着国君的生活方式时，孔子批评他不按君臣有别的礼节行事，是不知礼的僭越行为。"邦君树塞门，管氏亦树塞门。邦君为两君之好，有反坫，管氏亦有反坫。管氏而知礼，孰不知礼？"礼仪上的僭越行为不仅反映了当时周天子权威和地位的动摇，而且显示了大夫对诸侯、诸侯对天子的不敬不尊，孔子抨击这种礼仪上的僭越行为，旨在"正名"和维护秩序。孔子的正名思想将君、臣、父、子等概念凝固化、永恒化，并通过人伦教化、礼乐教化，使人们从心理和情感上遵守等级制的社会规范，这种维护等级制的方法到汉代被儒家发展成为名教，即用名分去教化人。后世统治者将名教推向极端，使之成为扼杀人性的桎梏。孔子的"正名"思想是古代礼制的核心内容，其对中国社会的影响至今犹存。中国人常说的"安分守伦"就是从孔子那里来的。每个人都在家庭和社会上有自己的地位和名分，若人人安于己之位，整个社会就稳定和谐；若人人不安其位，家庭、单位、社会就矛盾四起，冲突不断。正名的本质是追求"和"，即通过每个人各安其分、各司其职、各得其所来实现家庭与社会的和谐有序。

综上，对中华民族而言，儒家之礼不仅是中国传统文化的核心要素之一，而且是炎黄子孙的生存方式和精神家园。它内涵丰富，功能巨大，关乎个人、家庭、社会、国家的方方面面，影响着社会生活秩序与伦理世界的建构。礼是中国文化区别于西方文化的重要标志，是中华民族生命力和凝聚力的源泉。如果没有礼，中国的历史可能要重写，中华民族也将不是今天的模样。

（三）儒家之仁：个体生命秩序与道德世界建构

孔子的"克己复礼为仁"向我们揭示了礼与仁的关系，但"礼"在个体身上如何实现，如何变成个人的教养，如何变成个人的"仁德"，并非一蹴而就的简单之事。"仁"是孔子对中国文化的创造性贡献，尽管"仁"字在《尚书》中已经出现，但赋予其丰富的道德内涵、使其成为成熟的伦理范畴这一创造性工作是由孔子完成的。在儒家思想中，"礼"关注的是人们外在的社会生活秩序，是关于"我们如何在一起"、如何和谐有序并幸福生活的一种理念和理想；"仁"关注的是人们内心的世界，是关于我们应当建立起一个什么样的主观世界的一种理论。孔子将"仁"作为一个人最重要的本质，并用"仁"来建构个体的生命秩序和道德世界。

1. 爱人："仁"之真谛

当弟子樊迟问什么是"仁"时，孔子回答："爱人。"（《论语·颜渊》）"泛爱众而亲仁"（《论语·学而》），到孟子那里概括成"仁也者，人也"（《孟子·尽心下》）。虽然，在文化史、人类学史、哲学史上，人们对"仁"有各种各样的解释，但"爱人"是"仁"最基本的含义。东西方所有的文化、所有的伦理，包括宗教在内，实际上都是以"爱人"为前提的。只是中国人讲的爱是"仁爱"，西方人讲的爱是"博爱"。"仁爱"和"博爱"到底有什么区别？"爱"既然作为人类文化的共同要求，它就应当有一些最基本的特性。"爱"的本质和内核究竟是什么？我们不妨从人的文化生命生成来诠释。在原始社会，处于某一个共同体中的人，只知道氏族部落的存在，而不知道个体为何物，没有"我"的概念。后来随着文明的进步，慢慢地唤醒了个体。在古希腊，苏格拉底引导人们从城邦共同体中发现了人，找到了人，他唤醒了人的个体意识，每个人就从共同体的实体中脱离出来变成了个体。那么，从共同体中分离出来的个体，彼此之间还有无共同性？如何使个体化后的人们相互沟通、相互感通，重新建构一个共同体呢？人类发展的历史表明，个体重回共同体的难度一点不亚于个体从共同体分离的难度，后者的任务可能更加艰巨。因为，从共同体中分离出来的个体，可能成为一个无归宿、无出发点的个体。因此，让从实体中分离出来的个人建立起共同性或同一性，就成为文化建设的重要任务。

人与人之间如何相处？这是东西方文化共同的价值目标和价值追求，它们不约而同地找到了一个共同的出发点——"爱人"。"爱"的最重要的本质就是意识到自己和另一个人有同一的感觉，就是自己和别人是同一的，意识到自己不能离开别人而独立存在，这也是爱的最重要特点。"爱"的文化功能就是把人与人之间完全独立的疆界、鸿沟铲除、填平，我们不能彼此独立，我们能够在一起更好地生存。爱的文化意义和文化真谛，就是个体意识到自己和别人的同一性，意识到任何一个人都不可能完全独立。爱是生活在这个世界的芸芸众生具有同一性的情感基础。例如，爱国就是人类的一种共同情感，是我们能体会到的一种爱，这是一种我们和国家不能分离的感觉。每个人都有自己的祖国，无论是中国人还是外国人，是黄种人、白种人还是黑种人，每个人都对自己的祖国母亲充满了热爱和依恋，都对祖国母亲有着强烈的归属感、认同感、尊严感和荣誉感。当祖国母亲繁荣富强、和谐美满的时候，作为子女，我们就感到幸福和快乐；相反，当祖国母亲羸弱积贫、任人宰割和蹂躏的时候，作为儿女，我们就会伤心痛苦，甚至倍受他国欺凌，个人的尊严和人格也将无从谈起。因此，爱国也是一种强烈的情感，祖国是我们每个人在社会上生存必备的环境和氛围，它为我们的生存发展提供物质条件，为我们的心灵慰藉提供精神家园。

尽管爱是一种主观感受，似乎难以界定，但爱的本质是不变的。在孔子及其儒家的思想中，以"爱"为内核的"仁"始点在哪里？《礼记·祭义》云："立爱自亲始，教民睦也；立敬自长始，教民顺也。"儒家认为，仁爱发端于我们身边最普通的血缘亲情，是从对父母兄弟、对亲人、对家族的爱开始的。《论语·学而》云："其为人也孝弟，而好犯上者，鲜矣；不好犯上，而好作乱者，未之有也。君子务本，本立而道生。孝弟也者，其为仁之本与！""弟子，入则孝，出则悌，谨而信，泛爱众，而亲仁。行有余力，则以学文。"可以看出，孔子将对父母兄弟的孝悌之爱视为"仁之本"，认为爱首先发端于家庭，有了亲情之爱，才能进一步"泛爱众，而亲仁"。如果没有家族血缘之爱，那么这个"爱"就是无源之水、无本之木。中国文化中的仁爱与西方文化中的博爱是有差别的。西方文化倡导的博爱情感来自上帝，西方人认为，每个人都是上帝的羔羊，上帝爱一切人，也要求一切人相互爱。同时，西方文化是一种出世的文化，它在彼岸世界之中找到一种情感的联系。"爱"是一种情感，是一种道德情感。理性与情感之间的最大不同是，理性是一种独立的疆界，是人与我之间一道独立的鸿沟；情感则是要把人与人之间的鸿沟填平，是要强调自己和别人是同一的。"爱人"是一种最基本、最重要的情感表达方式。在中国，基于这种发自于家族的爱的情感，使得每个人在家庭中不再是个体，而是一个家庭的成员，其存在不能离开家庭共同体。每个人一生下来，家族的姓和姓名中的排号就将其与家庭、家族终生绑定，而家谱则使人永远属于这个共同体。[1]

---

[1] 参见樊浩：《文化与安身立命》，福建教育出版社 2009 年版，第 155—156 页。

2. 忠恕之道：仁爱情感之推衍与扩充

儒家倡导的仁爱情感只有延展、扩充到他人和社会，方能建构出一个美好的道德世界。要完成这一艰巨任务，就需建立一个有效的机制，这就是"忠恕"的机制。每个人都是从家庭、血缘关系中成长起来的，所以每个人都有"爱"，都有爱人之心。这种"爱人之心"推衍到社会生活中，就会成为一种让人与人走到一起的文化力量。孔子在一次上课时说"吾道一以贯之"，他离开后，其他弟子就围上来问曾参，老师的"道"究竟是什么？曾参曰："夫子之道，忠恕而已矣。"（《论语·里仁》）后世多数学者依此认为孔子学说的精髓就在"忠恕"二字。何谓"忠"？"尽己之谓忠。""尽己"就是尽己所能。因为每个人在家庭血缘关系中都自然而然地生出爱人之心，到了社会上，只要把这样一种爱人之心发扬光大，就能爱他人。中国人强调"忠诚"，"忠"和"诚"这两个字相连，"诚"是诚实，诚于实，诚于自己的本性。只要把自己的本性充分表达出来，按照自己的本性行事，就能做到忠诚。中国人讲"良心、良知、良能"，"良"是指人的本然之善。但人的本性常常会被欲望遮蔽，所以曾子告诫世人要每日"三省吾身"，使自己的"善端"能够彰显和发扬。何谓"恕"？《说文》云："恕，仁也。"《声类》云："以心度物曰恕。"《孟子》云："强恕而行，求仁莫近焉。"《贾子道术》云："以己量人谓之恕。"当子贡问孔子曰："有一言而可以终身行之者乎？"子曰："其恕乎！己所不欲，勿施于人。"（《论语·卫灵公》）可见，"恕"就是推己及人，就是为他人着想。中国文化是一种伦理型的文化，社会为什么需要伦理？因为人是有自由意志的社会动物，人与人相处必然会产生各种各样的矛盾，于是这个社会群体中，就要约定俗成形成一套协调人际关系的准则。这一套准则能够使我们这个共同体具有共同性，使人们的行为可以控制、可以预期，这套准则就是伦理准则和道德规范。忠恕之道伦理准则的最好表达是孔子的"己所不欲，勿施于人"和"己欲立而立人，己欲达而达人"，由此准则可以推演出孟子所说的"老吾老，以及人之老，幼吾幼，以及人之幼"（《孟子·梁惠王上》）。

孔子一生中最推崇的就是"仁"，"孔子讲'仁'就是讲处理人与人之间的关系，讲人与人之间如何相处。"① 他认为每个人只要自己努力，就可以接近和抵达仁德境界。孔子告诉弟子："仁远乎哉？我欲仁，斯仁至矣。"（《论语·述而》）他相信仁是人的本性，每个人都有成为仁人的种子。事实上，就修身目标和道德境界而言，仁是一个终极性的理想，仁存在于不断地向仁这样一个终极目标运动的过程中。孔子认为"为仁由己"，一个人能不能为仁，完全取决于自己。他打比方说，"譬如为山，未成一篑，止，吾止也；譬如平地，虽覆一篑，进，吾往也。"（《论语·子罕》）他将追求仁的境界比喻为堆一座山，还差一筐土，没堆成就停了，功亏一篑是自己造成的；譬如填一个坑，只倒一筐土，坚持不懈地努力，这也是自己决定的。所以，要成为一个仁人，抵达仁的境界，唯一的办法就是自强不息，矢志不移。

在市场经济的冲击下，现代社会的每个人都十分强调自我，无限张扬自我。当下的社会正在变成一个原子式的社会、单子性的社会，每个人都是一个原子或单子，但这个单子像莱布尼茨所说的那样，是有窗户的，这样的窗户就是爱，所以单子和单子之间是可以相互沟通的。如果每一个人都成为单子，而这个单子又没有窗户的话，那么"社会"就将不复存在。所以，"孔子的伟大之处，在于他首先以礼建构了外部客观世界的同一性，又以仁建构了内部主观世界的同一性，对于内部的主观世界与外部的客观世界之间的文化同一性，孔子主张透过主体的修养不断地建构，而不是解构。"② 那么，孔子及其儒家以仁礼为基本架构的伦理思想，在两千多年后的今天具有怎样的价值和意义呢？

（四）儒家伦理思想之当代价值

美国的"中国研究"专家列文森（Joseph R. Levenson）曾以"博物馆"作比喻，来说明儒学传统的死亡。他认为中国古代的思想文化已失去现实

---

① 费孝通：《孔林片思》，见《文化与文化自觉》，群言出版社 2016 年版，第 94 页。

② 樊浩：《文化与安身立命》，福建教育出版社 2009 年版，第 160 页。

作用和实用价值，只具有供人们观赏的情感意义。① 而美国另一位"中国研究"专家史华滋（Benjanmin Schwartz）则认为，对于非物质性的文化来说，用"图书馆"来比喻或许更为恰当，他认为保存和研究过去的思想文化，会对现代社会有某种参考用途。其实，一个民族历史上积淀下来的文明或文化不仅具有类似"图书馆"的参考资料性价值，而且还具有类似于"动力加工厂"和社会"助推器"的作用。我们常说物质财富是生产力，科学技术是生产力，其实，文明、文化、民族精神也是生产力，这是国家的"软实力"。历史上的文明、文化经过理性的继承和与时俱进的发展创新，可以成为支撑并推动一个民族和国家前进的"文化力"和"精神力"。古代儒家的思想也具有这样的价值和作用。按照希尔斯的观点，儒家的伦理思想属于"实质性传统"，"它意味着赞赏过去的成就和智慧以及渗透着传统的制度，并且希望把世传的范型看作是有效的指导"。② 他认为："传统远不止是相继的几代人之间相似的信仰、惯例、制度和作品在统计学上频繁的重现。重现是规范性效果—有时则是规范性意图—的后果，是人们表现和接受规范性传统的后果。正是这种规范性的延伸，将逝去的一代与活着的一代联结在社会的根本结构之中。""许多实质性传统都是人类原始心理倾向的表露，如敬重权威和道德规范、思念过去、依恋家乡和集体、信仰上帝、渴求家庭的温情等等，都属于作为社会动物的人类原始心理需要。"③ 孔子及其儒家以"仁""礼"为核心构筑的伦理思想体系作为中华民族的实质性传统，无疑深刻反映了中国人重视亲情和家庭的心理倾向。就孔子个人而言，他以自己的人生轨迹向我们暗示了他以"礼"安身立命的"路线图"，"吾十有五而志于学，三十而立，四十而不惑，五十而知天命，六十而耳顺，七十而从心所欲，不逾矩。"（《论语·为政》）他十五岁始志于学，所学内容主要是礼。而学礼习礼的过程，实际上就是一个人礼仪化

---

① ［美］约瑟夫·列文森：《儒教中国及其现代命运》，中国社会科学出版社2000年版，第338页。
② ［美］爱德华·希尔斯：《论传统》，傅铿、吕乐译，上海人民出版社2009年版，第21页。
③ 同上书，第25页。

即社会化的过程，完成了这一过程，人才能了解社会生活的基本规则而成为社会人，才能成为合格的社会公民。"三十而立"是指立于礼，孔子认为"不学礼，无以立"，一个人只有在知礼的基础上践履礼，以礼的要求做人处事，才能在这个社会上立身，才能成就一番大业。"四十而不惑"是指懂礼之后，做人处事就不会困惑或手足无措，正确的人生观、世界观和价值观就会确立。"五十而知天命"是指人到五十岁就能知道自己的责任和使命，并能为之付出与奉献。"六十而耳顺，七十而从心所欲，不逾矩"是指到了七十岁，就能达到一种随心所欲的境界，因为已经对各种社会规则熟知并恪守，也就是说，这些规则已经内化为自己的本性，成为了自然而然的"习惯"，此时也就真正成为了一个自由人。孔子的这套理论对当代国人安身立命仍具有重要的价值与启示。同样，作为儒家伦理文化核心的"克己复礼为仁"命题，集中体现了孔子以"仁礼"为基本架构的伦理思想体系之精髓，且具有跨越时空的普适意义，经过与时俱进的改造和发展，它必将在 21 世纪的中国重新焕发出强大的生命力。

美国哈佛大学的杜维明认为："假如我们要现代化、全球化，把本身所具有的文化资源，特别是本民族所具有的文化资源一下子抛弃，进入一个国际社会，这是空想、梦想，是不可能实现的。"① 因此，中国的现代化必须吸纳古今中外人类文明的精华，切实贯彻"洋为中用，古为今用"的文化战略。中国伦理学会会长陈瑛指出，中国古代传统道德中，最具东方特色、也最重要的命题，莫过于"克己复礼"，它是儒家伦理的核心命题。今天，我们应吸纳和继承儒家仁礼架构伦理思想的精华，建设社会转型期的新道德体系，帮助国人构建可以安身立命的"意义世界"。

今天，我们仍需要"克己"。人有无穷无尽的欲望，而欲望是必须控制的。古希腊的柏拉图从个人的视角以"灵魂马车"作比喻，认为"御车人"只有和理性的"良马"一起战胜欲望的"劣马"，才能让自己成为不朽的

---

① 杜维明：《儒家传统与文明对话》，河北人民出版社 2006 年版，第 23 页。

人①。古代儒家思想的集大成者荀子从社会的视角剖析了"制欲"的重要性。他认为:"好荣恶辱,好利恶害,是君子、小人之所同也。"(《荀子·荣辱》)"夫贵为天子,富有天下,是人情之所同欲也。"(《荀子·荣辱》)"今人之性,生而好利焉,顺是,故争夺生而辞让亡焉。生而有疾恶焉,顺是,故残贼生而忠信亡焉;生而有耳目之欲,有好声色焉,顺是,故淫乱生而礼义文理亡焉。然则从(纵)人之性,顺人之情,必出于争夺,合于犯分乱理而归于暴。"(《荀子·性恶》)因此,人的自然本性之中包含有对社会秩序和伦理规范的潜在威胁,当这些本性向外扩展无度的时候,便导致了世间的一切暴行逆施。他主张社会应对民众进行教化,使其"化性起伪",变"小人"为"君子"。今天,市场经济的冲击使一部分人的消费与享乐欲望急剧膨胀,导致了社会上大量存在违背道德、触犯法律法规的现象。如果我们任由这些不合理的欲望泛滥,必将严重影响社会的稳定与和谐。

今天,中国需要"复礼"。从历史看,中国是有着五千年文明史的"礼仪之邦",礼文化中蕴含着许多合理成分和积极因子,然而,由于复杂的历史原因,如学派之争、政治干预等,使得周公及先秦儒家所倡导的礼之精神屡遭扭曲或篡改,以至于后人难辨其真伪。而近现代所发生的反传统文化运动,特别是在"砸烂孔家店"的风潮下,儒家圣贤、礼乐文化、礼教模式乃至礼貌规范几乎被全盘否定,中国传统文化遭遇了"断裂"的命运。孔子曰:"礼之所兴,众之所治也;礼之所废,众之所乱也。"(《礼记·仲尼燕居》)"故坏国、丧家、亡人,必先去其礼。"(《礼记·礼运》)纵观人类历史,可以发现,社会秩序的混乱是从几千年来被人们所公认的、几百年来被人们所遵守的社会生活规则的破坏开始的,是从一个国家或民族传统文化的优秀成分和精华被践踏和废弃开始的。20 世纪 60 年代的中国,对礼之精神的践踏,以及对传统礼仪规范和道德准则的废弃,导致了令人痛心的"十年动乱",这给每个国人的心灵和精神留下了累累伤痕,也给今天的

① 参见向培风:《智慧人格——苏格拉底 柏拉图 亚里士多德》,长江文艺出版社 1996 年版,第 219 页。

道德建设造成了巨大困难。从现实看，改革开放中西方意识形态的大肆侵入，以张扬自我、张扬个性为旗帜的个人主义、拜金主义、享乐主义之风的强烈蔓延，使得中国传统文化和道德规范面临巨大挑战。无论从历史还是现实看，"复礼"都应是我们今天构建和谐社会的当务之急。正如陈瑛所说，爱国守法、明礼诚信、团结友善、勤俭自强、敬业奉献这些公民基本道德规范，哪一条不需要"复礼"？哪一条能够离开"克己"？[1] 但需说明的是，此处的"复礼"不是要恢复形式上的周礼或古代礼仪制度，而是要在继承中国古代礼乐文明精华的基础上回复到由周公、孔子等历代圣贤所倡导的礼之精神——敬、诚、忠、信、义上；而在"礼"的具体内容和形式上，则应遵循"礼，时为大"（《礼记·礼器》）的原则，与时俱进，使其适应当代中国社会发展的需要、适应当代人生活和交往的需要。

今天，人类需要"仁爱"。从国际社会看，进入 21 世纪的人类并没有因为物质财富的快速增长而带来彼此相处的宽容、仁爱与和谐，相反，我们却看到更多的利益争夺、文明对抗、人与自然的矛盾和人与人的冲突。那么，人类如何走出今天面临的困境？其实，1999 年联合国科学文教委员会在汉城召开全球伦理研讨会，与会学者就曾达成共识，认为儒家的"恕道"——"己所不欲，勿施于人"和"仁道"——"己欲立而立人，己欲达而达人"，可以作为全球伦理的基本原则。[2] 汤因比早在 20 世纪 70 年代就提出，"在漫长的中国历史长河中，中华民族逐步培育起来的世界精神"能引导世界走向和谐。[3] 对中华民族而言，孔子的仁爱思想以及由其延伸出的"五常之道"（仁、义、礼、智、信）、"和而不同""推己及人""和为贵""民本思想""人文精神""为政以德""大同理想""德服天下""以天下为己任"等儒家理念，都是我们今天构建个体生命秩序、道德伦理规范与和谐世界的传统文化资源。

---

[1]　参见陈瑛：《克己复礼与公民道德建设》，《湖南科技学院学报》2006 年第 2 期。

[2]　参见杜维明：《儒家传统与文明对话》，河北人民出版社 2010 年版，第 20 页。

[3]　参见 [英] 汤因比、[日] 池田大作：《展望 21 世纪——汤因比与池田大作对话录》，荀春生等译，国际文化出版社 1985 年版，第 287 页。

综上所述，在孔子"克己复礼为仁"的命题中，"克己复礼"与"仁"之间存在着因果必然性。孔子是周礼之内在精神的捍卫者，他反对那种丢弃了"礼"之精神而徒有形式的礼节仪式。孔子"克己复礼"的目的是让人们通过约束自己的言行举止回复到周礼所倡导的礼之内在精神和道德情感上，从而使社会充满仁爱与和谐。我们相信，通过与时俱进的发展和创新，儒家以仁礼为内核的伦理思想同样适用于今天的中国和世界，它将为国人的意义世界和道德之基的构筑提供有价值传统资源。

三、道家之伦理文化基因与人生智慧

中国社会的文化结构是由儒释道三部分内容构成的，因此，和儒家思想一样，道家和佛家思想也为中国人安身立命之所、意义世界和道德之基的建构贡献了重要的基因元素。

人是一个有限的存在者。就人自己而言，人本身是有限的，人的存在是有限的，人的力量是有限的，人有生必有死。人本身是"向死而生"的，人生是一个非常短暂的过程，死对于人来说，是最终的必然归宿。然而，人们常常怀着对生的眷恋，思考"人如何不死"以及"如何面对死"的问题。黑格尔曾说，死亡是个体的完成，是对人的劳动的最高奖赏。[1] 但如何处理好"生"与"死"之间的关系，用什么为立足点来安身立命以顺利而幸福地度过一生，对此，中西方文化有着不同的理念和应对之策。当人面对自然、社会乃至人本身的巨大困惑，特别是面对自身无法超脱的困境时，就会产生皈依于一个最终超越性力量的想法。这样，许多文化都有入世和出世的不同结构与面向，以满足人们的不同精神需求。通常我们把宗教作为一种出世性的结构，而把宗教以外其他文化类型的东西，如传统习俗、伦理规范、法律制度等视为入世性的结构。中西方文化最大的差异在于，中国文化以入世作为其立足点和出发点，而西方文化以出世作为其立

---

① 参见黑格尔：《精神现象学》下册，贺麟等译，商务印书馆1996年版，第10页。

足点、出发点和归宿。事实上，任何文化中都有宗教和伦理的成分，不能说中国文化中没有宗教，也不能说西方文化中没有伦理。只不过中国文化更强调伦理的成分，而西方文化更强调宗教的成分。同时，在每一个人的身上都会有宗教情感，即使你不相信宗教，也会有宗教感，因为人是一个文化的动物，人不仅有试图超越无限的向往和追求，而且有超越无限的冲动和能力。这些东西在一定的意义上就表现为宗教感。在中国社会，儒家思想发挥着重要的入世作用，而道教、佛教作为其重要补充，发挥着出世的功能。儒释道三者相辅相成、相得益彰，滋养和润泽着中华民族的心灵世界和精神家园。

在中国传统文化的精神结构中，儒家以人伦原理见长，而道家则以人生智慧著称。根据鲁迅的说法，如果说儒家是用世的哲学，道家便是用生的哲学。道家文化是中国最为博大精深的文化之一。一是历史悠久。据历史记载，孔子曾经多次问礼于老子[①]，这意味着儒家是道家的弟子。为此，

_____

① 在我国思想文化发展史上，孔子和老子是两位具有代表性和开创性的人物。作为儒家与道家学说创始人，他们都生活在春秋晚期，基本同处一个时代，诸多文献和考古资料都证实孔子曾多次向老子问礼。但在孔子、老子的时代，还没有儒家和道家之分，诸子门派对立是发生在孔老逝世之后的百家争鸣时期。第一次是孔子17岁时问礼于老子，即鲁昭公七年（前535年），地点在鲁国的巷党。《礼记·曾子问》载："孔子曰：'昔者吾从老聃助葬于巷党，及土恒，日有食之'。"《水经注·渭水注》记载："孔子年十七，问礼于老子。"第二次是在春秋昭公二十四年(前518年)，地点在周都洛邑(今洛阳)。《史记·老子韩非列传》载："孔子适周，将问礼于老子。老子曰：'子所言者，其人与骨皆已朽矣，独其言在耳。且君子得其时则驾，不得其时则蓬累而行。吾闻之，良贾深藏若虚，君子盛德，容貌若愚。去子之骄气与多欲，态色与淫志，是皆无益于子之身。吾所以告子，若是而已。'孔子去，谓弟子曰：'鸟，吾知其能飞；鱼，吾知其能游；兽，吾知其能走。走者可以为罔，游者可以为纶，飞者可以为矢。至于龙，吾不能知，其乘风云而上天。吾今日见老子，其犹龙邪！'"《史记·孔子世家》亦载："鲁南宫敬叔言鲁君曰：'请与孔子适周。'鲁君与之一乘车，两马，一竖子俱，适周问礼，盖见老子云。辞去，而老子送之曰：'吾闻富贵者送人以财，仁人者送人以言。吾不能富贵，窃仁人之号，送子以言。曰：聪明深察而近于死者，好议人者也。博辩广大危其身者，发人之恶者也。为人子者毋以有己，为人臣者毋以有己。'孔子自周反于鲁，弟子稍益进焉。"第三次是孔子53岁时，即周敬王二十二年（前498年），地点在一个叫沛的地方。《庄子·天运》载曰："孔子行年五十一而不闻道，乃南之沛见老聃。"第四次在鹿邑，具体时间不详。

在儒家和道家的争论中，儒家将自己的理论源头上溯到尧舜，说自己讲的是尧舜之道；而道家则将其理论溯源至黄帝，说自己传扬的是黄老之学。二是哲学上颇有建树。道家主要探讨和思考了本体论层面形而上的问题，而儒家主要关注和回答了形而中、形而下的人伦之理、处世之道和经世之方。在西方社会，老子的影响远超孔子，道家研究的问题被黑格尔认为是真正的哲学问题[①]；而孔子的学说则被认为"只是一种常识道德，这种常识道德我们在哪里都找得到，在哪一个民族里都找得到，可能还要好些，这是毫无出色之点的东西"；"孔子只是一个实际的世间智者，在他那里思辨的哲学是一点也没有的，只有一些善良的、老练的、道德的教训"[②]。在中国人的精神建构中，道家的影响也并不比儒家小。作为一个学派，道家先于儒家，其学问也要高于儒家；但在社会政治影响方面，其影响要小于儒家，儒家思想在封建社会基本上久居意识形态之位，而道家一直没有取得像儒家那样显赫的官方哲学的地位。其主要原因是，道家一直是作为精神道家的身份出现的，儒家虽开始时也是精神儒家，孔、孟是作为精神领袖的角色出现的，但在汉武帝"罢黜百家，独尊儒术"之后，儒家就变成了一种官方哲学，且在此后两千多年的封建时代其地位几乎未曾动摇。即使如此，也不能否认道家文化对中国社会的影响，事实上，道家思想中的一些元素已成为中国人的文化基因。两汉以后，道家除了以一种哲学形态存在并参与中国哲学文化的精神建构外，还延展出了中国本土唯一的宗教——道教。道家思想中的伦理文化基因主要有以下几个方面：

（一）"道"即"无为"，天道"无为"

在老子那里，"道"是万物生成以前的状态。我们面临的现象世界都是

[①]　黑格尔对老子的评价要高于孔子，他认为，老子是"哲学和与哲学密切相关的生活方式的创始人"，"道"是"超自然的理性"，它包含了"某种普遍的东西，也有点像我们在西方哲学开始时那样的情形。"参见黑格尔：《哲学史讲演录》，商务印书馆1959年版，第135、138、139页。

[②]　同上书，第130页。

有形的东西，如高山、大河，古人所说的"天行有常，不为尧存，不为桀亡"，就是对现象世界的描述。所谓"现象"，是某一个东西"现"出来的"象"。在这些有形的"象"之上，还有一个无形的状态，这个无形的东西是决定着"大千世界，芸芸众生，万千气象"的那种先验的存在，这个东西就是"道"。"道"是凌驾于万物之上，是所有有形东西之上的东西，就像西方哲学所说的"绝对精神"。西方人在宗教里的一个最高概念叫上帝，上帝是一种哲学理念的产物，最早源于柏拉图的理念。万物皆有自己的理，在人理、物理、动物之理上，还有一个最高的理，即"总理"，是"众理之理"，道家将其称为"道"。道就是生成万物、万物又不知不觉的那个东西。万物就是遵循了"道"，所以才成为了万物。正如一个人为什么成为人而非动物，是因为其遵循了人的规则或社会规则；倘若人不遵守社会所制定的那些"人之为人"的规则，如中国古代的"礼义"，他就会被其他人或社会视为衣冠禽兽。道家所讲的"道"就是一个不可见、不可视，但又化成了世间万物的存在。世界为什么是现在这个样子，西方人的理由是上帝，中国人的答案是因为有"道"。西方的"道"是由柏拉图提出来的（即理念），老子的"道"比其早了500年左右。老子所提出的"形而上"之"道"，在亚里士多德那里被称为"物理学之后"。中国哲学是"无中生有的哲学"，《道德经》云："道生一，一生二，二生三，三生万物。""道"的特点是无为，"道学无为而无不为"，即没有任何人为的自然状态。道化生万物，但不把它据为己有，这就叫"长而不宰，为而不恃"。道是万物的最高长官，道在天之上，天也要法道，否则天就没有合理性。在中国神话中，盘古开天地、女娲补天，使天道和人道合在了一起，这就是"元德"，即最初的德、最根本的德、最大的德。"道"的真谛不是"无为"，而是"无为而无不为"。"道常无为而无不为，侯王若能守之，万物将自化，化而欲作，吾将镇之以无名之朴，无名之朴，夫亦将无欲，不欲以静，天下将自定。"（《老子·第三十七章》）这样，天道就被推到人事，因此，道家哲学的特点可以概括为"推天道以明人事"。由"道"与"德"的"天道"，老子推出仁义道德的"人事"，对儒家的仁义道德进行了激烈的批判。老子认为："大道废、有仁义；智慧出，有大伪；六亲不和，有孝慈；国家昏乱，有忠臣。"（《老子·第十八章》）这表明，"道"在一开始的时候是自然而然地运行，原始人也过着与自然之道相吻合的生活，不需要仁义道德。到了原始社会后期，人被启蒙之后，有了自私的观念，人不相爱了，才要讲"仁""义"。人一旦有了智慧，就想把好的东西归于自己，把不好的东西归于他人。道德的本质意味着社会不行了，需要用一个东西来救治。所以"道德是一个人的精神医院"①。在道家看来，一个社会出问题了才需要弘扬道德，才需要进行道德教育；"六亲不和"了，才要讲孝慈；"国家昏乱"了，才需要忠臣；社会道德沦丧了，才需要强调仁义道德，这叫"上德不德"。黑格尔曾将"形而上学"比喻为一个民族庙中的"神"，倘若"一个有文化的民族竟没有形而上学就像一座庙，其他各方面都装饰得富丽堂皇，却没有至圣的神那样"②。老子的"道"和《周易》中的"易道"一起构成了中华民族庙中的"神"，是古代中国形而上学的最高成就，其对中国哲学具有不可估量的意义。

（二）"德"即"不德"，大德"不知有德"

"上德不德，是以有德；下德不失德，是以无德。"（《老子·第三十八章》）德的本质是什么？"德者，得也"，"德"和"得"是相通的。"道德"就是"得"到了"道"。"上德不德"，"不德"的真谛就是无为。"道"是人和人之间的统一性，如果得到了"道"，大家就会来帮助你，而失"道"者就无人相助，此即"得道多助，失道寡助"。德是一种价值，是一个人行为的规则，人行为的规则就是人行为的"道"，遵循"道"之规则而行动，就是德。所谓"上德不德"是指无为的自然状态，就像大地一样，它托载世界万物，春风化雨，润物无声，却从不索取，从不埋怨，从不自傲，这是多么大的德，此即厚德载物。所以说，最大的德是不知有德。道家认为，在原始社会人类都是有道德的人，后来私有观念产生，原始社会解

---

① 樊浩：《文化与安身立命》，福建教育出版社 2009 年版，第 229 页。
② ［德］黑格尔：《逻辑学》上卷，杨一之译，商务印书馆 1982 年版，第 2 页。

体，为了社会的稳定有序、人际和谐，"德"才被提出和强调，规则才被制定和推行。故老子曰："失德而后仁，失仁而后义，失义而后礼。夫礼者，忠信之薄，而乱之首。"这表明，社会失去"道"之后，仁、义、礼等才开始产生，道德产生于不道德的社会现实。如何评价老子这种与历史和人类文明相悖的道德观？或许我们可以从卢梭和黑格尔那里得到启示。

　　与老子一样，西方思想家卢梭也认为文明与道德之间存在矛盾或悖论。在卢梭看来，"文明社会的任何一次进步同时也就是人类在道德方面的一次蜕化。这种进步与蜕化是同一个历史过程的两个不可分割的方面，文明与道德、个人与人类在历史发展中呈现为一种深刻的二律背反。由于历史的发展是不可避免的，所以这种深刻而悲惨的二律背反也同样是不可克服的。"① 卢梭认为：

　　　　真正的道德生活的基础只能是绝对的平等，而这种绝对的平等状态已经随着文明的进步而一去不复返了。自从原始的自然状态被私有制社会取代之后，不平等、奴役和种种不道德的现象就成为社会发展赖以维系的前提和基础。因此，道德对于文明社会来说只能是一种永远失却了的伊甸园。②

黑格尔把卢梭关于文明历史与道德相对立的二律背反改造为一种历史发展自身的辩证合理性，把对自然状态失落的悲切哀叹转变为对历史自我否定原则的热情讴歌。在黑格尔看来，没有自我意识的自然状态乃是一种禽兽的状态，这种浑浑噩噩的天真状态或原始善良并不适宜于人类。

　　　　因为那种天真的状态，乐园的生活，乃是禽兽的生活状态，"天堂"是惟有禽兽，而非人类，所能勾留的园囿。禽兽仅仅隐然（而非有意识地）与"上帝"为一。惟有"人类精神"才取得一种自我认识的生存。这种自己

---

① 赵林：《浪漫之魂——让-雅克·卢梭》，武汉大学出版社 2005 年版，第 105 页。
② 同上书，第 92 页。

为自己的生存，这种意识，同时又脱离了那个"普通的与神圣的精神"。假如我守着我的抽象的"自由"，我便违背了"善"，而选择了"恶"。所以这"堕落"乃永恒的"人类神话"——事实上人类即从这种过渡而成为人类。[1]

其实，人类文明的发展过程就是一个人类自身不断地自我否定的成长过程，也是一个人类道德不断完善的过程。一个连自私意识都没形成的原始人，无论如何都不能被称为道德人或文明人。人类从无自私观念到因自私意识产生而失德、再到倡导仁义道德而走向新的文明，这个过程可以类比为黑格尔所说的"花蕾——花朵——果实"前后相继的否定过程。"花朵开放的时候花蕾消失，人们会说花蕾是被花朵否定了的；同样地，当结果的时候花朵又被解释为植物的一种虚假的存在形式，而果实是作为植物的真实形式出而代替花朵的。"[2] 表面上看，"这些形式不但彼此不同，并且互相排斥互不相容。"其实，"它们的流动性却使它们同时成为有机统一体的环节，它们在有机统一体中不但不互相抵触，而且彼此同样是必要的；而正是这种同样的必要性才构成整体的生命。"如果说"花蕾——花朵——果实"的辩证否定是植物的成长和进步，那么，"无自私意识——自私失德——有仁义道德"的辩证否定则是人类社会的发展和进步。老子对原始社会古朴之风的过分留恋、对儒家仁义道德的不当批评以及把社会进步视为倒退的思想反映了先秦道家的局限性。

（三）道家智慧之要义：以柔克刚、明哲保身、涤除玄览

道家文化提供的人生智慧是通过避世、遁世来安身立命，它和儒家文化的"入世"形成一种互补，成为中华文化结构中一个不可缺少的元素。道家人生智慧的要义是"明哲保身"。明哲保身并非简单的老于世故，而是在明"哲"之后，在真正成为智者、拥有大智慧后的"保身"。

---

[1] ［德］黑格尔：《历史哲学》，商务印书馆 1936 年版，第 510 页。
[2] ［德］黑格尔：《精神现象学》上卷，贺麟、王玖兴译，上海人民出版社 2013 年版，第 52 页。

"无为而无不为"是道家的人生智慧，其具体表现为三个方面：其一，以柔克刚。"贵柔"就是以柔为美德，柔的本质不是弱，柔的目的是克刚，这是人生的大智慧。老子曰："人之生也柔弱，其死也坚强；草木之生也柔脆，其死也枯槁。故坚强者死之徒，柔弱者生之徒。是以兵强则灭，木强则折，强大处下，柔弱处上。"（《老子·第七十六章》）此即道家以柔弱胜刚强的哲理。以柔克刚是道家的智慧，也是中国文化传统中独特的文化基因。其二，知足不争。"祸莫大于不知足，咎莫大于欲得，故知足之足常足矣。"（《老子·第四十六章》）"多藏必厚亡"。道家认为，得到越多就会失去越多，并崇尚知足的智慧，"知足"就是"不争"，"不争"就会"无忧"。"不自见，故明。不自是，故彰。不自伐，故有功。不自矜，故长。夫唯不争，故天下莫能与之争。"（《老子·第二十二章》）"知足不争""知足常乐"是中国文化的逻辑，也是中国文化智慧的基因。其三，"不敢为天下先"。老子曰："我有三宝，持而保之，一曰慈，二曰俭，三曰不敢为天下先。"（《老子·第六十七章》）"慈"乃"慈怀天下"，"俭"即节俭，"不敢为天下先"，即示弱、善下、明哲保身。道家崇尚水的智慧和品性，老子曰："江海所以能为百谷王者，以其善下之，故能为百谷王。"（《老子·第六十六章》）因大海处于最低的地方，所有的河流都流向它，于是就成了大海，此乃大海的品质和智慧。所以，一个谦虚的人也应善于处下。道家悟出了水之"道"，效法水之品性，提出"上善若水"。水德是中国文化中重要的价值取向①，在儒家眼中，"君子之所以见大水必观"，就在于水具有"似德""似义""似

---

① 先秦儒道诸子具有浓厚的"水"情结，与老子、庄子以水喻"道"相仿，孔子、孟子、荀子等常常以水比德，用水的特性比附儒家所倡导的道德风范和君子人格。《论语·雍也》中，子曰："知者乐水，仁者乐山；知者动，仁者静；知者乐，仁者寿。"《孟子·尽心上》："流水之为物也，不盈科不行；君子之志于道也，不成章不达。"《荀子·宥坐》中有关于水之"九德"的记载：孔子观于东流之水。子贡问于孔子曰："君子之所以见大水必观焉者，是何？"孔子曰："夫水遍与诸生而无为也，似德。其流也埤下，裾拘必循其理，似义。其洸洸乎不淈尽，似道。若有决行之，其应佚若声响，其赴百仞之谷不惧，似勇。主量必平，似法。盈不求概，似正。淖约微达，似察。以出以入以就鲜絜，似善化。其万折也必东，似志。是故见大水必观焉。"

道""似勇""似法""似正""似察""似善化""似志"等九种品德，这正是君子所应追求的美德。当然，道家眼中水"善于处下"之德却被儒家忽视，这是老子独具之慧眼，也是中国哲学独具之智慧。其四，修"身"养"性"，"涤除玄览"。老子认为，人应"见素抱补，少私寡欲"（《老子·第十九章》）。"见"即"现"，指事物本来的、本质的模样。把本来的模样表现出来，就是要"见素抱朴，少私寡欲"。明了"见素抱朴"的哲学，就应"不尚贤，使民不争"；"不贵难得之货，使民不为盗。"（《老子·第三章》）同时，要修养心性，还需"涤除玄览"。《老子·第十章》云："涤除玄览，能无疵乎？"河上公注曰："心居玄冥之处，览知万物，故谓之玄览。"玄览，原指以青铜制成的镜子，喻指在心灵深处，以道镜自鉴自察，除去污垢。所谓玄览无疵，就是把内心直观比喻成一面最深妙的镜子，如果能够把这面镜子打扫得干干净净，即人的内心不染外物，这样万物就会自然呈现在面前，为人们所认识。人本来是由"道"来的，天生就是和道合一的。但随着自私欲望的膨胀，人之善德被蒙蔽或遮蔽，所以要"涤除玄览"。本来人心就是一面镜子，我们把它叫作"良知"。如果镜子上蒙了一层灰，就要"涤除玄览"，让"良知"回归心中，最后达到"致虚极，守静笃，万物并作，吾以观复"（《老子·第十六章》）的境界。

庄子作为道家思想的继承者，他把老子的学术向前推进，甚至走向了极端。老子是一个关注天地、社会、人生的大哲学家，但庄子及庄子以后的道家更专注于养生保身，庄子最后成了南华真人，成了道教的教主。道家从庄子开始，日后逐渐演化成了道教。庄子认为"道"就是"未始有物"，就是"无"；"德者"乃"成和之修"；他提出了"齐万物""齐是非"的智慧，力图把有差别的世界看成无差别的存在，从认识论、价值论、实践论多个维度追求真善美，并为其寻找理论依据。在庄子看来，人生的最高价值是全生、保身。他主张人要尽享天年，不要因任何一种利益、欲望、争斗而丧失自己的性命，要让自己与自然齐光；同时，主张"心的自由和身的退隐"，旨在保全自己的身体免受伤害。"心"的自由即精神自由，这是庄子心中的绝对价值。实现精神自由的方法是心与身分离，做到"身处世而心逍遥"，即"以无用求大用"和"乘物以游心"，最终抵达"与天地精神共往来"的逍遥境界。庄子所要达到的人生境界叫作真人境界。所谓"真人"，就是回归于道、做与道合一的人。在庄子看来，现实世界中的人，都是道发散和异化的结果，是道异化的存在形态，因而不是"真人"。人生最高的境界是复归于道，与道合一。庄子的真人境界溢满了明哲保身的聪明、超然世外的潇洒和顺其自然的"无为"，但缺失了人之为人所应有的责任担当、积极进取和理想追求。

从历史上看，道家的人生逻辑经历了从愤世到厌世、从厌世到避世、从避世到玩世、从玩世到顺世的轨迹。道家的代表人物大多愤世嫉俗，对世界采取激烈而深刻的批判态度。但是道家的批判，并未得出积极的结论，而是将现实世界解构，使其成为一个残缺的世界。面对充满积弊的残缺世界，道家的选择是要么逃避，要么玩世不恭。愤世——厌世——避世（遁世）——玩世——顺世，就是以老庄为代表的道家人生智慧的"文化——历史逻辑"。①

综上，道家学说对现实社会有犀利的批判，对人生及生命有深刻的体悟，其"避世"之自由精神与儒家"入世"之克己精神形成了强烈的互补。两千多年来，道家智慧成为中国人应对困境、平衡身心、安身立命的重要法宝。同时，道家思想为中华民族贡献了"道""德""柔""无为"等伦理文化基因，为国人意义世界、精神家园和伦理道德的建构作出了独特的贡献。

---

① 参见樊浩：《文化与安身立命》，福建教育出版社 2009 年版，第 247 页。

第五章　传统纲常与社会核心价值观建设

只有自己的传统文化才是原创的，越是传承民族的，就越有世界意义。原创不是抛弃传统，而是继承优秀的传统去发展。

——楼宇烈

传统并不是一尊不动的石像，而是生命洋溢的，有如一道洪流，离开它的源头愈远，它就膨胀得愈大。……传统结成一条神圣的链子，把前代的创获给我们保存下来，并传给我们。

——黑格尔

从历史上看，"一直向前行走的人类"多倾向于将"传统"视为沉重的包袱和无形的羁绊，必于去之而后快，这就造成了"传统"的"声名日下"。但站在现在位置上的每个人都不可能斩断自己与过去的联系而无牵无挂地奔向未来，换言之，"我们都生活在过去的掌心中"①。因此，如何理性地处理好"传统"与"现代"的关系，不仅是对人类智慧的考验，而且决定着人们行动的成败。

市场经济是现代化的必然形式，现代化与市场经济的发展必然导致"社会结构"与"道德规范"的"剧变"。对社会转型期的伦理与道德重建而言，社会的核心价值体系与主流价值观将是至关重要的因素。自汉代始，中国社会就形成了一套以仁、义、礼、智、信为内核的价值体系，这套价值体系支撑着中华民族走过了两千多年的峥嵘岁月。今天，一个正在走向现代化和全球化的中国，究竟需要怎样的社会价值体系或者主流价值

---

① 　[美] 爱德华·希尔斯：《论传统》，傅铿等译，上海人民出版社 1991 年版，第 1、37 页。

观来支撑其良序运行？历史经验表明，任何社会核心价值体系的构建和主流价值观的形成，都不是凭空产生的，而是这个社会传统文化与现实有机结合的产物。

　　培育和弘扬社会主义核心价值观必须立足中华优秀传统文化。牢固的核心价值观，都有其固有的根本。抛弃传统、丢掉根本，就等于割断了自己的精神命脉。博大精深的中华优秀传统文化是我们在世界文化激荡中站稳脚跟的根基。中华文化源远流长，积淀着中华民族最深层的精神追求，代表着中华民族独特的精神标识，为中华民族生生不息、发展壮大提供了丰厚滋养。中华传统美德是中华文化精髓，蕴含着丰富的思想道德资源。不忘本来才能开辟未来，善于继承才能更好创新。对历史文化特别是先人传承下来的价值理念和道德规范，要坚持古为今用、推陈出新，有鉴别地加以对待，有扬弃地予以继承，努力用中华民族创造的一切精神财富来以文化人、以文育人。[①]

为此，

　　要讲清楚中华优秀传统文化的历史渊源、发展脉络、基本走向，讲清楚中华文化的独特创造、价值理念、鲜明特色，增强文化自信和价值观自信。要认真汲取中华优秀传统文化的思想精华和道德精髓，大力弘扬以爱国主义为核心的民族精神和以改革创新为核心的时代精神，深入挖掘和阐发中华优秀传统文化讲仁爱、重民本、守诚信、崇正义、尚和合、求大同的时代价值，使中华优秀传统文化成为涵养社会主义核心价值观的重要源泉。要处理好继承和创造性发展的关系，重点做好创造性转化和创新性发展。[②]

[①]　习近平：《把培育和弘扬社会主义核心价值观作为凝魂聚气强基固本的基础工程》，《光明日报》2014 年 2 月 25 日。

[②]　同上。

下面，我们沿着时光隧道去追溯中国古代社会传统价值观的形成进路，探讨其对当代核心价值观和道德规范建设的启示。

一、中国古代社会传统价值观的形成进路

由于历次文化运动的影响，中国传统文化，特别是儒家思想受到多次的批判和否定，如在 20 世纪初的新文化运动中，儒家思想被视为"吃人的礼教"，"打倒孔家店"成为全社会的口号和行动。一些人习惯于把近代以来中国社会的积贫积弱归咎于儒家文化，诚然，儒家文化需要作自我反思，但这种反思不是全盘否定，而应是理性扬弃。正如贺麟所说：

> 中国近百年来的危机，根本上是一个文化的危机。文化上有失调整，就不能应付新的文化局势。中国近代政治军事上的国耻，也许可以说是起于鸦片战争，中国学术文化上的国耻，却早在鸦片战争之前。儒家思想之正式被中国青年们猛烈地反对，虽说是起于新文化运动，但儒家思想的消沉、僵化、无生气，失掉孔孟的真精神和应付新文化需要的无能，却早腐蚀在五四运动以前。儒家思想在中国文化生活上失掉了自主权，丧失了新生命，才是中华民族的最大危机。[1]

贺麟这种辩证理性思考无疑是对待中国传统文化的正确态度。那么，如何让儒家文化找回自主权并获得新生命？这需要对儒家文化及其价值观作认真的梳理和本质的把握。

（一）"五典""五教"与诸"德"

中国作为伦理型社会，其源头可溯及前轴心时代的"三代"时期。《尚

---

[1]　贺麟：《文化与人生》，商务印书馆 1988 年版，第 5 页。

书·舜典》云："帝舜曰重华，协于帝。浚哲文明，温恭允塞，玄德升闻，乃命以位。慎徽五典，五典克从；纳于百揆，百揆时叙；宾于四门，四门穆穆；纳于大麓，烈风雷雨弗迷。""汝作司徒，敬敷五教。"孔传："布五常之教。"《左传·文公十八年》云："举八元，使布五教于四方，父义、母慈、兄友、弟恭、子孝。"上述的"五典""五教"内涵相近，基本上都是指舜担任部落首领后，所推行的父义、母慈、兄友、弟恭、子孝的道德教育，它们与战国时期孟子提出的"五伦"有相当的关系，是古代文献关于家庭人伦关系最早的记载。

《舜典》在讲述舜的功德的同时，又指出其政治道德的特点"柔远能迩，惇德允元"。该文还提出了四德："帝曰：夔！命汝典乐，教胄子，直而温，宽而栗，刚而无虐，简而无傲。诗言志，歌永言，声依永，律和声。八音克谐，无相夺伦，神人以和。""直""宽""刚""简"四格体现了早期对德性的基本要求，在这里是作为年轻人品行教育的要素。这些德性是：正直而不失温和，宽厚而不失原则，刚毅而不暴虐，清高而不骄傲。"八音克谐""神人以和"不仅指音乐的调和，也体现出与《尧典》所说的亲睦协和的文化气质。狭义的德性是指人的内在的人格素质，德行则指人的行为的道德特性，但德行从主观方面来看，就是德性，如孝本来是德行，但作为人之能孝的内在品质就是德性。郑玄《周礼》注曰："德行，内行之称。在心为德，施之为行。"[1]

在《皋陶谟》中将《舜典》的四德扩大为"九德"。皋陶曰："都！亦行有九德。亦言，其人有德，乃言曰，载采采。"禹曰："何？"皋陶曰："宽而栗、柔而立，愿而恭，乱而敬，扰而毅，直而温，简而廉，刚而塞，强而义。彰厥有常吉哉！"九德在"直""宽""刚""简"外，又加了"柔""愿""乱""扰""强"。九德似乎可以看作刚德与柔德两个系列，"直"、"刚"、"强"、"简"、"乱(治)"可视为刚德，"宽"、"柔"、"愿(厚道)"、扰（顺）可视为柔德，而每一德目又需要和与其相对立的另一德目相济

---

① 参见陈来：《古代宗教与伦理》，生活·读书·新知三联书店 2009 年版，第 10 页。

相成，如正直需要用温和来补充。从九德的提法来看，当时人们对德性已区分出九项正德、九项辅德和九种正辅调和的德行状态，其区分达到了相当细密的程度。① 例如，"孝"是中国古代最早也最突出的伦理规范，《逸周书·谥法》云："慈惠爱亲曰孝。"与有些原始族群不同，中国文明中没有食、杀父母的习俗记载，反而在有记载的上古文化中，养老爱幼的观念显示有极远的根源，三代礼制和传统很多方面都有所变化，但"养老""尚齿"却是一直未变的传统，体现了中国文化精神气质的一个重要侧面。商代已重视孝行，《吕氏春秋·孝行览》云："商书曰'刑三百，罪莫重于不孝'。"商王朝祭祀祖先的制度和礼仪已相当发达，与之相适应的"孝"的观念当已出现。在西周时，孝的表现和实践不限于亲子之间，孝的范围在纵向上可以上溯至祖先，在横向上可推至父系宗亲。《康诰》记载周公诰词"元恶大憝，矧惟不孝不友"，以不孝不友指责殷人，若非殷人已有孝友的规范，周公就不可能用以斥责殷人。可见，中国古代很早就形成了包括孝在内的"五教"。《诗经》中也有关于"孝"的记载："成王之孚，下士之式，永言孝思，孝思维则。"（《大雅·文王·下武》）不过，在西周文献中，"孝"并不是作为"德"，可能更多的是作为"行"。《尧典》《皋陶谟》所说的德多指个人的品格、品性，而"孝"一类的伦理规范并未包括其中。后来周书《立政》说"知忱恂于九德之行"，应即是《皋陶谟》所说的九德。《洪范》第六"乂用三德"，也是指"一曰正直，二曰刚克，三曰柔克"，未包括伦理即人伦规范的内容。《吕刑》说"惟敬五刑，以成三德"，孔传以为三德即刚柔正直三德，认为同于《洪范》之说。因此，"德"字最早应指作为个人品格的德性，而较少用指人伦道德规范的德行。②

陈来曾将前诸子时期的文献（《礼记》除外）中的德行体系进行总结和概括，梳理为三类：

---

① 参见陈来：《古代宗教与伦理》，生活·读书·新知三联书店 2009 年版，第 300 页。
② 同上书，第 305 页。

第一类：

四德：直、宽、刚、简（《尧典》）

九德：宽、柔、愿、乱、扰、直、简、刚、强（《皋陶谟》）

三德：正直、刚克、柔克（《洪范》）

第二类：

五教：父义、母慈、兄友、弟恭、子孝（《左传》文公十八年）

七教：父子、兄弟、夫妇、君臣、长幼、朋友、宾客（《礼记·王制》）

八政：夫妻父子兄弟君臣（《逸周书·常训》）

十伦：君臣之义，父子之伦，贵贱之等，亲疏之杀，夫妇之别，长幼之序，上下之际（《礼记·祭统》）

四道：亲亲、尊尊、长长、男女有别（《礼记·大传》）

三达道：君臣、父子、夫妇、兄弟、朋友（《礼记·中庸》）

三行：孝行、友行、顺行（《周礼·师氏》）

六行，孝、友、睦、姻、任、恤（《周礼·大司徒》）

第三类：

六德：中、和、祗、庸、孝、友（《周礼·大司乐》）

六德：知、仁、圣、义、忠、和（《周礼·大司徒》）

三达德：智、仁、勇（《礼记·中庸》）

四德：精、忠、孔、信（《国语·周语上》）

四德：忠、信、礼、义（同上）

九德：孝、悌、慈惠、忠恕、中正、恭逊、宽弘、温直、兼武（《逸周书·宝典》）

九德：忠、信、敬、刚、柔、和、固、贞、顺（《逸周书·酆保》）

九行：仁、性、让、言、固、始、义、意、男（《逸周书·文政》）

九守：仁、智、固、信、城沟、廉、戒、竞、国（同上）

陈来认为，在以上三类与德有关的表达中，第一类属于个人品格，第二类是社会基本人伦关系的规范，第三类可以看作前两类结合的产物，其中普遍性的道德价值反映为德性的要求显著增多，如仁、智、信、义等。而所有这些，基本上反映了西周时代德行观念的面貌。它们既是统治者个人的规范和要求，也具有普遍的伦理学上德性和德行原则的意义。可以看出，早期儒家所提倡的德行德目与这三类德行有密切的联系。从内容上看，这些德目似可看作两大类，一类是立基于家庭和家族乃至宗族关系的人伦规范，主要是家庭道德；一类是作为个人主要是向统治者提出的个人的品格的要求。在后者中也包含着一般人格理想的意义。这两方面也就是后来儒家道德学说的基本立脚点。① 但从《论语》中涉及的德目看，孔子已将其之前时代曾出现的德目进行了不少删减，留下了比较重要的仁、礼、义、诚、信、敬、孝等德目。其后，这些德目构成了中国社会价值观的基本要素。综上，在前诸子时期，中国古人已经创造和拥有了丰富的伦理道德资源，不仅德目很多，而且对德性和德行也有细致的区分，对当时的家庭伦理、社会伦理和政治伦理发挥着重要的协调作用。

（二）"五伦"：中国人的伦理世界和精神家园

先秦诸子时代，对中国伦理道德做出重大贡献的当属儒家。孔子在夏商周三代伦理文化的基础上，发展并完善了一系列伦理道德范畴，如仁、礼、敬、义、信、孝、忠等，特别是构建了仁礼架构的儒家伦理体系，并依据中国古代血缘宗法社会的特点，提出了"正名""尊尊亲亲"等重要伦理理念。孟子对孔子学说的继承、发展主要表现在三个方面："五伦说"，"四德说"，以及关于"五伦"和"四德"之间的关系，即伦理世界与道德世界和谐关系的理论。

在探讨"五伦"和"四德"之前，我们先梳理一下道德和伦理的关系。"道德"与"伦理"这两个概念，无论是在中文，还是西文的对应词里面，一般不做很严格的区分。它们都关乎人们行为品质的善恶正邪，乃

① 参见陈来：《古代宗教与伦理》，生活·读书·新知三联书店 2009 年版，第 306—308 页。

至生活方式、生命意义和终极关切。如果我们细细体会，就会发现，在日常用法中，"道德"更多或更有可能用于人，含有主观、主体、个人、个体的意味，而"伦理"更具客观、客体、社会、团体的意味。在中国古代，在"伦理"方面，被更多地使用的近义词是义、理、伦、人伦、伦常、纲常、仁义、天理等词；在"道德"方面，常被使用的近义词是道、德、仁、仁爱、德性、德行、心性等词。① 二者的关系是，"道德植根于伦理并与伦理生活交织在一起，伦理则植根于一般社会生活并与一般社会生活交织在一起"②。

何谓"五伦说"？在世界上所有的民族中，中华民族对于人伦关系的辨识是最为仔细的，例如，中国人对人伦关系的区分有"五服"之内和"五服"之外的说法。面对这些复杂多样的人伦关系，人们常常有难以把控和无所适从之感。那么，能否将这些关系进行简化，帮助世人找到其中可以遵循的规律和原则呢？中国人对人伦关系的辨识是通过礼仪称谓完成的，因此我国有悠久而成熟的礼仪制度。在古代社会，一个人礼仪化的过程是非常重要也是非常复杂的。礼仪化就是社会化，其宗旨是要把一个生物性的自然人变成一个社会人和伦理人。怎样把一个自然的个体变成一个社会个体，变成一个家庭成员呢？称谓是一个人成为家庭成员的标志，遵守家庭礼仪规范是成为家庭合格成员的要诀。当然，若要步入社会，则需要遵循一套社会礼仪，这样就有了所谓的"礼仪三百，威仪三千"（《礼记·中庸》）。在《论语》里，孔子梳理了相关的伦理关系，并提出了处理这些关系的道德规范，如尊尊亲亲、孝悌等。在此基础上，孟子做出了更大的贡献，他找到了中国社会伦理的基本规律，提出和建构了一个伦理范型——"五伦"关系及其协调准则。"伦"是一个共同体，是一个实体，或者是一个家庭血缘关系的共同体，或者是国家民族的共同体。人伦关系与人际关系不同，人际关系是一个单个的个体和另外一个单个的个体之间的关系，

---

① 参见何怀宏：《伦理学是什么》，北京大学出版社 2002 年版，第 9、10 页。

② 陈嘉映：《何为良好生活》，上海文艺出版社 2015 年版，第 5 页。

而人伦关系则是一个人和他所处的共同体之间的关系。人伦关系中，每个人先与他所处的"伦"发生关系，知道他在这个"伦"中所处的地位，以此确定他与另一个存在者之间关系的合理性与有效性。也就是说，一个人需要首先和这个家庭血缘共同体发生关系，在这个共同体中找到自己的位置，然后才能知道怎样和他人相处，这是人伦关系。人伦关系强调彼此之间关系的先验性和不变性，强调这种关系的存续对于共同体的意义，由此，"伦"就被"赋魅"和神圣化。共同体的存在是处理个体与个体之间关系的前提，是人伦关系的文化内核，这是理解中国传统文化的关键所在。近几十年的独生子女政策使当今青少年所接受的家庭伦理关系的训练大大减少，于是对"伦"和伦理观念的理解变得淡薄，这也是导致"人伦关系"向"人际关系"嬗变的重要原因。①

　　在中国社会，最重要的五种人伦关系是君臣、父子、夫妻、兄弟和朋友五种关系。人文社会科学的研究与自然科学一样，都是要寻找和发现规律，只不过其发现的不是自然界发展的规律，而是社会与人的精神发展的规律。两千多年前的孟子就寻找到了人类社会有序运行的规律——伦理规律，即"五伦"行为规范，这是人与人之间伦理关系的本质。孟子对中华文明的贡献有三：一是把所有的人伦关系简化为五种重要的伦理关系；二是找到了与"由家及国、家国一体"的社会结构和文明体系相适应的伦理关系范式，即"天伦—人伦—天人"之间的伦理关系结构模式。五伦之中，父子、兄弟是天伦，君臣、朋友是人伦，夫妇则介于天论和人伦之间；三是提出了一个具有中国文化生命力的伦理关系建构原则：人伦本于天伦而立。从此，"五伦"便成为中国伦理关系的范型。在这五种关系中，纵向的伦理关系是君臣关系与父子关系，二者之中，君臣关系以父子关系为原型。因为，在中国"由家及国、家国一体"的社会结构中，国是放大了的家。把"国家"概念奠基于"家庭"之上，是中国文化的特质。因此，中国人的最高理想就是"天下一家"。在家国一体、天下一家的理念下，君

---

① 　参见樊浩：《文化与安身立命》，福建教育出版社 2009 年版，第 168—169 页。

臣关系自然就变成了父子关系的延伸，所以，中国传统的国家政治关系就有了家族关系的意味，这一点与西方文化截然不同。可见，孟子把君臣关系当作父子关系的延伸，是有深刻的文化根据的。父子兄弟关系是先验性的血缘关系，是不可选择的；君臣、朋友关系是人伦，是后天建构和形成的；而夫妇关系是介于天人之间，它既不是天伦，也不是人伦，既有生物性，又有社会性，是沟通天伦与人伦的桥梁，所有天伦和人伦关系皆由其出。因此，古人尤其重视夫妇关系。正如《易·序卦》所云："有天地，然后有万物；有万物，然后有男女；有男女，然后有夫妇；有夫妇，然后有父子；有父子，然后有君臣；有君臣，然后有上下；有上下，然后礼义有所错。"

儒家认为人伦关系本于天伦关系，整个社会关系是以家族关系为原型的，因此，人伦本于天伦而立，这是支撑孟子"五伦"范型的基本原理。如果一个人在家里知道怎么处理家庭关系，那么，他到社会上自然就会处理各种伦理关系。由于"人伦本于天伦"，所以君臣关系可以发展成为像父子一样的关系。基于此，古代称皇帝为君临天下，称皇后为母仪天下，这样整个国就变成了一个家。而朋友关系尽情地发展，就会成为兄弟关系。唯独对于夫妇关系，古人保持了高度的警惕和谨慎，甚至要求"男女授受不亲"。人类社会从原始社会演化而来，从最早的群婚到对偶婚，再到一夫一妻制，为了保持人种的优良繁衍和社会的稳定有序，人类对婚姻关系的要求越来越严格。基于此，孟子强调："男女居室，人之大伦也。"（《孟子·万章上》）在儒家看来，一个民族、一个国家最重要、最应当被严肃对待的关系就是男女关系，合乎人伦要求的男女关系是家庭和谐、社会有序的基石。按照儒家的社会治理思路，如果一个人知道怎么处理家庭关系，也就知道怎样处理社会关系，能齐家者就能治国，"修身、齐家、治国、平天下"是相通的。这种中国智慧使复杂的社会关系变得简单化，也使国家社会的治理变得更加容易。自从孟子确立了"五伦"之后，"五伦"规范就成为中国两千多年来处理各种关系的准则和治家治国的"大炳"。

两千多年来，以孟子的"五伦"关系作为基本范型而建构的社会关系模式，在中国传统社会一以贯之，但"五伦"关系的基本属性和道德要求在不同的历史时期有所不同。在先秦时期，由于孔子和孟子处于当时社会的中下层，他们提出的"五伦"相当程度上体现着人民性，所以"五伦"是相对伦理，所谓父慈子孝、君仁臣忠强调的是伦理关系双方的权利义务，对为父者有"慈"的要求，对为君者有"仁"的要求。孔子所说的"君君臣臣，父父子子"，意思是如果国君的行为不像一个国君的话，臣就可以不将其当成国君来尊重；同样，父子关系也如此。其旨在强调处于尊位和上位者要以身垂范。正如孟子所说，若君视臣如手足，臣就视君如腹心；若君视臣如草芥，臣就视君如寇仇。可以看出，孔孟在倡导社会等差秩序时对平等人格的兼顾，这也是儒家中庸智慧的体现。到了汉代，董仲舒从"五伦"中提炼出"三纲"，将君臣关系、父子关系、夫妇关系原来具有相对性的"伦"转变为绝对性的"纲"。董仲舒的这种绝对伦理思想，让伦理关系的一方处于绝对服从的地位，这就是所谓的"三纲"，"君为臣纲，父为子纲，夫为妻纲"。如果说孔孟的君臣父子理念和"五伦"关系思想比较好地反映了人伦关系的基本规律，具有社会的进步性；那么，董仲舒的"三纲"则是对人伦关系的扭曲，是封建专制下人身依附和人格不平等的反映。

儒家的"五伦"伦理架构奠定了中国伦理型社会的根基，是中国人的文化归宿和精神故乡，对其安身立命发挥着重要作用。"五伦"思想为中国设立了"家"和"国"两个归宿，是中国社会"家国同构""家国一体"特质的伦理支撑。每个中国人首先属于家庭，然后才属于社会和国家。与西方人不同，大多数中国人没有强烈的宗教信仰，但许多人都将家庭和国家作为自己的精神港湾。有人曾经从文字学角度指出，在各国文化中，只有中国把"country"译为"国家"，也只有中国把母亲与国家联系在一起，称之为"祖国"。所以对中国人的安身立命来说，最重要的是要有两种精神，一个是家族精神，一个是民族精神。如果没有这两种精神，人就没有了故乡，就失去了归宿，就会成为一个精神漂泊者。

（三）"四德"：中国人的道德结构和理想人格

"四德"是孟子对中国传统伦理的另一贡献，如果说"德"是伦理上的一种造诣，那么"四德"就可以视为"五伦"的内化和升华。真正的"德"是把社会的伦理要求以及个体在社会生活中的应然要求内化为自身的一种道德修养，变成一种内在的品性。那么，人的德性的根源在哪里？孔子曾提出了很多德目，如"温良恭俭让"，"恭宽信敏惠"，"智、仁、勇"等等，但他并没有指出哪些是最重要的、最基本的德性。作为亚圣的孟子完成了这一任务。他认为在所有的德性中，"仁、义、礼、智"四种德性是最重要的，一个人具备了这四种德性就基本上是一个有道德的人。

孟子认为："恻隐之心，仁之端也；羞恶之心，义之端也；辞让之心，礼之端也；是非之心，智之端也。人之有是四端也，犹其有四体也。"（《孟子·公孙丑上》）他把恻隐之心、羞恶之心、恭敬之心、是非之心视为仁、义、礼、智四种德性的根源，认为人有了这四种心，就有了四德的可能。但从"四端"的萌芽到成为一个有德之人，关键是要将"四端"发扬光大。

恻隐之心是同情心而非怜悯心。同情心又叫同情感，是一种人与人共同、共通的情感。同情心是指人们共同具有的对事物、对人的共通而普遍的情感。倘若把同情心等同于怜悯心，它就会变成在上位者对在下位者的一种情感施舍，这样同情心的真正内涵就会被扭曲。因此，西方学者对此有深入的研究。亚当·斯密虽然在《国富论》中把人的行为溯源于人性中自私的原则，但其在《道德情操论》中却把人的行为溯源于人性中同情的原则。表面上看，他在逻辑上好像是矛盾的，其实这恰恰表明，在斯密看来，人类的行为在经济领域和生活领域是遵循不同原则的。斯密认为：

> 人，不管被认为是多么的自私，在他人性中显然还有一些原理，促使他关心他人的命运，使他人的幸福成为他的幸福必备的条件，尽管除了看到他人幸福他自己也觉得快乐之外，他从他人的幸福中得不到任何其他好处。属于这一类的原理，是怜悯或同情，是当我们看到他人的不

幸，或当我们深刻怀想他人的不幸时，我们所感觉到的那种情绪。①

他对"同情"和"怜悯"作了区分，认为"怜悯（pity）与悲悯（compassion），一般用来表示我们因为他人的悲伤而产生的相同的情感。同情或同情感（sympathy）一词，虽然原义也许是相同的，不过，现在如果用来表示我们与任何一种情感同感共鸣，或对它产生相同的情感。"② 在斯密那里，同情与怜悯不同，它是人类最原始的一种情感特质，而且每一个人都具备，无论是高洁的圣人还是卑劣的顽徒。它不仅是人与人之间建立联系的纽带，同时也制约着人们对个人财富和名声的过度追求；同情具有目的性，它旨在让双方获得情感上的满足，并在此基础上，提高人与人之间对彼此的好感，从而引导和促进人与人之间的交流。这样的一种同情也必须建立在一致情感的基础上，只有彼此双方的情感一致，才能发挥同情的作用。他自谦出于"哲学上的好奇"所尝试建立的那个以同情为基础的理论主张：

> 当我们赞许任何品行时，我们自己所感觉到的那些情感，来自于四个在某些方面彼此不同的源头。第一，我们对行为人的动机感到同情；第二，我们对因他的行为而受惠的那些人心中的感激感到同情；第三，我们观察到他的品行符合前述那两种同情通常遵守的概括性规则；最后，当我们把他的那些行为视为某一有助于增进个人或社会幸福的行为体系的一部分时，它们好像被这种效用染上了一种美丽的性质，好比任何设计妥善的机器在我们看起来也颇为美丽那样。在任何一个道德褒贬的实例中，扣除了所有必须被承认来自这四个原理的那些道德情感后，应该不会有什么剩下来。③

斯密不仅把"同情"作为善良品性和道德行为的基础，还将其视为人类社

---

① ［英］亚当·斯密：《道德情操论》，谢宗林译，中央编译出版社 2008 年版，第 2 页。
② 同上书，第 4 页。
③ 同上书，第 417 页。

会的"万有引力"。其后，德国哲学家马克思·舍勒对人类"同情感"的"同乐同悲的过程"进行了现象学的考察，指出了"同感现象中的差异"，认为"视同感为最高价值并试图由此推论一切具有独到价值的行为的伦理学无法解释道德生活的事实"①。舍勒关于"同情感"的言说在一定程度上弥补了斯密理论的不足，但其并不能否定斯密思想中合理性的成分。中国当代学者也对此提出了自己的看法，刘小枫认为，"同情"的含义不是怜悯感，"而是指人所具有的'共同感受'或'共同情感'。"即俗话所说的人同此心，心同此理。"人都有'悲伤'和'快乐'的情感，然而，人的生活是共同生活，对人世的共同生活来说，更为重要的是'共同悲伤'和'共同快乐'的'共同感受'或'共同情感'。"②樊浩认为，同情心强调的是人与人之间的共同性和同一性，即最初情感上的同一性。③孟子曾以"见孺子落井，自然知恻隐"为例，来证明同情心的存在。因为任何人看见小孩掉到井里，都自然会去救他，这种行为"非内交于孺子之父母也"，"非要于乡党朋友也"，"非恶其声也"，而是因为人们共同的一种自然反应，这是一种自然之心，是人类最根本的、最初的、最质朴的一种共同情感，这就是同情心的表现。孟子强调人的共同情感，是强调这种共性，强调人类情感中的同一性，有了这样的恻隐之心便有"仁之端也"。仁就是两个人之间共生的那个东西，两个人之间共同共通的东西叫做情感，这种情感的内核是爱人。孟子在孔子对"仁"以"爱人"作解的基础上，提出"君子所以异于人者，以其存心也。君子以仁存心，以礼存心。仁者爱人，有礼者敬人。爱人者，人恒爱之；敬人者，人恒敬之。"(《孟子·离娄下》)自从有了自我意识之后，人类面对的最大问题就是"我"怎么成为"我们"。人类不会轻易摒弃自己的独立性以及与别人的差异性，但同时要建立和加强人与人之间不可分离的关系，努力把"我"变成"我们"。"仁"是人与

---

① ［德］马克思·舍勒：《同情感与他者》，朱雁冰、林克等译，北京师范大学出版社 2017
年版，第 1—4 页。

② 同上书，编者前言。

③ 参见樊浩：《文化与安身立命》，福建教育出版社 2009 年版，第 186 页。

人之间基于共同情感基础上的爱和相互支撑，它能将两个人变成一个人。爱的本质就是不把自己孤立起来，要找到和别人统一的感觉，"恻隐之心"就是一个人和别人统一的感觉。如果人们彼此之间没有了统一性，我们就不能构成统一体，就无法生活在一起。因此，可以说，同情心不仅是"四德"之基，也是中国古代道德结构的基石。

孟子所说的"恻隐之心"作为"同情心"，是解决"我们如何在一起"难题的关键，是人类生存发展的基础，也是中国人性论的基点。21世纪人类面临的很多问题都与我们找不到人与人、人与自然、民族与民族、国家与国家之间的同一性有关。倘若能以"同情心"为基点，寻找到各种同一性，很多人类灾难就可以避免。诚然，人与人之间必然存在差异性，差异性是人的特质之一，但是文明最重要的努力是要寻找共同性，这远比寻找差异性重要，这也是中国传统文化特别强调和而不同、求同存异的原因所在。今天的人们大多重视自己个性的张扬，忽视"群性"对人类生存和发展更为重要的意义，甚至一些人已经丧失了与人共处的能力。近年来中国独生子女一代所面临的诸多难题之一，就是他们不知道自己与他人或社会的同一性，一些人习惯把自己孤立起来，成为"宅男""宅女"，许多心理问题、情感问题的出现皆与此有关。

"羞恶之心"就是羞耻感。人与人之间同一性的建立，仅有以情感相通的"恻隐之心"还不够，羞恶之心作为道德的内在约束也十分重要。羞耻感与道德心密切相关，作为群体的一员，如果不按照这个群体的规范去行动，就会有一种失落感、一种羞耻感。仁义道德所体现的"义"就有赖于这种羞耻感。关于羞耻感问题，在第七章有专门讨论，此处不多赘述。

"辞让之心"就是"恭敬之心"。在人际交往中，恭是外在表现，敬是内在情感。"恭敬之心"是"礼之端也"。如果恭与敬分离，就不符合"礼"的要求，即为非礼之行。中国传统文化讲求修身养性，重视身心合一。在古代，礼既是个人的自身修养，也是社会的道德要求，它应完全出于恭敬心而不是利益心。伪善是一种不恭敬，道德的最大敌人不是恶而是伪善。教育的使命是教会孩子真实诚信，内外合一，使其"成为一个人，并尊敬他人为人"①。如果制度或者教育让人伪善，那就会玷污道德，用康德的话说就是"从源头上污染了道德"。因此，"辞让之心"被孟子视为"四德"之一，成为古代伦理之基。

"是非之心"就是判断是非的能力。"仁、义、礼、智"这四者之间的关系，可以概括为"居仁由义"。"仁也者，人之安宅者也"，仁是人精神上的大本营，是人的归宿。人在生活中应"由义"而行，做到"居仁由义"。如果说"义"是通向道德的一条康庄大道，那么，"仁"则是道德的本体，是行为的出发点，是人的精神的家园。"礼门义路"就是强调"礼"是通向道德的门径，明礼之人方能成为有德之人。正如荀子所说："故学至于礼而止矣，夫是之谓道德之极。"（《荀子·劝学》）《管子·枢言》云："既仁且智，是谓成人。"可见，"是非之心"要求人"既仁且智"，如果只有仁没有智，就会"爱而不别"；只有智没有仁，就会知而不爱。因此，孟子的"四德"相互关联而非各自孤立，它们共同构成中国人的道德结构。

在"四德"中，"仁、义、礼"都是情感，只有"是非之心"的智是理性。所以中国人的人性结构、德性结构以情感为主，仅占四分之一比例的理性也不是西方式的纯粹理性，而是一种良知。四种德性最后形成了一个完整的道德主体，即良心。这种以情感为统摄的"情感＋理性"的人性和德性结构，与西方文化以理性为统摄的"理性＋意志"的人性与德性结构是不一样的。西方的人性设计与德性结构中强调理性，意志执行理性的命令。中国人的德性是以情感为本体的，表面看来，这种"情感＋理性"的人性结构好像没有意志的结构，但实际上情感也是一种主观意志，它可以跳过理性的中介，直接付诸行动。②情理是中国人的主体品格、判断机制与行为方式，与血缘本位、家国一体的社会结构模式相适应，中国文化一开始就选择了情感的道路而拒绝向纯粹理性方面发展，合情合理成为中国文化的价值判断机制。正是在这个意义上，林语堂把中国文化称为情理主义

---

① ［德］黑格尔：《法哲学原理》，范扬、张企泰译，商务印书馆 1982 年版，第 46 页。

② 参见樊浩：《文化与安身立命》，福建教育出版社 2009 年版，第 191 页。

的。这里的"理"不是所谓理性，而是情之理，或人情之理、人伦之理。这种理以情为主体，它不是冷冰冰的，而是充满人情味的。李泽厚则提出了"情本体"思想，认为中国人把"情"贯穿在"伦常日用之中"，视为"人生的真谛、存在的真实、最后的意义"。[①] 中国文化与"情"结下了不解之缘，中国人乐于生活在血缘关系的脉脉温情中，而对冷冰冰的抽象思维则拒之甚远，因而情感、情理成为中国伦理文化的重要品格。

孟子的"四德"是以其"性善论"为前提的。《孟子·离娄下》云："人之所以异于禽兽者几希，庶民去之，君子存之。"孟子认为，人与动物相差别的地方很少，如果把它保留下来了，人就成为君子；若把人和动物相异的地方丢掉了，人和动物就没有区别了，人就成为小人。孟子的人性论就是把人性理解为人类独有、动物所没有的那样一种本性。西方文化把人性理解根植于人的个别性，或者建基于对人的本能的肯定上。而中国文化认为人的本性恰恰是人和动物不同的地方，是"人之异于禽兽者"，是人比动物更高贵的地方。人"异于禽兽"的本性被孟子描述为："口之于味也，目之于色也，耳之于声也，鼻之于臭也，四肢之于安佚也，性也。有命焉，君子不谓性也。仁之于父子也，义之于君臣也，礼之于宾主也，知之于贤者也，圣人之于天道也，命也。有性焉，君子不谓命也。"（《孟子·尽心下》）孟子认为人心应该具有相同的能力，"心之官则思，思则得之，不思者不得也。"（《孟子·告子上》）这里的"思"就是"思"伦理、"思"道德，伦理道德先验地存在于我的本性中，只要"思"就能"得"。而现实社会的人们之所以不能"思"、不能"得"，是因为其本性被物欲遮蔽了。

"四心""四德"是中国古代的人性结构。按照孟子的观点，人性就是"四心"及其内在的"四端"。这四种人性就是四种道德的萌芽，他规定了

---

① 这个"情本体"本来就"在伦常日用之中"，没有过多的玄秘之处。我曾经说过这样的话："这个'情本体'即无本体，它已不再是传统意上的'本体'。这个形而上学即没有形而上学，它的'形而上'即在'形而下'之中。……情本体之所以仍名之为'本体'，不过是指它即人生的真谛、存在的真实、最后的意义，如此而已。"参见李泽厚、刘绪源：《中国哲学该登场了：李泽厚 2010 谈话录》，上海译文出版社 2011 年版，第 75 页。

人性即为"心之同"，即"人之异于禽兽者"。心是道德的主体，而身就是人的自然本能、人的生理状态，这种自然的状态有不道德的可能。于是，对于心要"养"，对于身要"修"，此即"修身养性"。心是道德的，身可能是不道德的，因此心身之间就存在一种紧张。"心之同"是"大体"，而"身之同"则是"小体"。孟子认为："养其小者为小人，养其大者为大人。"（《孟子·告子上》）人如果把人性当中的"心"发扬光大了，就可能成为"大人"；倘若只停留于追求满足耳目之欲，就可能成为小人。中国文化中的"大人"与"小人"是一个道德人格的概念。同时，"小人"和"大人"在中国传统文化中是可以相互转化的。大人如果不能养其大者，就会沦为一个小人；小人如果能够养其大者，就可以成为大人。这二者之间并不存在一种固定不变的界限，关键取决于自己的修炼，而修炼的方法就是孟子所说的"求放心"。

如何"求放心"？按照孟子的观点，"人人皆可为尧舜"（《告子·章句下》）。既然每个人都可能成为大人，也都应当是大人。但为什么还会有那么多小人呢？因为在现实中很多人把自己原本具有的良知即"四心"或蒙蔽或丢失了。孟子曰："人有鸡犬放，则知求之；有放心而不知求。学问之道无他，求其放心而已矣。"（《孟子·告子上》）于是，所有的学问以及学问的最关键的东西就是"求放心"，把迷失掉的善性良心找回来。"求放心"的关键是"不动心"，即不被物欲所诱惑。如何做到"不动心"呢？孟子提出："富贵不能淫，贫贱不能移，威武不能屈。"（《孟子·滕文公下》）意思是，一个人在生活中应做到身居富贵之位而不骄奢淫逸；身处贫贱之位而不卑躬屈膝，面对外部威胁而不改变自己的意志。这是孟子心中的"大丈夫"形象，也是儒家理想人格的标准。一个人拥有了"大丈夫"的理想人格，就能使自己充满"浩然之气"。孟子曰："吾善养吾浩然之气，其为气也，至大至刚，以直养而无害，则塞于天地之间。其为气也，配义与道；无是，馁也。是集义所生者，非义袭而取之也。"（《孟子·公孙丑上》）孟子将人的勇敢分为三种：匹夫之勇、意气之勇和"大勇"。"大勇"就是理直气壮之勇，其"至大至刚""塞于天地之间""集义所生者"。一个人有了浩然之气，就可以在任何诱惑、威胁之下"不动心"，做到至大至刚。在人生遭遇穷达进退的困惑时，孟子遵循的原则是："得志，泽加于民；不得志，修身见于世。穷则独善其身，达则兼善天下。"（《孟子·尽心上》）这也应是我们每个人安身立命的信条。在面临道德的两难选择时，孟子建议"大丈夫"要"舍生取义，杀身成仁。""鱼，我所欲也，熊掌，亦我所欲也；二者不可得兼，舍鱼而取熊掌者也；生，亦我所欲也，义，亦我所欲也；二者不可得兼，舍生而取义者也。"（《孟子·告子上》）孟子极力反对"为富不仁"（《孟子·滕文公上》），正如孔子当年告诫弟子的那样。当子贡问："贫而无谄，富而无骄，何如？"孔子回答："可也，未若贫而乐，富而好礼者也。"（《论语·学而》）孔子还说："不义而富且贵，于我如浮云。"（《论语·述而》）"富与贵，是人之所欲也；不以其道得之，不处也。"（《论语·里仁》）可见，孔孟作为儒家的杰出代表，都主张人们面临义利冲突时，不能为富不仁，要"义以为上"，富而有义，富而好礼。这些忠告今天仍应成为我们修身养性与安身立命之基，成为中华民族的价值取向和道德信仰。

当今社会，在以市场经济和资本逻辑为标识的现代性和多元价值观冲击下，无论西方还是中国，一直有一股涌动的暗流，一些人竭力消解崇高，丑化神圣，诋毁伟大，恶搞英雄，像尼采宣布"上帝死了"一样，他们要重估一切价值，甚至不惜颠倒是非、善恶与美丑。从某种意义上说，现代社会最缺少的是崇高感和敬畏心。从文学到艺术，从历史到现实，都充斥着虚无、低俗、欲望、激情等，理想、信仰、价值乃至人本身，不是被祛魅就是被"悬置"，人类面临着严峻的道德危机和精神危机。因此，重建道德伦理规范已成当务之急。

（四）"五常""三纲"：中国古代社会传统价值观

在中国古代，"五常"是指"仁、义、礼、智、信"五大道德规范，它常常与"三纲"相连并存。"三纲五常"对中国社会影响巨大，原因在于它抓住了中国传统社会政治生活、家庭生活和人际交往的根本。"三纲"

是中国古代三种最基本的社会关系，其他社会关系或者是从它派生出来，或者是依附于它，只要这三种社会关系稳定了，整个社会的政治生活就呈现出有序状态。"五常"则包含了德性与智性、内在意识与外在规范等人伦道德的主要方面。就"三纲五常"的实质内容来看，主要包含三方面：反映伦理关系的父为子纲、夫为妻纲，反映政治关系的君为臣纲，概括社会基本道德观念的仁、义、礼、智、信"五常"之道。"三纲五常"是中国儒家伦理文化中的重要思想，历代统治者通过"三纲五常"的教化来维护社会的伦理道德、政治制度，以和谐人伦关系、稳定社会秩序。在封建社会，"三纲"是奴化人民的工具，在宋明以后，它被称作"天理"，统治者以等级名分教化的方式，使其成为禁锢人们言行的桎梏。

严格意义上的"三纲""五常"两词出自于西汉董仲舒的《春秋繁露》一书。但作为一种道德原则和规范，"三纲"萌生于夏、商、周三代，在战国、秦汉之际趋于定型。在先秦时期，孔子曾提出了君君臣臣、父父子子和仁、义、忠、信、礼等伦理道德观念。孟子继之提出"父子有亲，君臣有义，夫妇有别，长幼有序，朋友有信"的"五伦"道德规范。董仲舒按照其"贵阳而贱阴"的阳尊阴卑理论，对五伦观念作了进一步的发挥，提出了三纲原理和五常之道。但要说明的是，董仲舒的"三纲"说扭曲了孔子"君君、臣臣、父父、子子、夫夫、妇妇"之说，孔子强调的是君臣、父子、夫妇之间伦理关系的协调与对双方的合理约束，不失仁爱和尊重①；而董仲舒强调的是臣对君、子对父、妇对夫无条件的服从和顺从，这使得"三纲"最终成为封建专制的工具。

"五常"一词最早见于《尚书·泰誓下》，原文为"狎辱五常"。唐孔颖达疏云："五常即五典，谓父义、母慈、兄友、弟恭、子孝。"从源头上说，后世以仁义礼智信为内容的"五常"与"五典""五教"和"五伦"有关。如"慎徽五典，五典克从。"（《尚书·舜典》）"布五教于四方，父义、母慈、兄友、弟恭、子孝，是布五常之教也。"后来孟子在解释"使契为司徒，

---

① 详见拙文《先秦"礼教"再认识》，《山西师大学报》2006 年第 1 期。

教以人伦"时又加上了君臣、夫妻、朋友三伦，补充为完整的"父子有亲、君臣有义、夫妇有别、长幼有序、朋友有信"(《孟子·滕文公上》)。从"五常"的历史演进路径看，从前诸子时代到孟子，基本上是指为父、母、兄、弟、子这些家庭角色制定的伦理规范，后来又扩展到君臣、夫妇。到了汉代，董仲舒将孟子的"四德"与"五伦"融合，并剥离其原来附着的固定社会角色，将其转化为适用于所有社会成员的普遍性道德准则——仁义礼智信。

董仲舒认为，在人伦关系中，君臣、父子、夫妻存在着天定的、永恒不变的主从关系：君为主、臣为从；父为主，子为从；夫为主，妻为从。即所谓"君为臣纲，父为子纲，夫为妻纲"。他认为，仁、义、礼、智、信五常之道是处理君臣、父子、夫妻、上下尊卑关系的基本法则，治国者应该给予足够的重视。"三纲五常"说，起于董仲舒，完成于朱熹。但是董仲舒没有将"三纲"和"五常"并提连称，首次并提连称的是东汉后期的经学家马融。这种并提连称意味着封建思想家终于把封建纲纪和处理这种纲纪的道德原则合为一体，构成了完整的政治伦理道德体系。其后，班固撰写的《白虎通义》记述白虎观会议关于经学之议论，集两汉今文经学之大成，特别是综述了董仲舒的基本观点，提出了"三纲""六纪"的伦理金条，"六纪"为"诸父、兄弟、族人、诸舅、师长、朋友"，认为"三纲法天地人，六纪法六合"，"六纪"是从"三纲"而来，是"三纲"之纪，并把封建社会的伦理关系说成合乎天意的、永恒的自然关系。《白虎通义》以"三纲五常"为核心构建了一整套神学目的论和政治伦理思想体系，对后世产生了深远影响。

宋朝时期，朱熹发展天理说，把"三纲五常"与"天理"联结在一起，他认为三纲、五常是天理的展开，是"天理"体现于社会规范的当然的产物，是永恒不变的协调社会关系的"妙药"。至此，朱熹的"理一分殊"论便成为规约社会生活秩序的规范和准则，而这个一以贯之的"理"即"三纲五常"。朱熹指出，三纲之中，"父为子纲"是基础，而它所要求的社会规范就是孝敬，这里的孝是指子女对父母的绝对服从，父母有过错，子女也只能柔声以谏，不能触怒父母。对父母行孝的延伸物就是弟对兄的"悌"，孝与悌是人子与兄弟的行为规范，是子、弟的责任和使命。朱熹把孝悌作为维系"父为子纲"的核心和纽带。"君为臣纲"对应的行为规范就是"忠"。所谓"忠"就是臣对君尽心竭力，在朱熹看来，忠是下对上的社会规范理念，如果君待臣以礼，臣待君以忠，各自做好自己的角色，天下就会太平安定。朱熹认为，"夫为妻纲"对应的行为规范是"节"，他甚至倡导妇女"饿死事小，失节事大"，极力贬斥夫丧改嫁的做法。这被后世称为"吃人"的礼教。"五常"是处理各种社会关系的准则。朱熹认为，仁、义、理、智、信五常的核心是仁。所谓"仁"就是内在的爱心，"仁者，爱也"，但是，儒家的仁爱并非无差别的兼爱，而是强调爱的差异性、差等性。

二、纲常伦理的功用与价值

（一）何谓"纲常"

《说文》曰："纲，维纮绳也。""纲"字的初始义是指提网的总绳，只要抓住总绳，整个网就能收放自如，就能够"有条不紊""纲举目张"。郑玄《诗谱序》云："举一纲而万目张，解一卷而众篇明。""纲"用来比喻事物的关键和要领，又可引申为基本原则、主要规范，尤其是用在社会与政治领域。如"若网在纲，有条而不紊"（《书·盘庚》），"纲纪四方"（《诗·大雅·棫朴》），"四方之纲"（《诗·大雅·卷阿》），"举其宏纲"（《书·序》）等。"纲"的初始喻义有很强的实践指向，如先秦韩非说："善张网者引其纲，不一一摄万目而后得，则是劳而难，引其纲，则鱼已囊矣。"（《韩非子·外储说右下》）若从实践意义上将其引申到极端，则"纲"就可能变成纯功利性的目的。但按传统意义说，"纲常"是强调其作为社会政治原则规范的持久意义或根本原则。"常"本意是古人穿的下裙，基本义是永久的、固定不变的，引申指一般的、普通的、平常的意思；由永久不变引申为规律、准则，特指封建社会中人与人关系的准则。"三纲五常"被古代统治者视为社会之"纲常"准则，是社会持久的大经大法，也是维系社会政治秩序的基本"纲维"或"纲纪"。

在中国古代，"纲常"是极为重要的规范人伦关系和社会秩序的基本准则。然而，在中国历史经历了几千年的曲折和坎坷之后，"纲常"二字被层累叠加了十分复杂的含义，也笼罩上了令人迷惘的阴霾。今天的人们对其充满疑虑、批评甚或不屑，且贬其者多，褒其者少。这些怀疑和批评既来自国人对"传统纲常"的百年误解，也来自世界对"普遍原则"的现代疑虑。从 20 世纪初叶的"打倒孔家店"到末叶的"批林批孔运动"，影响所及，几乎使今天的不少中国人谈"纲常"色变。在他们看来，纲常就是桎梏人的枷锁，而未意识到其亦是维系社会方舟的巨缆。近百年来，"三纲五常"一直被视为"杀人""吃人"的封建礼教，人们无不以解除此人性桎梏而后快。例如，陈独秀认为，"孔教之精华曰礼教，为吾国伦理政治之根本"，它来自"封建时代之生活状态"，是对人伦关系的一种礼仪规定，即儒家所说的"仁、义、礼、忠、孝"等。虽然陈独秀并不完全否认孔子思想的历史价值，但认为其对于现代生活则"一文不值"，因为现代生活与孔子之道是根本不相容的，他说："东西洋民族不同，而根本思想亦各成一系，若南北之不相并，水火之不相容也。"① 他在《孔子之道与现代生活》中说："吾人所欲议论者，乃律以现代生活状态，孔子之道，是否有遵从之价值也。"② 在陈独秀看来，现代生活是基于"平等""人权""独立人格""思想自由"等西方伦理观念而建立的，若"求今世之生存，则根本问题，不可不首先输入西洋式社会国家之基础，所谓平等人权之新信仰，对于此新社会新国家新信仰不可相容之孔教，不可不有彻底之觉悟，猛勇之决心；否则不塞不流，不止不行！"③ 陈独秀认为，在中国封

---

① 陈独秀：《东西民族根本思想之差异》，《陈独秀著作选》第一卷，上海人民出版社 1984 年版，第 165 页。

② 陈独秀：《孔子之道与现代生活》，《陈独秀著作选》第一卷，上海人民出版社 1984 年版，第 231 页。

③ 陈独秀：《宪法与孔教》，《陈独秀著作选》第一卷，上海人民出版社 1984 年版，第 229 页。

建时代，人们生活在由"三纲"所统领的"依附式"的生活方式中，从君臣到夫妇再到父子的生存状态皆与现代生活之"平等""独立""民主"之要求相悖，因此，古代社会"三纲"及其建构的"伦理生活"与"现代生活"是"水火不容"的。他认为："现代生活，以经济为之命脉，而个人独立主义，乃为经济学生产之大则，其影响随及于伦理学"①；"法律上之平等人权，伦理上之独立人格，学术上之破除迷信，思想自由：此三者为欧美文明进化之根本原因"②；这些西方伦理观念恰与儒家的"纲常"伦理及其生活方式相悖的，他提出要有"伦理的觉悟"，若继续以儒家伦理观念支配现代生活就会导致南辕北辙。因此，他认为儒家的纲常伦理不适应现代社会，并将其视为中国社会文明进步的阻力，"吾人所不满意者，以其为不适于现代社会之伦理学说，然犹支配今日之人心，以为文明改进之大阻力耳。"③胡适也对礼教和传统文化的糟粕进行抨击，提出"整理国故的真正价值，就是要把它整理得没有多少价值"，认为"国学"是"一个狭隘、保守、笼统、含糊而且顽固透顶的口号"④，并在1935年写了《充分世界化与全盘西化》一文，但其晚年还是对过去的过激做法进行了深刻反思。许多当代人已习惯了透过"百年"的有色眼镜来看"千年"的中国历史，"近代"的"先见"和"成见"代替了个体的理性判断。西方人也深受这种思维逻辑的影响，美国的"中国研究"专家列文森就指出：孔子已是"一个逝去的古人"，儒学及其"礼治"思想只是"博物馆的历史收藏物"⑤，并正在从现实生活和文化中退出。

其实，陈独秀将"三纲"等同于"孔子之道"或先秦礼教的思想是有偏颇的。"五四"以来，人们多把先秦时期的儒家礼教与封建礼教等同起来，

---

①　陈独秀：《孔子之道与现代生活》，《陈独秀著作选》第一卷，上海人民出版社1984年版，第232页。

②　陈独秀：《袁世凯复活》，《陈独秀著作选》第一卷，上海人民出版社1984年版，第238页。

③　陈独秀：《再答郁颂华（孔教）》，《陈独秀著作选》第一卷，上海人民出版社1984年版，第308页。

④　舒芜：《"国学"质疑》，《理论参考》2007年第7期。

⑤　[美] 列文森：《儒教中国及其现代命运》，中国社会科学出版社2000年版，第338页。

从而认为儒家礼教思想是维护封建专制主义的思想根源。那么封建礼教是否能等同于先秦儒家礼教？二者能否被看成同义词，关键在于如何正确看待被视为封建礼教核心的"三纲五常"。事实上，"三纲"和"五常"是完全不同的两个系统。所谓"三纲"即"君为臣纲，父为子纲，夫为妻纲"，它具有专制主义的色彩；而"五常"是指"仁、义、礼、智、信"，它是处理君臣、父子、夫妻、兄弟、朋友五大关系的伦理准则。① 儒家礼教思想的本质是"五常"，而不是"三纲"。事实上，在孔、孟生活的先秦时代并没有"三纲"的提法。"三纲"虽是西汉董仲舒提出的，但其源头却是法家的韩非。先秦法家与儒家的不同在于，先秦儒家强调的是臣与君、子与父、妻与夫双方的态度和责任，而法家只是片面地规定了臣、子、妻的服从与义务，同时武断地将权利全部赋予了君、父、夫。董仲舒在法家学说的基础上，将臣与君、子与父、妻与夫的关系上升为"纲"，并且认为"三纲"，源之于"天"。因此，汉代之后以"三纲"为核心内容的封建礼教与其说导源于儒家，不如说更接近于法家。学界多数学者主张"先秦礼教"不同于"封建礼教"，应区分开"先秦儒学"与"汉代以后"关于"三纲"表述，认为"前者表述、规范的是相互承担伦理义务、道德责任的人际关系，其义务、责任是有差异的，但是等值的；它不是平等的关系，而是超越平等的和谐关系。后者则是因在这种人际关系中注入了宗法的、政治的权力因素，而被扭曲、异化，变成了单向的权力屈从的、不平等的关系。"② 如果说先秦礼教是包含人性、充满道义的思维智慧和理性规范，那么，汉代之后的封建礼教则是扭曲人性的迂腐教条和麻木思想的政治工具。陈寅恪说："故二千年来华夏民族所受儒家学说之影响最深最巨者，实在制度法律公私生活之方面"③，这里所说的"儒家学说"即是指汉代以后儒家思想。从历史上看，汉之后被作为国家意识形态的儒家思想丢

① 张自慧：《先秦"礼教"再认识》，《山西师大学报》2006年第1期。
② 崔大华：《儒学的现代命运——儒家传统的现代阐释》，人民出版社2012年版，"自序"第3页。
③ 陈寅恪：《寒柳堂集》，上海古籍出版社1980年版，第6页。

弃了先秦儒家珍贵的价值理性成分，并以极端化的形式使其成为工具理性的存在。因此，我们仍应尊重历史，给先秦礼教以合理评价。先秦儒家礼教思想是中国历史文化长期积累的结晶，是"人类对自身命运进行终极探索的结果，包含着人类对自身永恒价值的追求"①；它超越任何一个具体制度，不能把它完全视为某一特定时代的产物，更不能把它看作某种政治制度的奴仆；否则，我们就"不但贬低了儒家思想的价值，而且也贬低了整个中华民族的价值，甚至也贬低了整个人类文明和人类理想的价值"②。

事实上，中华文明数千年的延续正是靠这些纲常维系的结果。今天，我们要重新建构新的社会伦理体系，也只能从传统纲常出发，而不能割断历史，凭空创造。近代以来，尤其是 20 世纪以来，相对主义甚至虚无主义的思潮在世界也在中国弥漫，一些人无视社会规律的存在，对普遍的道德原则和规范随意质疑和否定，扭曲历史、消解传统之文化运动荡涤着一切，国人以高涨的革命热情试图"彻底打破旧世界"，与传统"决裂"，并以全新理念创造一个"新世界"。其结果却是，"新世界"并未真正建立起来，而"传统"也已支离破碎，随之而来的是道德规范失效，心灵家园荒芜。历史经验表明，人类必须有一种最基本、最起码的社会政治秩序，否则所有人的生命安全都得不到保障。这样一些戒律和共识其实也是存在于所有文明社会和宗教的历史与法典之中。"如果我们冷静地思考，就会从传统社会的'三纲五常'中看到一些比其外在的原则规范更为根本和永久的东西，比如说看到其后面对保全生命的一般政治和社会秩序的肯定，看到那些维系人类社会和民族生命延续而不坠的东西。"③ 我们现在需要寻找的正是这样一些比较恒久、稳固的道德基石，或者说是"旧纲常"后面的"纲常"，"旧纲常"中更为根本的道德的"精神"原则，并依据这些"精神"原则，参之以变化了的时代和社会的情况，重建新的伦理道德体系。

----

① 　邹昌林：《试论儒家礼教思想的人文价值》，《湖南大学学报》1996 年第 4 期。

② 　同上。

③ 　何怀宏：《新纲常——探讨中国社会的道德根基》，四川人民出版社 2013 年版，第5—6 页。

（二）传统纲常的依据及社会功能

从历史依据看，"三纲"内容的直接源头是法家而非儒家。庞朴曾指出："董仲舒和班固，都以儒家相标榜，也都被推崇为大儒醇儒。可是他们所提倡的三纲，其理论来源，却并非儒家经典，而是来自与儒家对立的法家。"①《韩非子·忠孝》篇曰："臣之所闻曰：臣事君，子事父，妻事夫，三者顺则天下治，三者逆则天下乱，此天下之常道也，明王贤臣而弗易也。"这里所谓的"三者顺"，就是保持臣对君、子对父、妻对夫的绝对的、单向的服从关系；倘若反过来，要求君对臣、父对子、夫对妻也有相应的义务，那就叫做"三者逆"。这是典型的法家观念，与当时的儒家思想正好相反。在韩非思想的基础上，董仲舒提出："天为君而覆露之，地为臣而持载之；阳为夫而生之，阴为妇而助之；春为父而生之，夏为子而养之。王道之三纲，可求于天。"（《春秋繁露·基义》）"道之大原出于天，天不变道亦不变。"（《汉书·董仲舒传》）如果说韩非的"三者顺"思想仅是封建专制学说的理论萌芽，那么董仲舒的"王道之三纲"就是封建专制制度的现实工具。

先秦儒家把仁爱当作最高原则，认为人人应该相爱；反映到伦理关系方面，便是强调双方相互的义务，提倡准则的对等。具体说来，就是要求"君使臣以礼，臣事君以忠"，要求父慈子孝兄友弟恭；即要求人伦双方各尽自己的义务，并无什么顺逆之分。到了孟子，更把这种义务的对等性说得十分明晰，那就是人们耳熟能详的"君之视臣如手足，则臣视君如腹心；君之视臣如犬马，则臣视君如国人；君之视臣如土芥，则臣视君如寇仇"（《孟子·离娄下》）。此外，孟子还曾举过由于舜之父母缺乏慈爱，因而舜可以"不告而娶"之类的史例，来佐证父子之间的义务伦理。先秦儒家的上述观念与法家带有专制色彩的"常道"以及董仲舒的"三纲"相距甚远。从本质上说，"三纲"是维护中央集权封建专制政体的思想工具，具有鲜明的阶级色彩。

---

① 庞朴：《本来样子的三纲——漫说郭店楚简之五》，《寻根》1999年第5期。

处于孔孟生活年代之间的郭店楚简内容表明，与后世法家、汉儒、宋儒将这三对关系纲纪化的做法不同，先秦儒家极力使这三对重要的伦理关系道德化。如果说纲纪化的目的明显在于强化专制政治的统治，那么道德化的目的则是要引导人们去提升精神境界。表面上看，"三纲"与先秦儒家所推崇的"周文"中的等级之礼和礼乐制度有所关联，实质上，二者的关联在于它们都涉及到了君臣、夫妇、父子三对关系，但二者处理这些关系的准则是不同的，前者是单向的类似法律的强制性义务，后者则是不失平等的道德性规范。王国维认为，在殷周之际，中国社会发生了一场大变革，这场变革"自其表言之，不过一姓一家之兴亡与都邑之移转；自其里言之，则旧制度废而新制度兴，旧文化废而新文化兴"。周制之大异于商者，一是"立子立嫡"之制，由此而生宗法及丧服之制，并由此而有封建子弟之制，君天子臣诸侯之制；二是庙数之制；三是同姓不婚之制。"此数者，皆周之所以纲纪天下。其旨则在纳上下于道德，而合天子、诸侯、卿、大夫、士、庶民以成一道德之团体。"①王国维还追溯到周制的原则大义：

> 以上诸制，皆由尊尊、亲亲二义出。然尊尊、亲亲、贤贤，此三者治天下之通义也。周人以尊尊、亲亲二义，上治祖祢，下治子孙，旁治昆弟；而以贤贤之义治官。故天子诸侯世，而天子诸侯之卿大夫士皆不世。盖天子诸侯者，有土之君也；有土之君，不传子，不立嫡，则无以弭天下之争；卿大夫士者，图事之臣也，不任贤，无以治天下之事。②

对于统治者的道德要求，不仅要以制度之设来体现休养安民、仁民爱民、以民为本，而且要自己以身作则、率先垂范。周代统治者有鉴于商人亡国的教训，不再一味信奉高高在上的天帝，而是认为天命在人，必须主要依

---

① 王国维：《殷周制度论》，载《观堂集林》第二册，中华书局 1984 年版，第 453—454 页。
② 同上。

靠人事的努力，依靠本身道德的自律，做到敬德保民，依靠安民仁民来使民休养生息。所以，"天""命""民""德"四者在周代政治中是一以贯之的。这样，才能使天子、诸侯、大夫、士各奉其制度典礼，以亲亲、尊尊、贤贤，明男女之别于上，而民风化于下，此之谓"治"；反是，则谓之"乱"。"是故天子、诸侯、卿、大夫、士者，民之表也；制度典礼者，道德之器也。"①因此，"周之制度典礼，乃道德之器械，而尊尊、亲亲、贤贤、男女有别四者之结体也，此之谓民彝。其有不由此者，谓之非彝"，而这"民彝"其实就是"原则"和"纲常"。它们是"保民"之"彝"，也是"民之秉彝"之"彝"。当然，这并不是说商朝就无社会道德的纲常，而是说："夫商之季世，纪纲之废、道德之隳极矣。是殷、周之兴亡，乃有德与无德之兴亡；故克殷之后，尤兢兢以德治为务。"②周人吸取了商朝亡国的教训，不仅重建道德纲常，而且赋予纲常新的内容。周之纲常的新意在于：更加强调统治者自身的道德自律和制度的道德内涵，并将尊尊与亲亲结合，且在亲属关系中最为强调父子关系，同时也出现了"男女有别"。在周礼中，不仅德治主义、民本主义大为张扬，而且，三纲之为"民彝"的观念也已隐然出现。王国维认为，西周已形成了"尊尊、亲亲"和"贤贤"的观念。"周文"的政治实践是通过具有亲亲色彩的分封措施和等级特质的礼义约束，使周天子与诸侯以及众多诸侯国之间维持了大致的和平。只是到春秋末年才开始礼崩乐坏，王纲解纽，及至战国时期，社会完全陷入战乱和动荡。孔子及其所代表的儒家，可以说是周代礼乐制度最忠实的传承者，同时又是最伟大的创新者。孔子念念不忘"吾从周""克己复礼"，这"礼"就是周代的典章制度和道德规范，其"复礼"的目的是修养道德，即"克己复礼为仁"。当然，孔子还要"正名"，即让"君君、臣臣、父父、子子"各个角色名副其实。孔子之所以极力倡导周代的等级礼乐制度，就是为了挽救春秋时期礼乐崩坏的危局，以整饬社会秩序。

---

① 王国维：《殷周制度论》，载《观堂集林》第二册，中华书局1984年版，第453—454页。

② 同上。

综合"三纲""五常"的由来和依据，可以看出，"周文"（周代礼乐制度）对中国社会影响巨大。两千多年的中国传统社会政治所遵循的是"汉制"而非"秦制"。"汉制"承继了"秦制"的部分遗产，诸如君主制度、郡县制度、官僚制度等国家制度层面的文明成就，但"秦制"中尚无国家意识形态方面的"长治久安"之道。"汉制"是"周礼"与"秦制"的结合，儒家所代表的周代礼乐制度是这种结合的灵魂，而"纲常"则是蕴含在周代礼乐制度中的基本政治原则和道德原则。可以说，古代的"三纲五常"发端于周代礼制，在春秋战国不断得到儒家等派别的阐发，到了汉朝被董仲舒系统化、明晰化而成为一种具有道德形而上学意味的政治伦理体系。[①] 正如陈寅恪所说："吾中国文化之定义，具于《白虎通》三纲六纪之说，其意义为抽象理想最高之境，犹希腊柏拉图所谓 Idea 者。"[②] 在汉儒看来，"三纲"的义务之差别性质也是来自自然，是效仿自然或者说天地。如果说它们的关系有一种等级差别的意味，那也就像天地万物也有一种差别甚至等级的意味。它们像阴阳一样是成对的关系，但这种关系也是有序的、不完全平等的，并且有主从的意味。这种主从还具有道德的涵义，即为主的一方更多的是以身作则、道义垂范的责任，而为从的一方更多是坚定服从、积极效仿的义务。通过董仲舒天道和阴阳的比附和推理，"三纲五常"获得了一种独立于人类的客观普遍性，被视作"天经地义"。因此，传统纲常在两汉时期已大体厘定，它们作为基本的社会政治伦理原则，与"汉制"一道，成为后世两千年中国传统社会秩序和政制的基本范型。

（三）传统纲常蕴含的真理与价值

"三纲五常"将家庭秩序与政治秩序结为一体，家国合一、忠孝合一，而且从价值上更重视家庭秩序，如以父子关系为起点，以孝为本，然后以

---

① 参见何怀宏：《新纲常——探讨中国社会的道德根基》，四川人民出版社 2013 年版，第15—19 页。

② 陈寅恪：《王观堂先生挽词序》（1927 年），参见《陈寅恪诗集》，生活·读书·新知三联书店 2001 年版，第 12 页。

家国同构的逻辑，从家推向国，最终形成一套具有等级服从内涵的政治秩序原则和规范。虽然在法家和董仲舒那里"三纲"是具有专制色彩的政治原则，但基于"三纲"与先秦儒家的角色伦理和角色规范有着割不断的联系①，特别是儒家由"仁爱"思想所主导的道德倾向，内蕴着对生命基本价值的尊重，这也是后世有良知和使命感的儒者始终坚守的儒学要旨。儒家认为，纲常不是简单地要维护一种政治秩序和社会统治，其实还有一种更深刻地、平等地看待所有生命的道德涵义。在坚守儒学要旨的儒者看来，"纲常的核心"理应是一种道德准则，这一道德原则实乃生命原则。从行为和制度规范的角度来说，它是保障生命安全和提供生命基本供养的第一正义原则；从价值的角度来说，则是将生命、生存视为最宝贵的价值，而生命之所以宝贵，并不仅是作为工具和手段的宝贵，而是其本身就是目的的宝贵。正如荀子所说："水火有气而无生，草木有生而无知，禽兽有知而无义。人有气、有生、有知、亦且有义，最为天下贵也。"（《荀子·非相》）他主张要通过"礼"来"养人之欲"，满足所有人生存的欲望。所以，儒家不仅倡导纲常和礼教，而且强调仁义道德，如孔子之仁，孟子之义，荀子之"从道不从君，从义不从父"（《荀子·子道》）。儒家认为，政治要以道德为本，君主要以民生为本，这个"本"不仅对权力和权威构成了某种限制，而且成为两千多年来对专制政权的一种牵制力和制衡力，这就是儒家极力主张的仁政。在儒家仁者爱人、以民为本、体恤百姓等仁政思想的影响下，中国传统文化有着浓郁的人文情怀，蕴含着丰富的人文精神，这些成为了滋养中华民族精神的琼浆玉液。

当然，儒家倡导纲常伦理的宗旨是要建立一套可以维持社会长治久安的规范和原则，它一方面要让社会政治秩序井井有条、和谐稳定；另一方面要有效保障百姓的生命安全和生存可能，要尽可能减少和避免人们因欲望与利益的竞争和冲突而轻易丧生，要尽可能找到一种权威的力量来缓冲、协调和化解这些矛盾和冲突，防止大规模战争、内乱等所导致的

---

① 由于先秦时期诸子各派之间相互吸纳彼此的学说，形成了思想交融、相互影响之态势。

流血和牺牲。从这个意义上说，"三纲五常"所确立的社会纲常伦理具有一种道德上的价值和意义。需要说明的是，在先秦时期，尽管法家是"三纲"的最早倡导者，但严刑峻法、忽视道德的治国理念，使其疏离了人文思维而走向了冷漠与严酷。虽然表面上看起来儒家与法家在纲常方面的主张有某些相似之处，但从初心与目标上看，二者有云泥之别。从战国秦汉史看，正是儒家纠正了法家，从而为一味功利强权的国家政治提供了道义的基础。可以说，极力限制君权的是儒家，为君主制度提供道义约束和人道价值基础的是儒家，探索与实行选举、监察、规谏等与君主分享权力、共治天下制度的还是儒家。如果没有儒家，而任由法家主导社会治理的方式，那么，君权只会更绝对，历史上的暴君和暴徒无疑会更多。①

其实，传统纲常的背后除了人文和道义，还蕴含着人类对社会发展和运行规律的探究与总结，对个体人生和家庭社会相互关系及其规律的孜孜以求。今天，我们不仅要看到"三纲五常"中存在的缺陷和不足，也应透过纷繁复杂的历史"万花筒"看到社会规律和必然性的存在。近年来，学术界越来越多的学者开始反思和探讨中国的传统纲常问题，并充分肯定纲常中蕴含的合理成分。例如，陈瑛著文"三纲五常的历史命运——寻求'普遍伦理'的一次中国古代尝试"②，方朝晖著文"'三纲'真的是糟粕吗？——诚信审视'三纲'的历史与现实意义"③。其实，从上文我们对"三纲""五常"依据和由来的追溯可以看出，它们是建立在先贤圣哲对社会规律思考与把握之上的。

既然纲常反映社会规律，而规律代表着不可违抗的必然性，那么一个社会的纲常就不可以随意丢弃。在《朱子语类》之《论语·子张问十世可知章》中，朱熹对"三代所因者不易，而所损益可知，如何？"的回答："此所谓'不易也'，'变易也'。三纲、五常，异古异今不可易。至于变易之

---

① 参见何怀宏：《新纲常——探讨中国社会的道德根基》，四川人民出版社 2013 年版，第 20—21 页。

② 陈瑛：《三纲五常的历史命运》，《道德与文明》1998 年第 5 期。

③ 方朝晖：《"三纲"真的是糟粕吗?》，《天津社会科学》2011 年第 2 期。

时与其人，虽不可知，而其势必变易，可知也。盖有馀必损，不及必益，虽百世之远可知也。犹寒极生暖，暖甚生寒，虽不可知，其势必如此，可知也。"对"十世所因损益"之问，朱子答曰："纲常千万年磨灭不得。只是盛衰消长之势，自不可已，盛了又衰，衰了又盛，其势如此。圣人出来，亦只是就这上损其馀，益其不足。"这些基本的生生与合群之道一直被古人视作"天之经""地之义"。当然，这些"纲常"的具体内容会有"损益"，"纲常"被一个社会重视的程度会影响其"盛衰"，而"损益"和"盛衰"是由我们对它的主观态度和努力程度而定的。正是在这个意义上，我们说道德不仅有其独立于政治的一面，而且比任何特定的政治制度和意识形态更为永久。汤因比在其巨著《历史研究》中总结归纳了二十多个文明形态后指出，中国文明可以说是最具有连贯性的，它拥有自己独特的数千年连贯发展的历史。其他的文明，或是一度辉煌，然后早夭；或是历史较短，属于新兴；或是换民族、换文化，继续接力。而中华文明基本是一脉相承的，其主体一直是以汉族为主的中华民族，虽然其间也不断进入如陈寅恪所说的"种族的新血"，但是文化的传承是一贯的，种族也没有大的变化。那么，究竟是什么因素使中华文明以及民族生生不息，保持了这样一种连贯性呢？当然，因素是多方面的，但作为社会政治秩序与文化之道德核心，被人们普遍信奉的传统"纲常"对此发挥了最重要的作用。其中，"三纲五常"中最为核心的成分就凝练成了中华民族的文化基因和传统价值观。基辛格认为："千余年来中国得以延续至今，主要靠的是中国平民百姓和士大夫信奉的一整套价值观，而不是靠历代皇帝的惩罚。"①

然而，在西方人眼中如此重要的中国传统纲常，对当今的国人而言不仅陌生而且多遭贬斥。自 19 世纪 40 年代的鸦片战争开启了中西大规模遭遇与冲突之后，中国社会进入了一个必须发愤图强以求生存的艰难时期，由此也掀起了一轮又一轮、越来越激进的"启蒙与革命"的运动。特别是随着欧风美雨"西化"风潮的劲吹，作为"千年传统"和价值系统的纲常

---

① ［美］亨利·基辛格：《论中国》，中信出版社 2012 年版，第 6 页。

伦理首当其冲成为"革命"的对象，并开始被批判、被摒弃。这种对"纲常"的批判和遗弃在 20 世纪 60 年代开始的"文革"中达到了高潮。在"砸烂孔家店""批林批孔"等口号下，国人与"传统的观念"实行"最彻底的决裂"，儒家以及礼教纲常也被不加区分地全盘否定和污名化，这种影响一直延续至今，其对社会道德和价值观的毁伤尤为严重。近三十多年来，世人对传统纲常伦理的态度虽然有些正向的改变，但在市场经济大潮的冲击下，对其反向、负面的情绪仍居主流，传统"纲常"的观念日渐式微，基本上处于社会边缘的位置。随着中国经济突飞猛进的发展和综合国力的快速提升，精神低迷、道德失范的问题愈加严重，社会的基本信任、基本善意正在加速流失，中国社会正在丧失起码的规矩，失掉基本的纲常。基于此，有学者指出："'打倒孔家店'一度被我们视为常识。遗憾的是，今天的我们却发现，我们需要重新踏上回到孔子之路。"[1] 面对多样文化和多元价值观的冲击，人们的行为无所依从，精神无所归依。要应对上述危机和挑战，我们需要理性思考，寻找对策。精神和文化的问题，必须用精神和文化的方式来解决。解决道德失范和精神危机的首要之策只能是文化救赎。由此，遵循社会发展规律，重整纲常伦理，重建"礼义廉耻"，培育健康的社会价值观，构筑国人的精神家园，当为"旧邦新命"的重中之重。

三、多元社会的"一元共识"与价值重构

以市场经济为基础的现代社会，是一个多元社会。多元社会并不是简单地指有多个利益集团的社会，而是指利益集团间相互平等包容、社会结构开放、价值评价体系非单一的社会。严格地讲，任何一个社会都有多元利益集团，但并非所有社会均是多元社会。一个社会只有在经过充分分化基础之上，不同社会群体彼此间获得平等身份、相互包容，才有可能是多元社会。从本质上说，多元社会是指利益多元基础上的文化多样和价值观

---

① 参见卢雪崑：《常道：回到孔子》，广西师范大学出版社 2016 年版。

多元。从这个意义上说，多元社会是一个现代概念。

（一）多元并存：生活世界的本真面貌

现代社会是一个多元并存的社会，在这个非排他性生活世界中，所有存在者身份都是平等的，并以一种理性的态度在经验生活中彼此商谈、交流，构建起主体间关系。现代社会与以往社会的基本区别之一在于这是一个民主的社会，是一个以平等身份为前提、每个人拥有平等的基本自由权利的社会。这个社会中的基本社会关系范型，应当是一种平等的协商共处的关系。一个非排他性的多元社会，才是一个合理的多元社会。[①]

在现代民主制度中，存在着多元的公民、多元的思想、多元的自由、多元的权利，然而，这多元的公民、思想、自由、权利相互间又不能是绝对离散拒斥的，应贯穿着一种基本价值精神，正是这种基本的价值精神将整个社会凝聚为一个有机整体，并保持社会恒久的生动活泼、和谐稳定。这种贯穿其间的基本价值精神，就是多元社会、多元价值体系中的一元共识。在多元社会中，确实存在着多元的价值体系，然而，每一个价值体系中，都有那样一种晶核，此晶核所占的绝对空间可能并不大，但它一方面处于价值体系的核心地位，另一方面又与其他价值体系有着某种沟通、对话的"交集域"。

（二）多元社会：万物并育，合理多元

多元社会以利益差别为基础，因为每一个主体都有各自的利益，且这种差别不仅仅是经济的，还有政治、文化、信仰、习俗的差异。然而，既然合理多元社会是一个平等的自由社会，那么，社会成员相互间关系就应当是合作共存共生的关系。诚然，多元社会是竞争的社会，但这种竞争不应是你死我活的战斗，而是一种合作性竞争、共赢式存在。多元社会确实以个体独立自由权利、独特界域为基础，然而，每一个个体又都首先以对

---

① 参见高兆明：《道德失范研究》，商务印书馆 2016 年版，第 256 页。

他人权利与界线的承认、尊重为前提。[①]霍布斯与卢梭虽然对人类自然状况作了两种截然不同的判定：兽性的与神性的。但他们均以自己的方式表达了对社会多元性的一种认识：排他性多元无异于绝对一元。所以，他们试图从契约的立场将这种排他性多元引向兼容性多元。他们以先验人性论作为理论出发点，并分别从经验主义与理想主义两个方向寻求对问题的解决，他们的具体做法尽管存有诸多缺憾，然而，他们寻求主体间性的思维方向却是合理的。卢梭曾说：

> 当我思索人的天性的时候，我认为我在人的天性中发现了两个截然不同的本原，其中一个本原促使人去研究永恒的真理，去爱正义和美德，进入智者怡然沉思的知识的领域；而另一个本原则使人故步自封，受自己的感官的奴役，受欲念的奴役；而欲念是感官的指使者，正是由于它们才妨碍着他接受第一个本原时他的种种启示。[②]

这两个本原可以看作人性中的两种相反的倾向，它们分别受人的灵魂和肉体的制约。

> 从这种意义上来说，人可以被称为一个半神半兽的生物，在他身上，既存在着高贵无比的神性，也存在着卑劣不堪的兽性。人就是神性与兽性相搏斗、相撕咬的一个结果，是神性不断地超越兽性、荡涤兽性的一场惊心动魄的战斗。人类天性中的神性因素构成了人的一切美德的基础，而它之中的兽性因素则成为人的一切恶行的原因。[③]

但他同时又反对性恶论和性善论的独断论言说，坚持认为最初的人性既无所谓善，也无所谓恶。超越一切既定的道德标准和规范，这就是自然人的

---

① 参见高兆明：《道德失范研究》，商务印书馆 2016 年版，第 259 页。
② [法] 卢梭：《爱弥儿》，商务印书馆 1978 年版，第 397 页。
③ 赵林：《浪漫之魂——让-雅克·卢梭》，武汉大学出版社 2005 年版，第 147 页。

道德状况。这种原始道德状况的特点恰恰就在于自然人的一切行为都是超道德的。"野蛮人所以不是恶的，正因为他们不知道什么是善。因为阻止他们作恶的，不是智慧的发展，也不是法律的约束，而是情感的平静和对邪恶的无知。"① 其实，多元社会中的人既不是兽也不是神，而是人——以人的方式相互承认与存在，并在经验世界中，通过理性学习寻求共存共进的方式。人作为理性的存在，不仅是指人能运用自己的智慧最大限度地追求自身的物质利益，更是指人在人类文明发展过程中培育了人文情怀，学会运用人文精神来处理各种矛盾和冲突，能够做到"万物并育而不相害，道并行而不相悖"（《礼记·中庸》）。

（三）多元社会的共存法则：和而不同，包容开放

多元不是杂多，多元社会是合理的多元。排他性多元是以多元面貌出现的杂多，是形式的多元而非真实的多元。真实的多元以自由为其内在规定，在非排他性的独立自主活动中，整个社会表现出一种生动有序性。真实多元也是合理的多元。在合理多元社会中，每一种存在都有其存在的理由，每一种存在都将其他存在真诚地视作与自己一样拥有平等自由权利的存在，因而都承认、尊重乃至维护其他存在的正当权利。正如卢梭所说："人是生而自由的，但却无往不在枷锁之中。"在卢梭看来，人天生具有自由意志，他的一切行为，无论是善举还是恶行，都是这自由意志的结果，因此他的行为只能由他自己来承担责任。人们没有必要再追问是谁使人作恶，因为使人作恶的就是人自己的自由意志。"除了你自己所作的和所受的罪恶以外，世间就没有其他的恶事了，而这两种罪恶都来源于你的自身。"② 人们由于认识不到这一点，害怕承担责任，所以往往习惯于把道德责任推到某个更高的存在者（上帝或社会的统治者）身上，把自己的道德行为乃至整个命运交给他来支配，从而使自己丧失了自由这个高贵的

---

① [法] 卢梭：《论人类不平等的起源和基础》，商务印书馆 1962 年版，第 99 页。

② [法] 卢梭：《爱弥尔》，李平沤译，商务印书馆 2015 年版，第 403 页。

禀赋，以自己人的本质作为抵押而换得了一种奴性的轻松。在道德生活方面，尽管人具有自由的秉性，他们却宁愿被他人拖曳而行，即使拖着他们的是一条锁链，也不愿靠自己的力量去进行艰苦跋涉。这就是"人是生而自由的，但却无往不在枷锁之中"所包含着的深刻的道德含义。

> 对于一个把道德生活建立在自己的自由意志之上的人来说，是不需要某个外在性的上帝或主宰者来支配自己的行为的，也同样无需他来为自己的行为后果承担责任。这种人由于把自由当作自己不可让渡的本质，所以在道德生活方面他就是自己的上帝。道德行为对于他不是迫于某种外在的压力，而是基于自己的良心。①

可见，人的自由不是不要规范和约束，而是以尊重他人的自由为前提的。因此，卢梭说：

> 我愿意自由地生活，自由地死去。也就是说，我要这样地服从法律：不论是我或任何人都不能摆脱法律的光荣的束缚。这是一种温和而有益的束缚，即使是最骄傲的人，也同样会驯顺地受这种束缚，因为他不是为了受任何其他束缚而生的。所以我愿意不但国内的任何人都不能自以为居于法律之上，而且国外的任何人也不能迫使这一国家承认他的权威。因为，不管一个国家的政体如何，如果在它管辖范围内有一个人可以不遵守法律，所有其他的人就必然会受这个人的任意支配。②

所以，合理多元社会是一个有限规定的无限样式的社会。任何一种社会都以一种结构方式存在，因而也总是要以一定的秩序状态存在。纯粹杂多的社会由于缺少内在的统一性、凝聚力与秩序，因而难免导致毁灭的厄运。

---

① 赵林：《浪漫之魂——让-雅克·卢梭》，武汉大学出版社 2005 年版，第 156、157 页。
② ［法］卢梭：《论人类不平等的起源和基础》，商务印书馆 1962 年版，第 51—52 页。

排他性的多元社会，或者通过纯粹的生物竞争走向强权霸道，或者通过无政府主义走向独裁专制。这两种情况在性质上是完全同质的，那是一个人性被充分扭曲，或者说是人性中的恶被充分激发出来的社会，是一个没有自由的社会。合理多元表明，各种存在都具有存在的合理性理由，表明彼此在经验生活世界中，能通过学习提高生活的智慧与能力，形成一个平等的基本自由基础之上的社会秩序。这样，多元社会事实上就是法治社会。①

当今的中国也是一个多元社会，这种多元是非排他性的、包容的、开放多元的，不同社会集团之间的价值评价体系虽然不同，但除了那些违反法律或为法律所特殊规定的情况外，这些不同的价值评价体系之间并不是绝对排他性的。在这里存在着价值宽容和对"异"的尊重，这就是孔子所说的"和而不同"之境界。基于社会发展、人心凝聚和民族复兴的需要，中国社会尚需在多样化中寻找主流，在多元化中确立"一元共识"，遵循历史发展和社会运行的规律，建构维系社会的纲常伦理，并以此为基础重构符合时代发展需要的核心价值体系与核心价值观。

四、"仁义礼智信"与当代核心价值观

"五常"的价值观念自汉代以来就是中国人遵行的基本道德准则，也是中华文明标志性的文化符号。在中国历史千回百折的进程中，儒家伦理能够维系两千余年，成为集结中国文化核心价值、凝聚民族精神的重要保障，"五常"之道居功至伟。然而近代以来，批儒反孔，儒家伦理在理论上遭到了各式各样的歪曲和否定，在实际生活中被渐渐地遗忘或边缘化，而三纲五常学说又往往首当其冲。对于"五常"的长久漠视，使得这些价值观念逐渐退出了公众的视野；而持续不断的批判和弥漫于社会的解构行为，更拉开了其与现实生活之间的距离，使得传统与现代之间的"神圣链

---

① 参见高兆明：《道德失范研究》，商务印书馆 2016 年版，第 260 页。

条"几近断裂。长期以来，仁义礼智信不仅得不到肯定与弘扬，甚至还被视为负面的东西，所谓"假仁假义""满嘴仁义道德"等语，被一些人挂嘴边，充满不屑之意，似乎只有坏人才讲"仁义礼智信""温良恭俭让"，而革命就是要彻底扫除这些东西。这样一来，"五常"的正当性逐渐丧失，真义愈来愈模糊，于是乎，纲常颓败，根基坍塌，价值迷失，信仰虚无，中国人安身立命的根基日渐被消解。

诚然，作为中国古代社会的主流价值观，"仁义礼智信""五常"之道在历史演进的过程中，被历代统治阶级掺入了不少封建专制主义的思想糟粕，其中一些陈腐的内容，特别是与其并列的"三纲"，甚至产生了残害和桎梏人性的严重后果。尽管如此，"仁义礼智信"作为中国几千年精神文化的积淀，高度概括和浓缩了传统道德的精华，仍然具有永恒的、普适的意义和价值，对当代社会核心价值观的构建仍具有重要的借鉴价值。我们可以借用"仁义礼智信"的形式，吸取其优秀精华内容，赋予体现时代精神的新内涵，建构具有鲜明中国特色且为中国老百姓喜闻乐见的当代中国社会主义伦理道德体系。"仁义礼智信"的深厚历史文化渊源有利于在社会民众心理上树立起对于共同道德信念的权威感、认同感和归属感。

　　一旦"五常"成为人自身存在的本质性的概念，它就脱离了时空等具体的条件性，而具有了某种普遍的和永恒的意义，成为一种普适和超越的价值。在中国历史发展的长河中，正是因为有了像"五常"这样的价值理念，才使得中华文明具有了无比强大的凝聚力，具有很大的包容性和适宜性，可以容纳不同的文化元素，将不同生活习俗和社会环境乃至于文明背景差异极大的众多族群融合在一起，共聚于一个极富弹性的文化结构之中。而"五常"的价值观提供了多样性之中的共聚点，显现出强大而历久弥新的生命力，成为了中华文化传衍的基石。①

---

① 　景海峰：《仁义礼智信与中华文化的核心价值》，《马克思主义与现实》2012 年第 4 期。

（一）仁：以人为本与人性关怀

仁义作为道德的根本要求是儒家一直强调的传统。《礼记·表记》云："仁者，天下之表也。义者，天下之制也。"《易·系辞》云："立人之道，曰仁与义。"《春秋繁露·仁义法》云："《春秋》之所治，人与我也。所以治人与我者，仁与义也。以仁安人，以义正我，故仁之为言人也，义之为言我也，言名以别也。""仁"的基本含义就是孔子所说的"爱人"，孟子所说的"恻隐之心""不忍之心"，用今天的话来说，就是人对于同类生命的基本的同情和关怀。缺少对生命和人性的同情与关怀，是"麻木不仁"的表征。儒家认为"仁"是为人的根本，是"人之安宅"和精神家园。提倡"仁"的道德，就是要以人为本，把人当作人来对待，就是在确认自己是人的同时也承认他人是人。因为人与人在天命之性和生命价值上是平等的，故人与人之间应该以"己所不欲，勿施于人"的"忠恕"态度友好相待，以"己欲立而立人，己欲达而达人"的态度互相帮助。

"仁"的精神体现的是人性与人道精神，是以人为本的情怀。儒家以"仁"为道德之源，对当代中国的道德文明建设有重要启示。其一，人与人之间的关爱与合作，较之人与人之间的竞争而言更为重要和根本，具有更高的价值。其二，无论何时，人都是目的而非手段，人道与人性的价值都是终极的最高的价值。任何科学技术的发明与运用，政治经济措施的建构与实施，都不能违背人道与人性的原则，都不能以牺牲人的性命为代价，否则就是不道德的。在崇尚科学技术、提倡竞争的当代社会，尤其需要强调"仁"的道德原则，以便使科学技术与竞争机制更好地为人道与人性的根本目的服务。儒家的仁爱精神还不仅止于对自己同类的爱，再进一步，还应推广到对自然界一切生灵和万物的爱。这就是孟子所说的"亲亲而仁民，仁民而爱物"（《孟子·尽心上》）。儒家提倡的"仁民而爱物"的精神，对于建设当代生态伦理道德富有启发意义。因此，让仁爱、友善成为社会公众普遍认同和追求的价值理念，是社会主义核心价值观建设的主要内容。

（二）义：公平正义与坚守原则

"义者，宜也。"（《礼记·中庸》）作为伦理学范畴的"义"，是指社会公认适宜的、应该遵行的道德行为准则，儒家强调的"礼之用，和为贵""过犹不及""允执其中"等，都是对道德、法规合宜性的重视。同时，"义"的原则也是制定法律的基本原则和前提。关于"义"的起源，孟子认为出自人固有的"有所不为"的"羞恶之心"，荀子认为源于人作为社会存在的"群"与"分"的需要。两种说法虽然不同，但都说明人类社会不能没有"义"，不能不讲"义"。完全不讲"义"的社会是难以想象的，也是无法维系的。尽管不同社会、不同时代"义"的具体内容会有所不同，但不同社会、不同时代的"义"也有其共性和延续性。面对当今社会的文化多元和价值多元，人们越来越需要在道德原则上形成共识，那些被全人类普遍认为是"适宜"的道德原则，就是"天下之公义"。例如，孔子的"己所不欲，勿施于人"就被刻在联合国总部的墙壁上，作为各国处理国际关系和重大问题的基本准则。当下，道德文明建设的重要任务之一就是要确立一个社会的"义"，培养公民对"义"的自觉和信念，并使其切实践行"义"的要求。今天，我们不仅要强化"义"在社会公平、公正方面的内涵，而且要重新唤起人们心中对"义"自觉意识和践履信念，树立起道德正义感和道德原则立场。同时，要正确处理"义""利"关系。在"义利之辨"中，儒家虽然重义轻利，但并不一概反对群体或个人对合义之利的追求。荀子曰："好利恶害，是君子小人之所同也。"（《荀子·荣辱》）孔子曰："富与贵，是人之所欲也；不以其道得之，不处也。贫与贱，是人之所恶也；不以其道得之，不去也。"（《论语·里仁》）这里的"道"即"合义"。可见，儒家不是要压抑或否定人们的欲望和需要，而是强调追求物质利益和个人的自由发展，应该有个底线，这就是要追求合义之利，摒弃不义之利。"义"的现代意义可能就在于公平相宜，把平等正义作为构建和谐社会的基本价值理念，以社会公正来矫治因自然因素或客观条件限制所形成的差别性，以消弭人性的缺失和欲望的极度膨胀所带来的各种社会矛盾和不平等性。

（三）礼：恭敬尊重与文明素养

从历史上看，"礼"是华夏文明的内核和中华民族的标志，其内容十分庞杂，既包括国家的典章制度，也包括道德规范和礼节仪式。在当代社会，典章制度层面的礼已被法律所取代，但道德规范和礼节仪式层面的礼仍然存在并发挥着作用。对儒家而言，礼的外在形式即礼仪固然不能忽视，而礼仪背后的道德规范与道德精神更为重要。在古代，礼的功用表现在三个方面。一是"别嫌明微"，即明确不同社会身份和社会角色的人之间的地位区别，以避免出现交往中尴尬的场面，通过"正名"来维持稳定的社会秩序。二是表达"恭敬""辞让"之心，人们通过一种合宜的礼仪形式，互相谦让，以表达恭敬与尊重。三是和谐人际关系，人们在不同场合通过遵循与之相宜的礼节、仪式，来协调不同身份、不同角色社会成员之间的关系，并通过"礼乐相须为用"来实现礼宜乐和的社会秩序。从起源和本质上看，"礼"、"仪"、"义"三者的共同本质都是"中"，即"适度"或"合宜"，正如《礼记·仲尼燕居》借孔子之口所说："礼乎礼，夫礼所以致中也。"毋庸讳言，古代社会的礼过于强化上下尊卑的等级观念，其中不少繁文缛节早已过时，但是礼在促进人际和谐、提升公民素养和社会文明水平方面的基本功能仍然是今天所需要的，特别是"礼"的本质意蕴——"适度"或"合宜"是永远不会过时的。改革开放以来，中国社会虽然取得了长足的进步，传统的礼仪文明正在不断恢复，但相当多的人仍然处在"失礼"或者"缺礼"的状态，"礼仪"教育严重缺乏和滞后。随着中国的崛起，怎样彰显泱泱大国应有的气度和国民彬彬有礼的气象，是实力强大后的中国真正赢得世人尊敬与钦佩的基本保障。一个没有"礼"的国度只会令人畏而不敬，一个丧失"礼"的民族只能让人避而远之。对于公民来讲，"礼"是一种内在教养和理性智慧，孔子为中华民族确立的人格理想——君子正是通过"礼教"达至的。今天，中国人仍需将"文质彬彬"的"君子"作为人格追求，需要通过持之以恒的礼仪教化，形成全民知礼、行礼的国民精神，重塑礼仪之邦昔日的辉煌。"文明"作为社会主义核心价值观的内容之一，其意也正在于此。

（四）智：崇尚知识与追求智慧

"智"通常又写作"知"，作为动词指认知，作为名词指知识、智慧。儒家把"智"列为"五常"之一，旨在强调追求知识和智慧是人生的重要价值取向。荀子说："凡以知，人之性也。可以知，物之理也。"（《荀子·解蔽》）儒家相信，人有认识事物的能力，人类通过不断实践来认识世界、认识自我、探究万物、掌握规律，从而积累知识和智慧，创造文化和文明。这些知识和智慧犹如漫漫长夜里永不熄灭的明灯，茫茫大海上永不沉没的航标，指引着人生之正途和社会前进的方向。今天我们可以借助"五常"之"智"来提倡崇尚知识，追求真理的精神。追求知识与智慧，必须重视学习与教育。孔子十分重视学习，《论语》中有许多关于学习方法和学习重要性的论述，如《学而》篇中有："学而时习之，不亦乐乎。""弟子入则孝，出则弟，谨而信，泛爱众，而亲仁，行有余力，则以学文。""君子，不重则不威；学则不固。主忠信。无友不如己者；过则勿惮改。""君子食无求饱，居无求安，敏于事而慎于言，就有道而正焉，可谓好学也已。"在《为政》篇，孔子强调"学"与"思"的结合："学而不思则罔，思而不学则殆。"在《雍也》篇，他指出了培养学习兴趣的重要性："知之者不如好之者，好之者不如乐之者。"同时，孔子主张"有教无类"，并把官学推广到民间，是提倡和践行全民教育理念的先驱。"孔门四科"和"六艺"等教学内容，体现了对学生德、智、体、美、情的全面教育，可以说是全面素质教育的典范。这些教育理念有助于纠正当今社会应试教育、工具教育的偏颇。另外，孔子认为："知者不惑。"具有完善理想人格的君子，不仅应当是"仁者"，而且也应当是"智者"。"智"与"仁"是相辅相成的，好学求知能促进仁德的自觉和生长。故子夏曰："博学而笃志，切问而近思，仁在其中矣。"（《论语·子张》）古希腊哲人苏格拉底也说过："美德即知识。"[①]如果能将正确的人生观、道德观建立在科学知识和真理的基础之上，则人类安身立命的道德根基就会更加坚实而深厚。

[①] 李志逵：《欧洲哲学史》上卷，中国人民大学出版社 1981 年版，第 45—46 页。

（五）信：忠于职责与诚实守信

所谓"信"，即诚信。儒家把诚信作为人的基本道德和至高无上的价值源头。《中庸》云："诚者，天之道也；诚之者，人之道也。诚者不勉而中，不思而得，从容中道，圣人也。"儒家认为，要取信于人，根本在于"反身而诚"。《大学》也以"正心诚意"作为"修身"的前提。孔子曰："人而无信，不知其可也。"（《论语·为政》）"民无信不立。"（《论语·颜渊》）与人交往要"言而有信"，治理国家要"敬事而信"（《论语·颜渊》）。君子应当言行一致，诚实笃信。"言忠信，行笃敬"（《论语·卫灵公》），才能行于天下。孔子曰："信则人任焉。"（《论语·阳货》）只有当你被证明是一个值得信赖的人时，别人才会觉得你可靠，才会把大事托付给你。"信"的道德内涵包括言行如一、尊重事实、信守承诺、忠于职守、勇于承担责任等。与"信"相反的行为是表里不一、背信弃义、虚伪欺诈、不守信用、不负责任。如果一个社会缺失了诚信，人与人之间相互尔虞我诈，这个社会就将是一个"人对人是狼"的地狱。目前，诚信的缺失和信用危机已经成为制约我国社会主义市场经济健康发展的瓶颈。由于人与人之间、个人与社会之间、团体与团体之间普遍地缺乏诚信感，使得市场经济社会失去了作为正常运行基本保障的个人信用和社会信用。更为严重的是，一些地方政府的公信力也出了问题，以致于造成近年来群体性事件频发。如何以"信"立人、以"信"谐群、以"信"执政，就成了摆在全社会面前的一项急迫任务。

综上，仁、义、礼、智、信五者有各自不同的内涵与维度，但同时又具有内在联系。通过创造性转换和创新性发展，赋予其新的时代精神，儒家"仁义礼智信"的"五常之道"就能成为当下道德文明建设的重要传统资源。其一，"五常"之道是中华民族复兴的价值基座。中国梦的实现是每一个中国人努力奋斗的结果，它需要国人有坚定的信仰和价值支撑，有较高的道德素质和文明修养。历史上，中华民族有着辉煌的历史和文化，由礼乐文明凝练出的儒家伦理，支撑着古代中国以世界上头号富强大国"独领风骚"达一千五百年之久，这无疑是今日中国实现民族复兴的信心所在。那么，实现中国梦的价值支撑在哪里？三千多年前，周文王问姜太公："怎样才能治理好天下呢?"太公回答："大盖天下，然后能容天下；信盖天下，然后能约天下；仁盖天下，然后能怀天下；恩盖天下，然后能保天下……天下者非一人之天下，惟有道者处之。"(《六韬·武韬·顺启》)这段君臣对话告诉我们，器量、诚信、仁爱、恩惠等对治国兴邦的重要性，只有仁爱天下、为国以礼之人，才能成为治理天下的明君。这就是孔子所说的"克己复礼为仁。一日克己复礼，天下归仁焉"(《论语·颜渊》)。在这里，我们看到了仁、礼、信、义等理念对民族繁荣和国家昌盛的意义。其二，"五常"之道是中国古代主流意识形态的重要内容，发挥着民族核心道德的功能。在北京大学百年校庆时，龙应台以"中国梦"为题目作演讲，她将古代的"国之四维"——"礼义廉耻"作为中国梦的价值基座。其实，与礼义廉耻相比，更能代表儒家伦理道德核心的是被称为"五常之道"的"仁义礼智信"。"五常"之道是"我国传统道德之纲，牵动和辐射着整个社会的道德规范体系，推动和提升着社会的道德教化和文明水准"①。杜维明指出："我们在现代化的过程中，不仅要与西方对话，也要与传统对话，体认传统的价值。中华民族的核心价值'仁义礼智信'无疑具有普世价值。"②近代以来的中国历史证明，实现中华民族伟大复兴所需要的文化支撑，不能采取简单的"拿来主义"，依赖进口的"蓝色"文明，文化、道德、精神都必须植根于本民族。正如钱穆所说："无文化便无历史，无历史便无民族，无民族便无力量，无力量便无存在。所谓民族争存，底里便是一种文化争存。所谓民族力量，底里便是一种文化力量。"③中国特色社会主义发展道路选择的背后，也蕴含着对中国特色文化的选择。正如冯友兰所说，"中国特色"并不像桌子的油漆颜色一样可以随意涂抹，"中国特色"必须深深植根于我们民族的历史发展和精神传统。④ 文

---

① 王殿卿:《"仁义礼智信"与建构共同价值观》，《中国德育》2006年第1期。

② 杜维明:《儒家传统与文明对话》，河北人民出版社2006年版，第108页。

③ 钱穆:《中国历史研究法》，生活·读书·新知三联书店2001年版，第79页。

④ 冯友兰:《在接受哥伦比亚大学授予名誉博士学位的仪式上的答辞》，转引自《三松堂自序》，生活·读书·新知三联书店1989年版，第375页。

化认同是国家认同的前提，民族文化智慧是培育和形成民族精神的根基。以"仁义礼智信"为核心的儒家伦理，是中华民族宝贵的精神财富。在中华民族实现中国梦的过程中，坚守和践行"五常"之道，有助于提升国民素质，凝聚人心，酿造积极向上、健康和谐的社会氛围。今天，经过与时俱进的改造，明礼、诚信、公正、友善等已成为社会主义核心价值观的重要组成部分。在中华民族走向复兴的征途上，吸纳了时代精神的"五常"之道，将发挥出凝聚民众人心、疗救道德失范、提升人格境界、和谐社会关系、塑造国家形象的正能量。

五、中国道德传统的接续与重构

近百年来，中国遭受了千年所未有之大变局。无论是抗战时期的救亡图存，还是改革开放时代的激流勇进，都需要一种最为基本的道德约束，凝聚人心，整饬社会，将民族国家的力量发挥至最大。为此，我们必须拥有自己的道德传统。在社会大转型的今天，道德传统如何传承与发展，如何转化与创新，已经成为我们必须直面的问题。从 20 世纪 30 年代冯友兰的《新理学》，到港台新儒家牟宗三的《心体与性体》，再到当代何怀宏的《新纲常》等，都展示了中国知识分子独有的忧世情怀，以及"为天地立心，为生民立命，为往圣继绝学，为万世开太平"的担当精神。当下中国对道德失范的文化救赎和社会伦理道德的新建构，都是对中国道德传统接续与重构的努力。

（一）传统道德：社会存续的根基与"神圣链子"

寻求某种道德作为社会存在和发展的根基，该传统由来已久。韩愈在《原道》中开宗明义地提出："博爱之谓仁，行而宜之之谓义，由是而之焉之谓道，足乎己无待于外之谓德。"仁义作为道德的根本要求是儒家一直强调的传统[①]，以此为基础，韩愈清理出儒家千年相续的道统。

---

① 参见冯友兰：《贞元六书》，华东师范大学出版社 1996 年版，第 149 页。

> 曰："斯道也，何道也？"曰："斯吾所谓道也，非向所谓老与佛之道
> 也。尧以是传之舜，舜以是传之禹，禹以是传之汤，汤以是传之文武周
> 公，文武周公传之孔子，孔子传之孟轲；轲之死，不得其传焉。荀与杨
> 也，择焉而不精，语焉而不详。由周公而上，上而为君，故其事行；由
> 周公而下，下而为臣，故其说长。"（《原道》）

在此，韩愈梳理了儒家道统发展的脉络，认为其发端处是三代之教，也就是先王之教，核心是仁义道德。起于三代的仁义道德传统，经过文武周公、孔孟的再传，成为支撑中国传统社会的道德统绪。[①] 从历史上看，先秦儒家"法先王"是历史因革的"神圣链子"[②]，是对传统的承继和弘扬。儒家以效法先王之名推行仁政王道之实。正如马克思所说："一切已死的先辈们的传统，像梦魇一样纠缠着活人的头脑。当人们好像只在忙于改造自己和周围的事物并创造前所未闻的事物时，恰好在这种革命危机时代，他们战战兢兢地请出亡灵来为自己效力，借用它们的名字、战斗口号和衣服，以便穿着这种久受崇敬的服装，用这种借来的语言，演出世界历史的新的一幕。"[③] 先秦儒家从古代请出了尧、舜、禹、汤、文、武、周公等先王的亡灵，旨在借用他们的名字、语言与神威，戴上儒家的文饰，演出一幕幕"托古改制"的活剧，以期推行和实现其王道政治的社会理想。韩愈是儒家道统的维护者，在其所处的时代，佛家对儒家已形成严峻的挑战。其实，儒家道德理论自产生起就遭到道、墨、法诸家的批判，它是在百家争鸣的氛围中，在学术批判的环境中，不断吸纳百家之长而逐渐发展完善的。韩愈原道的目的就是试图恢复儒家的道统，传承和弘扬其仁义道德之主张。"韩愈蹴杨、墨于不毛之地，蹂释、老于无人之境，故得孔道巍然

---

① 儒家的"法先王"思想肇始于周公，奠基于孔子，完善成熟于孟子和荀子，此后一直被后世儒家所崇奉。

② 黑格尔说："传统通过一切变化的因而过去了的东西，结成一条神圣的链子，把前代的创获给我们保存下来，并传给我们。"参见黑格尔：《哲学史讲演录》，商务印书馆1959年版，"导言"。

③ 《马克思恩格斯选集》第1卷，人民出版社2012年版，第699页。

而自正。"① 韩愈认为，儒家将仁义道德看作人的根本，因而其对于社会发展的期待也建基于道德的不断完善。儒家学说中的格致、诚正、修齐、治平的成人修养方策，就是对人生和社会合理设计和筹谋的指南。有了方策和指南，中华民族不管遭遇多大的灾难，依然能回到这种道德精神上来，走上稳定发展的正途。韩愈将儒家道统的核心概括为仁义道德，虽抓住了关键，但不够完整和全面。其实，儒家道统的核心应为"五常"之道（仁义礼智信），而非仅有"仁义"。

（二）道德传统接续与重构之方法："照着讲"与"接着讲"

冯友兰曾说，他是接着宋明以来的理学讲的，而不是照着讲。接着讲的态度就是一种理论自觉。从新理学的立场出发，他认为社会有各种变化，这是实际的领域，但社会之理却是不变的，因为理是形而上的属于真理。冯友兰指出：

> 不变者是社会，或某种社会所必依照之理，变者是实际底社会。理是不变底，但实际底社会，除必依照一切社会所必依照之理外，可随时变动，由依照一种社会之理之社会，可变成为依照另一种社会之理之社会。一时一地，可有依照某一社会之理而成为某一种社会之社会；异时异地，又可有依照另一种社会之理而成为另一种社会之社会。②

对于中国社会而言，社会之理有着不变的方面，这就是道德。冯友兰认为：

> 只要有社会，就需要有这些道德，无论其社会，是哪一种底社会。这种道德中国人名之曰"常"，常者，不变也。照中国传统底说法，有五

---

① 皮日休：《请韩文公配享太学书》，见《皮日休文薮》，萧涤非、郑庆笃整理，上海古籍出版社 1981 年版，第 88 页。

② 冯友兰：《新理学》，江苏文艺出版社 2010 年版，"绪论"。

常，即仁、义、礼、智、信……此五常是无论什么种底社会都需要底。这是不变底道德，无所谓新旧、无所谓古今、无所谓中外。"天不变，道亦不变"，对于常仍是可说底。①

可见，"五常"是中国社会的道德根基。正是这一道德统绪维系了几千年传统社会的传承与发展。为此，冯友兰在随后撰写的《新世训》中倡导一种生活方法新论，其所阐述的内容基本围绕着传统儒家的道德体系展开。强调道德统绪能够成为一个社会发展的基础，进而将之看作是社会发展的最终根基。何怀宏试图尝试从一种道德体系的角度来构建这一社会的"道德根基"，即力求完整和周延地阐述当今社会的道德原则、价值信仰和实践途径。② 不仅冯友兰具有重建中国传统道德统绪的自觉，贺麟对此也做出过积极的反思，他指出：

> 儒家认为道德为目的，经济为工具，道德为立国之本，经济为治国之用。经济的富足与否可以影响一般国民道德的良窳，但少数有道德修养之士其操守却不受经济的影响。由我们以现代眼光看来，这种见解，可谓最合于常识、最平稳、最妥当、最不偏倚、最无流弊了③。

何怀宏在谈到"为什么重提纲常"时指出：

> 我们可能没有意识到，中华文明和民族的数千年延续其实正是靠这些纲常在社会层面维系的，而且，今天我们要重新合理地建构新的社会伦理体系，也正是要由它们出发，以提供一个人们的生命和财产可以得到可靠保障，并且可以自由地发展的社会平台。④

---

① 冯友兰：《贞元六书》，华东师范大学出版社 1996 年版，第 364 页。
② 参见何怀宏：《新纲常——探讨中国社会的道德根基》，四川人民出版社 2013 年版，第 2 页。
③ 贺麟：《文化与人生》，商务印书馆 1988 年版，第 25 页。
④ 何怀宏：《新纲常——探讨中国社会的道德根基》，四川人民出版社 2013 年版，第 5 页。

中国传统社会确乎离不开纲常名教，这是中国社会不断发展的基本精神力量，也是影响甚至决定中国社会成为伦理政治型社会的前提。从历史角度看，在人类的发展进程中一定存在某种纲常，但是这种纲常是否就限定在政治或道德原则中，还需要认真反思。至少就思想家群体的反思来看，对历史发展进程的规律性反思出现了许多观点，如神学历史观、进化论历史观、中国传统的经学历史观、唯物史观等等。每一种历史观在承认历史发展的规律性方面都是一致的，但是对历史规律落脚点的看法却存在分歧。对于中国历史来说，社会发展的纲常可能偏向于政治和道德原则，但是，其他的因素是否也在发生着作用，还需要认真分析。从《新理学》到《新纲常》的理论反思，都内在蕴含着这一探寻的思路，即力图发现并确立社会存在和发展的独立的道德根基。无论是作为天理，还是作为纲常的道德，都属于人类走向合群和谐状态的主要支撑。

在中国社会的不同历史阶段，人们对"纲常"的具体内容会进行"损益"，社会对"纲常"的重视程度则反映其"盛衰"，但"损益"之多少和"盛衰"之程度是依人们对它的主观态度和努力程度而定。在这一意义上，道德不仅有独立于政治的一面，而且比任何特定的政治制度和意识形态都更永久。[①] 鉴于此，何怀宏认为摆在当代中国人面前的最为迫切的任务就是重建纲常，确立社会的道德根基。但是，我们要想重建纲常，就必须探明由纲常支配的道德传统的层次及其发挥作用的情况，以此寻求更为合理的自觉接续和重构道德统绪的路径。

（三）中国道德传统接续与重构的尝试

关于如何重构当代中国的道德体系，学术界有不少探讨，其中最具体系结构意义的研究者当属冯友兰与何怀宏。冯友兰提出了道体日新的思想，并对新的社会道德特点和架构进行了设计。他认为，宇宙间事物存在变化日新的状态，遵循着时时生灭、时时变化的规律。相应与此，道体也

---

① 参见何怀宏：《新纲常——探讨中国社会的道德根基》，四川人民出版社 2013 年版，第 34 页。

处于日新之中，但任何社会的发展都依赖于其先前的社会传统。新的社会如何面对传统，或者说在面对传统的过程中，如何选择传统，已经成为社会发展不可逾越的坎。在《新世训》中，他通过对新生活方法的论证来说明新社会道德的特点，内容主要包括五个方面：

> 第一，无论何种生活方法，都不能违背道德的规律。第二，宋明道学的为学之方完全是道德的，新方法虽不违反道德的规律，也可以是非道德的。其中包括为任何社会皆需要的道德，如仁义礼智信，也有为某一社会所需要的道德，如忠孝，还有不违反道德的生活方法，如勤俭。第三，由于我们的生活环境与宋明道学家所有者大不相同，为避免迂腐，就要有新的说法。第四，宋明道学家希圣希贤的做法也要更新。第五，宋明道学家追求为学之方，新的生活方法则不止于此，在追求方法之外还要求生活本身的新。①

冯友兰认为，新的方法如果能够实现，就能够改变旧道德的拘、迂、腐、怪的毛病。冯友兰还提出了他对新道德体系的思考。他指出："理性有道德理性和理智理性，宋明道学家所谓的理欲冲突是道德底理性，理智底理性则是西洋道德，以及道家的理。"② 他从新理学出发，希望对以五伦为核心的传统道德做出合乎时代变化的转换，在《新世训》中提出了"行忠恕、道中庸、守冲谦、致中和、励勤俭、存诚敬"等条目，并分别予以阐释。在《新原人》中他将道德界定为人生的第三重境界，并且以天地境界作为人生的最高境界，试图以此来引领国人走上觉解的人生。

何怀宏认为，中国大陆处在"三种传统"的影响之下：即近三十多年来以"全球市场"为关键词的"十年传统"；前此一百来年以"启蒙革命"为关键词的"百年传统"；最后是前此两千多年来以"周文汉

---

① 冯友兰：《贞元六书》，华东师范大学出版社 1996 年版，第 377—382 页。
② 同上书，第 390 页。

制"为关键词的"千年传统"。① 在这三种传统中，他尤其重视千年传统，并认为这一传统的核心不是此前人们所说的秦制，而是周文汉制。周文汉制作为维系中国社会发展的传统，既是基本的政治原则，同时也是道德原则。这些作为基本社会政治伦理原则的纲常，保证了中国社会不断向前发展。从冯友兰到何怀宏，可以看出，在面对社会变革、世道人心出现起伏的时代，思想家对传统纲常的依恋和重视。从人类学、社会学、文化学的角度看，一个民族形成的长线传统已经进入该民族的文化心理中，成为一个民族的文化基因。何怀宏认为，新的道德必须是理性的道德，新的生活方式也必须是理性的生活。因循这一思路，他提出新伦理有四个主要特点，即平等的，非政治意识形态化的，不宜再是特殊人格的，其生长途径在民间社会。② 他从现实社会需要出发，为社会的存在、延续和发展寻找道德根基，提出了当代社会新三纲五常的构想，"新三纲：民为政纲，义为人纲，生为物纲"和"新五常：天人和，族群宁，群己公，人我正，亲友睦"。在其所构建的理论体系中，"五常德"为"仁义礼智信"，"新信仰"为"敬天、亲地、怀国、孝亲、尊师"。③

冯友兰与何怀宏对新道德体系的思考，在学界也是见仁见智，或许这些探索还存在有待完善之处，但可以肯定的是，他们都十分重视对传统道德和传统文化的接续，都是对社会发展规律和必然性的一次次接近。无论纲常、伦理在不同社会发生怎样的变化，这些规范和准则最终都要靠人来践履和落实。因此，在社会层面，我们需要良好的制度设计保证新的纲常伦理的实现，在个人层面，我们需要通过呼唤良知以激发个体的道德热忱，促使每个人遵守纲常伦理。当然，新道德体系的构建，仅有传统纲常的继承是不够的，还要吸纳西方的优秀文化和当今时代的思想成就，正如梁启超在《新民说》中所说，以新民为基础，改变

① 何怀宏：《新纲常——探讨中国社会的道德根基》，四川人民出版社 2013 年版，第 6 页。
② 同上书，第 83—87 页。
③ 同上书，第 95、123 页。

中国人的基本状态，以实现制度、国家的更新。新民之新的关键在于，一曰淬厉其所本有而新之，二曰采补其所本无而新之。[①] 梁启超所言的"本"就是中国数千年之道德传统。这就是中国新道德体系建构的基本路径。

[①]　参见梁启超：《饮冰室合集》第六卷，中华书局 1989 年版，第 5 页。

第六章　道德教化、底线伦理
与社会基准道德构筑

兴于《诗》，立于礼，成于乐。

——孔子

国有四维，一维绝则倾，二维绝则危，三维绝则覆，四维绝则灭。倾可正也，危可安也，覆可起也，灭不可复错也。何谓四维？一曰礼、二曰义、三曰廉、四曰耻。

——《管子·牧民》

据《论语》记载，孔子师徒在周游列国的征程中，有一天，他们来到了卫国，孔子看见卫国街道上人来人往，摩肩接踵，不禁感叹："人口真多呀！"为其驾车的弟子冉有听后就向老师请教："既然人口多了，下一步该如何呢？"孔子回答："让人们富有起来。"冉有追问："富有之后，又当如何呢？"孔子回答："那就进行教化。"（《子路》）春秋时期深受孔子赞赏的政治家管仲也提出"仓廪实则知礼节，衣食足则知荣辱"（《管子·牧民》）。西汉史学家司马迁在《史记·管晏列传》中将其改为后人熟知的"仓廪实而知礼节，衣食足而知荣辱"，并补之以"上服度则六亲固。四维不张，国乃灭亡。下令如流水之原，令顺民心"。其中的"四维"就是被称为关乎国家存亡的"礼、义、廉、耻"。上述史料告诉我们，道德建设离不开物质基础，但物质资料的丰盈并不能必然带来道德水平的提升。因此，在物质文明建设的同时，需要高度关注以道德教化为核心的精神文明建设。今日中国的道德失范现象就与我们在这方面的失误有关。

社会的道德失范现象是通过一个个成员的现实行为体现出来的，换言之，社会道德失范现象只不过是社会成员道德失范的具象化、宏大化的存在。在这个意义上，社会道德失范与个体道德失范只不过是同一问题的两个方面。正如前述，虽然道德失范反映了社会道德教化的滞后和社会成员内在意义系统的危机，但是这种内在意义系统危机仍然可以区分为良知缺失与良知遮蔽两种类型。因此，道德失范的救治就应当且必须关注个体的良知以及意志力培养的问题。

人类文明是在其不断解决自身所遇到的问题、努力超越自身所处困境的过程中走向进步的。没有新的挑战，没有对困难的不断克服，就不可能有文明的演进。当代中国社会出现的道德失范现象，是社会转型过程中的问题，是伴随着深刻社会变革而产生的社会剧烈震荡性的道德失范，是文明发展过程中的道德失范。我们既应看到其令人担忧的一面，也应意识到其中孕生着新的生活世界和生活秩序，在这个意义上说，当下的道德失范现象，也为中华民族的精神发展提供了新的契机，即创建一个新的生活范型的可能性。只要我们以严肃的态度，开拓进取，不懈拼搏，我们这个古老的民族就会进入一个新时代，就会拥有一个新的具有生命力的意义系统及其规范世界。但应强调的是，社会转型期意义系统和规范世界的重建不会自己到来，需要我们在道德失范的艰难生活实践中用正确的价值观积极引导，在物质文明取得巨大成就的同时，努力建设精神家园。也就是说，转型期社会的道德失范必须通过自觉的现代人文价值意义系统重构才能得到救治。

一、不学礼，无以立

两千多年前，有一次孔子在长期外出后回到家中，问还是蒙学童的儿子孔伯鱼："学礼乎？"伯鱼答："未也。"孔子严肃地说："不学礼，何以立？"其后，他以"不学礼，无以立"（《论语·季氏》）告诫其弟子，如果不规范自己的行为举止、仪表仪态，不讲礼仪、礼貌，没有道德修养，就难以立身处世、成就一番事业。作为一个伟大的教育家，孔子对学生的担忧是："德之不修，学之不讲，闻义不能徙，不善不能改。"（《论语·述而》）他提出"克己复礼为仁"，认为"礼"是提升一个人道德素养的手段和路径，"人无礼，则手足无所错（同'措'）也"（《礼记·仲尼燕居》），"人有礼则安，无礼则危"（《礼记·曲礼上》）。荀子亦曰："礼者，所以正身也。"（《荀子·劝学》）基于道德对人生的重要性，儒家特别重视对人的道德教育，强调做人要与人为善、礼貌待人、宽容处世，君子应"义以为质，礼以行之，孙以出之，信以成之"（《论语·卫灵公》）。

谈到礼仪，我们就会想到礼貌用语、礼节仪式、举止仪表等，因此，很多人认为礼仪是一些生活小节，对一个干大事的人来说无关紧要，甚至有人将"大行不顾细谨，大礼不辞小让"作为自己不拘小节的借口。难道礼仪真的是无关紧要的小节吗？其实，礼仪、礼貌是为做大事而作准备的小事。古人云："不矜细行，终累大德。"（《尚书·旅獒》）意思是说，一个人如果不对自己的细小行为进行规范和约束，最终会损伤自己的品德修养。老子说："天下大事必做于细；天下难事必做于易。"（《道德经·第六十三章》）当人的行为完全符合礼仪要求之时，其道德修养也就达到了非常高的程度，即荀子所说的"学至严礼而止矣，夫是谓道德之极"（《荀子·劝学》）。一个人高深的修养、丰富的内涵，常常通过其大方的举止、端庄的仪表体现出来；相反，自私浅薄、粗鲁无礼同样能由其举止暴露无异。因此，英国教育家洛克说：

> 没有经过琢磨的钻石是没有人喜欢的，这种钻石戴了也没有好处。但是一旦经过琢磨，加以镶嵌之后，他们便生出光彩来了。美德是精神上的一种宝藏，但使它生出光彩的则是良好的举止仪表、语言谈吐。……无论什么事情，必须具有优雅的方法和态度，才能显得漂亮，得到别人的喜悦。①

_____

① ［英］约翰·洛克：《教育漫话》，人民教育出版社1957年版，第72页。

我们在生活中经常看到一些造诣颇高的人，因不修边幅、不拘小节、谈吐过于随意而损害了自己的形象，这是令人遗憾的疏漏。实践表明，一个人的真诚、善良、自信、豁达，只有借助于适度得体的言行举止、仪表仪态才能恰到好处地表达出来，从而实现人际之间的有效沟通与交流。洛克认为，绅士应具备四种品质"德行、智慧、教养和学问"①。在一个人应具备的各种品性之中，德行应放在首位。一个人要有存在的价值，受到敬爱，被他人接受或容忍，德行乃是绝对不可缺乏的。而对教养而言，"礼貌乃是置于首位的大事，应特别小心地在儿童及青年身上养成习惯"②。关于如何成为一个有教养的人，洛克认为要做到两点：

> 第一，持有一种不愿冒犯他人的心性；第二，要有表现那种心情的最受欢迎与最令人愉悦的方式。人具备了前者就叫作有礼貌；具备了后者就叫作得体。后者具体指容貌、声音、言语、动作、姿势以及整个外在的举止都庄重优雅，使我们在朋友中获得好评，使那些与我们交谈的人感到安逸与高兴。这是表明心灵内在礼貌的一种语言。③

在我国古代，"礼"与"仪"最初是独立使用的，它们各自有着丰富的内容。礼的内涵包括典章制度、道德规范和礼节仪式等。仪的内涵包括准则、法度，典范、表率，形式、仪式，容貌、风度，礼品、礼物等。从本质上说，礼是对他人的尊重。孔子说："礼者，敬人也。"即礼是发自内心深处对他人的尊敬。内心里的尊重和敬意别人怎么能知道呢？这就需要我们通过言行举止将其表达出来，而表达需要得体合宜的形式，比如，如何称呼？如何举手投足？如何以目视人？如何接人待物？这都是"仪"。可见，"仪"就是恰到好处（过犹不及）地向别人表达尊重和敬意的具体形式。那么，礼与仪合在一起，就是礼仪，它是指人们在社会交往过程中

---

① ［英］约翰·洛克：《教育漫话》，人民教育出版社 1957 年版，第 159 页。

② 同上书，第 170 页。

③ 同上书，第 166 页。

应该遵循的行为规范和准则。

礼仪不仅是人们在社会交往过程中应该遵循的行为规范和准则，而且是人之为人的标志。古代中国是"礼仪之邦"，在以儒家思想为主流的传统文化中，"礼"具有十分重要的作用，居于核心的位置。甚至我们的民族也因"礼"而得名，唐代学者孔颖达指出："中国有礼义之大，故称夏；有服章之美，谓之华，华、夏一也。"（《春秋左传·定公十年疏》）礼仪是人之为人的标志，《礼记》云："鹦鹉能言，不离飞鸟，猩猩能言，不离禽兽。今人而无礼，虽能言，不亦禽兽之心乎？……是故圣人作，为礼以教人，使人以有礼，知自别于禽兽。"（《礼记·曲礼上》）"凡人之所以为人者，礼义也。"（《礼记·冠义》）礼仪是律己的规范、交往的准则，是文明与野蛮的分界线。礼仪是对人们在社会交往过程中的言行举止、仪表仪态、语言谈吐等的规范和约束。是否遵循礼仪的规范和准则，是判断一个人有无教养的重要标准。每个人都有自己的个性和欲望，如果我们对自己的个性不加约束、任自己的欲望膨胀泛滥，就会伤害他人的自由和利益。因此，要想交往活动顺利、人际关系和谐，就应遵循孔子的忠告，做到"己所不欲，勿施于人"（《论语·颜渊》），"己欲立而立人，己欲达而达人"（《论语·雍也》）。

礼仪素养体现一个人的综合素质，良好的礼仪素养是成功者必备的素质。礼仪是人生道路上的通行证。英语中的"礼仪"一词源于法语的Etiquette，原意是法庭上的通行证，它上面记载着进入法庭时必须遵守的各项规则。其实，礼仪就是通过对人际交往中行为举止、仪表仪态、语言谈吐等的规范，让人们学会尊重他人、理解他人、真诚待人、平等处世，形成豁达大度、乐观向上、自信积极的生活态度和心理素质，并通过长期的修养和锻炼，使这些礼仪规范成为良好习惯，自然地展示于人际交往之中。礼的精髓是尊重他人，有了礼仪的"通行证"，人生之路就可以多一些平坦，少一些坎坷。礼仪是人际关系的"协调器"，能使人"朋友遍天下"。《论语·颜渊》记载，司马牛忧曰："人皆有兄弟，我独亡。"子夏曰："商闻之矣：君子敬而无失，与人恭而有礼。四海之内，皆兄弟也！君子何患乎无兄弟也?"洛克认为,一个人如果娴于礼仪,"日后所得的好处是很大的,他凭着这一点点成就,门路就可以更宽,朋友就可以更多,在这世上的造诣就可以更高。"① 可见,在人际交往活动中,礼仪就像一张"名片",它用特殊的语言,铭刻着一个人的内涵与修养。礼仪素养如此重要,作为礼仪之邦的中华民族,古代的"礼教"是如何开展的呢?

二、中国古代的"礼教"

中国古代的基本特点是宗法社会。所谓"宗法社会"是指以血缘亲属关系为基本结构、以血缘关系的原理和准则调节各种社会关系的一种社会类型。在宗法社会中,一切社会关系都家族化了,宗法关系即是政治关系,政治关系即是宗法关系,因此,政治关系以及其他社会关系,都依照宗法的亲属关系来进行规范和调节。宗法社会,在性质上近于梁漱溟所说的"伦理本位的社会"。在伦理关系中有等差、有秩序,同时有情义、有情分。因此,在这种关系的社会中,主导的原则不是法律而是情义,重义务而不重权利。② 梁漱溟认为中国伦理本位的社会是从古代宗法社会脱胎而来的。春秋后期以降,政治领域的宗法关系已经解体,但社会层面的宗法关系依然存在,宗法社会养育的重视人伦亲情的文明气质和文化精神被保留了下来。

中国文化最根本的特征是以人为本,以人为中心。它是一种人文的文化,体现出一种人文的精神。那么,这种人文精神是怎样养成的呢? 主要途径是传统的礼乐教育。礼乐教育一方面讲的是礼,作为一种伦理的教育,体现出一种伦理的精神;另一方面是乐,作为一种艺术的教育,或者说是美育,体现出的是一种艺术的精神。可以说,中国文化的精神有两个方面,一个是伦理的精神,一个是艺术的精神。二者相互配合,不可分

---

① [英] 约翰·洛克:《教育漫话》,人民教育出版社 1957 年版,第 69 页。
② 参见梁漱溟:《中国文化要义》,台北里仁出版社 1982 年版,第 81 页。

割。① 礼是用来规范人的社会身份和社会地位的，即"别异，明分"，确定每个人在社会上的责任、权利和义务；换句话说，就是建立社会秩序。在中国，道德教育和艺术教育的紧密结合，使得道德所追求的最高境界，实际上常常也是艺术所追求的最高境界。我们经常讲"真善美"，"真"是对知识、真理的追求，"善"是对伦理、道德的追求，"美"是对艺术境界的追求。中国人不仅讲"天人合一"，也强调"真善美"的统一。道德的追求和艺术的追求在极致点上是完全汇通、合二为一的。不仅如此，中国人还把艺术精神贯彻到日常生活之中。总之，中国文化中渗透了一种追求艺术境界的艺术精神，礼乐教化就是其中最重要的部分。

中国是伦理型社会，中国传统文化的主要特征或"精神气质"是"德礼文化"②。然而，由于复杂的历史原因，一些人将礼仅仅等同于繁文缛节的礼节仪式，将其作用降低到类似于礼仪礼貌的功能。事实上，在古代，礼具有重要的道德教化功能，是古代社会治国安邦的有力工具。《礼记·经解》云："礼之教化也微，其止邪也未形，使人日徙善远罪而不自知也，是以先王隆之也。"从礼产生、发展的逻辑顺序看，对作为独立个体的人的道德完善与人性培养，以及对作为群体成员的人的理性教化和社会性规范是礼最早、最基本的功能。

（一）礼的教化作用

《礼记·冠义》云："凡人之所以为人者，礼义也。"古代礼学家认为，礼义是人的本质，是人区别于禽兽的根本标志。礼为了使人成其为人，就要借助一系列的行为规范来约束和克制人性中野蛮、卑劣的成分，通过教化使人具有文明、高尚的品行。礼的教化作用表现在以下三个方面：

其一，化性起伪。儒家一向倡导用礼义教化影响人性，引人向善，使其"成人"。在《论语·季氏》中，孔子说"不学礼，无以立"，孟子则主

---

① 参见楼宇烈：《中国的品格》，当代中国出版社2007年版，第177页。
② 陈来：《古代宗教与伦理——儒家思想的根源》，生活·读书·新知三联书店1996年版，第1页。

张用礼仪扩大人的"善端"以使人人成为尧舜。在这方面最有建树者当为荀子，他在其性恶论的基础上，提出了礼可以"化性起伪"、礼义教化可以使民众由恶向善的理论。他认为"性者，本始材朴也"（《荀子·礼论》），是"天之就也，不可学，不可事"（《荀子·性恶》），它不分高下贵贱，人人一样，"材性知能，君子、小人一也。好荣恶辱，好利恶害，是君子、小人之所同也。"（《荀子·荣辱》）这些被荀子视为天赋的维持人自身生命存在的生存本能和欲望，具有先天性、自然性的特点，其内容大致有四方面：一是感官欲望，如"目好色，耳好声，口好味，心好利，骨体肤理愉佚"，"饥而欲饱，寒而欲暖，劳而欲息"（《荀子·荣辱》）；二是好利贪财，如"食欲有刍豢，衣欲有文绣，行欲有舆马，又欲夫余财蓄积之富也"（《荀子·荣辱》）；三是嫉妒贤能，如"生而有嫉恶焉"（《荀子·荣辱》）；四是好恶荣辱，如"夫贵为天子，富有天下，是人情之所同欲也"（《荀子·荣辱》）。与孟子认为人性之中皆有"善端"相反，荀子认为人的自然本性之中包含有对社会秩序和伦理规范的潜在威胁，当这些本性向外扩展无度的时候，便导致了世间的一切暴行逆施。他指出：

> 今人之性，生而好利焉，顺是，故争夺生而辞让亡焉。生而有疾恶焉，顺是，故残贼生而忠信亡焉；生而有耳目之欲，有好声色焉，顺是，故淫乱生而礼义文理亡焉。然则从（纵）人之性，顺人之情，必出于争夺，合于犯分乱理而归于暴。（《荀子·性恶》）

为了解决因人性恶而导致的混乱与无序，"故圣人任性而起伪，伪起而生礼义，礼义生而制法度。"（《荀子·性恶》）他认为礼可以对民众"化性起伪"。"伪"即人为，就是"心虑而能为之"和"能习焉而后成"（《荀子·正名》），它不是先天就具有的人的本性，而是由于后天环境的影响，经过长期的教化和学习而形成的一种品格。在荀子看来，"性"产生"恶"，而"伪"导致"善"。他认为人的思想和行为能够符合"礼义法度"的要求。在"性"与"伪"这对矛盾中，荀子更强调"伪"的一面。因为"伪者，文理隆盛也"(《荀子·礼论》)，通过"伪"能使"干、越、夷、貉之子，生而同声，长而异俗"(《荀子·劝学》)。他说："圣人之所以同于众，其不异于众者，性也；所以异而过众者，伪也。"(《荀子·性恶》)由于后天所受的礼义教化不同，人品便有了高尚与卑下之分，人格便有了君子与小人之别，行为便有了善与恶之异。此外，他认为："人之生固小人，又以遇乱世、得乱俗，是以小重小也，以乱得乱也。"(《荀子·荣辱》)由于人本性恶，若不加以引导，势必人人都成为小人；如果身处乱世，则雪上加霜，势必天下大乱。因此他主张通过"隆礼"以道德教化百姓，"厚德意以先之，明礼义以道之。"(《荀子·议兵》)作为先秦儒家思想的集大成者，荀子的观点体现了儒家的基本理念，即只要持之以恒地对民众进行礼义教化，就一定能使民众"化性起伪"，拥有道德自制力，进而使社会稳定有序。

其二，积礼义而为君子。儒家认为，人的礼仪素养和道德品行是从一言一行的规范开始，由一点一滴的积累而形成的，即荀子所说的"积礼义而为君子"(《荀子·儒效》)。孔子曾告诫弟子："非礼勿视，非礼勿听，非礼勿言，非礼勿动。"(《论语·颜渊》)他希望弟子用礼仪规范自己的仪表仪态、举止行为，从而成为文质彬彬的君子。孟子基于"人性之善也，犹水之就下也。人无有不善，水无有不下"(《孟子·告子上》)的认识，认为每个人都可以通过对自己行为的规范而做到修养心性、成就功业。他将"大丈夫的浩然正气"视为修身的最高目标，认为"大丈夫"应"居天下之广居，立天下之正位，行天下之大道；得志，与民由之；不得志，独行其道。富贵不能淫，贫贱不能移，威武不能屈"(《孟子·滕文公下》)。荀子更重视修身的作用，并专门写了一篇名为《修身》的文章。他说："见善，修然必以自存也；见不善，愀然必以自省也；善在身，介然必以自好也；不善在身，菑然必以自恶也。"他要求人们见到善事和恶事都要对照自己进行检查和反省，对自己身上好的德行要坚定不移地倍加珍惜和保持，对自己身上不好的品行要像被玷污一样感到厌恶。他提出："礼者，所以正身也；师者，所以正礼也。"(《荀子·修身》)在荀子看来，礼是用来端正人自身行为的，它能使人摆脱野蛮走向文明，还能使人内在的心理情感保持平静理智、外在的行为举止保持适度得体，进而使其很好地处置人生的顺境和逆境，以保证个人生活、事业的成功和国家秩序的稳定。荀子认为：

> 凡用血气、志意、知虑，由礼则通，不由礼则勃乱提僈；食饮、衣服、居处、动静，由礼则和节，不由礼则触陷生疾；容貌、态度、进退、趋行，由礼则雅，不由礼则夷固僻违，庸众而野。故人无礼则不生，事无礼则不成，国家无礼则不宁。（《荀子·修身》）

在他看来，通过礼的规范和约束，人就可以达到"体恭敬而心忠信，术礼义而情爱人，横行天下，虽困四夷，人莫不贵"（《荀子·修身》）的境界。

其三，修身、齐家、治国、平天下。"修齐治平"之说是儒家一以贯之的人生理想追求，也是儒家礼义教化作用的集中体现。在孔子那里，这种理念已开始萌芽，在《论语·宪问》中，孔子将修身的目的概括为三个递进的层次，"修己以敬"，"修己以安人"，"修己以安百姓"。孟子则进一步强调"天下之本在国，国之本在家，家之本在身"（《孟子·离娄上》），他认为"君子之守，修其身而天下平"（《孟子·尽心下》）。《礼记》亦云："君子不可以不修身。""好学近乎知，力行近乎仁，知耻近乎勇。知此三者，则知所以修身；知所以修身，则知所以治人；知所以治人，则知所以治天下国家矣。"（《礼记·中庸》）在《礼记》中，儒家具体阐述了一个人修身养性、成就功业的基本顺序："格物而后知至，知至而后意诚，意诚而后心正，心正而后身修，身修而后家齐，家齐而后国治，国治而后天下平。"（《礼记·大学》）在此，"格物"是基础，一切都由它派生、引申而来。古人对"格物"的看法比较一致。"格"，去也；"格物"，即格去物欲之蔽。物欲革除，良知就会到来；良知到来而后意念真诚，进而才能心志端正；自身修养好后，才能整顿好家族，进而才能治理好邦国，最后才能平定天下。著名学者熊十力说："君子尊其身，而内外交修。格、致、诚、正，内修之目的也；齐、治、平，外修之目的也；家国天下，皆吾一身，故齐、治、平，皆修之事。"① 而古人修身的重要手段就是用礼仪规范约束自己的视、听、言、动，通过克制自己的不良欲望、修饰自己的不雅举止、践行礼仪规范的要求而走向仁善的境界，即孔子所说的"克己复礼为仁"。"修身"完成之后，齐家、治国、平天下就是顺理成章之事。

（二）古代礼义教化民众的手段和模式

从礼义教化的具体手段看，一是化民易俗，德化天下。"安上治民，莫善于礼。"（《礼记·经解》）这句孔子之语告诉世人，要稳定君主的地位、治理好民众，没有比用礼更好的了。自古以来，礼就以教化民众、德化天下为己任，在礼文化经典中处处贯穿和渗透着修养性情、化民成俗的思想。《礼记·大学》开篇即曰："大学之道，在明明德，在亲民，在止于至善。"其作者认为，人性本善，因受物欲所蒙蔽而变恶，只要去掉蒙蔽之物，便可显露、恢复人性的善，即向善性的自我复归。关于"亲民"，朱熹解释为"新民"，即"去其（民）旧染之污而日新"，教化民众，去其旧习而日新。"至善"是道德上的最高境界。这里强调人学习的目的，在于彰明内心的善德，使人自新以达到或保持至善的境界。朱熹将"明明德"、"亲民"、"止于至善"称为"三纲领"，将后文中的格物、致知、诚意、正心、修身、齐家、治国、平天下称为"八条目"。"三纲领"既是古代学校教育的纲领，也是对整个天下民众进行道德教育的总目标。"八条目"则是教化民众、提高其素质的具体环节和步骤。当天下学子完成了上述学校教育之后，就可以"化民易俗，近者说（悦）服，而远者怀之。"（《礼记·学记》）二是施"十二教"，化性去伪。以礼教化民众是古代统治者治国的重要手段，古代的"施十有二教"的制度就向我们充分展示了礼教在化民成俗方面的重要作用：

　　一曰以祀礼教敬，则民不苟。二曰以阳礼教让，则民不争。三曰以

---

① 熊十力：《读经示要》，南方印书馆民国三十四年（1945 年）版，第 135 页。

阴礼教亲，则民不怨。四曰以乐礼教和，则民不乖。五曰以仪辨等，则民不越。六曰以俗教安，则民不偷。七曰以刑教中，则民不暴。八曰以誓教恤，则民不怠。九曰以度教节，则民知足。十曰以世事教能，则民不失职。十有一曰以贤制爵，则民慎德。十有二曰以庸制禄，则民兴功。（《周礼·地官·大司徒》）

先秦时期的礼学家认为："夫民教之以德，齐之以礼，则民有格心。教之以政，齐之以刑，则民有遁心。故君民者，子以爱之，则民亲之；信以结之，则民不倍；恭以莅之，则民有孙心。"（《礼记·缁衣》）也就是说，如果用道德来教化民众，用礼义来约束民众，他们就会有向善的愿望；如果用政令教导民众，用刑罚制约民众，他们就会有逃避的念头。所以，统治者若能像对待子女那样来爱护民众，民众就会亲近他；若用诚信去团结民众，民众就不会背叛他；若用谦恭的态度对待民众，民众就会有顺从之心。这充分表明，与政法和刑罚相比，礼仪教化乃治本之策。只有对民众进行道德引导、礼义教化，才能真正使人心归顺服从，使社会和谐有序。

中国古代礼义教化有其独特的实践模式，在礼文化典籍中，主要记载了以下几种教化民众的模式。

第一，借助祭祀活动以教化民众。在古代，"国之大事，在祭与戎。"（《左传·成公十三年》）古人认为："凡治人之道，莫急于礼，礼有五经，莫重于祭。"（《礼记·祭统》）在祭祀活动中，祭祖最重要，因为"万物本乎天，人本乎祖"（《礼记·郊特牲》）。人的生命是祖先给予的，所以应当"反古复始，不忘其所由生也"（《礼记·祭义》）。祭礼的重要性源于它的教化作用，即"祭者，教之本也"（《礼记·祭统》）。祭礼的教化作用与其维护宗法制、等级制，尊重父权、君权，服从宗统、君统，进而对家族、民族、国家产生凝聚力和向心力密切相关。众所周知，中国是一个重血缘、重宗亲的国家，在长达数千年的古代社会，宗法思想、宗族观念在人们的头脑中根深蒂固。古代宗法制的完备形态形成于西周，姬姓周族在商之后确立了嫡长子继承制，这样嫡长子在继承王位后就成为天子，即大宗，其他诸子则被分封到各地做诸侯而成为小宗。宗法制的特点是君统、宗统合二为一，大宗与小宗是统治与被统治的关系，小宗必须服从大宗。这样，掌握主祭权的嫡长子就可以通过祭祖活动，让小宗尊重、服从大宗，亦即让诸侯尊重并服从天子，大夫尊重并服从诸侯，并以此昭示天下，教化民众，引导他们敬重自己的祖先，亲近自己的族人，进而自觉遵从宗法原则。这就是祭祖的根本目的。因此，祭礼中包含了很多教化的意义。

> 祭有十伦焉：见事鬼神之道焉，见君臣之义焉，见父子之伦焉，见贵贱之等焉，见亲疏之杀焉，见爵赏之施焉，见夫妇之别焉，见政事之均焉，见长幼之序焉，见上下之际焉。(《礼记·祭统》)

祭礼将"十伦"融入祭祀的过程，用具体的仪式和规范演示给参与祭祀的人们，使其知道在现实中如何处理这十种重要关系。例如，"夫祭有昭穆。昭穆者，所以别父子、远近、长幼、亲疏之序，而无乱也。"(《礼记·祭统》)《祭统》所言的"十伦"，几乎概括了人伦关系的全部内容，处理父子、君臣、夫妇、上下、尊卑、长幼等各种关系的准则尽在其中。"庙中者，竟（境）内之象也。"(《礼记·祭统》)即宗庙祭祀的场景实际是国家、社会的缩影。因此，教化是祭祀的根本。只要人们能敬重地对祖先祭祀，社会和国家就能够治理得井井有序，正如《礼记》所云：

> 人道亲亲也，亲亲故尊祖，尊祖故敬宗，敬宗故收族，收族故宗庙严，宗庙严故重社稷，重社稷故爱百姓，爱百姓故刑罚中，刑罚中故庶民安，庶民安故财用足，财用足故百志成，百志成故礼俗刑，礼俗刑然后乐。(《礼记·大传》)

第二，通过孝道宣传以教化民众。孝是中国古代最深入人心的观念之一，它作为礼的重要支柱，为教化民众、化德成俗发挥了重要作用。班固在《汉书·艺文志》中说："夫孝，天之经，地之义，民之行也。"关于"孝"

的作用，《孝经》开篇即借孔子之语说："先王有至德要道，以顺天下，民用和睦，上下无怨。……夫孝，德之本也。教之所由生也。"(《孝经·开宗明义章第一》)在这里，儒家认为孝道是帝王至高无上的德行和紧要切迫的道理，是教化民众的手段。在古代，倡导和宣传孝道是礼义教化的重要内容。礼文化通过在孝道的"亲其亲"中灌输"敬"与"顺"的因子，而后把该因子作为"酵母"经"发酵"扩大至所有的老人和长辈，进而又扩大到各级被称为"民之父母"的官吏和以"君父"自居的国君。这样，从"亲其亲"中就引申出了"尊其尊"，用礼义教化民众的核心原则——亲亲、尊尊由此得以实现。借助于孝道而进行礼义教化的具体运行轨迹如下：一是引导民众，完成从孝敬父母到尊重老人的转变。《孝经》云："孝子之事亲也，居则致其敬，养则致其乐，病则致其忧，丧则致其哀，祭则致其严，五者备矣，然后能事亲。"(《孝经·纪孝行章第十》)《礼记》则特别强调子女要从内心深处尊敬父母，时刻把父母的安危冷暖挂在心上，如"凡为人子之礼，冬温而夏清，昏定而晨省"(《礼记·曲礼上》)。在尊重父母的基础上，礼文化进一步引导人们由对自己父母的孝养推及对所有老人的尊重，《孝经》云："爱亲者，不敢恶于人；敬亲者，不敢慢于人。爱敬尽于事亲，而德教加于百姓，刑于四海。"(《孝经·天子章第二》)这表明，孝敬自己父母的人就不会厌恶或轻侮他人的父母，就能做到孟子所说的"老吾老以及人之老"(《孟子·梁惠王上》)。古人将包括孝道在内的各种礼义准则融注于《仪礼》所讲的各种礼仪活动之中，这样世人就可以在耳濡目染、潜移默化中受到教育和熏陶，完成道德的教化过程，从而为社会的稳定有序奠定良好的基础。二是诱导百姓，实现从孝顺父母到忠顺国君的过渡。孝道的教化作用，不仅在于它符合了人们对亲情的要求与渴望，而且在于它通过移孝于忠巧妙地维护了亲亲尊尊的社会等级秩序。《孝经》云："君子之事亲孝，故忠可移于君。事兄悌，故顺可移于长。居家理，故治可移于官。是以行成于内，而名立于后世矣。"(《孝经·广扬名章第十四》)"孝"从家庭伦理向政治领域延伸是礼文化用它教化民众的关键环节，其端倪在《论语》中已出现："其为人也孝弟，而好犯上者，鲜矣；

不好犯上，而好作乱者，未之有也。君子务本，本立而道生。孝弟也者，其为仁之本与！"（《论语·学而》）孟子曾说："人人亲其亲，长其长，而天下平。"（《孟子·离娄下》）在此基础上，《礼记》作了更全面的论述："立爱自亲始，教民睦也；立教自长始，教民顺也。教以慈睦，而民贵有亲；教以敬长，而民贵用命。孝以事亲，顺以听命，错诸天下，无所不行。"（《礼记·祭义》）可以看出，在礼文化中，孝是一切道德原则的核心，"仁者仁此者也，礼者履此者也，义者宜此者也，信者信此者也，强者强此者也。"（《礼记·祭义》）三是发挥表率作用，用官员的身体力行教化民众。以礼教化民众不能仅靠道德说教，各级官员自身的行为将更有说服力。为了更好地推行孝道，以达"孝治"的目的，《孝经》专章论述了天子、诸侯、卿大夫、士及庶人不同等级之人所行孝道的内容，尤其强调各级统治者应严守孝道以教化民众。《孝经》云："先王见教之可以化民也，是故先之以博爱，而民莫遗其亲。陈之以德义，而民兴行。先之以敬让，而民不争。导之以礼乐，而民和睦。"（《孝经·庶人章第六》）古代的礼学家及统治者不仅从理论上将礼乐教化由伦理领域巧妙地转换到了政治领域，而且从实践上也探索出了一条有效的途径，即用官员的身体力行来发挥表率与楷模作用，进而带动整个社会的道德教化。

在当今的中国，一谈到礼教，许多人脑海里马上会出现四个字"礼教吃人"，接下来就是给它扣上一顶封建的帽子。礼教被习惯性地表述为封建的、吃人的。实际上，礼教的根本目的是让人们认识到自己是什么身份的人，这样身份的人言行举止应该遵循什么样的规矩。[1] 我们承认，古代的礼教虽不乏有助于社会有序和谐的精华因子，但也有压抑和桎梏人性的成分，特别是在汉代儒学独尊和宋代被政治利用之后，其负面的影响愈加明显。对此，我们应区分先秦礼教与封建礼教的异同，从前者汲取更多营养，同时，剔除后者中隐匿的糟粕。[2] 今天，我们正在建设社会主义核心

---

① 参见楼宇烈：《中国文化的根本精神》，中华书局 2016 年版，第 3 页。

② 参见张自慧：《先秦"礼教"再认识》，《山西师大学报》2006 年第 1 期。

价值体系，构建社会主义和谐文化，其主要目标是提高全民族的道德文化素质，探寻社会稳定有序、和谐发展的路径，故应充分重视礼所具有的化性起伪、道德教化功能及其实践模式，并将其运用于荣辱观教育、道德失范救治和反腐倡廉等之中，让中国优秀传统伦理文化成为中华民族伟大复兴可资借鉴的重要资源。

三、中国古代的乐教

华夏文明乃"礼乐文明"，"乐"对中国文明的进程、社会的和谐及民族素质的提高发挥了重要作用。社会是一个群体，用礼将其分成各种不同的身份、地位、等级，明确各自不同的责任、权利、义务，同时又通过乐教来使得这个有不同等级的社会达到和谐一体。人们通过乐来表达自己的志向、情感，通过乐来进行交流，从而构建起和谐的人际关系。在中国文化中，礼、乐是相辅相成的，通过礼乐教化使人成为一个真正的人、合格的人、有高尚品德的人。虽然中国文化是一种伦理文化，但不能只看到礼教而忽略了乐教。其实在中国历史上是非常重视乐教的。古代社会看起来好像非常严肃，等级非常森严，其实它也是非常和谐的。因此，要了解中国文化，如果不了解乐教，不知道中国文化是充满艺术精神的一种文化，那么这种了解就是不够全面的。① 从历史的角度探索和总结古"乐"之魂②，弄清并把握"乐"的本质与功能，重新认识"乐教"，对今天的音乐艺术教育和道德教化都具有深远的意义。

从狭义来讲，乐教就是指音乐教育。然而，中国古代讲的音乐是把诗歌、舞蹈都包含在内的，因此音乐的内容是非常广泛的。从广义来讲，乐教指所有的艺术教育，或者美育。孔子十分重视乐教，子曰："兴于《诗》，

---

① 参见楼宇烈：《中国的品格》，当代中国出版社 2007 年版，第 179 页。

② 参见张自慧：《从礼文化的视角论"乐"之魂》，《郑州大学学报》2006 年第 3 期。

立于礼，成于乐。"（《论语·泰伯》）"兴于诗"，即必须从《诗经》开始，然后"立于礼"，最后"成于乐"，即通过乐来完成对一个人的培养。这就是把乐看成是人格完善的最高境界。古人之所以把乐教放在如此重要的地位，是因为他们认为，音乐是感人最迅速、最深刻的，音乐可以移风易俗。① 下面，我们以《礼记》里的《乐记》一文为依据，分析乐教的道德教化功能。

（一）"乐"：心之声，情之动

《礼记·乐记》作为古代音乐艺术理论的经典，对"声"、"音"、"乐"三者的区别做出了十分精辟的论述。"凡音之起，由人心生也；人心之动，物使之然也。感于物而动，故形于声。声相应，故生变；变成方，谓之音；比音而乐之，及干戚羽旄，谓之乐。"这表明"乐"包含三个层次：声、音、乐。"声"的等级最低，凡人心感于物而有所动即能为"声"；"音"比"声"高一等级，是指不同的"声"互相配合并在变化中形成一定的规律，亦即音是经过艺术化处理的"声"；"乐"的等级最高，只有那些符合天地本性、能节制人欲并启人向善的和美之"音"才能够被称为"乐"。这说明并非所有的"音"都可成为"乐"。"乐者，通伦理者也。是故，知声而不知音者，禽兽是也；知音而不知乐者，众庶是也。唯君子为能知乐。"可见，"乐"源于人心感于物所产生的情感，对"乐"的感知能力和领悟深度与人的修养和素质密切相关。

"乐"是一种表达情感的语言，它与"情"之间有着强烈的共鸣和互动。黑格尔在其《美学》中说："音乐来打动的就是最深刻的主体内心生活。音乐是心情的艺术，它直接针对着心情。"由于人内心所受外物刺激的不同，心理反应不同，就会产生不同的音与乐；反之，不同的音与乐又会反作用于人的内心世界，触动人的心灵和情感。一方面，"乐"为心声，它尽情抒发人的情感。《乐记》云：

---

① 参见张自慧：《从礼文化的视角论"乐"之魂》，《郑州大学学报》2006 年第 3 期。

> 乐者，音之所由生也，其本在人心之感于物也。是故其哀心感者，
> 其声噍以杀。其乐心感者，其声啴以缓。其喜心感者，其声发以散。其
> 怒心感者，其声粗以厉。其敬心感者，其声直以廉。其爱心感者，其声
> 和以柔。六者，非性也，感于物而后动。（《礼记·乐记》）

从中可以看出，人类喜怒哀乐的不同心情可以产生出不同的声音和音乐，
或者说情感借助一定的"乐"的形式而得到淋漓尽致宣泄。例如艺术家时
常借助音调长短、旋律起伏和艺术形式变化来抒发自己的情感。

> 故歌者，上如抗，下如队，曲如折，止如槁木，倨中矩，句中钩，
> 累累乎端如贯珠。故歌之为言也，长言之也。说之，故言之；言之不足，
> 故长言之；长言之不足，故嗟叹之；嗟叹之不足，故不知手之舞之，足之
> 蹈之也。（《礼记·乐记》）

当歌者想表达心中喜悦的情感时，就拉长音调；拉长音调还不能尽情表
达，就发出咏叹；咏叹还不够，就不知不觉地手舞足蹈起来了。另一方
面，"乐能感人"，即不同的"乐"能使人产生不同的情感。

> 志微、噍杀之音作，而民思忧。啴谐、慢易、繁文、简节之音作，
> 而民康乐。粗厉、猛起、奋末、广贲之音作，而民刚毅。廉直、劲正、
> 庄诚之音作，而民肃敬。宽裕、肉好、顺成、和动之音作，而民慈爱。
> 流辟、邪散、狄成、涤滥之音作，而民淫乱。（《礼记·乐记》）

这表明细微急促的音乐使人情感忧伤，宽和平缓、乐音丰富而节奏简略的
音乐使人情感安闲愉悦，粗犷猛烈、奋发宽广的音乐使人情感刚强坚毅，
清明、正直、端庄、诚实的音乐使人情感严肃恭敬，宽舒、圆润、流畅、
柔和的音乐使人情感慈祥仁爱，而邪辟、散乱、拖沓、泛滥的音乐则使人
情感淫邪紊乱。正所谓《颂》"宽而静，柔而正"，《大雅》"广大而静，疏

达而信"，《小雅》"恭俭而好礼"，《风》"正直而静，廉而谦"，《商》"肆直而慈爱"，《齐》"温良而能断"（《礼记·乐记》）。因此，"乐"能感人，能陶冶人的性情、升华人的精神境界。

（二）"乐"：通伦理，养万物，德之华

作为声音艺术的"乐"与作为人类精神境界的道德伦理相通，这是古代中西文明的共识。孔子提出"兴于《诗》，立于礼，成于乐。"（《论语·泰伯》）古希腊的柏拉图则倡导把音乐以法律的形式固定下来并使之成为影响人类美德的规范。这都表明"乐者，通伦理也"，"知乐，则几于礼矣。礼乐皆得，谓之德。德者得也。"（《礼记·乐记》）那么，"乐"是如何改变和影响人的品德呢？《乐记》云："致乐以治心，则易直子谅之心油然而生矣。易直子谅之心生则乐，乐则安，安则久，久则天，天则神。……心中斯须不和不乐，而鄙诈之心入之矣。"可见，"乐"是通过陶冶人的内心而使之产生平和正直、慈爱诚实的情感与品德的，这样，"乐"的内涵纯正或奸邪、高雅或低俗就会对人的情感和品德产生不同的影响。

> 凡奸声感人而逆气应之，逆气成象而淫乐兴焉。正声感人而顺气应之，顺气成象而和乐兴焉。倡和有应，回邪曲直，各归其分；而万物之理，各以类相动也。是故反情以和其志，比类以成其行。奸声乱色，不留聪明；淫乐慝礼，不接心术；惰慢邪僻之气，不设于身体。使耳目鼻口心知百体，皆由顺正，以行其义。（《礼记·乐记》）

奸邪的声音作用于人，其心中就会产生逆乱之气，而逆乱之气表现于外，就会产生非礼的恶行；相反，纯正的声音作用于人，其心中就会产生顺服之气，而顺服之气表现于外，就会产生合礼的善行。如果人对奸邪的声音、淫乱的颜色不听不看，对荒淫的音乐、邪恶的礼仪不去感受，不让懒惰散漫及歪邪的风气沾染到身上，那么，其五官、身心和思想就将随着正气、依照道义而行动；再通过高雅纯正音乐的熏陶和感染，就可以启迪人

善良的本性、调和其志向并促成其符合道义的行为。因此，高雅的音乐可以"奋至德之光，动四气之和，以著万物之理"（《礼记·乐记》），它"清明象天，广大象地，始终象四时，周还象风雨。五色成文而不乱，八风从律而不奸，百度得数而有常。小大相成，终始相生。倡和清浊，迭相为经。故乐行而伦清，耳目聪明，血气和平，移风易俗，天下皆宁。"（《礼记·乐记》）正因为"乐"具有"通伦理"、"养万物"的功能，"是故先王之制礼乐也，非以极口腹耳目之欲也，将以教民平好恶而反人道之正也。"（《礼记·乐记》）即"乐"被用来教导民众爱憎分明、回归做人的正道并成为品德高尚的君子。

在中国文化中，音乐绝不仅仅是为了满足人们的一种生理欲望，而是要用来使个人达到理想人格，使社会走向和谐安宁。《乐记》云："故乐行而伦清，耳目聪明，血气和平，移风易俗，天下皆宁。"如果音乐教育进行得很好的话，那么人们会耳聪目明，血气也会和平，并且能移风易俗，这样天下都会达到一种安宁、和谐。因此《乐记》云："君子乐得其道，小人乐得其欲。"小人只是为了满足自己的一种欲求，而君子是要追求一种道。这个"道"就是一种人格的境界。《乐记》还指出："以道制欲，则乐而不乱，以欲忘道，则惑而不乐。"就是说用道来克制欲望，既能给自己带来快乐，又能使社会安宁；如果只追求欲望而忘记了道，人们就会被迷惑而没有欢乐。所以，中国传统文化更注重通过乐来引导社会风气、培养人们的情操。形式固然重要，但如果只停留在形式上面，停留在外在的东西上面，就根本不是乐的本质。《乐记》云："乐者，非谓黄钟大吕弦歌干扬也。乐之末节也。""黄钟大吕"是指音乐的声音，"弦歌干扬"之"弦歌"是唱，"干扬"是一种舞蹈的道具。就是说乐并不是指奏响黄钟大吕，大家一起唱歌、跳舞，这些都是音乐的末节。因此，孔子曾说："礼云礼云，玉帛云乎哉？乐云乐云，钟鼓云乎哉？"（《论语·阳货》）其实，儒家的礼乐真正强调的是等级制度、道德准则和人际社会的等级和谐。乐教的根本在于培养人的品德，培养人的德行，而不是培养人的艺事。"德成而上，艺成而下，行成而先，事成而后。"也就是说，德行是最高的、最重要的，而艺事是其次的。今天的不少中国人认为艺术不是一种竞技性的、表演性的活动。对于体育的认识也是这样，六艺"诗、书、礼、乐、射、御"中，"射"和"御"实际上就是体育活动，但它们的本质也不是竞技性、表演性的，而是要通过这些艺术的、体育的活动来陶冶性情，培育品德，寻求人生的更高境界。《乐记》把德行放在第一位，把艺事放在第二位。通过艺术，人们追求人生的根本道理。人生最高的境界，需要由艺入道，同时要用道来统摄艺，这应该是中国乐教中一个最根本的精神。

另外，"乐"是善与美的统一，具有引人向善的作用。儒家认为尽善尽美的"乐"必须体现"仁"、符合"礼"，"乐者，德之华也。"（《礼记·乐记》）《韶》是上古虞舜时的乐曲，表现虞舜通过禅让继承帝位，颂扬尧之美德，舞乐中有"太和"之气，所以孔子"闻《韶》，三月不知肉味，曰：'不图为乐之至于斯也'"；《武》是赞颂周武王武功的乐舞，孔子对其评价是"尽美矣，未尽善也"（《论语·八佾》），因为武王伐纣虽然顺应民心，但毕竟经过征战，且多有屠戮，所以孔子说《武》"未尽善"。可见，孔子崇尚的"乐"是"美"与"善"的统一体。同时，孔子强调"乐而不淫，哀而不伤"（《论语·八佾》）的审美标准，认为音乐的情感表现应该适度而有节制，如果超出适度，欢乐的情感表现就成了放肆的享乐，悲哀的情感表现就成了无限的伤痛。因此，"乐"最理想的表现形态是情与理的统一、"美"与"善"统一。

（三）"乐"：和天地，化异同，成天下

中国古乐追求"中和"的境界，强调"以和御争"，这与西方古希腊的音乐思想强调对立与差别、"以争统和"形成鲜明的对照。"和"是发而有节，"中"是蓄而不发，将发之际不任其自然，而必有节。"中和"境界在音乐上表现为三个方面：一是八音之和。八种乐器的演奏效果各具特色，但彼此之间在同律的基础上必须互相协调，各表现乐曲的某些部分以组成完整的乐曲；在一首乐曲的演奏中，每种乐器亦各有其"分"，如同个人在伦理关系中各有其分一样。二是五声之和，即音程之间的关系要

求和谐。先秦以前把五声音阶视为理想的音阶，讲到音乐则不离"五声"，这充分说明先秦儒家以"和"作为音乐的理想境界。三是合奏时的旋律一般是单一的，以避免旋律之间在行进时相互陵替而僭越等级，这无疑是中国文化中扬"和"抑"争"理念的体现。

在中国古代礼乐文明的架构下，"乐"具有和谐社会的重要功能。这一功能是通过"乐"与"礼"的相互作用来实现的。礼乐具有很强的互补性，乐是内在情感的展示，礼是外在规范的体现；乐体现天地之和，礼代表天地之序；乐体现天地之同，礼代表天地之异；乐是软性感化，礼是硬性规范。"乐也者，情之不可变者也；礼也者，理之不可易者也。乐统同，礼辨异，礼乐之说，管乎人情矣。"（《礼记·乐记》）古人认为，由乐来增进和同，由礼来辨别差异，当礼乐明确而完备时，天地就会和谐有序、各司其职。"乐"的本质是调节情感，达到和谐。

> 是故乐在宗庙之中，君臣上下同听之，则莫不和敬；在族长乡里之中，长幼同听之，则莫不和顺；在闺门之内，父子兄弟同听之，则莫不和亲。故乐者，审一以定和，比物以饰节，节奏合以成文。所以合和父子君臣，附亲万民也，是以先王立乐之方。……故乐者，天地之命，中和之纪，人情之所不能免也。（《礼记·乐记》）

这样，"乐"就成为天地的命令，协调一切关系的纲纪，它与"礼"的互补铸成了社会和谐的坚固基石。

当然，并非所有的音乐都具有"和天地，化异同，成天下"的功能，只有"德音"才具有这一功能，才有益于人类的德行，也只有"德音"才能成为真正的"乐"。子夏曾论及"德音"的内涵并称赞其作用：

> 夫古者天地顺而四时当，民有德而五谷倡，疾疢不作而无妖祥，此之谓大当，然后圣人作，为父子君臣，以为纪纲。纪纲既正，天下大定。天下大定，然后正六律，和五声，弦歌诗颂，此之谓德音；德音之谓乐。诗

225

云："莫其德音。其德克明。克明克类，克长克君，王此大邦；克顺克俾，俾于文王，其德靡悔。既受帝祉施于孙子。"此之谓也。（《礼记·乐记》）

可见德音是平顺纯正、恭敬温和、富有节制、充满善意的；相反，溺音、淫音则轻佻放纵、缠绵纤柔、急促烦躁、傲慢邪辟，故有害于德行，如子夏所说："郑音好滥淫志，宋音燕女溺志，卫音趋数烦志，齐音敖辟乔志。此四者皆淫于色而害于德。"（《礼记·乐记》）

总之，和谐是"乐"的本质，将"乐"内在的中和之美引申、拓展到对各种人际关系的调整和社会矛盾的协调是古之圣贤"制礼作乐"的目的所在。正因为"乐"具有"合和父子君臣，附亲万民"的功能，它与具有"辨异"功能、强调秩序的"礼"相结合，就可做到"致礼乐之道，举而错之天下无难矣。"（《礼记·乐记》）

（四）乐教：从"乐"之和谐到社会和谐

古人认为："治世之音安以乐，其政和。乱世之音怨以怒，其政乖。亡国之音哀以思，其民困。声音之道，与政通矣。"（《礼记·乐记》）由于"乐"能反映人的情感和社会生活，能折射出国家治乱的情况，因此古人以五音比拟五物：

> 宫为君，商为臣，角为民，徵为事，羽为物。五音不乱，则无怗懘之音矣。宫乱则荒，其君骄。商乱则陂，其官坏。角乱则忧，其民怨。徵乱则哀，其事勤。羽乱则危，其财匮。五音皆乱，迭相陵，谓之慢。如此，则国之灭亡无日矣。（《礼记·乐记》）

尽管把五音与五物相比附未必科学、合理，但古人在这里真正强调的是，只有五音和谐才能有各个等级的和谐相处以及整个社会的和谐有序。

中国古乐崇尚和谐，但"乐"要实现由自身和谐之美到社会和谐之序的转化，就必须借助于乐教。据《尚书·舜典》记载，主管乐教的官员夔曾说："予击石拊石，百兽率舞。"石或为天然石块或为石制乐器，后来发展成磬，为八音之一。拊者轻击，击与拊相结合，在打击乐器时音量有轻重、节奏有缓急，从而使前后之音相连而形成一定的声调。这种富于节奏的律动能使缺乏灵性的"百兽率舞"，无疑，它也定能使万物之灵的人类感知并感化，"乐"可以教化民众的理念可能由此始。重视乐教是古之圣贤的共识，孟子云："仁言不如仁声之入人深也，善政不如善教之得民也。"（《孟子·尽心上》）荀子则曰：

> 人不能不乐，乐则不能无形，形而不为道，则不能无乱。（《荀子·乐论》）
>
> 先王耻于乱，故制雅颂之声以道之，使其声足乐而不流，使其文足论而不息，使其曲直、繁瘠、廉肉、节奏足以感动人之善心而已矣。不使放心邪气得接焉，是先王立乐之方也。（《荀子·乐论》）

从古代乐教具体而丰富的内容，可以看出古人实施乐教的情况。《尚书·舜典》记载："帝曰：'夔，命汝典乐，教胄子。直而温，宽而栗，刚而无虐，简而无傲，诗言志，歌咏言，声依咏，律和声；八音克谐，无相夺伦，神人以和。'"夔的职司是"典乐"，即主管乐教的官员。《周礼·春官·大司乐》亦云：

> 大司乐……治建国之学政，而合国之子弟焉。……以乐德教国子：中、和、祗、庸、孝、友。以乐语教国子：兴、道、讽、诵、言、语。以乐舞教国子：《云门》、《大卷》、《大咸》、《大韶》、《大夏》、《大濩》、《大武》。以六律、六同、五声、八音、六舞大合乐，以致鬼神祗，以和邦国，以谐万民，以安宾客，以说远人，以作动物。乃分乐而序之，以祭、以享、以祀。

通过上述乐教内容的实施，中国古代社会保持了长期的和谐、稳定与繁荣。

实践证明，"乐"具有"厚人伦，美教化，移风俗"的功能。正如《孝经》所云："移风易俗，莫善于乐"，"乐"能感化人心、减少利欲、和悦性情、移风易俗、缓和矛盾，因此"乐至则无怨，礼至则不争。揖让而治天下者，礼乐之谓也。暴民不作，诸侯宾服，兵革不试，五刑不用，百姓无患，天子不怒，如此则乐达矣"。

综上所述，中国古"乐"源于情感而又与情感互动，通向伦理道德又以善德为评价标准，它以"中和"为美又有和谐社会之功能，它既是个人修养之手段又是治国安邦之大柄。因此，古"乐"之灵魂是情感、道德与和谐的统一体，乐教可以成为提升民族文化素养、救治道德失范的主要手段。

（五）礼乐教化与社会的有序和谐

黑格尔在谈到古希腊时曾充满敬意地写道："一提到希腊这个名字，在有教养的欧洲人心中，尤其在我们德国人心中，自然会引起一种家园之感。欧洲人远从希腊之外，从东方，特别是从叙利亚获得他们的宗教，来世，与超世间的生活。然而今生，现世，科学与艺术，凡是满足我们精神生活，使精神生活有价值、有光辉的东西，我们知道都是从希腊直接或间接传来的。"[1] 同样，今天一提到"礼乐"二字，在有教养的中国人心中也会油然而生一种"家园之感"。因为礼乐精神已融入中国人的性格和行为深处，而且中国后世的政治、法律、宗教、伦理、哲学、文学、艺术及日常生活的行为规范与精神面貌，也都不与古代的礼乐文化息息相关。几千年来，礼乐教化不断地传承和播撒着礼乐文明的思想和精神，并使之深深融入了中华民族的文化基因之中，从而使得礼乐文化和制度得以有效地调适各种社会关系，并推动华夏社会生生不息、和谐发展。

---

① ［德］黑格尔：《哲学史讲演录》第一卷，商务印书馆 1959 年版，第 157 页。

礼乐文明作为一种文化和制度，只有通过教化才能成为一代代统治者的执政方略和广大民众的思维习惯与行为方式，才能充分地发挥其和谐社会的功能。礼乐教化是中国特有的一种教育模式和教育制度，它倡导用礼乐来完善人性、塑造完美人格，认为"致乐以治心"、"致礼以治躬则庄敬"（《礼记·乐记》），即用乐的"和谐"精神来陶冶道德情操，用礼的"秩序与节度"精神来规范举止、提高修养。其教育理念为：礼乐齐备的社会是文明和谐的社会，礼乐精神兼备的人是有道德修养的人。中国古代教育是礼乐并重的，在礼、乐、射、驭、书、数中，礼、乐教育位居六艺之首。因此我们可以说，中国古代的官学教育就是礼乐教化，礼乐教育是古代教育的核心与灵魂，礼乐教化是走向和谐社会的必由之路。古代礼乐教化的作用主要表现在社会和个人两个层面。就社会而言，礼乐教化是解决社会问题的出发点和重要手段。人类社会是由多种元素构成的复杂共同体，在其发展的过程中，人与人、人与自然、人与社会之间会发生各种矛盾和冲突，而要使社会协调运转、有序发展，就必须有一系列的规范和准则对各要素进行约束和引导，这正是礼乐教化的任务。

在社会的管理规范中，政法和刑罚作为强制性的规范都是滞后的措施，对犯规者和社会来说，只能是亡羊补牢，高明的方法应是未雨绸缪、防患于未然。这就是孔子所说的"道之以政，齐之以刑，民免而无耻；道之以德，齐之以礼，有耻且格。"（《论语·为政》）古代的礼乐教化从其范围来说是全民教育，而从其内容来说则是人性教育。《诗》、《书》、《礼》、《乐》、《易》、《春秋》等经典文献都曾是官学教育中长期使用的"学古入官"的基本教材，其使用范围包括国学体制中的贵族教育，也包括乡学体制中的"国人"教育。众所周知，孔子是从事礼乐教育的开拓者，传说《诗》、《书》、《礼》、《乐》、《易》、《春秋》"六经"就是他为教学需要而从中国文化宝库中选出精品编定而成的，同时他也是把贵族教育下移到普通民众之中，创办私学，开展平民教育的第一人。从礼乐教化的内容来说，它则是一种人性教育。这种以礼乐为主要内容的教育，尤重人性的完善和道德修养的提高，孔子曾说：

> 入其国，其教可知也。其为人也：温柔敦厚，《诗》教也；疏通知远，《书》教也；广博易良，《乐》教也；洁静精微，《易》教也；恭俭庄敬，《礼》教也；属辞比事，《春秋》教也。……其为人也：温柔敦厚而不愚，则深于《诗》者也；疏通知远而不诬，则深于《书》者也；广博易良而不奢，则深于《乐》者也；洁静精微而不贼，则深于《易》者也；恭俭庄敬而不烦，则深于《礼》者也；属辞比事而不乱，则深于《春秋》者也。（《礼记·经解》）

孔子的"兴于《诗》，立于礼，成于乐"（《论语·泰伯》）表明"诗"、"礼"和"乐"是儒家礼乐教化制度中的"三套马车"。"诗"的主要功用在于情感和人性教育，培养人们的仁爱精神和人文情怀；"礼"之主要功用在于"立"，即设定一套完整的律令规则以使人可以立身处世；"乐"之主要功用则在于"成"，成者，完成也，它既指学业的最高境界——"学之成"，但更重要的是指人格修养的最后完成——"性之成"。徐复观指出："礼乐并重，并把乐安放在礼的上位，认定乐才是一个人格完成的境界，这是孔子立教的宗旨。"[1] 总之，古代的礼乐教化正是通过让更多的民众完善人性、提高修养来纯化社会风尚、优化社会环境以实现社会和谐的。从个人来说，古代礼乐教化是培养"君子"和"成人"的重要途径。礼乐教育的目标之一是培养德才兼备的君子，并强调这些人应成为道德的楷模，因此，西周乃至春秋时期的官学教育也被称为"君子之学"，《大戴礼记·曾子立事》："君子既学之，患其不博也；既博之，患其不习也；既习之，患其无知也；既知之，患其不能行也；既能行之，贵其能让也；君子之学，致此五者而已矣。"可以看出，古之礼乐教育要培养的是以知情意三者和谐的圆满人格为目标的全人教育。孔子将其心目中的"全人"称为"君子"或"成人"。他认为君子是拥有智慧、无欲、技艺和礼乐修养的完人，但普通人很难达到。为此，他又提出了"成人"方案。"今之成人者，何以然？见利思义，见危授命，久要不忘平生之言，亦可以为成人矣！"（《论语·宪

---

① 　徐复观：《中国艺术精神》，春风出版社 1987 年版，第 4 页。

问》）虽然不能兼备全人的条件，如果有坚定的道德意识，孔子认为这也可以算是"成人"。可见，在孔子看来无论是君子或是成人，都必须具备礼乐精神以提高道德修养。乐的精神是和谐，礼的精神是秩序和节度。乐主同，礼主异，但礼与乐都出于"仁"，"仁"是礼乐教化中崇尚的最高美德。当一个人礼乐兼备时，就可以做到"内和则外顺"了。

由此可见，礼乐教化是完善人性、塑造完美人格的重要手段，一个人拥有礼乐精神才能修身养性，一个社会礼乐齐备才能和谐稳定。换句话说，个人和社会，只有具备礼乐精神才可称完美。总之，古代礼乐教化的理想境界是情感与理智、意欲与法度、审美与道德等相互对立要素的和谐统一，最终达到人与人、人与自然、人与社会的融统与和谐。礼乐教化的作用来自于礼乐本身所具有的和谐功能。那么，礼与乐是如何相互作用、相互补充以和谐社会的呢？在礼乐文化中，礼与乐是密切结合在一起的。"礼以道其志，乐以和其声""乐者为同，礼者为异""乐极和，礼极顺""礼者，天地之序也；乐者，天地之和也"，这些都是礼乐关系的经典表述。可以说，礼的精神是"序"，乐的精神是"和"。或者说，"礼以中为体，乐以和为德，礼乐相反相成，以调和矛盾为最高原则，以保存现存秩序为现实目的，这便是儒家于礼乐中所贯串的辩证法。"① 如果将礼乐的辩证关系作更深入的探索，就会发现礼以分、异为体，但同时还蕴涵着"中和"、"时中"的思想，在辨明等级差异的同时还要讲求适度和中庸之道；乐以"和"为本，但要受礼的制约，乐"和"的思想中又表现出明显的等级关系。这样，礼中有"分"有"和"，乐中有"和"有"分"，礼、乐就这样相异相维、相反相成地结合在一起，在社会整合中既维护了社会秩序又起到了"润滑剂"的作用，从而使整个社会和谐有序、稳定发展。

礼乐教化作为一种制度化的教育理念对中国古代社会的稳定与和谐发挥了重要作用。然而，近代以来，由于各种各样复杂的原因，礼乐教化受到了歪曲和批判。传统文化批判论者将礼乐教化简单地等同于封建礼教

---

① 庞朴：《儒家辩证法研究》，中华书局 1984 年版，第 46 页。

中的糟粕，认为礼乐教化给中华民族的发展和中国国民性造成了极大的危害，它阻滞了科学进步，禁锢了民众思想，摧残了国人心界，早已失去了生命的活力。中国近几十年因这种对待传统文化和礼乐教化的错误态度已付出了沉重代价。其实，礼乐教化是完善人性、塑造完美人格的教育模式和制度，乐的"和谐"精神和礼的"秩序"精神具有持久的生命力。在21世纪的今天，礼乐精神能帮助我们有效地解决市场经济发展过程中出现的社会道德、价值取向、人际关系、家庭和社会秩序等方面的问题，用"扬弃"的科学态度审视礼乐文化，重建当代的礼乐教化理念和制度，这对于道德失范的救治不失为明智之举。

四、审美教育与境界提升

（一）当代社会的审美沉沦与审美危机

当下中国社会"三俗"文化泛滥的原因之一，是文化或精神产品的生产者和受众审美品位不高或审美素质缺失。具体表现为缺乏艺术鉴赏力的庸俗，单纯追求感官刺激和文化快餐式消费的低俗，没有人文精神和批判意识的媚俗。例如，各种媒体和网络以赤裸裸的金钱、美色来哗众取宠，靠庸俗不堪、低俗难耐的节目迎合一些人的口味，丧失了社会责任感，给整个社会造成精神污染，导致不少人特别是青少年理想和信念迷失、人生观价值观扭曲、道德素质下降、思想浅薄狭隘、精神浮躁盲从等等。与高雅文化和通俗文化崇尚真善美不同，"三俗"文化的制造者唯利是图不惜以假、恶、丑的东西为手段，宣扬错误的价值观，冲击社会的道德底线。因此，要遏制"三俗"文化的泛滥与道德失范的加剧，提高大众的审美品位和审美素质是文化救赎中不可缺少的对策。

什么是审美？什么是审美的本质与功能？对这些问题的知识，学术界经历了一个艰难的过程。从历史上看，审美问题的提出，仅仅是二百多年前的事。在18世纪中叶之前，人们对于"审美"这样一种人类活动的认识，是用"趣味"或者"品位"一类词来描述的。除了提供"愉悦"，人们并不觉得这种活动有什么大不了，只是认为这种"愉悦"是"好的"（fine）或者"优雅的"（elegant），它只是"享乐"的一种特殊形式。1750年之后人们开始用aesthetics这个不恰当的词来命名审美活动，并且赋予了它超越于"感性"与"愉悦"之上的许多意义，审美甚至成为一种教育、救赎与解放的手段。然而，二百多年之后，在我们生活的时代，"文化的大众生产似乎放弃了对于审美的价值期许，凡是源自感性的愉悦，都被划到了'审美'命题之下，快感、刺激、新奇感、欲望的挑逗、惊悚的体验……凡是来自感性的感觉，都被纳入审美，这是一个泛感性的时代，这是一个'泛审美'的时代。在这个时代，美感成为一种商品属性，审美也不再是一种价值活动或者理性活动，我们的审美观实际上退回到了最粗略的经验论与最现实的功利主义之中。"[1]

在18世纪之前，对"审美"的研究与反思，尚不是哲学或者人文学科的一个独立领域。审美是人类精神成长和成熟的"必然"，这个"必然"使得"审美"稀里糊涂地以aesthetics这个不恰当的词作为自己的名称，鲍姆嘉通在使用aesthetics这个词的时候，很难区分他指的究竟是"感性的"还是"审美的"，但本质上是对审美认识的深入研究，他所追问的是感性的真理性。1752年，法国的思想家狄德罗提出："美总是由关系构成的"[2]，"只有建立在和自然万物的关系上的美才是持久的美。……艺术中的美和哲学中的真理有着共同的基础。"[3] 显然，狄德罗认为，审美根本就不是感性直观行为，而是对"关系"的反思行为。康德在1790年所写的《判断力批判》一书中，对审美（感性）的具体机制，鉴赏判断的本质与构成，作了学理性的分析，从而奠定了现代人关于"审美"的认识。康德的审美思想可以概括为以下几点：其一，鉴赏判断是反思判断，不仅仅是经验直观，而且是一种智性活动；其二，鉴赏判断作为反思判断，其本质是一

---

① 参见刘旭光：《"审美"的历程与"审美"的重建》，《学术月刊》2016年第1期。

② ［法］德尼·狄德罗：《关于美的根源及其本质的哲学探讨》，《狄德罗美学论文选》，张冠尧、桂裕芳译，人民文学出版社1984年版，第31页。

③ 同上书，第114页。

种主体的"合目的性"认识；其三，审美愉悦本质上是一种非功利性、非概念性的精神愉悦；其四，判断先于审美，审美不是一种应激性的官能反应；其五，美感的本质是一种自由感，是诸表象力的和谐；其六，美感无论是优美还是崇高，都包含着对于"善"的追求，并以人的完善为目的。①可以看出，康德赋予了艺术与审美崇高的地位。

到 19 世纪末，人们已经认识到审美具有重要作用：审美令人解放、超越欲念、使人完善，审美可以救赎心灵、振奋生命、升华与净化人的灵魂，审美可以代替宗教。20 世纪是审美面临危机的时代，伴随着资本主义市场经济的快速发展，审美活动日益丰富而普遍化，博物馆和美术馆的繁荣，艺术的机械复制与现代电子传播技术的发达，使得人们可以随时审美，然而审美主义者所许诺的那种"完善"与"解放"并没有实现，这使审美陷入一种深刻的危机之中。同时，晚期资本主义文化逻辑控制下的大众文化生产虽然把艺术与审美普及到了生活的各个层面，却放弃了审美对于现实的超越性和指引性，审美沦为单纯娱乐、迎合低俗和寻求刺激。有学者指出，19 世纪赋予"审美"的灵韵消失了，审美的神性被剥夺了，它的真理性、它与善的融合、它的理想性都已褪去或被遗忘。20 世纪审美用自己的沉沦，来见证人性的多元化，同时，审美牺牲了自己的超越性，这会将人类推向低俗、庸俗和媚俗，导致道德的滑坡和失范。官能刺激、欲望满足、感性快适都以各种各样的理由被置入到"审美"之中，精神被还原为肉体的一种状态，生命被理解为诸种本能活动，现实的功利主义原则取代了形而上学的超越性维度，人类精神的独立性、自由与非功利性被一种建立在物质满足之上的幸福与快适所取代。②

在 21 世纪的今天，我们精神生活的危机仍在延续：我们的肉体与官能渴望沉浸于享乐之中，以获得诸种欲望满足所带来的快适，以及诸种本能受到刺激后的宣泄。这是一个享乐的时代，享乐的大行其道使得我们对

---

① 参见刘旭光：《"审美"的历程与"审美"的重建》，《学术月刊》2016 年第 1 期。
② 同上。

肉身、对感性、对满足、对沉醉有一种挥之不去的迷恋，在这种迷恋面前，宗教沦为享乐之后的安慰剂，道德被解构，文化生产变成了满足这种迷恋的手段。面对审美的沉沦，有学者发出了"保卫美，保卫美学"的呐喊。①

今天我们需要什么样的审美？审美究竟是属于人们心灵中哲学和德行所在的崇高部分，还是和感官快感、兽欲一起是骚动于心灵中的卑俗部分？审美是通过自由理性与自由感性而获得的自由愉悦。德国古典美学为克服这种审美危机建构出一种"自由理性"（黑格尔），一种"自由愉悦"②，一种自由的人类行为（席勒），这种行为不被功利性控制，不被欲念控制，并且让精神处在一种真正的"自由状态"。这种状态的实现被寄托给了两种行为："审美"和"艺术"。这种自由状态也被上升为人的理想，即"审美的人与全面发展的人"，"美"被上升到与真与善同等的地位。当然，面对审美的沉沦，如果我们不能重建审美，如果不能控制深藏于感性中的欲念，如果不能把感性从现实的功利中解放出来，那么我们将丧失精神与生活的自由。对于"美"的崇敬，源自一种形而上的精神诉求，只有与善同行、与道德吻合，美才能具有恒久之生命。

美是精神性的，它内蕴着理想和价值。美的本质不是作为一切美的事物的规定性提出的，而是作为"理想"提出的，是一种具有针对性的"设定"。我们以实践美学为例，它对"美"的规定实际上就是价值理想的表达。随着启蒙的深入，"自我创造""自我实现"等观念就成了实践美学在20世纪80年代中后期的核心观念；随着人文精神的觉醒与深化，"美是一种人生境界"这样的命题得到了普遍认同。实际上，对美的本质的每一次规定，都是对一个价值理想的表达，在"美是什么"这个命题中，重要的不是美，而是该命题所指称的某种时代性的价值理想。正是这种价值理想，使得美学是一门具有鲜明的意识形态性的人文学科，而不是一门建立

---

① 刘旭光：《保卫美，保卫美学》，《文艺争鸣》2012 年第 11 期。

② 康德：《判断力批判》，邓晓芒译，人民出版社 2001 年版，第 45 页。

在概括与抽象基础上的经验科学。人类的审美精神具有一种非对象性，它先于实在对象，并且以超越实在对象作为自己呈现的方式。这种精神的根源就在于康德所描述的理性本身的超越性与"理性的建筑术"。理性除了追问"我能知道什么"、"我应当做什么"之外，还在追问——"我能希望什么"。①黑格尔对柏拉图的美学进行了六经注我式的解释，他说："美的事物本质上是精神性的——美的内容与哲学的内容是同一的；美，就其本质来说，只有理性才可以下判断。因为理性在美里面是以物质的形态表现出来的，所以美便是一种知识；正因为如此柏拉图才把美的真正表现认作是精神性的，认作是在知识里。"②

因此，面对当下"三俗"文化的猛烈冲击和审美危机，作为一种理想与价值的"美"是不能被消解的，作为一种人文学科的"美学"，它的启蒙与教化的意义是不容被消解的。③只有全社会坚守和落实审美的本质和标准，才能日渐提升大众的审美素养，才能构建高雅、良善、风清气正的社会氛围。

（二）审美危机的根源

近30多年来，中国社会"三俗"文化泛滥，充斥在现实生活的方方面面，这里固然有经济等方面的影响，但文化和美学自身具有难以推卸的责任。当前中国社会审美危机的根源主要有三个方面：

其一，市场法则和资本逻辑所导致的对欲望刺激的追求。近40年的改革开放和市场经济冲击，市场法则和资本逻辑已经渗透到中国社会的每一个角落，潜移默化地成为支配许多人的行为准则。一个怪圈正在社会上形成：市场法则和资本逻辑驱使媒体、网络和企业拼命刺激社会大众和消费者的欲望和需求，而欲望和需求的极度膨胀又促使媒体、网络和企业看

---

① 参见刘旭光：《保卫美，保卫美学》，《文艺争鸣》2012年第11期。

② ［德］黑格尔：《哲学史讲演录》第二卷，贺麟、王太庆译，商务印书馆1997年版，第267—268页。

③ 参见刘旭光：《保卫美，保卫美学》，《文艺争鸣》2012年第11期。

到了更大的、充满利益诱惑的市场潜力。这个怪圈不断扩大，人们的欲望不断升级，整个社会扔下了灵魂，抛弃了精神，朝着物质和欲望的目标疯狂前行。不分雅俗，不辨美丑，不管善恶，不论是非，肆虐的享乐主义、拜金主义、极端个人主义思潮侵蚀着人们的灵魂，消解着大众的良知，荡涤着道德的底线。在这个文化多元、价值多元时代，艺术无雅俗论、艺术需要创新、艺术可以违背道德等谬论甚嚣尘上，一些人打着繁荣文化、丰富大众生活、增强舞台吸引力等幌子，将大量低俗、媚俗、庸俗的内容融入影视作品、文学作品和网络媒体之中，如色情描写、性渲染、凶杀暴力、粗语脏话等的泛滥，甚至有成为主流倾向之趋势。相反，真善美兼有、关注人的全面而自由发展、倡扬社会主流价值观的作品却凤毛麟角。种种迹象表明，社会大众的审美正日渐沉沦。

其二，美育的缺失与滞后。美育是以培养学生健康的审美观，提高学生感受美、表现美、鉴赏美、创造美的能力，促使学生追求高尚的人生情趣与理想境界等为目标的教育。美育对学生身心健康成长、知识结构健全发展以及人格的塑造起着重要作用。美育的断裂、缺失，必定会在一定程度上限制教育本身的健康发展，不利于为社会培养合格的人才。目前，升学比例上升与学生素质下降已成为困扰我国高等教育发展的一个怪圈。一方面，急功近利地升学率追求，使得从幼儿园、小学、中学到大学的所有教育环节都将美育边缘化，而对美育的忽视必然导致学生的审美意识与审美能力"营养不良"；另一方面，在一些表面上似乎重视美育的家长、老师和学生那里，我们会发现这些家长和老师让学生学习音乐、美术等艺术类课程的目的是让学生获得艺术考级和考分上的好成绩，以便将其作为升学的"加分项"，而不是为了让学生通过艺术类科目的学习实现滋养身心、陶冶性情的美育目标。同时，沉重的学习和升学压力，使多数青少年"不知东方之既白"，根本没有时间去感受春花之绚烂、夏木之浓荫，自然美育无从谈起。远离大自然的孩子们无法领会"一枝一叶总关情"的浓浓爱意，不能理解庄子"与天地精神共往来"和梭罗"自然是我心爱的新娘"的赤子情怀，也难以感悟"为什么我的眼中常含泪水，因为我对这片土地爱得深沉"所蕴含的殷殷深情。

其三，文化及美学自身的原因。18世纪以后，中西方关于"文化"的定义发生了质的改变，与古典时期的定义两相对峙。古典"文化"强调教化，含有强烈的价值判断意味；现代"文化"则去除了价值判断，主张多元平等。在西方古典时期，"英文中'文化'一词起源于古拉丁词'colere'，意思是指'居住，培植，保护，尊崇'。后来，从colere派出了另一个词cultura，意思是'土地耕种'。罗马政治家西塞罗把'精神修养'比做'耕耘了的生长果实的土地'。"①"最古老的一种……文化概念……西塞罗在大约两千年以前讲的。他讲的一句拉丁文'cultura anim a philosophiaest'译成英文是'culture is the philosophy — or cultivation of the mind'汉译为'文化是心灵的哲学（或修养）'。"②在古代汉语中，"文化"包括了"文"和"化"两个方面。《易经》云："观乎人文，以化成天下。""文"在此句中即为通过创作和分享诗、书、礼、乐等来提高人的道德情操；"化"在《说文解字》中是从"匕"字转化而来。"匕"在甲骨文中，像一个人倒立。象征在子宫中孕育时期的人，主要指事物从无到有、渐渐发展演变的过程。中国文化中的"教化"一词就是指通过礼乐等对生命进行型塑的过程。因此，"'化'包含了一个人从孕育、出生、成长，并在遗传和社会的影响下逐渐成熟，而成为一个被社会接受的人的整个过程。"③汉语中的"文化"概念明示了人接受人文熏陶和教育的必要性，否定了人的原初存在状态上的野蛮性，蕴含着人只有通过后天的教化才能真正成为"人"之义。18世纪以来，人们从不同学科出发给出了不少"文化"的现代定义，其共同的实质是，"文化"不再具有"教化""教育"及其附属的价值判断意义，而是转变为指某一种"共同行为模式"。在18世纪德国思想家赫尔德的著作中，"文化"一词的词尾后面开始加复数，文化被理解为某一特定社会生

---

① 何平：《中国和西方思想中的"文化"概念》，《史学理论研究》1999年第2期。

② 闵家胤：《西方文化概念面面观》，《国外社会科学》1995年第2期。

③ ［美］列奥·施特劳斯：《什么是自由教育》，载刘小枫：《古典传统与自由教育》，华夏出版社2005年版，第4页。

活方式的总和，其内容包括"某一社会人类活动的物质的、技术的、智慧的和艺术的诸方面"的总和。在中国也有一些学者，如胡适等，将文化定义为人们的"生活方式"。这种失却了教化和价值判断意义的"文化"概念，成为现代"三俗"文化场域中一些人沉迷与"俗化"生活方式的借口。因此，我们在强调文化是一种"生活方式"的同时，决不能忽视其原初所蕴含的"教化"之义。

在大规模颠覆古典"文化"概念的现代"文化"概念产生的同时，美学诞生了。德国哲学家卡西尔在评论鲍姆嘉通创立"美学"学科意义时指出：

> "美的科学"现在不再仅仅构成一个相对独立的知识领域；它们还同时"使人的整个身心都活跃起来"，而且是人要认识其真正的命运所必不可少的。……美的问题不仅导致了系统美学的创立，而且还导致了一门新的"哲学人类学"的创立，这种哲学人类学构成18世纪全部文化的特征，并得到人们的信任和确认。[1]

卡西尔认为，美学"使人的整个身心都活跃起来"，也就是说，人的感性的欲求和既存状况获得了合法性和正当性。在感性欲求和既存状况得到释放和肯定的同时，超越的价值和意义也在逐步消解。在过去，人最崇高的问题是价值和意义问题，但"启蒙运动逐渐学会了撇开严格形而上学意义上的'绝对'和达到'神一般的知识'的理想而走自己的道路。换言之，在过去，对无限的思考和追求是重大主题，但是现在人却可以有充分的理据将自身心安理得地局限于感性欲求和既存状况之中。美学的这种价值定位带有现代性的共同病因——对欲望的追逐和喜好、对理性和教养的排斥。"[2] 而当文化和美学一起放弃价值判断和意义追求时，"三俗"文化的泛

---

[1]　王黔首：《"文化"概念的古今对峙与美学的抉择——兼论文化、美学与"三俗"之关系》，《贵州大学学报》2012年第3期。

[2]　同上。

滥就会成为必然。

（三）加强审美教育，提升审美素养和精神境界

李泽厚曾说："美作为感性与理性、形式与内容、真与善、合规律性与合目的性的统一，与人性一样，是人类历史的伟大成果。"[①] 每一时代的人类都应充分利用历史积淀的美的成果来陶冶性情，提升涵养。

第一，以美育陶冶品性。人是自然属性和社会属性兼有的动物，因此，先天的人性是善恶兼有的。儒家认为，人性是可以教化的，"人性不应是先验主宰的神性，也不能是官能满足的兽性，它是感性中有理性，个体中有社会，知觉情感中有想象和理解，也可以说，它是积淀了理性的感性，积淀了想象、理解的感情和知觉，也就是积淀了内容的形式，它在审美心理上是某种待发现的数学结构方程，……这也就是积淀的自由形式，美的形式。"[②] 曾任中华民国教育总长、北京大学校长的蔡元培曾提出过著名的"五育并举"的教育方针，这"五育"为：军国民教育、实利主义教育、公民道德教育、世界观教育、美感教育。其中美感教育是蔡元培非常有特色的教育思想，他甚至还提出了"以美育代宗教"思想。1917 年蔡元培在一次演讲中指出，美育具有像宗教一样的道德化育功能，并强调美育是一种重要的世界观教育。他认为，宗教的诞生源于人类的精神需要：

> 宗教之原始，不外因吾人精神之作用构成。吾人精神上之作用，普通分为三种：一曰智识；二曰意志；三曰感情。最早之宗教，常兼此三作用而有之。盖以吾人当未开化时代，脑力简单，视吾人一身与世界万物，均为一种不可思议之事。生自何来？死将何往？创造之者何人？管理之者何术？凡此种种皆当时之人所提出之问题，以求解答者也。于是有宗教家勉强解答之。如基督教推本于上帝，印度旧教则归之梵天，我国神

[①]　李泽厚：《美的历程》，生活·读书·新知三联书店 2009 年版，第 217 页。

[②]　同上书，第 217 页。

话则归之盘古。其他各种现象，亦皆以神道为惟一之理由。此知识作用之附丽于宗教者也。且吾人生而有生存之欲望，由此欲望而发生一种利己之心。其初以为非损人不能利己，故恃强凌弱，掠夺攫取之事，所在多有。其后经验稍多，知利人之不可少，于是有宗教家提倡利他主义。此意志作用之附丽于宗教者也。又如跳舞、唱歌，虽野蛮人亦皆乐此不疲。而对于居室、雕刻、图画等事，虽石器时代之遗迹，皆足以考见其受美之思想。此皆人情之常，而宗教家利用之以为诱人信仰之方法。于是未开化人之美术，无一不与宗教相关联。此又情感作用之附丽于宗教者也。[1]

但随着社会文化的日渐进步和科学的发达，人类对自身很多困惑的问题都予以科学的解释，这样精神需要中的"知识作用"、"意志作用"逐渐"离宗教而独立"，惟有"情感作用"即所谓美感，与宗教关系最为密切。如宗教之建筑、壁画、造像（雕塑）、祭器，以及附丽于宗教赞美歌的音乐、演剧和其他美术，"常受宗教之累，失其陶养之作用，而转以激刺感情"。蔡元培主张："美育之附丽于宗教者，鉴激刺感情之弊，而专尚陶养感情之术，则莫如舍宗教而易以纯粹之美育。"即附丽于宗教的美育也应独立出来，以更好发挥道德教化的作用。他认为：

纯粹之美育，所以陶养吾人之感情，使有高尚纯洁之习惯，而使人我之见、利己损人之思念，以渐消沮者也。盖以美为普遍性，决无人我差别之见能参入其中。食物之入我口者，不能兼果他人之腹；衣服之在我身者，不能兼供他人之温，以其非普遍性也。美则不然。即如北京左近之西山，我游之，人亦游之；我无损于人，人亦无损于我也。隔千里兮共明月，我与人均不得而私之。……所谓独乐乐不如人乐乐，与寡乐乐不如与众乐乐，以齐宣王之惛，尚能承认之，美之为普遍性可知矣。

---

[1]　蔡元培：《以美育代宗教说》，《新青年》1917 年第 3 卷第 6 期。

且美之批评，虽间亦因人而异，然不曰是于我为美，而曰是为美，是亦以普遍性为标准之一证也。美以普遍性之故，不复有人我之关系，遂亦不能有利害之关系。马牛，人之所利用者，而戴嵩所画之牛，韩干所画之马，决无对之而作服乘之想者。狮虎，人之所畏也，而芦沟桥之石狮，神虎桥之石虎，决无对之而生搏噬之恐者。植物之花，所以成实也，而吾人赏花，决非作果实可食之想。善歌之鸟，恒非食品。灿烂之蛇，多含毒液。而以审美之观念对之，其价值自若。美色，人之所好也，对希腊之裸像，决不敢作龙阳之想。对拉飞尔若鲁滨司之裸体画，决不敢有周昉秘戏图之想。盖美之超绝实际也如是。且于普通之美以外，就特别之美而观察之，则其义益显。例如崇闳之美，有至大至刚两种。至大者如吾人在大海中，惟见天水相连，茫无涯涘。又如夜中仰数恒星，知一星为一世界，而不能得其止境，顿觉吾身之小虽微尘不足以喻，而不知何者为所有，其至刚者，如疾风震霆、覆舟倾屋、洪水横流、火山喷薄，虽拔山盖世之气力，亦无所施，而不知何者为好胜。夫所谓大也、刚也，皆对待之名也。今既自以为无大之可言，无刚之可恃，则且忽然超出乎对待之境，而与前所谓至大至刚者胐合而为一体，其愉快遂无限量。当斯时也，又岂尚有利害得丧之见能参入其间耶！其他美育中如悲剧之美，以其能破除吾人贪恋幸福之思想。小雅之怨悱，屈子之离忧，均能特别感人。……要之美学之中，其大别为都丽之美、崇闳之美（日本人译言优美、壮美）。而附丽于崇闳之悲剧，附丽于都丽之滑稽，皆足以破人我之见，去利害得失之计较，则其所以陶养性灵，使之日进于高尚者，固已足矣。又何取乎侈言阴骘、攻击异派之宗教，以激刺人心，而使之渐丧其纯粹之美感为耶。[1]

蔡元培所说的"智识"教育已经被今天的科学或学科知识教育解决；"意志"其实就是道德教育作用，被今天的社会学、伦理学、心理学等学

---

[1]　蔡元培：《以美育代宗教说》，《新青年》1917 年第 3 卷第 6 期。

科代替；"情感"即美育，即我们今天所谓的艺术教育。他认为，美育具有情感教育作用，美育是无功利的教育，"足以破人我之见，去利害得失之计较"，所以我们完全可以用美育来代替宗教。他希望通过让学生学会欣赏和感悟艺术作品，提高审美能力，进而提高个人的总体素养，使人的心灵即使离开宗教也不会荒芜。美育具有开拓思维、增长知识、愉悦心灵、陶冶性情、辨别美丑、提升美的鉴赏力等教化作用。如果说教育的作用是使人成为"人"，那么美育的作用是使人成为更完善的人，在完美人格的塑造中，美育发挥着至关重要的作用。

当下的中国已经到了必须重视美育的时候，为了培养全面发展的社会合格公民，各级各类学校应广泛开设美学课程，对学生进行系统的美学知识教育；开设艺术鉴赏课程，加强艺术美育教育；加强体育美育教育，培养学生健康的身体、健全的体魄、坚强的意志；加强自然美育，培养学生充满爱的心灵和高尚的情操。其实，自然美育是中国古人非常重视的教育方式之一。孔子的弟子曾子在谈到自己的志向时说："暮春者，春服既成，冠者五六人，童子六七人，浴乎沂，风乎舞雩，咏而归。"孔子十分赞赏曾子的志向，"喟然叹曰：'吾与点也！'"（《论语·先进》）这番师生对话，为我们展现出一幅人与自然和谐统一、理想社会生活与优美自然风光融为一体的美好画面，也向我们表明了孔子对自然美育和学生健全人格的重视。

第二，以美育提高审美素养。在现代社会，文化的多样性和价值观的多元化已成为现实，包括"三俗"文化在内的形形色色的文化都具有了合法化的存在。但我们必须有理性的认知和判断，多元共存不能以丑代美，普遍承认不等于普遍高贵。"三俗"的泛滥与"文化"及美学现代概念的价值和意义丧失有密切关系。如果根据古典的"文化"定义，"文化"是指以高贵的"文"对人进行"化"，"三俗"既然使人堕落和蜕化，那么属于卑劣的"文化"，就应当被社会和大众反对和拒斥；但根据现代的"文化"定义，"三俗"文化仍有存在的空间，因为"任一群体的共同行为模式"或"生活方式"都不允许进行价值判断，都有存在的理由。伴随着西方文艺复兴的感性解放而诞生的美学，与现代"文化"概念之间有着内在的一致性或者亲缘性，它们都崇尚现代性的东西，既无价值判断，也无价值标准，只有对具体现象的"科学"分析，必然导致以丑代美、以丑为美、将存在视为合理、将普遍承认等同于普遍高贵的"三俗"文化的大量滋生。因此，要真正遏制"三俗"文化，就需要在兼顾现代"文化"概念的同时，吸纳"文化"古典含义中的合理成分，将价值判断和意义追求视为文化和美学概念的内核，以中庸之方法，摒弃历史虚无主义和解构主义思潮，为文化和美学的发展找到"定海神针"。

第三，以美育提升精神境界。黑格尔指出："审美带有令人解放的性质，它让对象保持它的自由和无限，不把它作为有利于有限需要和意图的工具而起占有欲和加以利用。"[1] 黑格尔认为，审美是心灵向更纯粹的自由之境，或者纯粹的精神之境挺进的必由之路，是达到"理念"的必由之路，也是心灵从物质世界中解脱出来的手段之一。克尔凯郭尔曾把精神境界分为三个阶段，即审美境界、道德境界、宗教境界，并认为三者间依次递进，审美境界指感性境界，以感性需求为中心；道德境界是理性境界，承担义务与责任；宗教境界是为信仰献身，是以痛苦为特征的最高的人生境界。精神境界是指一个人世界观的整体水平和状态。这里说的世界观不是指对外部自然物质世界的认识，而是指对整个宇宙、社会、人生及自我的意义的理解与态度。境界是标志人的精神完美性的范畴，是包含人的道德水平在内的对宇宙人生全部理解水平的范畴。在中国文化与哲学中，对儒释道三个传统而言，都是以感性境界为不可取的，也都没有肯定外在的超越的宗教阶段。每一文化都代表着一种它所倡导的精神境界，并成为该传统的精神导向。冯友兰在《新原人》中提出，人生有四种境界：自然境界、功利境界、道德境界、天地境界。他认为，就有我无我来说，"自然境界"中人不知有我，即不自觉有所谓自我，"功利境界"中人自觉到自我，在"道德境界"和"天地境界"中人无我。[2] 李泽厚把这种具有自由无碍特点

---

① [德]黑格尔：《美学》第一卷，朱光潜译，商务印书馆 1979 年版，第 147 页。

② 冯友兰：《三松堂全集》第四册，河南人民出版社 1986 年版，第 559 页。

的精神境界称之为"悦志悦神"的审美形态。① 这种"悦志悦神"才是审美想要达到的状态和应当达到的状态。艺术化与审美化本身有相通之处，"……以宇宙人生的具体为对象，呈现它的色相、秩序、节奏、和谐，藉以窥见自我的最深心灵的反映；化实景而为虚境，创形象以为象征，使人类最高的心灵具体化、肉身化，这就是'艺术境界'。艺术境界主于美。"② 艺术化与审美化本应在其本根处达到共通，但在艺术丧失特权与审美浅表化的时代里，二者却共同沦落为文化产业的手段，从而泯灭了各自的理想。这是时代之殇，是时候去拯救了。③ 事实上，人的精神境界与审美素养是相辅相成的，当代不少学者也提出了类似的观点。朱立元从审美作为一种人生实践的角度，提出美是一种至高的人生境界④；陈望衡从审美超越、审美自由与审美情感相统一的角度，提出境界是美的本体⑤。

　　总之，人生对于境界的追求是没有止境的，因此，超越性是境界的本有之义。审美不断开启新的人生境界，而审美主体不断走向新的人生境界。在人的发展和审美之间，人生境界的开启、审美境界的追求构成了二者间的桥梁，也构成了发展的动力和方向。让个体在审美实践中实现并超越自身，最终走向全面发展，这是审美教育的目的与归宿。目前，大众文化放弃了审美对于现实的超越性和指引性，而把单纯的娱乐、迎合甚至刺激与审美相混淆。针对这种现象，倡导审美是一种人生境界，把美作为人生境界的显现，是遏制"三俗"文化、提升社会道德和文明水平的必要之举。

----

① 李泽厚认为，"悦志悦神"的审美形态是人类所具有的最高级的审美能力了，是在道德的基础上达到某种超道德的人生感性境界。所谓"悦志"，是对某种合目的性的道德理念的追求和满足，是对人的意志、毅力、志气的陶冶和培育；所谓"悦神"则是投向本体存在的某种融合，是超道德而与无限相同一的精神感受。参见李泽厚：《华夏美学·美学四讲》，生活·读书·新知三联书店 2008 年版，第 350 页。

② 宗白华：《美学散步》，上海人民出版社 1981 年版，第 59 页。

③ 参见刘旭光：《"审美"不是"艺术化"——关于"审美"的沉沦与救赎》，《文艺争鸣》2011 年第 7 期。

④ 参见朱立元：《美学》，高等教育出版社 2001 年版，导言。

⑤ 参见陈望衡：《美是境界》，《理论与创作》1999 年第 11 期。

五、坚守底线伦理，构建基准道德

近年来的道德危机和道德失范对社会冲击最大、最令人忧心的是对社会底线伦理的突破。著名画家陈丹青说："一个社会有三大底线行业：一教育，二医疗，三法律。无论社会多么不堪，只要教育优秀公平，底层就会有上升希望；只要医疗不黑暗堕落，生命就会得到起码的尊重；只要法律秉持正义，社会不良现象就能被压缩到最小……如果三大底线全部洞穿，就是人间炼狱！"他认为，教师、医生和法官是三个最为神圣的职业，是需要崇高信仰的，比如，教师教书育人，教给孩子识别善与恶、是与非、智与蠢、美与丑的能力，是人类灵魂的工程师；医生治疗人的躯体的病痛，驱走痛苦，带来健康；法官则是社会的手术刀，为生病的社会把脉用药，社会上邪恶的、正义的，交给他来裁决。当人们把孩子交给教师、把生命交给医生、把社会交给法官，就是把希望和未来交给了他们，因此，在世人看来，教师、医生和法官就是其心中的神。倘若心中的"神"唯利是图，职业伦理底线失守，人们就会焦虑惶恐，社会就会秩序混乱。目前中国社会的道德失范现象所反映的问题集中到一点，就是社会基准道德的缺失和底线伦理的失守。

（一）基准道德以底线伦理为参照

基准道德相当于人们通常所说的底线道德或底线伦理。对社会而言，它是维系社会正常交往的最基本且必不可少的道德规范；对个人而言，它是做人的最基本且必不可少的道德品质。个人的基本道德品质与社会的基准道德规范是一体两面之存在。社会的基准道德化为个人的自觉，就能使人具备做人的最基本品质；个人最基本的道德品质表现于社会宏观层面，则为社会的基准道德规范。

"底线伦理"一词是自 20 世纪 90 年代起开始在中国出现并被广泛使用的一个伦理学概念。"底线"是一个比喻，具有比较鲜明乃至强烈的色彩，表示一种"很基本的"或"最重要的"的含义。底线伦理是一种与目的论或后果论形成对照的义务论，它主张行为或行为准则的"正当性"并不依赖于行为的目的或结果的"好"，而是主要依据行为或行为准则的发展，这并不意味着道德评价和选择不要考虑行为的后果，而是说正当与否之最终根据不在行为后果而在行为或行为准则本身。[1] 底线伦理主要指那些作为道德底线的基本行为规范和准则，主要是相对于较高的人生理想和价值观念来讲的。不管人们追求什么样的生活方式或价值目标，都有一些基本的规则不能违反，有一些基本的界限不能逾越。何怀宏是我国学术界最早提出"底线伦理"的学者，其在 1994 年出版的《良心论》一书中，就试图利用中国传统思想资源，构建一套能够适应现代社会转型的伦理学体系。他认为"底线伦理"是一种社会伦理，且尤其是一种现代社会的伦理。[2] 在西方，从康德到罗尔斯，一直致力于寻求一种基本的道德共识，阐述和论证一些基本的道德义务或社会正义原则，从而构成了义务论的强劲思想传统。特别是在人类浩劫过后，往往会有"痛定思痛"之作，更为强调诸如"不可摧残生命"一类义务的基本性和绝对性。比如说，德国哲学家阿尔多诺在二战之后返回德国就在 1951 年撰写出版了《最低限度的道德》一书。也正是有感于 20 世纪充满血与火的"极端的年代"的教训，孔汉思等学者在 20 世纪末提出了"全球伦理"的设想。中国社会"底线伦理"的提出，既是对诸如"文革"一类劫难的反思，也是对新出现的市场经济和社会转型带来的各种严重问题的反应。

何怀宏认为，底线伦理有两个基本特征：第一，它是一种普遍主义的义务论；第二，它是一种强调基本义务的义务论。底线伦理首先是一种与目的论或后果论形成对照的义务论，主张行为或行为准则的"正当性"（right），并不依赖于行为的目的或结果的"好"（good），而是主要根据行为或行为准则的性质。底线伦理是"普遍主文"的，正如罗尔斯所说，原则的普遍性主要是指它是普遍地适用于所有人的，是同等地要求所有人

---

①　参见何怀宏：《底线伦理的概念、含义与方法》，《道德与文明》2010 年第 1 期。

②　参见何怀宏：《一种普遍主义的底线伦理学》，《读者》1997 年第 4 期。

的，不允许有任何"主体的例外"，即不允许有任何专制者或逃票者的例外。不论是什么人都不能够无所不为；不管是谁，都要受同样的道德规范的约束。这还意味着我们应当从一种普遍的、一视同仁的观点引申出道德的原则规范；意味着的确存在具有某种客观普遍性的道德原则规范；意味着我们还应当努力寻求对这样一些原则规范的尽量普遍和广泛的共识。底线伦理规定的是"基本义务"，主要是指这种普遍主义的伦理不再把人们对"好的生活"或"至善理想"的价值追求纳入道德原则规范的范畴之内，而是划定不能突破的道德"底线"，表现为道德约束范围上的缩小和道德要求程度上的降低。但这并不意味着在"底线伦理"中就没有"崇高"。底线伦理的确是大多数人在大多数情况下不难做到的，但在有些特殊处境中却还是难以做到甚至很难做到的，在这种情况下仍然坚持践履基本义务就体现出一种崇高，而且是一种最值得赞美的崇高。甚至价值和精神追求的崇高也最好从履行基本义务开始，或至少不违反基本义务。①

社会基准道德的制定应以底线伦理为参照。由于历史和现实的种种原因，传统道德规范残缺不全或过时失效，而与当代社会相适应的新道德规范尚未完成建构；同时，以理想和精神定位的高层次道德规范被广泛推行，而本应作为普遍性要求的底线伦理却严重缺失。长期以来，中国社会的基准道德既缺乏明晰性，也缺失合理的宏观架构，以致于当人们面临市场经济和价值多元化冲击时，就出现了道德上无以遵从、不知所措的现象。

现代社会伦理观念和伦理体系的构建，应集中指向具有社会普遍意义、直接且严重影响他人和社会的行为及制度，不再把人们对人格完善或心灵至高境界的追求视作伦理道德的规范和要求，而是将这些追求交给了个人可以自由选择的人生哲学或宗教信仰。当然，底线伦理也讨论有关人格、德性和至善的问题，但不是作为中心的问题或第一位的问题。第一位的问题是道德义务及其根据的问题。总之，"底线伦理"是指基本的、普

---

① 参见何怀宏：《底线伦理的概念、含义与方法》，《道德与文明》2010 年第 1 期。

遍的道德义务，或者说基本的、普遍的道德行为规范。它主要是一些基本的不应逾越的行为界限或约束，如果人们越来越多地逾越这些界限，这种"恶的蔓延"就可能造成社会的崩溃。"底线伦理"的这种基本性使其具有了一种"最后的"、"不可再退"的临界点的含义，因此，它在我们道德要求的次序上应该是"最先的"和"第一位的"。当然，严守道德底线自然需要得到人生理想的精神支持，而要实现人生理想也应受到道德底线的规范和限制。

（二）基准道德的特质与基本内涵

基准道德的特质至少有三点：第一，基准道德是基础性的、约束力最强的道德规范。基准道德不是一种道德规范体系，更不是一种道德价值信仰，而是一些特殊的道德规范及与其相应的道德品质。作为规范体系的道德有层次之分，既有最基本的规范要求，也有比较崇高的规范要求，这些道德规范要求的层次不同，其社会约束力强度就不同。基准道德是人们在日常生活和社会交往活动中必不可少、最基础的规范要求，其约束力最强，乃至于往往以国家意志的形式存在，与法律规范相重合，甚至与宗教戒律相仿；而那些更高层次的道德要求则相对约束力较小，它们更多是以被提倡和引导的形式存在。第二，基准道德具有普世性和价值中立性。道德规范体系是完整价值体系，它服从于一种价值理想与价值信仰，不同的价值体系表现为不同的意识形态体系。在一个价值体系中，最基本的道德规范要求相对远离作为意识形态的价值中心，具有更多的价值中立性。这种价值中立性并不意味着这些道德规范本身不再作为价值要求、价值规范存在，而是说它们较少地具有意识形态特征，更多地具有做人的一般价值、社会一般公共秩序与一般价值精神之特质。因而，它们可以为不同的道德价值体系所共有。换言之，基准道德具有非意识形态性特征，是全人类的文明成果和共同财富。全人类性、绵延性、承袭性、普世性是基准道德价值精神及其规范要求的基本特质。基准道德维护的是社会的基本秩序，其价值中立性与其在不同社会所从属的价值体系并不矛盾。正如马克斯·舍勒所说，一个价值体系是由一系列价值要求所构成，决定价值体系之间区别的，主要不在于其所构成的成分，而在于这些价值要求之间的优先性关系，在于何种价值要求居于主导支配地位。即，在不同的价值体系中，诸价值要求之间有优先性差别问题。[1] 第三，基准道德具有持续性和恒久性。特定的道德规范体系总是具体的、暂时的，总是要从历史上消失的。然而，基准道德因其普世性和价值中立性而具有了持续性和恒久性，它既不会因其所"寄生的"价值体系的消失而消失，也不会因其所服务的统治集团的更迭而失效。纵观中西方社会的道德意识和道德规范，我们会发现一些能够为所有公民普遍接受的道德价值要求和道德规范准则，如公平、正义、诚信、仁爱、互助等，它们存在于各种具体的价值体系之中，又超越了这些具体的价值体系。正是这些能够为公民普遍接受的道德意识和道德规范，使人类的社会生活和个体人生的存在有了基本秩序与某种可公度性。基准道德隐含着人们对于人性、人生、人与人关系的某种共同领悟，是社会成员的道德共识，是维系人类的最基本精神价值。[2]

基准道德的特质决定了它的基本功能。对于公民个体而言，基准道德是公民做人的最基本要求。一个人生活在这个世界上，无论拥有何种终极理想，要赢得他人的普遍尊敬，就应当且必须遵守基准道德。对个体而言，基准道德是关于做人最基本要求的群体共识，它可以让人获得一种近乎永恒的人格魅力；对于社会而言，基准道德则使社会获得最基本的交往秩序，它是社会成员对于社会交往最基本规则的共识。无论社会制度如何变化，无论历史朝代如何更迭，人类必须遵循的基准道德不会有太大变化，更不会过时或失效。否则，人类社会的生活秩序和交往秩序就难以保障。

对于一个社会而言，道德规范具有层次性，基准道德总是相对于崇高道德和道德理想而言的。在一个道德价值体系中，基准道德确实既不居于

---

[1]　参见［德］马克斯·舍勒：《价值的颠覆》，生活·读书·新知三联书店 1997 年版，第52—53 页。

[2]　参见高兆明：《道德失范研究》，商务印书馆 2016 年版，第 273 页。

最高位置也不处于核心地位，而是居于基础道德的地位，属于最基本的道德或伦理规范。与道德理想的那种高高在上、完满圆融相比，基准道德普通而平俗，没有前者所具有的超尘脱俗、高山仰止之气质。我们重视社会的基准道德，并不意味着轻视具有崇高性的道德理想。就人类社会的文明进步而言，我们希望更多的人都能具有崇高的道德，都能追求自己的道德理想。当然，道德理想的追求是与个人和社会的价值信仰密不可分的。价值信仰是对价值观念、价值体系中核心成分的一种虔诚笃信之信念，价值信仰表达的是一种根本价值取向。不同价值体系的核心区别就是价值信仰之间的区别。[①] 改革开放和市场经济加速了中国的民主化进程，也使得中国社会日益走向多元。多元社会中存在着的多元价值理想与终极意义，影响和改变着人们思维方式和生活方式。在一个多元的民主社会中，社会中存在着的每一个价值体系、价值理想，对于其信奉者而言都是神圣的。[②] 这样，社会生活中的道德整合，就只能是为所有公民、集团都能接受且能有效践行的基准道德。

（三）世俗道德与神圣道德的定位及转化

基于道德的层次性，人们可以将道德分为基准道德和理想道德，也可以将其分为世俗道德和神圣道德。当然，基准道德不等于世俗道德，前者强调基础性和普遍性，后者强调大众性和普遍性。但理想道德与神圣道德却有着共同性和一致性，二者都以"至善"为道德目标。中国社会并无浓厚的宗教氛围，国人亦无强烈的宗教信仰，因此，在中国，宗教意义上的神圣道德对社会的影响并不大。但由于 20 世纪政治和文化运动的影响，理想道德对国人的影响很大，尤其是在底线伦理和基准道德相对滞后和薄弱的情况下，更是如此。中国社会正处于经济和文化发生巨变的转型期，新的时代呼唤新的道德规范和伦理建构，需要新的民族精神气质。这

---

① 参见 [美] 保罗·库尔茨：《保卫世俗人道主义》，东方出版社 1996 年版，第 110—113 页。
② 参见 [德] 马克斯·韦伯：《社会科学方法论》，中国人民大学出版社 1999 年版，第 6 页。

就需要由神圣道德范型或理想道德范型向世俗道德范型或基准道德范型的转变。此处的神圣道德并不是指宗教道德，而是指一种近乎完满至善至圣的道德要求，即我们常说的理想道德；此处世俗道德也不是指与宗教道德相对应的俗世道德，而是指普通百姓日常生活中并不那么完满和至善至圣的基本道德要求，有些接近基准道德，但又不等同于基准道德。或者说，世俗道德是介于基准道德和理想道德之间的一种公众道德。不能简单地将世俗道德与神圣道德理解为道德的两个不同境界，认为世俗道德在品质上要逊色于神圣道德。与其说世俗道德与神圣道德是两种境界的道德，毋宁说它们是两种道德范型。这是基于道德价值立足于此岸还是彼岸而做出的划分。世俗道德是立足于现实此岸俗世生活的道德范型，神圣道德是立足于彼岸至善理想的道德范型。世俗道德作为一种道德范型虽具有"俗"性，却并不内在地拒斥高尚与神圣，亦不否定社会倡导高尚与神圣的道德精神；相反，它内蕴着高尚与神圣。世俗道德立足于此岸世俗生活世界，指导公民在俗世中走向高尚与神圣；而神圣道德则立足于彼岸理想世界，引领着人们走向神圣。此处的世俗道德中亦可包容宗教意义上的神圣道德。①

中国文化传统一向崇尚神圣道德或理想道德，并以此造就了许多道德高尚、人格完满的道德楷模和社会栋梁，如儒家型塑的圣贤先王、圣人、英雄等"克力斯玛"式人物，其引领人们在极其艰难的条件下，同心同德，战胜一切困难，使国家和民族走向昌盛。然而，毋庸讳言，由于神圣道德或理想道德是立足于彼岸理想世界的，因而，它要求这种道德的拥有者超凡脱俗、不食人间烟火，这就让世俗社会的大众觉得圣贤、英雄远离自己的生活实际，有高不可攀之感。这种因"高寡"而悬于云端的神圣道德或理想道德，在一些特殊的历史时期，就会以病症显现。例如，在极左思潮居主导地位的年代，那些神圣道德或理想道德不可避免地成为极左思潮的一部分，在其走向极端化之后，整个社会也会在其引领下愈来愈偏离正常

---

① 参见高兆明：《道德失范研究》，商务印书馆 2016 年版，第 284—285 页。

轨道，其严重后果是导致人们道德人格的分裂，导致道德伪善。世人常常抨击的所谓"满口仁义道德、满腹男盗女娼"在某种意义上就与此有关。同时，由于市场经济及其运作机制是立足于人们的尘世生活，并通过人们对尘世生活利益的关心，来激活人们的创造性与积极性，而神圣道德或理想道德是离开现实并指向未来的，其清高、脱俗的面目会使社会大众敬而远之。基于此，有学者认为："圣人和英雄的行为现象根本不能用道德观念来解释。滥用道德观念到彻底自我牺牲，这给自私小人愚弄道德社会造成可乘之机，同时也使对人来说温和易行的道德变得陡峭甚至狰狞，其社会可接受性降低，从而在社会生活现实中滑坡为空洞的说辞和幌子，导致道德约束力下降。必须严格道德界限，明确其与圣人和英雄的划界，使道德成为人之为人的基本条件，从而增强道德的可强制性，提高道德的社会管理效能。"① 事实上，在以市场经济为基础的现实世界中，为了使社会系统和谐统一，社会的道德价值系统也应立足于尘世来引导人们，因此世俗道德和基准道德的建设远比神圣道德或理想道德重要。当然，这并不意味着我们的社会不倡导神圣道德或理想道德，而是说应把主要精力用于世俗道德和基准道德的建设。因为崇高的道德和人格不是口号空喊出来的，而是在尘世中通过教化、历练、自省慢慢修炼出来的，事实上，这一教化、历练、自省的过程恰恰是与世俗道德和基准道德的规约分开的。

需要特别说明的是，道德是人类文明发展到一定阶段的产物，人类文明向更高阶段发展仍然需要高尚道德的引领。其实，道德或德性自身就具有神圣性，因为道德或德性以自己的方式揭示了人之为人的神圣内在规定性，确立了人的至善发展方向，表明了人的理想性存在，它确实具有一种使人超凡脱俗、顶天立地的精神力量。正如《礼记·冠义》所说："人之所以为人者。礼义也。"千百年来，正是在神圣道德理想的激励和鼓舞下，一代代圣贤、仁人、志士诞生在中华大地上，成为时代良心与社会精英，成为推动社会进步之先驱，成为民众仰慕、学习之楷模。在此意义上，神

---

① 崔平：《道德经验批判》，上海文化出版社 2006 年版，第 250 页。

圣道德代表了社会的理想与完美，给人战胜现实生活中黑暗卑劣的力量与勇气。在一个物欲横流、充满迷惘的社会，神圣道德或理想道德确实有其存在的现实理由。从某种意义上说，圣人和英雄标志着一个时代的品位和激情，他们的缺位必然使社会文明丢失异彩而流于平淡。因此，对追求存在的人类来说，缺少圣人和英雄无疑是社会存在的一种深切遗憾。事实上，圣人和英雄彻底的自我牺牲精神具有高于道德行为的崇高品性，是有限理性无限存在的伟大升华。尽管社会不能要求每个人都必须去做圣人或英雄，但全社会对圣人和英雄必须报以无上的敬仰和推崇。当代社会，最关键的问题在于如何处理好世俗道德和神圣道德、基准道德和理想道德之间的关系，从道德建构的有效性上看，一个社会在把圣人和英雄从混迹于道德的状态中洗练擢拔出来之后，会使人自觉道德之必然和彻底自我牺牲之神圣，从而促使更多的道德人出现，同时也推动更多的圣人和英雄凸显。

（四）基准道德构建的方法与路径

社会基准道德的构建是社会转型期伦理道德建构的重要问题。要构建出既定位准确、切实有效，又合乎人性和社会发展规律的基准道德，除了要凸显基准道德的基础性、价值中立性、普世性和普遍性特质，注重基准道德在生活中的践行，还要切实处理好世俗道德和神圣道德、基准道德和理想道德之间的关系。

首先，要立足现实人性，着力建构基准道德，逐步完善世俗道德。亚里士多德在其《政治学》中写道："离群索居者，不是野兽，便是神灵。"这表明，每个人都是生活在俗世的社会人，不能脱离感性和物质生活，否则不是沦为缺失道德和人性的禽兽，就是成为不食人间烟火的神明。在芸芸众生中，几乎所有人都必须立足于世俗生活，只有极少数人可能适度疏离世俗而成为神圣和至善的典范。但这类人并非真的脱离物质生活、远离尘世，如古今的圣贤大哲孔子、孟子，不仅他们的生活离不开尘世的物质保障，他们也需植根于丰富多彩的现实社会，否则其思想和学说就会丧失生命力。当然，这极少数道德典范对社会的影响、牵引力是巨大的，但这种影响作用必须通过占人口绝大多数的普通人才能变为现实。马克斯·舍勒曾将社会生活者分为"雅"、"俗"两类，这大致相当于中国古人所说的"贤"者与"俗"民。雅者，心即为终极价值之寓所，故雅者依理想体验价值，而世俗民众只能依经验体险价值。① 即社会绝大多数民众是通过经验生活而走向神圣的。中国当下的现代化建设以市场经济为基础，市场经济以它那只"看不见的手"并伴以强大的物质诱惑，将人们的思维和行为引向功利而世俗的生活，因此，我们思考问题、处理问题的基本出发点就应直面市场经济及其所带来的社会现实，世俗道德就应当是现代社会中的基本道德范型。当然，这样做与我们平时强调的物质文明和精神文明两手抓，以及在市场经济中关注人的精神家园和全面发展并不矛盾。现代社会无论是基准道德的建构，还是世俗道德的完善，都应建基于个体人性和欲望的合理需要，重视道德的物质基础和现实存在方式，应当防止和避免道德建构坠入神秘主义或幻想主义。②

其次，将基准道德和世俗道德融入人们"日用伦常"之中。在一个多元民主社会中，道德也是多元的存在。世俗世界中的人能否变得神圣崇高、如何变得神圣崇高，有赖于契合人性的世俗道德和基准道德的建构，有赖于道德规范以合宜的路径渗透和融入人们的日常生活并成为其行为的指南。历史经验表明，除非在一种类似宗教信仰的意义上推行神圣道德，除非普通民众在一种宗教虔诚之心下拥有宗教意义上的神圣道德，否则，即使是准宗教式的神圣道德也会在剧变的生活世界中失却其有效性。③ 尽管中国古代社会一直推行近乎神圣的理想道德，但具体的道德建设过程遵循的却是生活化、实在化、具体化的路径和举措。这主要是通过礼乐教化把道德规范贯穿和落实在人们日常生活、家国社会现实活动的方方面面，

---

① 参见［德］马克斯·舍勒：《价值的颠覆》，生活·读书·新知三联书店 1997 年版，第 18—19 页。

② 参见［美］保罗·库尔茨：《保卫世俗人道主义》，东方出版社 1996 年版，第 36 页。

③ 参见高兆明：《道德失范研究》，商务印书馆 2016 年版，第 287 页。

如日常的饮食起居、举止应对、修齐治平等实践行为之中。例如，孔子将"仁"德的落实通过"礼"渗透到了人们视听言动的每个细节之中。据《论语》记载，当颜渊问如何具体落实"克己复礼为仁"的修身纲领时，孔子回答："非礼勿视，非礼勿听，非礼勿言，非礼勿动。"（《论语·颜渊》）可见，"礼"是中国古代无所不在、无时不在的道德规范，是人们视听言动的准则，"道"就在"日用伦常"之中。① 可见，古代道德规范（如仁义礼智信）之所以有巨大的社会渗透力与影响力，原因就在于这些道德规范通过"礼"而融入"日用伦常"的世俗范式。当然，中国古代也不乏理想化的神圣道德，其主要为社会精英阶层所倡导和践履，也作为普通民众的楷模、理想而存在于社会之中。在《论语》中，孔子及其弟子将世俗道德和理想道德分别设定了"小人"和"君子"两类践履主体，这两种道德范式并行不悖，分别代表着两种道德境界或两种道德生活范型。儒家的理想是通过礼仪教化将更多的民众从"小人"（处于功利境界的普通人）的世俗境界引向"君子"的神圣境界。

再次，以神圣道德和理想道德引领社会大众走向高尚。与法律所具有的强制性不同，道德建设的路径是学校教育和社会的人文教化。如果以一种强力在全社会推行神圣道德或理想道德，可能会收暂时之效，然而，一旦离开了强力约束或准宗教式的顶礼膜拜，情况就会反弹。其实，世俗道德与神圣道德、理想道德之间是一种前后相继的"接力"关系，没有世俗道德的基础，不可能实现神圣道德和理想道德。两千多年前，古人就有"仓廪实而知礼节，衣食足而知荣辱"之说。理想道德并不否定一个人的现实利益，也不拒斥一个人通过正当途径为个人的正当利益而努力。世俗道德强调任何一个个体都不是游离于社会之外的鲁滨逊式的个别存在，而是一个完整的、有自己现实利益和长远目标的价值存在；世俗道德要求人们要做好自己的每一项现实工作，做好一个人，并努力使自己成为一种完

---

① 参见余英时：《从价值系统看中国文化的现代意义》，转引自高兆明：《制度公正论——变革时期道德失范研究》，上海文艺出版社 2001 年版，第 233 页。

美的存在；但世俗道德并不否定一个人应有理想，只是世俗道德并不像杜威曾尖锐批评的那样，离开人们存在的物质条件空洞地谈论理想，而是立足于"实际条件和操作"，去构成人们关于善的价值观念与价值理想，在现实基础之上引导人们达于理想目的与现实手段的统一。"一个忽视经济条件的道德体系只能是一个遥远空洞的道德体系。"① 在一个社会中，我们不能要求公民做出道义上最佳的，只能要求公民做最基本应当做的；我们不能奢望公民能够获得最高限度的道德品行，只能希望公民在获得日常生活基本道德品行基础之上去进一步发展与完善自己；我们不能奢望公民一点儿不违反任何道德要求，只能希望公民尽可能少地违反道德要求，且能够明白遵守道德要求对自己的重要意义。② 在过去特殊的年代，中国社会在道德领域里一度忽视人的完整存在，片面发展道德理想主义。其结果是怂恿理性以道德名义无限地向人的现实生活提出要求，剥夺了人在先验的理性要求与具体的现实存在之间的理智裁量权利。理性主义设定的道德人因而是弃绝物欲的圣人和舍己无我的英雄。其实，道德是为了人的存在，是平常社会生活的要求。也就是说，遵循基准道德、守住伦理底线仅仅是"人之为人"的基本前提，是一个人成为社会人的必要条件。因此，我们应让道德回归自己应有的位置，回归常态，只有这样，才能实现世俗道德与神圣道德、基准道德与理想道德协调统一。

生活在现实社会中的人可能走向神圣道德或理想道德，但这一目标的实现不能仅靠神圣或理想道德的宣传和引领，而应致力于合宜的基准道德和世俗道德的构建，并将其落实在人们日常伦用的行为上，然后才能一步步走向道德高尚、人格丰满的神圣境界。人非生而圣贤，从平凡走向伟大、从世俗升至高尚是大多数人的人生轨迹，也是道德教化的基本走向。因此，孔子倡导人们先做到"己所不欲，勿施于人"，而后达至"己欲立

---

① 杜威：《确定性的寻求》，周输成编：《西方伦理学原著选辑》下册，商务印书馆 1987 年版，第 722—724 页。

② 参见［英］哈耶克：《自由秩序原理》上册，生活·读书·新知三联书店 1997 年版，第116、181—182 页。

而立人，己欲达而达人"；柏拉图、亚里士多德强调每个人先要各司其职、做好自己的社会角色，而后才能成为合格的"城邦公民"；耶稣基督号召信徒要先"爱邻人"，然后才能爱其他人，最后达到博爱境界。事实上，神圣道德一旦消除了神秘性，理想道德一旦植根于现实的土壤，就会贴近生活，变为社会大众可感可触的精神境界。以教师为例，只有让被推向神坛的老师回归其生活中应有的位置，才能让教师的职业道德发挥基准道德和世俗道德的作用。著名教育家鲁洁曾说：

> 有人将教师比喻为"蜡烛"，照亮他人的同时自己化为灰烬。这种比喻把教师应有的自我牺牲、自我奉献精神渲染得有点悲壮。它虽然"壮"了老师们的志气，却又未免悲凉。……我所体认的教师的蜡烛精神是"照亮他人，同时升华自己"。①

今天，"我们没有理由要求教师像'蜡烛'一样'无私'奉献，因为毕竟教师也是生活在这个现实社会的'凡人'，他们也需要养家糊口过日子。但是身为教师，必须清楚地知道自己的神圣职责，知道选择这条路，就会像'洞穴'里的'囚徒'那样，在忍受各种苦难的同时，引导那些懵懂的心灵趋向'光明'。"②康德曾发起了一场哥白尼式的革命，他的道德思想深刻而圣洁，令人仰止。然而，康德的义务论道德观却使人对道德敬而远之，它虽崇高伟岸却可望而不可即。从某种意义上说，康德的道德理论与儒家的道德理想有相近之处，是一种圣人道德，是少数人的道德而非普通民众道德，是理想道德而非世俗道德。摆在康德面前一个无法回避的问题是：占社会绝大多数的普通民众如何才能达到义务论的境界？对于社会绝大多数人来说，生活世界不存在这样一个支点，可以将他们撬离尘世。他们只能通过自己与柴米油盐、日常伦用密切相关的世俗生活，在尘世的

---

① 参见鲁洁：《回望八十年：鲁洁教育口述史》，教育科学出版社 2014 年版。
② 伍正翔：《现代性的救赎：教师身份的返魅》，《中国教育学刊》2008 年第 10 期。

大地上建立起一座通天梯，在基准道德的规约和社会教化的助推下，逐步提升自身修养，日渐走向道德的神圣境界。

综上，从道德作用发挥的程度看，世俗道德应是现代社会的基本道德范型；从道德品质形成的角度看，在大众层面上，世俗道德优先于神圣道德。救治当下中国道德失范的可行路径，既不能像西方康德或中国儒家那样脱离实际地高悬神圣道德和理想道德，也不能通过纯理性的"绝对命令"或高调的"榜样引领"，而是要脚踏实地地开展道德教化，明晰基准道德，守住底线伦理，修护道德之堤。当然，我们在着力构筑世俗社会基准道德的同时，也需适度兼顾以理想道德和理想人格教育，引领人们逐步完善自我、超越自我。只有从人性出发，从当今社会的道德现状出发，运用历史唯物主义和辩证法的思路，将世俗道德与神圣道德、基准道德与理想道德有机结合，做到和谐统一，我国的道德建设才能走出困境，迈向光明。

第七章　道德自律与君子人格型塑

> 行己有耻，使于四方，不辱君命，可谓士矣。君子义以为质，礼以行之，孙以出之，信以成之。
>
> ——孔子

> 有两样东西，我们愈经常愈持久地加以思索，它们就愈使心灵充满日新月异、有加无已的景仰和敬畏：在我之上的星空和居我心中的道德法则。
>
> ——康德

一个人的道德素质是其德性的呈现，一个社会的道德水平是全体公民德性的呈现。面对转型期社会的道德滑坡和精神危机，我们需要吸纳中国传统伦理文化的精髓，借鉴西方优秀伦理文化，建构国民的意义世界，筑牢和夯实道德之基；需要以价值观为枢轴，形成"一元共识"，构建道德之坝；需要开展道德教化，构筑基准道德，修护道德之堤。但仅有这些还远远不够，道德的拯救还应从心灵的拯救开始，需要在人性中植入善的种子，为人格之树注入培养基。因此，涵育德性、守护尊严、升华人性是救治道德失范的心性提升之举，也是道德自律和君子人格型塑的必由之路。

在西方，希腊人最早以哲学观念阐扬德性的意义。苏格拉底、柏拉图、亚里士多德等哲学家都以德性学说以及强调德性在生活中的必要性而著称。苏格拉底的"美德即知识"、柏拉图的"四主德"、亚里士多德的"中道"思想，都与人的德性有关。德性是人性的最终目标。按照"目的论"的人性观，德性不会自然出现于人的心中，而是人通过自己的努力得来的，并借助习惯持之以恒地实践才能日渐完美。这也就是儒家所说的修身养性。在中国，德性即道德品性的简称，指人的自然至诚之性。德性一词最早出自《礼记·中庸》中的"故君子尊德性而道问学"，郑玄注曰："德性，谓性至诚者也。"孔颖达疏云："'君子尊德性'者，谓君子贤人尊敬此圣人道德之性，自然至诚也。"可见，培养德性的关键是内心"至诚"之性的培育与修炼。

一、正心诚意：道德自律之起点

"诚意"、"正心"是儒家经典《礼记·大学》中"八条目"之内容。诚意就是要意念诚实。知既尽，则意可得而实，发于心之自然，非有所矫饰，自然能做到不欺人，亦不自欺，在"慎独"上下功夫，严格要求自己，修养德性，知至而后意诚。正心就是要除去各种不安的情绪，不为物欲所蔽，保持心灵的安静。意不自欺，则心之本体，物不能动，而无不正。心得其正，则公正诚明，不涉感情，无所偏倚。故意诚而后心正。诚意、正心是修身的主要内容，指的是在修养自身的过程中，能够做到诚实、守信、公正、不偏不倚。没有格物、致知、诚意、正心的功夫，修身就无从谈起，而没有修身、齐家、治国、平天下就没有了始发点和基础。因此，正心、诚意是道德自律的起点、道德修养的基础和成就人生理想的道德基点。个人伦理底线和社会基准道德的建构都需以正心、诚意为基础。

（一）"诚"乃人道之第一原则

"诚"的原意是言而有信。《说文解字》释"诚"为"信也"，《增韵·清韵》则释为"无伪也，真也，实也"。"诚"是《中庸》一书的重要概念。很多人认为，《中庸》探讨的是"圣人之道"，就"中庸"的字义分析，程颐认为"中"乃天下之正道，"庸"乃天下之定理，二者均为体；王夫之则发挥传统的阐释，认为"中庸"是讲中之用，以中为体，以庸为用。而张岱年认为"中庸"并不是该书最重要的观念，其最重要的核心观念是诚；《中庸》以诚为人生的最高境界，人道的第一原则①。其实，《中庸》的主旨是讲儒家的"中和位育"之道，这是毋庸置疑的，但"中庸之道"极难掌握，只有以诚实、诚敬之心才能准确地（实事求是）掌控"允执其中"、"过犹不及"的分寸，找到做人处事的合宜之度。从心学角度看，诚是中庸的基石。通观《中庸》一书，首先解释"中庸"，再与三达德等相联系，然后阐述道不远人之旨，由此引出对诚的深入阐释，进而赞颂圣人之道，论述具有很强的逻辑力量。诚在《中庸》中的核心地位，从开篇即可见出端倪，"天命之谓性，率性之谓道，修道之谓教"就是论诚的伏笔，后文"自诚明，谓之性；自明诚，谓之教"正好与之照应。如果说圣人之道集中表现为"极高明而道中庸"，那么其所以高明缘于诚，履行中庸之道本于诚。一方面，中庸的显见义是禀中而执两，或执两而用中，主体正是依靠诚才将心灵中的对立观念相统一，使思维与存在相一致；另一方面，中庸的潜在义是心灵凝聚为一、合乎自然之道，而诚正是对天人之际处的形容。王夫之在论"中庸"之大旨时写道："故'性'、'道'，中也；'教'，用也。'修道之谓教'，是庸皆用中而用乎体，用中为庸而即以体为用。故《中庸》一篇，无不缘本乎德而以成乎道，则以中之为德本天德，而庸之为道成王道，天德、王道一以贯之。"②"诚"可以合中庸之体用为一事，因而理所当然地居于核心地位。孟子继承子思的思想，对"诚"也倍加推崇。"诚"字在《孟子》中凡 22 见，虽然多为形容词，约略相当于"确实"，但有几处阐述得非常深刻。《离娄上》表达了与《中庸》相似的观点："诚者天之道也，思诚者人之道也。"《尽心上》更进一步指出："万物皆备于我矣。反身而诚，乐莫大焉。"如果说"思诚者"较之"诚之者"更容易理解，那么称"万物皆备于我"则有助于人们认同"不诚无物"的命题，且"反身而诚"一语明确肯定这是一种复归于内心深处的精神活动。汉代以后，学界对诚多作浅俗化的理解，以之为一种思想态度，即诚实、诚恳，类似于敬、忠、

---

① 　参见张岱年：《中国哲学大纲》，中国社会科学出版社 1982 年版，第 328 页。

② 　王夫之：《读四书大全说》，中华书局 1975 年版，第 61 页。

信等概念。宋代学界将诚作深入把握，程颐将其理解为"实理"，朱熹认为："诚以心言，道以理言。""诚者，真实无妄之谓。阴阳合散，无非实者。"① 周敦颐在《通书》中，以诚为圣人之本，认为易道中的乾元既为万物资始，也是诚之源。正是乾道变化，各正性命，诚于是而立。在现实社会生活中，诚为五常之本、百行之源，圣人之所以为圣人，就在于守此一诚而已。《通书》与《太极图说》相贯通，周子所谓的"诚"几乎成为"太极"的别名。

综上，"诚"的深刻内涵有以下几个方面：其一，诚是天道与人道的交接处，是天人合一的心灵状态与精神境界。无论是体天之道，还是行人之道，均须"一乎诚"。张载曰："性与天道合一，存乎诚。"② 王夫之曰："一乎诚，则尽人道以合天德，而察至乎其极。……以天道言，则唯有一诚，而明非其本原。以人道言，则必明善而后诚身，而明以为基，诚之者择善而固执之。"③《中庸》之"诚"是对《大学》八条目之一"诚意"的发挥。这样，"诚意"就不仅有天人之际的内涵，而且还有格、致、修、齐、治、平之意。从内容上看，《大学》"八条目"总体上都属于《孟子》所说的"思诚"领域。其二，要达到诚的境界，需要反身内省，返璞归真。孟子提出的"反身而诚"命题，是一个非常深刻而又表意明确的心灵哲学命题。所谓"反身"不仅是一般意义上的反求诸己，还含有在精神上拨乱反正的意味。在现实生活中，人受到各种欲望和杂念的牵扯或束缚，心灵常常处在纷乱而动荡不安的状态，需要静与定，需要不动心。不动心的获得需要拨云见日的功夫，以敞亮天道之本然，此即反身而诚。因此，诚是一种大清明的境界，是去除伪饰的返璞归真。其三，至诚意味着寂然感通，尽心知天。诚是类似于《易传》所谈到的无思、无为，寂然不动、感而遂通的功夫。李翱在《复性书》中说："方静之时，知心无思者，是斋戒也。知本无有思，动静皆离，寂然不动者，是至诚也。"周敦颐强调："寂然不动者，

① 朱熹：《四书章句集注》，中华书局 1983 年版，第 25 页。
② 张载：《张子正蒙》，上海古籍出版社 2000 年版，第 131 页。
③ 王夫之：《读四书大全说》，中华书局 1975 年版，第 135—136 页。

诚也。感而遂通者，神也。动而未形有无之间者，几也。诚精故明，神应故妙，几微故幽。诚、神、几，曰圣人。"① 这便是《中庸》所说的"诚者不勉而中，不思而得，从容中道，圣人也"。儒家认为，至诚则可尽性，尽性则与天地参。《中庸》云："唯天下至诚，为能尽其性；能尽其性，则能尽人之性；能尽人之性，则能尽物之性；能尽物之性，则可以赞天地之化育；可以赞天地之化育，则可以与天地参矣。"其四，诚的境界之样态是万物皆备于我，是上下与天地同流。老子曰："致虚极，守静笃，万物并作，吾以观其复。夫物芸芸，各归其根。归根曰静，静曰复命，复命曰常，知常曰明。"（《道德经·第十六章》）这里的观复、归根、知常，是诚明的另一种说法。张载曰："诚明所知，乃天德良知，非闻见小知而已。天人异用，不足以言诚；天人异知，不足以尽明。"② 对宇宙与人生达到无异、无别的体认，让人得意而忘言。这种反身而诚、知天下之化育之境界是"乐莫大焉"。总之，诚是联结天道与人道、统合各种心理因素且见诸社会实践的枢纽。至诚则达到天与人的交接处，它具有反身内省、返璞归真、寂然感通、尽心合天等意蕴。在中国文化中，儒释道三家在"至诚"处会通，这成为中华文明的主要特征。

（二）成物成己："诚"之实践价值

在中国伦理文化中，"诚"不仅是道德修养的手段，更是道德修养的目的。不欺人、不自欺，这是以"诚"立德，在这里"诚"是手段；通过固执之、慎独处的途径来"自明诚"，"诚"则又变成了目的。"诚"是手段与目的的结合，所以道德修养须臾离不开"诚"。《中庸》云："诚者自诚也，而道者自道也。诚者，物之始终，不诚无物。是故君子诚之为贵。诚者，非自成己而已也，所以成物也。成己，仁也；成物，知也。性之德也，合内外之道也，故时措之宜也。"这里把天道自然及其规律概括

① 周敦颐：《通书·诚几德第三》，《周敦颐集》，中华书局 1990 年版，第 16 页。
② 张载：《张子正蒙》，上海古籍出版社 2000 年版，第 130 页。

为"诚"。而人性与天性本来就是合而为一的，所以"诚"能成物，也能成己。那么，"诚"如何成物？《中庸》云："故至诚无息。不息则久，久则征，征则悠远，悠远则博厚，博厚则高明。博厚，所以载物也；高明，所以覆物也；悠久，所以成物也。博厚配地，高明配天，悠久无疆。如此者，不见而章，不动而变，无为而成。天地之道，可一言而尽也。"朱熹诠释曰："天地之道可一言而尽，不过曰诚而已；不二，所以诚也。"①"不二"就是"专一"，就是只有公心而无私心，这是天地之心亦即道心与人心的差别；正因为无私心杂念的干扰，所以能经久不息地运行，就在这经久不息的运行中，天地万物自然而然地便化生出来了。"诚则形，形则著，著则明，明则动，动则变，变则化。惟天下至诚能化"；"唯天下至诚，为能经纶天下之大经，立天下之大本，知天地之化育"(《礼记·中庸》)。正因为"诚"具有"形、著、明、动、化"等功能，所以有志于国家治理的君子就明白"诚之为贵"。借鉴"诚之成物"而运用于"成己"，这在《中庸》中称之为"配天"。"是故君子动而世为天下道，行而世为天下法，言而世为天下则"；"见而民莫不敬，言而民莫不信，行而民莫不说。是以声名洋溢乎中国，施其蛮貊；舟车所至，人力所通；天之所覆，地之所载，日月所照，霜露所队；凡有血气者，莫不尊亲，故曰配天。"儒家认为，"人道"契合"天道"，或者说是"天道"借用于"人道"，并以"诚"为中介，将"性"、"道"、"教"贯通为一体，达到"天人合一"、"与天地参"的最高境界。因此，通过"正心诚意"的修身过程，就可以达到"治国平天下"的目标，实现"成己"之理想。

总之，如果"惟精惟一"地正心诚意，"至诚不息"就一定能够"致广大而尽精微，极高明而道中庸"，察兴亡而知祸福，最终实现"成己"的人生目标和治国平天下的社会理想，这是儒家追求的最高境界。对于世俗民众而言，若坚信"诚之所至，金石为开"，做到诚实勤奋、专心致志、持之以恒，就可勤能补拙、索有所获，实现自己的人生理想和幸福追求。

---

① 朱熹：《四书章句集注》，中华书局 1983 年版，第 35 页。

总之,"诚以修身"有着广泛的实践价值和理论意义,它不仅为圣贤精英确立了终生奋斗之目标,为世俗百姓觅到了安身立命之基,更为国人找到了涵育德性之路径。

二、行己有耻:道德自律之内生动力

随着改革开放的深入和社会主义市场经济的发展,人们思维方式和行为方式的独立性、多变性和差异性明显增强,价值多元化趋势日益明显。在金钱万能、享乐主义、极端个人主义思想的影响下,一些人的价值观发生了扭曲和畸变,内心深处的羞耻感逐渐丧失,社会上出现了荣耻、美丑、善恶、是非颠倒错位的现象,社会风尚受到了严重影响。如何扭转目前"荣耻不辨,耻感消解"的"去羞耻化""去道德化"[1] 倾向,建立与社会主义市场经济体制相适应的正确价值观、荣辱观,已成为道德重建的重要任务。

(一)耻感及其重要性

耻感意识是指出于自律而对过错所产生的一种耻辱感。耻感以一种自觉意识并从内心赞同为合理的价值规范存在为前提,在一般意义上产生于针对自己所做,或与自己相关行为事件的自我否定性评价。如果说守法精神更多表达的是对外在法则的尊重,那么,耻感意识则表达的是对内在法则的敬重;如果说守法精神是一个民族德性精神中的肯定性美德,那么,耻感意识则是一个民族德性精神中的否定性美德。这里的肯定性美德与否定性美德不是在对德性本身的肯定与否定意义上所使用,只不过否定性美德是通过自我否定精神而体现出的一种内在美德。耻感并不能等同于罪感,耻感是一种道德意识,罪感则更多地是一种法律意识。在西方基督

---

① 朱贻庭:《树立荣辱观重在知耻、有耻——论羞耻感与荣辱观》,《探索与争鸣》2006年第6期。

教传统中，渗透了一种罪感意识，这是出于宗教信仰、源于对上帝不顺从或叛逆而产生的一种原罪意识。在这种宗教罪感中，隐含着某种耻感。其实，这个上帝亦可理解为存在于人心中的神圣信念信仰。当人亵渎这种神圣信仰及其神圣规范要求、背叛理想信念而内心又有所警觉时，就会产生罪感或耻感。这种罪感或耻感源于内心良知所确信的价值信仰、行为规范与自身现实行为的矛盾。[①] 在日常生活的一般意义上，罪感未必与耻感一致，有罪感可能无耻感，有耻感可能无罪感。正是在这个意义上，耻感较之罪感更有道德自律性与道德良知性。耻感是主体反思能力和自我批判的体现，是良知、责任、义务的特殊存在方式。耻感表明一个人心中存有某种善良的种子，他会为自己的罪恶而感到可耻，感到良心痛苦和心灵折磨。正是在这个意义上，耻感存在本身就是社会的希望。耻感也是道德自律与社会规范内化的内在的隐秘的心理机制，惟有耻感才能使人具有真正自律精神。在一个多元民主的公平正义社会中，公民既应无违法治，又应行己有耻。一个社会的持久健康与和谐有序，存在于这种有耻无违之中。

（二）耻感文化与耻感教育

中国素称"礼仪之邦"，明辨善恶、是非、荣耻、美丑始终是华夏文明的主旋律，其中以辨荣耻为内核的耻感文化是中华民族重要的文化特质之一。

首先，耻感是中国传统道德的源头。耻，古作恥。《说文》曰："辱也。从耳，心声。"《六书总要》曰："恥，从心耳，会意，取闻过自愧之意。凡人心惭，则耳热面赤，是其验也。"耻感是人们自觉地求荣免辱的道德情感和价值意识，是因经历和体验到人性和基本价值被亵渎而在人格深处产生的一种自我谴责和自我贬低意识。

中国人耻感的根源之一是群体意识。中国是一个有强烈群体意识的

---

① 参见［英］汤因比：《历史研究》，曹未风等译，上海人民出版社 1986 年版，第 238、264 页。

国家，这种思想可以追溯到儒家学说中去。孔子说："圣人不遁乎世，不离乎群。"（《论语·子路》）荀子说："人之生，不能无群。""人力不若牛，走不若马，而牛马为用，何也？曰：人能群，彼不能群也。"（《荀子·王制》）韩非子说："虽有尧之智而无众人之助，大功不立。"（《韩非子·观行》）近代的严复则将群体对个体的重要性提到了无以复加的高度，"能群者存，不群者灭；善群者存，不善群者灭"①。从某种意义上说，儒家以仁、义、礼、智、信"五常"之道为主线的理论体系就是基于中国人的群体意识而提出的生存之道。儒家将人生活于其中的群体划分为"五伦"——君臣、父子、夫妇、兄弟、朋友，其许多道德范畴都是用来协调这些关系的，如"父慈、子孝；兄良、弟悌；夫义、妇听；长惠、幼顺；君仁、臣忠"。如果一个人的言行违反了这些伦理规范，他就会受到群体的谴责和排斥，就会遭人唾弃，甚至难以生存。儒家认为，个人生活于群体之中，依附于群体而存在，群体的认同能够使其产生一种心理上的归属感和精神上的依托。个人一旦失去群体的认同，就会众叛亲离，成为孤家寡人。在这种浓厚的群体意识氛围中，中国人重视自尊、在乎名誉，视别人的侮辱和讥笑为羞耻，时常用他人的评价来规范和矫正自己的言行。强烈的群体意识使"人言"变得"可畏"，也使羞耻感的作用更加彰显，以至于许多中国人认为知耻就有德、无耻就无德，"无耻"一词也成为辱骂和贬低他人最具杀伤力的词汇。

中国人耻感的另一根源是"面子至上"理念。一方面，中国古人认为，人为万物之灵，与动物不同，人有尊严和人格，且尊严无价。老子曰："道大，天大，地大，人亦大。域中有四大，而人居其一。"（《老子·第二十五章》）荀子曰："人最为天下贵也。"（《荀子·王制》）另一方面，"面子至上"理念也是群体意识的延伸。由于每个人都特别在乎别人的评价，致使自尊和面子被提到了极高的位置。《诗经·风·相鼠》云："相鼠有皮，人而无仪。人而无仪，不死何为？"意思是"连老鼠还有一张脸皮，人岂

---

① ［英］托马斯·赫胥黎：《天演论》，严复译，商务印书馆 1981 年版，第 32 页。

能没有尊严廉耻；人如果丧失廉耻，活着还有什么意思？"古人把人的尊严廉耻提高到了与生死相提并论的高度，没脸皮，毋宁死。孟子曰："一箪食，一豆羹，得之则生，弗得则死，嘑尔而与之，行道之人弗受，蹴尔而与之，乞人不屑也。"（《孟子·告子上》）古人认为，"为鸡狗禽兽矣，而欲人之尊己，不可得也。人不尊己，则危辱及之矣。"（《列子·说符》）这表明，一个人的行为如禽兽，就不可能得到他人的尊重，危险和耻辱就会到来。因此，在中国这个"面子至上"的国度里，每个人的心中都铭刻着祖先的做人准则，"人不可以无耻"，"辱莫大于不知耻"。从本质上说，面子即尊严与人格，重面子的实质就是重羞耻。在"树活一张皮，人活一张脸"的面子观念下，乞丐可以不吃嗟来之食而死，贞妇可以终身守节不嫁，壮士可以舍生取义，勇士可以杀身成仁……于是，中国就有了许多可歌可泣的道德楷模，有了无数名留青史的民族脊梁。

在群体意识和面子理念的影响下，羞耻感成为许多人做人做事的重要约束力，耻感文化也成为中国传统文化的重要特质。尽管在一些东南亚国家，如日本、韩国等，也有人将其文化视为"耻感文化"①，但东方文明根源于中国的礼乐文化，因此日本学者森三树三郎指出："'耻的文化'的真正发源地是在中国。"②我国有学者提出，"如果说西方人的道德文化根基于对上帝的'原罪'情结，那么，中国人的道德文化则在很大程度上根基于人性中的'耻感'情结。"③因此，可以说耻感是中国传统道德的源头。

其次，耻感教育是道德教化之重要内容。由于耻感是将人与动物区别开来的重要标志之一，为了使人成为真正的人，也为了社会的文明进步，中国古代十分重视耻感教育，"耻者治教之大端"④。孔子是古代伟大的教育家，他希望其弟子"学而优则仕"，以天下为己任；但他强调一个人要齐

---

① ［美］本尼迪克特：《菊与刀》，吕万和等译，商务印书馆 2002 年版，第 154—255 页。
② ［日］森三树三郎：《名与耻的文化——中国、日本、欧洲文化比较研究》，《中国文化研究》1995 年第 2 期。
③ 朱贻庭：《树立荣辱观重在知耻、有耻——论羞耻感与荣辱观》，《探索与争鸣》2006 年第 6 期。
④ 康有为：《孟子微礼运注中庸注》，中华书局 1987 年版，第 123 页。

家治国平天下，就必须从修身做起，即"修己以安人，修己以安天下"（《论语·宪问》），而修己的重要内容之一就是知耻。子贡曾问他怎样才可以叫做"士"？孔子曰："行己有耻，使于四方，不辱君命，可谓士矣。"（《论语·子路》）这表明，以羞耻之心约束自己的行动是成为"士"的基本条件。当原宪问"什么叫耻辱"时，孔子曰："邦有道，谷；邦无道，谷，耻也。"（《论语·宪问》）孔子从"谷"即薪酬方面来回答"何谓耻"。在政治清明、百姓安康的时代，国家公职人员领取薪酬无可厚非；但如果天下纷乱、民不聊生，国家公职人员领取薪酬则成为一种可耻的行为，因为你没有尽到治理国家、安抚民众的职责。孔子认为："笃信好学，守死善道。危邦不入，乱邦不居。天下有道则见，无道则隐。邦有道，贫且贱焉，耻也；邦无道，富且贵焉，耻也。"（《论语·泰伯》）"君子耻其言过其行。"（《论语·宪问》）他告诉弟子，如果国家没有正义和道德而自己却拥有富贵是耻辱的，如果一个人有其言无其行、言过其实也是耻辱的。可以看出，行己有耻是孔子教育学生的基本宗旨，耻感教育是古代道德教化的重要内容。

再次，耻感教育是治国理政之基本方略。在中国，耻感教育还是治国理政的重要手段。中国古代的治国方略是"以礼治国"，也有人称其为"以德治国"，而德治的起点就是培育民众的耻感意识，并使其确立礼义廉耻的做人准则和是非标准。春秋时期政治家管仲，在治国实践中首重荣耻，在提出"仓廪实而知礼节，衣食足而知荣辱"的同时，还提出了"礼义廉耻，国之四维"（《史记·管晏列传》）的治国理念。他认为耻感是治理国家的四条纲维之一，丧失廉耻会导致国家灭亡。他说："守国之度，在饰四维，四维不张，国乃灭亡。""国有四维，一维绝则倾，二维绝则危，三维绝则复，四维绝则灭。"（《管子·牧民》）这是说立国有四大纲，缺失一纲，国家会倾斜不正；缺失二纲，国家会危殆不安；缺失三纲，国家会颠覆不立；四纲都不存在了，国家就会彻底灭亡。"何谓四维？一曰礼，二曰义，三曰廉，四曰耻。礼不逾节，义不自进，廉不避恶，耻不从枉。"（《管子·牧民》）这里所说的国之"维"者，即治国之纲也，固国之根本也。

管仲在其政治实践中把耻感提到关乎国家兴亡的高度，这对中国历史产生了深远的影响。这一为后世奉为经典的命题，被明末清初的思想家顾炎武作了进一步的拓展。他指出，在"礼义廉耻""四者之中，耻尤为要。"① 将"耻"列为"四维"之首，表明了"耻感"在中国传统文化中的重要地位。《五代史·冯道传论》也说：

> 礼义廉耻，国之四维；四维不张，国乃灭亡。善乎！管生之能言也。礼义，治人之大法；廉耻，立人之节。盖不廉则无所不取，不耻则无所不为。人而如此，则祸败乱亡亦无所不至；况为大臣，而无所不取、无所不为，则天下其有不乱、国家其有不亡者乎？

因此，孔子认为统治者要治理好国家，应使民众知耻，"导之以政，齐之以刑，民免而无耻；导之以德，齐之以礼，有耻且格。"（《论语·为政》）《列子》云："使教明于上，化行于下，民有耻心，则何盗之为？"（《列子·说符》）汉代刘向曰："是以圣王先德教而后刑罚，立荣耻而明防禁。"（《说苑·政理》）在他看来，耻感教育关系到国家的治乱兴衰，统治者应将崇荣抑耻作为德教的重要内容。

（三）耻感教育：明辨是非善恶、酿造良风美俗的切入点

"荣""辱"是一对基本的道德范畴，"荣"即荣誉，"辱"即耻辱。荣誉是社会对个人履行社会义务所给予的褒扬与赞许，以及个人所产生的自我肯定性心理体验；耻辱是社会对个人不履行社会义务所给予的贬斥与谴责，以及个人所产生的自我否定性心理体验。荣辱观是道德的重要内容，其正确与否关系到社会风气的好坏，影响到国家的文明与进步。社会主义荣辱观教育的目的是引导人们明辨是非、善恶、美丑，形成正确的自我评价，树立正确的行为导向，推动自身全面发展和社会全面进步。而要实现

---

① 顾炎武：《日知录集释》，上海古籍出版社 1985 年版，第 1037 页。

上述目的，首先要让人有羞耻感，从某种意义上说，中国当代道德危机的深层根源之一是耻感的缺失与耻感教育的淡化，因此，耻感教育是当下道德建设的有效切入点。

第一，羞耻感是人之为人的底线。关于"耻"对于人之为人的重要意义，古人有颇多的论述。在先秦诸子中，对耻感论述最多、最充分的当数儒家。《礼记》云："鹦鹉能言，不离飞鸟，猩猩能言，不离禽兽。今人而无礼，虽能言，不亦禽兽之心乎？夫禽兽无礼，故父子聚麀，是故圣人作，为礼以教人，使人以有礼，知自别于禽兽。"（《礼记·曲礼上》）禽兽没有羞耻感，完全依靠本能而行动，弱肉强食，无伦理之概念。而人为万物之灵，其与动物的本质区别是有礼义廉耻。如《礼记》所云："凡人之所以为人者，礼义也。"（《礼记·冠义》）知耻是一个正常人所具有的最基本的道德感。最先把耻感上升到人之为人层面上进行论述的是孟子。他说："耻之于人，大矣！为机变之巧者，无所用耻焉。"（《孟子·尽心上》）耻感或羞耻意识对于人类而言，关系十分重大。奸佞、巧诈之徒始终是没有羞耻意识的。孟子还提出："羞恶之心，义之端也。""人不可以无耻，无耻之耻，无耻也。"（《孟子·尽心上》）耻感体现着人性的尊严，是社会正义的心理基础。正是在这个意义上，孟子进一步指出："无羞恶之心，非人也。"（《孟子·公孙丑上》）朱熹曾说："耻者，吾所固有羞恶之心也。存之则进于圣贤，失之则入于禽兽，故所系为甚大。"（《四书章句集注（孟子）·尽心上》）人如果能够始终保有一颗羞耻之心，那么就可以走上成圣、成贤的道路；反之，则只能与禽兽为伍。康有为曾说："人之有所不为，皆赖有耻心。"[①] 就是说，凡为善之心，皆起自人正确的荣辱观念；凡为恶之念，皆起自人羞耻感的丧失。因此，耻感教育是荣辱观教育的切入点和关键点。有了羞耻感，人们才能守住人之为人的道德底线。

第二，羞耻感是追求荣誉、远离耻辱的精神力量。在荣辱观中，荣和辱并不处于同一水平线，耻辱感比荣誉感更基础、更重要。如果说荣誉是

---

① 康有为：《孟子微礼运注中庸注》，中华书局1987年版，第123页。

人走向成功、辉煌和高尚的航标，那么耻辱就是人远离禽兽、堕落和卑鄙的底线。一个人可以不高尚，但不能卑鄙；可以不成功，但不能堕落；可以不圣洁辉煌，但不能沦为禽兽。要做到这些就必须具有羞耻感。一个有羞耻感且能用理性战胜不良欲望的人，就可以成为一个有道德、有修养的人；而一个没有羞耻感的人，可以不择手段地去满足自己的欲望，甚至为所欲为、无恶不作。因为在其观念世界里，任何值得敬畏、任何可以使自己蒙受羞辱的绝对力量都已不复存在。耻感能够调整人的心态、约束人的言行，耻感意识的增强可以促进社会文明程度的提高。一个人只有在内心深处牢固树立耻感的标尺，使之符合社会伦理标准和道德规范，他才能分清是非善恶、荣辱美丑，塑造出圆满而美好的人生形象。不可否认，在科技突飞猛进、观念日益更新的社会浪潮面前，每个人的心灵世界都会受到前所未有的冲击。但无论如何，在物欲和金钱的诱惑面前，守住人之为人的底线、把好人类文明的方向都是世人必须做到的。如果淡化甚至丧失耻感意识，就会混淆是非、不分荣辱，就会丧失做人原则、失去处世标准。缺乏耻感的人格是不健全的，缺乏耻感意识的社会是不健康的，耻感的缺失必然导致伦理底线消亡、群体无耻、社会无道、人类文明倒退。针对当前各种无耻现象的泛滥，我们亟需呼唤耻感意识的回归，亟需用耻感意识约束和规范人们的言行。只有这样，人们才能在内心深处为灵魂设置一个守门人，在精神世界形成一股巨大的精神力量，支撑其在漫漫人生征途上不懈地追求荣誉、远离耻辱。①

第三，羞耻感是抵御不良诱惑的道德堤坝。羞耻感是一座极其重要、不可或缺的道德堤坝，它一旦出现决口，各种丑恶必将横行于世。古人认为，恶皆生于无耻。人只有知耻，方能自觉地为善去恶。羞耻感能使人维护人格尊严、保持高尚情操、做到爱憎分明并拥有良知和责任感。人有各种各样的欲望，但不是所有的欲望都应当满足，只有符合道德的欲望才是合理的欲望，而那些不符合道德的欲望应被视为耻辱。在现实生活中，面

---

① 参见张自慧：《论耻感与耻感教育》，《辽宁大学学报》（哲学社会科学版）2008 年第 6 期。

临物欲和金钱的诱惑，人们应将耻感作为道德的底线，取"合义之利"，弃"不义之利"。"义"是中国古代荣辱观中的一个重要概念，荀子曾指出："荣辱之大分在于义。""由义为荣，背义为辱。"（《荀子·荣辱》）这里的"义"即道德。他还将"荣"分为势荣和义荣。势荣即"爵列尊、贡禄厚、形势胜"（《荀子·荣辱》）；义荣即"志意修、德行厚、知虑明"（《荀子·荣辱》）。在荀子看来，势荣并不是真正的"荣"，因为官位、财富、势力可以世袭，也可通过不择手段而得来。真正值得崇尚和尊重的是义荣，即坚强的意志、良好的道德修养、理性的处事态度。自荀子之后，中国传统文化中所讲的荣辱就是指"义荣"和"义辱"，即道德方面的荣辱。每个人都渴望拥有财富和权力，然而以怎样的手段和途径获取它们，以什么作为取舍的依据，是判断一个人有无道德的重要标准。对此，孔子的观点是："不义而富且贵，于我如浮云。"（《论语·述而》）"富与贵，是人之所欲也；不以其道得之，不处也。贫与贱，是人之所恶也；不以其道得之，不去也。"（《论语·里仁》）可见，义和道是孔子取舍富贵贫贱的标准。因此，在中国古代的耻感文化中，"义"和"道"是区分荣辱的标准，是抵挡不良诱惑的道德堤坝。一个有羞耻感的人是一个能坚守道义的人，是一个能抵御不良诱惑而拥有道德品味的人。

第四，羞耻感是美化社会风气的净化剂。耻感不仅是人性之"大端"，也是社会风气之"大端"。王阳明曾说："古人善治天下者，未尝不以风俗为首务。"[1]"风俗之美，在养民知耻。"[2]知耻是每一个人安身立命的根本法则，如果一个人丧失了耻感，其人格必定堕落、人性必定丑恶；如果一群人丧失了耻感，社会风气必然败坏。一旦一个国家人人无耻或荣耻颠倒，无耻之风就会蔓延，邪恶就会大行其道，"则天下其有不乱，国家其有不亡者乎！"[3]倘若一个民族人人知耻、荣辱明辨，道德之风就会盛行，正义

---

[1]　王阳明：《王阳明全集》卷二十二，吴光编著，上海古籍出版社 2011 年版，附：山东乡试录。

[2]　康有为：《康有为全集》，上海古籍出版社 1987 年版，第 472 页。

[3]　顾炎武：《日知录集释》，岳麓书社 1994 年版，第 481—482 页。

就会充满乾坤，国家就会和谐有序。因此，有学者指出，一个社会不仅需要光荣意识，亦需要耻感意识，不仅需要光荣文化，亦需要耻感文化。一个缺失耻感的文化，很可能是一个堕落的文化，一个缺失耻感的社会，很可能是一个堕落的社会。

（四）耻感教育的方法与路径

耻感教育既然是树立和践行社会主义荣辱观的切入点，那么如何在学校开展耻感教育呢？

其一，培养青少年的耻感意识。中国社会始终将"知耻"与"无耻"作为评判一个人行为好坏的道德标准，寡廉鲜耻被看作道德沦丧、世风衰微的征兆。遗憾的是，在今天的大学校园里，时常可以看到道德疲软、耻感缺失、荣辱错位的现象。在一些学生的眼中，骄奢淫逸成了"荣耀"，违法乱纪成了"勇敢"，见利忘义成了"聪明"，损人利己成了"能耐"，好逸恶劳成了"潇洒"，愚昧无知成了"时尚"。相反，艰苦奋斗被视为"保守"，遵纪守法被视为"古板"，诚实守信被视为"老实"，团结互助被视为"傻冒"，辛勤劳动被视为"笨蛋"，崇尚科学被视为"呆子"，文明礼貌被视为"懦弱"。这种类似于道德"恶搞"的现象，折射出部分大学生是非不分、荣耻颠倒的思想观念，反映出青少年耻感意识的弱化与消解，损害了"天之骄子"的群体形象。严峻的现实警示我们，耻感教育已刻不容缓。

耻感教育的第一步是让学生知耻。"耻之一字，乃人生第一要事。如知耻，则洁己励行，思学正人，所为皆光明正大。凡污贱淫恶，不肖下流之事，决不肯为。如不知耻，则事事反是。"（《传家宝·人事通》）可以看出，知耻是耻感教育的起点。同时，要让学生明白知耻是一种受褒扬的美德。马克思曾说："羞耻就是一种内向的愤怒。如果整个国家真正感到羞耻，它就会像一只蜷伏下来的狮子，准备向前扑去。"[1]古希腊哲学家德谟

---

[1]　《马克思恩格斯全集》第1卷，人民出版社1956年版，第407页。

克里特说："对可耻行为的追悔是对生命的拯救。"① 人性是"善"与"恶"的对立统一，耻感既是对恶的抑止，又是对善的激发，是为善祛恶的内驱力。如果没有耻感或羞耻心，就不可能树立正确的荣辱观。我们要教育学生学会这样生活：当为别人做好事的时候，会感到愉快；当做了一件坏事而遭人责备的时候，会感到难受。一个人的良心，只有在他有羞耻心的基础上才会在其心灵中存在。最后还要让学生学会自我省察和慎独。"知耻近乎勇"（《礼记·中庸》）的古训告诉我们，做到知耻并非易事。知耻需要自省，特别是经常对照做人的道德准则"盘点"自己的言行。

其二，保护青少年的人格尊严。耻感是人格的基本点，一个人如果想保持和维护自己的人格尊严，就要有耻感，也就是说，羞耻感是远离假恶丑、追求真善美的内在动力。因此，尊重每个人的人格和尊严，是耻感教育的重要内容。我们的社会要使公民树立正确的荣辱观，就要尊重每个公民的人格尊严，在社会生活的方方面面真正贯彻"以人为本"的理念。各级各类学校作为培养人才、塑造灵魂的重要机构，在教学和管理的过程中，应处处以学生为本。教师对学生要多赞美、肯定和鼓励，少讽刺、嘲笑和贬斥，尤其要讲究批评的艺术，始终将保护学生的人格和尊严放在教书育人的首要位置，像呵护眼睛一样呵护学生的尊严和耻感。古代儒者尚能"可亲而不可劫也，可近而不可迫也，可杀而不可辱也"（《礼记·儒行》），现代社会的每一个生命更需尊重，我们要通过对青少年的尊重使其在心灵深处培育出人格的参天大树。同时，在进行道德教育时，要着眼于激发学生内心的羞耻心，善于启蒙其善端，避免对其进行人格羞辱。即使对待犯错误的孩子，也要在批评的同时真诚地肯定其优点，尊重其人格，使其在内省和惭愧中激发出自身未泯的羞耻感，从而驱策自己向善。明代心学家王艮称房梁上的小偷为"梁上君子"，而且告诉他人人都有良知，在尊重小偷的同时启蒙其未泯的羞耻感，促使其弃恶从善。这种道德教化的艺术值得每个教育工作者学习。

---

① 周辅成：《西方伦理学名著选集》上卷，商务印书馆 1987 年版，第 74 页。

其三，践履"行己有耻"的道德修养修身理念。古人云："不矜细行，终累大德。"（《尚书·旅獒》）老子曾告诫世人："天下之难做于易，天下之大做于细。"（《老子·第六十三章》）在现实社会中，最伟大的教育往往开始于最微小的细节。古代儒家的道德教化几乎是伴随着"三字经"、"弟子规"等具体的礼仪规范开始的，今天的道德教育也应借鉴古人的做法，从细节和小事入手，从羞耻感这一道德善端开始，将社会主义荣辱观潜移默化到青少年的日常生活中，以提高道德规范的可操作性。羞耻心是护卫人类道德操守的心中之神，只有做到"行己有耻"，才能防微杜渐，不断提升自己的道德境界。为此，应引导大学生追求"义荣"、远离"义辱"，理性地对待"势荣"。孔子曾说："不患无位，患所以立。"意思是，一个人不必担心自己的社会地位不崇高，应该担心自己的德行不崇高。孔子把人的道德境界和精神追求提到了很高的位置，这是我们今天应继承和弘扬的思想传统。

总之，耻感文化是中国传统文化的基本特质，耻感教育是道德教育的起点，也是树立和践行社会主义荣辱观的切入点。一个人知耻，才能自我完善，不断进步，自立于人生不败之地；一个民族知耻，才能自强不息，奋力崛起，自立于世界民族之林。

三、人格尊严：道德自律之不竭动力

（一）"尊严"及其重要性

每个人都渴望自己拥有丰满的人格与尊严，但由于历史与现实的局限，个体生命存在之价值与尊严可能被诸多因素遮蔽，个体生命成了他种目的或神圣他者的手段。然而，正如康德所言，人永远只能是目的而不能是手段，"人及其生命的尊严是最高的善。"[1]人的肉身性与精神性、个体性

---

[1]　岩崎、允胤主编：《人的尊严、价值及其自我实现》，刘奔译，当代中国出版社1993年版，第22页。

与社会性统一于人作为具体的诸个人的存在，作为人格的存在，作为有着人格尊严的存在。所谓人格，是"成为独立的活动主体的自觉的个人"，作为单个的个人并非总是在原初状态上具有尊严，"惟有作为人格的个人，仅仅是蕴藏着那种丰富的可能性的、并且在实际上形成自己的人格的个人，才具有个人的尊严。"[①] 生命对于他者的价值可称之为社会性价值，对于自身的价值可称之为人格性价值。[②] 人的生命不仅是一种肉身的存在，而且是一种人格的存在，是一种有着人格尊严的存在。作为一种有着人格尊严与价值的存在，每一个生命都独一无二、弥足珍贵，每个人的生命价值都是平等的[③]，不可相互替代，不可随意剥夺。西方功利主义者以所谓"最大多数人的最大利益"作为选择标准的行为是与人格尊严的平等意识相悖的。"个体人格不是部分，不能把它作为任何整体的部分，哪怕这个整体恢弘无比，是整个世界，个体人格也决非它的部分。"[④] 每个人都是有着同等人格尊严的存在，每个人都不是他者的工具，"即使是无足轻重的小人物，个体人格也支撑着他们的最高存在的形象，万万不能将他们所拥有的生存意义的核心——个体人格转换为工具。"[⑤] 尊严如此重要，那么，何谓尊严？尊严是指人和具有人性特征的事物应拥有的权利，并且这些权利被其他人和具有人性特征的事物所尊重。简而言之，尊严就是权利和人格被尊重。苏霍姆林斯基说："没有自我尊重，就没有道德的纯洁性和丰富的个性精神。"同时，尊严是文明，在某种意义上说，尊严就是你走在任何地方，都被当作一个人而不是一个东西来看待，即人只能是目的。

---

① 岩崎、允胤主编：《人的尊严、价值及其自我实现》，刘奔译，当代中国出版社1993年版，第24页注。

② 参见岩崎、允胤主编：《人的尊严、价值及其自我实现》，刘奔译，当代中国出版社1993年版，第25页。

③ 就人自身的价值而言，一切人都是相等的，人的价值是不可分等的，否则人就可能有不同等级的尊严，一部分人就可能成为另一部分人的工具、手段。参见〔美〕罗尔斯：《政治自由主义》，译林出版社2000年版，第296页。

④ 〔俄〕尼古拉·别尔嘉耶夫：《人的奴役与自由》，贵州人民出版社1994年版，第5页。

⑤ 同上书，"代序"第4页。

　　尊严、自尊是现代社会基本价值框架中的重要元素，我们在日常生活的每一具体环节都能生动地感受到这种价值的存在及其意义。尊严作为社会的基本价值，不是一般道义上的要求，而是在社会生活中实际居支配地位的价值精神。它标志着人们有尊严地生活，拥有有尊严生活的基本条件。人们不因贫困、饥饿、疾病而丧失做人的尊严与人格，不因身份差异而被歧视、奴役，不因正当财产可以被任意侵犯剥夺而提心吊胆、惶恐不安。在当代社会，"有尊严地生活"不是某些有权势者的专利，而应是所有社会成员的基本权利，这种尊严内在地否定了身份等级制，体现为精神上实质性的平等。从历史上看，古今中外的革命或改革，无不以追求平等为目标。当然，这里的平等包括物质和精神两个层面，物质上的平等是精神上平等的基础。从中国历代农民起义的口号看，几乎都将平等列入其中，例如，秦末农民起义口号："王侯将相，宁有种乎？"唐朝黄巢起义口号："天补均平。"北宋王小波、李顺起义口号："吾疾贫富不均，今为汝均之！"南宋钟相、杨么起义口号："等贵贱，均贫富。"明朝李自成起义口号："均田免粮。"清朝太平天国起义口号："有田同耕，有饭同食，有钱同使，无处不均匀，无人不饱暖。"清朝同盟会口号："驱除鞑虏，恢复中华，建立民国，平均地权。"中国工农红军在土地革命战争时期的宣传口号："打土豪分田地"等等。这些以"均"为内核的口号，使我们想到了孔子的"不患寡而患不均"，"均"之所以如此重要，是因为它关系到人的生存所需的物质和尊严所需的精神。现代社会的平等是普遍平等，而不是等级平等或特权平等。虽然在按劳分配的社会制度下，由于社会发展水平以及人的天赋、能力的差异，物质财富的平等尚无可能，但社会应从制度上保障每个人精神上的平等，即让每一个成员都有尊严地活着。同时，社会成员之间也应彼此尊重，尊重对方存在的平等权利与尊严，我们每一个人的尊严在彼此尊重中实现。不仅如此，我们每一个人也都应珍惜这种有尊严的生活，尽己所能地发挥自己的创造力，使自己配享尊严，并获得他人发自内心的敬重。有尊严地生活是健全人格之必需，我们不能因为外部的蝇头小利而蝇营狗苟；相反，无论在任何情况下，都应竭尽全力维护自己的尊严。这样，我们就可以在有尊严的生活中养成自尊、自重的美德，塑造出有人格尊严的形象。

那么，什么是有尊严的生活？有尊严的生活即为好的生活。过有尊严的生活不能没有规则。一个有规则的社会可以使人对未来做出合理的预期，并在合理预期的基础之上做出恰当的行为选择，减少或免除因不确定性而产生的恐惧。因此，好的法度和规则对一个人过有尊严的伦理生活、养成好习惯、形成好品德十分重要。只有过有尊严、有规律的生活，才能使人性近乎自然地生长，人性的灿烂之花才能近乎自然地绽放。① 只有当每个个体都能拥有自我生命存在的尊严，并能发自内心地去尊重他人生命存在的尊严，这个社会才是一个真正有尊严的社会，一个浸染于现代文明的社会。"具有文明识礼的社会是这样一个社会，在这个社会中，成员们在行事时彼此体谅，承认个人基于其人性以及作为政治共同体成员而获得的尊严，这种承认在制度上得到体现并受到制度的保障。"②

（二）如何养成有尊严的德性

一个人要过有尊严的生活，就需要让追求美德成为习惯。人的道德或美德是在日常生活中逐渐养成的，甚至可以说是习惯的产物。孔子的"性相近，习相远"，黑格尔的"德是一种伦理上的造诣"，都蕴含着这样的内涵。一个有道德的合格的社会公民，才能成为有尊严的公民。

关于如何塑造具有公民美德的合格公民，古希腊的柏拉图和亚里士多德的观点高度一致，这就是在城邦共同体中生活，养成习惯，形成第二天性。他们认为，美德就是在共同体中受到良好教育所形成的习惯。柏拉图在《理想国》中强调：城邦成员须在一个具有伦理性约束的框架内过伦理

---

① 参见高兆明：《道德失范研究》，商务印书馆 2016 年版，第 11—13 页。

② 邓正来、[英] J.C. 亚历山大编：《国家与市民社会：一种社会理论的研究路径》，中央编译出版社 1999 年版，第 37 页。

的生活，在伦理生活中养成"精神的"第二"天性"①，进而维系这个伦理共同体自身。在某种意义上，柏拉图的理想城邦是"教育的城邦"②。同样，亚里士多德也认为：过德性生活须有外部条件。就幸福而言，离不开身体健康、必要财富、朋友、机会等外部条件。③ 就德性形成而言，离不开健全法律的城邦生活。在亚里士多德看来，只有在"健全的法律"下生活，才能够"接受正确的德性"。因为尽管人有逻各斯，有认知能力，但是人的情感意志未必听从逻各斯的指导。"多数人服从的是法律而不是逻各斯，接受的是惩罚而不是高尚的事物。"所以，一个社会应当通过立法"鼓励趋向德性、追求高尚的人"，"惩罚、管束那些不服从者和没有受到良好教育的人"④。他强调"正确的制度"是"有力量"引导人们学习过好的生活的制度。一个人要想"成为好人"，就必须首先在"正确的制度"下过好的生活。⑤ 亚里士多德上述思想的核心是：人们在健全的法律制度中过好的生活，在过好生活的过程中形成好的习惯，塑造人的第二天性。亚里士多德认为，知识可以传授，道德德性不可传授，只能通过习惯养成。美德不是知识，美德是习惯养成的第二天性。人能"入德成善"、有道德德性，是因为人有天赋、习惯、理性这"三端"。黑格尔指出，美德是好的伦理事物在个体灵魂中的存在，人在过好的生活过程中养成好习惯，形成好的第二天性。黑格尔曾举例："一个父亲问：'要在伦理上教育儿子，用什么方法最好'"，答曰："使他成为一个具有良好法律的国家的公民。"⑥这表明，过有"良好法律"秩序的生活是一个人养成好习惯、形成好品德的重

---

① [德] 黑格尔：《哲学史讲演录》第二卷，贺麟、王太庆译，商务印书馆1997年版，第250页。
② [德] 伽达默尔：《伽达默尔论柏拉图》，余纪元译，光明日报出版社1992年版，第84页。
③ 参见 [古希腊] 亚里士多德：《尼各马科伦理学》，廖申白译注，商务印书馆2003年版，第310页。
④ [古希腊] 亚里士多德：《尼各马科伦理学》，廖申白译注，商务印书馆2003年版，第313页。
⑤ 同上书，第314页。
⑥ [德] 黑格尔：《法哲学原理》，范扬、张企泰译，商务印书馆1982年版，第172页。

要条件。事实上，"在具有良好的法律的国家中生活的训练，关键不在于形成良好的行为习惯，而在于接受渗透、贯穿于这些行为习惯或行为方式之中的共同体价值精神，塑造出共同体所期待的某种心灵秩序。即习惯的关键不是行为秩序，而是通过确立行为秩序形成心灵秩序。我们在接受某种行为方式、养成某种行为习惯的同时，也就在无形中接受了与这种行为方式渗透为一体的某种社会价值精神。"①

在黑格尔思想的基础之上，杜威提出美德（或好习惯）的形成是一个主体主动参与的开放性过程。杜威将习惯理解为一种人类活动方式。人格、个性、品格即是人的习惯类型，习惯具有连续重构性。在道德人格或美德形成问题上，杜威认为人不可以完全不依赖社会环境，但人与社会环境的关系不是事物与装事物的容器之关系。在他看来，习惯具有二重特征，既是主体活动的前提，亦是主体活动的结果。习惯是开放、"重构"的连续过程。任何行为均是习惯性行为。我们每个人所面对的问题主要并不是所谓"合理行为"与"习惯行为"之间的对立，而是不同习惯之间的对立，是"因循守旧"习惯与"理智习惯"之间的对立。② 我们的行为选择并不是在某种习惯的道德权威之间的选择，而是在较多还是较少地采取"有理智且有意义的"各种习惯之间的选择。③ 习惯是可塑的，习惯的"可塑性"是主体"从经验学习的能力"，这种从经验学习并获得的东西"有助于应对后来处境"。主体在日常生活中的经验以及从经验中学习的能力使得主体及其习惯不断被重构。其实，这种好习惯养成的过程就是道德教化的过程。因为道德教化的目标正是在于不断引导个体从感性生活上升到理性生活，从低级的快乐上升到高级的快乐，"生活优裕，行为美好"，使人的生活成为"合乎德性的现实活动"④，成为幸福的生活，显现个体生命

---

① 高兆明：《有尊严地生活：美德与生活世界》，《道德与文明》2013 年第 6 期。
② 参见 [美] 费什米尔：《杜威与道德想象力：伦理学中的实用主义》，徐鹏等译，北京大学出版社 2010 年版，第 20—21 页。
③ 同上书，第 16 页。
④ [古希腊] 亚里士多德：《尼各马科伦理学》，《亚里士多德全集》第八卷，中国人民大学出版社 1992 年版，第 16 页。

存在的完整性。

可见，习惯是对"人类精神"及其历史的记忆，记忆具有理解与意义的特质。孔子的"性相近，习相远"（《论语·阳货》）表明了"习惯"对德性的重要性。《尚书·太甲上》中也有"兹乃不义，习与性成"之说，揭示了"少成若天性，习性成自然"的道理。因为习惯一旦形成，就成为人们用以判断事物合理与否的"天然"价值标准。① 柏拉图、亚里士多德、黑格尔等之所以强调要生活在有"良好法律的国家"，是因为只有生活在"良好法律"的环境中，人们才能形成好的习惯，进而形成好的"第二天性"，拥有美德。当然，个体美德的形成也是文而化之的结果，社会的教化与个体的教养息息相关。在中国古代，个体美德培养和提升的目标是君子境界。

四、君子人格：道德自律之目标引领

"君子"是中国文化特别是儒家文化中的一个重要词语，从某种意义上说，儒家文化乃至中国文化就是"君子文化"。几千年来，在这种文化的影响下，君子也就成为中国人追求和向往的人格理想和精神境界。

（一）"君子"与"君子之道"

何谓君子？君子是中华礼仪之邦在礼乐文明的浓厚氛围中培育出的人格高洁、形象典雅的士。梁启超说："孔子常言君子，君子即指有伟大人格可以为群众表率者。如'君子笃于亲则民兴于仁'、'君子之德风，小人之德草'等，皆当如是解。"② 胡适说："（孔子）平日所说，'君子'便是人生品行的标准。"③ 由于"孔子常言君子"，如在《论语》一书中，"君子"一词出现了 106 次之多，在孔子删订的《诗经》中，"君子"出现了 180 余次，

---

① 参见高兆明：《存在与自由：伦理学引论》，南京师范大学出版社 2004 年版，第 49—50 页。

② 梁启超：《先秦政治思想史》，东方出版社 1996 年版，第 121 页。

③ 胡适：《中国哲学史大纲》，东方出版社 1996 年版，第 100 页。

其中以"君子"为主角的诗篇有四十余首，所以辜鸿铭认为："孔子全部的哲学体系和道德教诲可以归纳为一句话，即'君子之道'。"[①] 其实，"君子"的本义是"君之子"，乃是阶级社会中对上层贵族的通称。古代"君子"与"小人"相对应，君子指士以上的上等社会的成员，小人指士以下的小百姓。后来封建制度被破坏，二者的关系由社会阶级的区别转化为道德品格的区别。这一转化始于孔子"礼下庶人"的私学教育。因此，从某种程度上说，道德品格意义的"君子"和具有平民意识的孔子密切相关，是他为出身低微的人们架起了一座通向"君子"的桥梁，为中国古代的道德教育和人才培养树立了一个有形的标杆，甚至可以说，孔子用他的智慧和行动勾画出了"中国人"的理想形象。孔子之后的孟子、荀子以及其他儒家学者都以他们各自对"君子"的理解，继续为世人勾勒着中国"君子"的完美形象。从世界视野来看，中国彬彬有礼的君子与西方文化中的绅士在内涵和外延上有诸多相似之处。

据文献记载，有一次，鲁哀公问孔子怎样选拔人才？孔子说："人可以分为五等，即庸人、士人、君子、贤人和圣人，区分清楚这五种人，就能找到治理国家的方法。"[②] 接着，孔子分别对五种类型的人进行了解释。

---

① 辜鸿铭：《中国人的精神》，海南出版社 1996 年版，第 50 页。
② 《孔子家语·五仪》记载，孔子曰："人有五仪：有庸人、有士人、有君子、有贤人、有圣人。审此五者，则治道毕矣。"鲁哀公曰："敢问何如斯可谓之庸人？"孔子曰："庸人者，心不存慎终之规，口不吐训格之言，不择贤以托其身，不力行以自定。见小暗大，不知所务；从物如流，不知其所执。此则庸人也。"公曰："何谓士人？"孔子曰："所谓士人者，心有所定，计有所守，虽不能尽通道术之本，必有率也；虽不能备百善之美，必有处也。是故知不务多，必审其所知；言不务多，必审其所谓；行不务多，必审其所由。知既知之，言既道之，行既由之，则若性命之形骸之不可易也。富贵不足以益，贫贱不足以损。此则士人也。"公曰："何谓君子？"孔子曰："所谓君子者，言必忠信而心不怨，仁义在身而色不伐，思虑通明而辞不专。笃行信道，自强不息，油然若将可越而终不可及者，此则君子也。"公曰："何谓贤人？"孔子曰："所谓贤人者，德不逾闲，行中规绳，言足以法于天下而不伤于身，道足化于百姓而不伤于本。富则天下无宛财，施则天下不病贫。此则贤人也。"公曰："何谓圣人？"孔子曰："所谓圣者，德合于天地，变通无方，穷万事之终始，协庶品之自然，敷其大道而遂成情性。明并日月，化行若神。下民不知其德，睹者不识其邻，此谓圣人也。"

所谓庸人，他们心中没有谨慎行事、善始善终的原则，口中说不出有道理的话。他们往往小事明白大事糊涂，碌碌无为；凡事随大流，不知自己所追求的是什么。所谓士人，他们心中有确定的原则，有明确的计划，即使不能尽到行道义治国家的本分，也一定有遵循的法则；即使不能集百善于一身，也一定有自己的操守。所谓君子，说出的话一定忠信而内心没有怨恨，身有仁义的美德而没有自夸的表情，考虑问题明智通达而话语委婉，遵循仁义之道，努力实现自己的理想，自强不息。所谓贤人，他们的品德不逾越常规，行为符合礼法。他们的言论可以让天下人效法而不会招来灾祸，道德足以感化百姓而不会给自己带来伤害。他虽富有，天下人不会怨恨；他一施恩，天下人都不贫穷。所谓圣人，他们的品德符合天地之道，变通自如，能探究万事万物的终始，使万事万物符合自然法则，依照万事万物的自然规律来成就它们。光明如日月，教化如神灵。可以看出，君子、贤人、圣人与士人、庸人的区别在于，前三种人都内有仁义道德，外有礼法规范，倾慕古代的道德礼仪，有较高的理想追求和对万事万物规律性不同程度的把握。

（二）君子的品格与素养

在先秦儒家的心目中，君子品格具有以下内涵：其一，君子应具有人文情怀。孔子是中国古代人本主义的奠基人之一，他经常用人道思想教育学生，以培养他们的仁爱之心。有一次，子游问孔子："丧葬的时候，用泥土做车，用草扎动物来殉葬，自古有之。然而，现在有人用木偶人来殉葬，我觉得这对丧事没有什么好处。"孔子说："用草扎动物很好，用木偶人殉葬是不仁的，这不就近于用活人来殉葬吗？"中国古代特别是夏商时期有一种非常野蛮的活人殉葬制度，周代以后逐渐废除，但有人用泥俑来代替人殉葬。对此，孔子非常气愤地说："始作俑者，其无后乎！"因为在孔子看来，不管是泥俑还是木偶人，虽不是真人，但都是人的样子，这就包含着一种罪恶的观念，而这种反人道的观念是孔子无法忍受的。这就是君子所具有的仁慈之德。其二，君子应具备仁、义、礼、智、信"五德"。有一次，子贡向孔子请教说："君子以玉为贵而以珉为贱，这是为什么？是因为玉少而珉多吗?"（珉是一种似玉的石头。）孔子说，并不是因为玉少就认为它贵重，也不是因为珉多而轻贱它。从前君子将玉的品质与人的美德相比。玉温润而有光泽，像仁；细密而又坚实，像智；有棱角而不伤人，像义；悬垂就下坠，像礼；敲击它，声音清脆而悠长，最后戛然而止，像乐；玉上的瑕疵掩盖不住它的美好，玉的美好也掩盖不了它的瑕疵，像忠；玉色晶莹发亮，光彩四溢，像信；玉的光气如白色长虹，像天；玉的精气出于山川，像地；朝聘时用玉制的珪璋直接通达情意，像德；天下人没有不珍视玉的，像尊重道。《诗经》说，每想起那位君子，他温和的如同美玉。孔子把玉的品质比作君子之德，生动形象地说明，仁、义、礼、智、信"五德"是君子必备的道德。其三，君子具有谦虚和中庸之德。符合理性的行为才是合礼的行为，君子的言行应符合理性，追求"无过无不及"或"致中和"的理想状态。孔子曾经带学生参观周庙，并借敬器之特性教育学生做人的道理。他说，德行宽裕的人，守之以谦恭；土地广大的人，守之以勤俭；禄位尊盛的人，守之以卑弱；人众兵强的人，守之以敬畏；聪明睿智的人，守之以愚笨；博闻强记的人，守之以肤浅。这就是抑损的方法啊。敬器向世人揭示了"满招损，谦受益"的道理，也提醒要成为君子的人，必须将谦敬礼让作为行为的基本规范。有一次，子贡向孔子请教对人谦逊应遵循什么原则，孔子说，对人表示谦逊就好像土地一样吧！挖掘得深就会流出泉水，在土壤上种植就会长出各种庄稼。草木在土地上生长，禽兽在土地上繁育。土地功劳很大自己却不在意，胸怀宽阔而无所不容。这里包含着温和、善良、恭谨、俭朴、谦让的美德。《礼记》则将适度原则形象化为"傲不可长，欲不可纵，乐不可极，志不可满"（《礼记·曲礼上》）的忠告，提醒人们欲望情感的适度、言行举止的得体是君子所必需的。孔子认为"君子中庸，小人反中庸"。因此，冯友兰将"尊德性而道问学，致广大而尽精微，极高明而道中庸"（《礼记·中庸》）作为儒家思想的精华和君子之行的信条。其四，君子应重义轻利、见利思义。人生在世，追求财富和权力原本无可厚非，因为财富和权力既是美好生活之需要，也是人生价值之体现，但问题在于，当"富与贵"与"道"或"义"冲突时，如何取舍？孔子抉择的准则是"不义而富且贵，于我如浮云"（《论语·述而》）。孔子教育其弟子："富与贵，是人之所欲也；不以其道得之，不处也。贫与贱，是人之所恶也；不以其道得之，不去也。"（《论语·里仁》）这也是孔子一生坚守的原则，他用自己的行动践履了这句箴言。当身为家臣的阳货通过控制季氏而操纵鲁国大权之后，想拉拢具有极高声望和影响力的孔子为其服务，但孔子丝毫不为所动。孔子有自己的是非标准和价值判断，他绝不会与僭越礼义的乱臣贼子同流合污，绝不会见利忘义或舍义取利，绝不会助纣为虐以获取像浮云一样的富贵。

（三）如何成为君子

在《论语》中，孔子对如何成为君子有一段精辟的论述："质胜文则野，文胜质则史。文质彬彬，然后君子。"这句话既是对君子形象的描述，也是对君子内涵的揭示。当然，要真正成为"文质彬彬"的君子，就需要遵循和践履君子之道。君子之道是由君子之德、君子之行、君子之理想、君子之人格构成的，一个人只要内修仁义道德，外守礼仪规范，就能成为"诚于中而形于外"的君子。

1. 内在之"质"：德行、理想与人格

这里的"质"主要指君子之德、君子之理想、君子之人格。君子之德具体包括仁、义、礼、智、信"五德"。亚里士多德在谈到人类道德的意义时指出："人与其他动物的区别就在于，人不仅要生存，而且要生活；不仅要生活，而且要过'好生活'。"人有道德地生活即是一种"善的生活"（good life）或曰"好的生活"。这种"善的生活"无疑是君子应该追求的。但丁指出："知识不足可以用道德来弥补，而道德不足是多少知识也弥补不了的。"卢梭指出："德行是灵魂的力量。"康德说："世上有两样东西，我们愈经常愈持久地加以思索，它们就愈使我们的心灵充满始终新鲜不断增长的景仰和敬畏，它们是在我之上的星空和居我心中的道德法则。"这

287

些道德法则在古代中国就是礼义，君子就是那些"居仁由义"的国家栋梁和社会精英。

其一，君子应有执着的理想追求。这也是君子与小人的重要区别。在《论语》中，孔子及其弟子多次谈到"君子谋道不谋食"、"君子忧道不忧贫"、"士志于道"、"朝闻道，夕死可矣"的话题。无疑，对真理、规律和道义的不懈追求是君子的理想。在孔子周游列国的过程中，曾被围困于陈、蔡两国之间，绝粮七日。面对困境，他依旧讲诵弦歌，抚琴吟唱。但弟子们的不满和悲观情绪却在滋长和蔓延。他们跟随老师周游八年了，八年来，他们砥砺人格，修养品德，怀抱理想，满腔热情，却备尝艰辛，处处碰壁。急躁、直率的子路此时怒形于色地问孔子："难道君子也有穷困潦倒、一筹莫展的时候吗？"孔子告诉子路："君不困不成王，烈士不困行不彰。"（《孔子家语·困誓》）因此，君子固穷，但穷且益坚，穷不失志。君子的人格不会因穷而堕落，君子的精神不会因穷而萎靡，君子的气质不会因穷而委琐。孔子教学的目标是培养能修身、齐家、治国、平天下的君子和国家栋梁，而不是要培养具有某方面专业知识或技能的专门人才，因此，他说："君子不器。"（《论语·为政》）"不器"的君子追求的是"大道"、"大义"、"大仁"、"大礼"，这样的君子是孔子心目中的治国平天下之才，是孟子心目中具有浩然之气的"大丈夫"。

其二，君子有安贫乐道的人格境界。人格境界是一个人品味高低的重要标志。自古以来，君子都以高尚的人格作为自己的人生追求。历史上有为"仁道"而身遭厄运，甚至不惜献身的微子、箕子和比干；有"不降其志，不辱其身"，宁愿饿死也不食周粟的伯夷、叔齐；有虽"降志辱身"但坚守"仁道"，倡导礼义的管仲和百里奚；更有为"仁道"和礼乐之制的推行而颠沛流离、矢志不移的孔子师徒。这些君子的共同点是安贫乐道、刚毅方正和成仁成义，这是君子人格的基本内容。孔子的一生可以说是充满艰辛和磨难的一生，但我们在记载孔子生活和思想的《论语》、《孔子家语》等书中，却根本看不到愁眉苦脸的孔子，字里行间映现出的是一个快乐、幽默、睿智、淡然、执着、仁义且平易近人的孔子。他曾说："饭疏食饮水，曲肱而枕之，乐亦在其中矣。"(《论语·述而》)庄子曾描述过如下动人的场景：孔子携弟子到黑帷帐似的树林里闲游，坐在杏花盛开的土坛上休息。他的学生们在读书，孔子在弹琴唱歌。颜回是孔子最得意的门生，孔子由衷地赞扬他："一箪食，一瓢饮，在陋巷，人不堪其忧，回也不改其乐。"(《论语·雍也》)孔子和颜回师徒的快乐，后人称之为"孔颜之乐"。宋代的大学者周敦颐曾让其门生程颐、程颢"寻孔颜乐处，所乐何事"？这其实是一个值得所有想成为君子的人追寻的问题，从这里可以进入圣人的内心世界，通往儒家道德的最高境界。在洋洋万言的《论语》中，不见一个"苦"字，与"乐"相对的是"忧"字。君子不言苦，但不可能无忧，只不过君子之"忧"不是对个人私利与得失的"忧愁"，而是对社会和国家的"忧虑"，对人间道义的担当。此即孔子所说的"朝闻道，夕死可矣"(《论语·里仁》)。因此，"孔颜之乐"指的就是人虽身处贫贱之境，却不改其道、不忘仁、不忘善的精神，也就是"安贫乐道"。孔颜之乐便是圣人之乐，孔颜乐仁、乐道的境界便是圣人的境界。

其三，君子有刚直不阿的人格追求。对君子而言，仅有"安贫乐道"是不够的，在面临各种现实选择时，人格层面还要做到刚毅方正、成仁成义。有一次，鲁哀公向孔子请教什么是儒者以及儒者的道德操守，孔子用精准的语言，展现了儒者也是其心目中的君子所具有的人格境界。他说儒者是特立独行、刚强坚毅，"儒者可亲而不可劫也，可近而不可迫也，可杀而不可辱也。"(《礼记·儒行》)君子重视自己的人格尊严，不为权势利诱所折腰，可以做到"三军可夺帅也，匹夫不可夺志也"(《论语·子罕》)。君子不仅要追求自我完善，而且要为实现齐家、治国、平天下的最终理想而献身。"士不可以不弘毅，任重而道远。仁以为己任，不亦重乎？死而后已，不亦远乎？"这既是对主体力量的确认，也是对社会责任的担当。从"修己以敬"到"修己以安人"，再到"修己以安百姓"，可以看出，个体自我完善的最终目标乃是国家和社会的进步与发展。孔子终生为实现"人能弘道"的信念而奔波，不惜颠沛流离，不惜遭受冷遇，不惜身陷绝境。正是这种积极入世、献身道义的君子精神，始终激励着中华民族的志士仁人，以天下为己任，救邦国于危难，拯生民于涂炭，为仁道的实现和民族的昌盛，鞠躬尽瘁，死而后已。在古代中国，由仁、义、礼、智、信凝练而成的君子理想和由安贫乐道、刚毅方正、成仁成义汇聚而成的君子人格，共同构成了中国礼乐文明中的君子精神。在经历了漫长历史岁月的洗礼之后，君子精神最终成为了中华民族精神家园的基石和民族精神的内核。

2. 外在之"文"：恭谨端庄、敏行慎言、气质典雅

"文"主要包括举止行为、仪表仪态和语言谈吐。关于仪表，孔子主张君子"出门如见大宾"（《论语·颜渊》），"见人不可不饰，不饰无貌，无貌不敬，不敬无礼，无礼不立。"（《大戴礼记·劝学》）在这里，孔子把外表的修饰看作是对他人的礼貌和尊敬，它影响着一个人能否成功地立身处世。因此，服饰仪表的端庄典雅是有教养、有身份、有地位的君子必须重视的。但君子之所以为君子，主要是因其有渊博的学识，而非有独特的服饰，至于服饰，只需入乡随俗即可。《礼记·儒行》记载，"鲁哀公问于孔子曰：'夫子之服，其儒服与？'孔子对曰：'丘少居鲁，衣逢掖之衣；长居宋，冠章甫之冠。丘闻之也，君子之学也博，其服也乡，丘不知儒服。'"

其一，在仪态表情、举止行为方面，君子要遵守严格的礼仪规范。"儒有衣冠中，动作慎。其大让如慢，小让如伪；大则如威，小则如愧。其难进而易退也，粥粥若无能也：其容貌有如此者。"（礼记·儒行）孔子曾将君子的言谈举止规范概括为"非礼勿视，非礼勿听，非礼勿言，非礼勿动"（《论语·颜渊》）。例如，与人交往时面部表情和目光应端庄持重："毋不敬，俨若思"（《礼记·曲礼上》），"凡视，上于面则傲，下于带则忧，倾则奸。"（《礼记·曲礼下》）交际中的仪容及谈吐都应彬彬有礼，大方得体，"坐必安，执尔颜。长者不及，毋儳言。正尔容，听必恭，毋剿说，毋雷同，必则古昔，称先王。侍坐于先生，先生问焉，终则对。请业则起，请益则起。父召，无'诺'；先生召，无'诺'。'唯'而起。"（《礼记·曲礼上》）儒者的身姿应"坐如尸，立如齐"（《礼记·曲礼上》），意即坐姿应像祭祀的尸一样挺直端坐、沉稳大方，站姿要像祭祀时屈身弯腰一样谦恭尊敬。儒者只有做到了这些，才能成为"文质彬彬"的君子。当然，处于不同阶层、扮演不同角色的儒者，其外在形象亦有区别。"天子穆穆，诸侯皇皇，大夫济济，士跄跄，庶人僬僬。"（《礼记·曲礼上》）意即天子显出一副穆穆然深不可测的样子，诸侯显出一副皇皇然庄重贵盛的样子，大夫显出一副济济然徐缓有节的样子，士显出一副跄跄然洒脱舒扬的样子，庶人显出一副僬僬然匆忙急促的样子。"士君子之容：其冠进，其衣逢，其容良，俨然，壮然，祺然，蕼然，恢恢然，广广然，昭昭然，荡荡然，是父兄之容也。其冠进，其衣逢，其容悫，俭然，侈然，辅然，端然，訾然，洞然，缀缀然，瞀瞀然，是子弟之容也。"（《荀子·非十二子》）上述一系列规范便形成了君子恭谨端庄、文雅和顺之形象。

其二，在语言谈吐方面，孔子认为君子要敏于行而讷于言，敏于事而慎于言，即做事要勤劳敏捷，言语要谨慎迟钝。在他看来，满口花言巧语、满脸堆起讨好笑容的人，是没有多少仁德的；刚毅果断、质朴而说话谨慎的人，是接近仁德的人。他曾立场鲜明地表示，花言巧语、满脸谄媚之色、百依百顺的样子，左丘明认为可耻，他也认为可耻。孔子曾带领弟子到周朝都城洛邑考察周礼，在进入太祖后稷之庙时，看到门口右边的台阶旁站立着一尊铜铸的人像。此铜人的嘴巴被封了三层，其背后铭文为："这是古代说话谨慎的人。警戒啊！不要多言，多言多败；不要多事，多事多患。言语谨慎，是福的根源；口无遮拦，是祸的大门。"孔子以此告诫弟子，君子应温和谦恭，谨慎修德，像江海一样，虽处下游，却容纳百川。他指出，君子在人生征途上要做到"三戒"："少之时，血气未定，戒之在色；及其壮也，血气方刚，戒之在斗；及其老也，血气既衰，戒之在得。"（《论语·季氏》）

其三，在个人形象、气质风度上，君子应慧中秀外、文质彬彬。孔子的君子思想是在吸纳《诗经》《周易》等元典中君子理念的基础上发展而来的。《诗经》中关于"君子"诗歌的由 62 首，生动地勾画了君子文质兼备的形象：

> 湛湛露斯，匪阳不晞。厌厌夜饮，不醉无归。湛湛露斯，在彼丰草。厌厌夜饮，在宗载考。湛湛露斯，在彼杞棘。显允君子，莫不令德。其桐其椅，其实离离。岂弟君子，莫不令仪。（《诗经·小雅·湛露》）

这里的"令德"指君子的美好品德，"令仪"之君子端正典雅的容止和威仪。在《论语》中，孔子将这种令德令仪的君子形象表述为："质胜文则野；文胜质则史。文质彬彬；然后君子。"（《论语·雍也》）同时，孔子将培养君子作为自己的教学目标，他告诫自己的学生要做"君子儒"，勿做"小人儒"。《论语》记载："子以四教，文、行、忠、信。"即孔子用文献、实践、忠诚、信实四种内容教育学生，其中忠信之德的教育就占了一半的内容。在孔子的影响下，他的弟子们都将忠信放在做人的首要位置。曾子说他每天多次反省自己：为别人办事是否尽心尽力？和朋友交往是否真诚守信？从老师那里学到的知识是否都践行了？子路更是用自己的生命践行了忠信之道。子路性格爽直，为人勇武，信守承诺，忠于职守。卫出公十二年，子路担任卫国大夫孔悝的家臣，卫国贵族发生内讧，孔悝参与叛乱要推翻卫出公。叛乱发生时，子路因事在城外，碰到同在卫国就职的师弟高柴正在往城外逃，高柴劝子路："出公已经败逃了，城门也关上了，你还是退回去的好，不要平白受到他的牵连。"子路说："自己拿了卫国的俸禄，不能在国君危难之际逃避不管呀！"此时正好有使者进城，子路随着他们进了城。在与叛乱者的交战中，他受了伤，帽带也被砍断了，他说："一位君子，就是死也不能让帽子掉落。"在他系帽带时，敌人挥刀将其砍死。他给后人留下了"君子死，冠不免"的英雄气节和君子形象，谱写了一曲忠信勇武的赞歌。

总之，儒者的形象应是内外美的统一。君子不仅要"义以为质，礼以行之，孙以出之，信以成之"（《论语·卫灵公》），而且还要将义、礼、谦逊和诚信这些内在的美呈现在自己的举止行为和仪表言谈中，做到"诚于中而形于外"，"体恭敬而心忠信，术礼义而情爱人"（《荀子·修身》），以塑造出内刚外柔、内方外圆、内质外文、文质彬彬的君子形象。

　　历史的车轮虽已运转到了 21 世纪，但古代君子的道德理想、人格追求和形象气质仍值得国人学习和效仿。今天，面对流变不居、复杂多元、充满诱惑和物欲泛滥的世界，人们常常茫然无措。一个有君子人格追求的人，应有自己坚毅的定力。"一个人可以被夺走一切，却唯有一件事傲然独守：人类最后的自由——所持有的态度，所走的道路。"① 我们只有继承和发扬几千年传统文化积淀的这些精华，才能涵育德性、守护尊严、升华人性，才能培养出更多经天纬地的栋梁之材，造就出更多文质彬彬的君子和浩然正气的大丈夫，使中国人以自己独特的文明形象和人格魅力挺立于世界之上，以实现中华民族的伟大复兴。

---

① 　［美］马克·马陶谢克：《底线——道德智慧的觉醒》，高园园译，重庆出版社 2013 年版，第 83 页。

第八章　角色美德与社会公德培育

未经审视的生活是不值得过的。

——苏格拉底

德性是一种获得性品质，这种德性的拥有和践行，使我们能够获得对实践而言的内在利益，缺乏这种德性，就无从获得这些利益。

——麦金太尔

无论是西方的古希腊时期还是中国的先秦时期，哲学都热切地关照个体人生和人类生活，力图从生活观点来引出社会观点。苏格拉底把哲学从天上拉倒了地上，他致力于追问美德是什么以及生活的意义；而孔子思考的是如何成己成人和修齐治平。在亚里士多德看来，人是政治动物；在先秦儒家看来，人是道德动物。当然，无论是政治动物还是道德动物，德性都是人之为人的标志。个人美德和社会公德不仅是伦理学研究的重要内容，而且是关乎个人幸福和社会文明的核心要素。"伦理学的根本目标是为了询问生活意义，它所关心的是什么样的行为方式、生活形式和社会制度最能够创造幸福生活。生活意义、好生活、幸福是三位一体的伦理学基本问题。"① 从本质上说，人的行为是为了构成某种有意义的生活而不是别的。"但是随着社会机制日益发达，尤其是现代的生产、分配和传播制造了大量的表面目标和利益而掩盖了生活的真实意义，各种体制和标准把生活规划为盲目的机械行为，人们在利益的昏迷中失去了幸福，在社会规范中遗忘了生活，就好像行为仅仅是为实现体制的规范目标，而不是为了达

---

① 赵汀阳：《论可能的生活》，中国人民大学出版社 2010 年版，第 8—9 页。

到某种生活意义。"① 因此，为了生活的意义，更为了拥有幸福的生活，我们必须培育和提升个人的角色美德和生活公德，让自己成为有德性之人。

一、德性及其养成

（一）西方的德性论

德性是人类的一种品质，即道德品质。德性品质是人类幸福的重要前提。② 在古希腊，德性本义指"优秀品质"和事物的"最佳本性。"③ 在个人行为特质上也经常被译为"美德"。关于"德性"，有两方面基本界定，一是所有事物都可以有"德性"或自身的"优秀"。例如，马有马的优秀，战士有战士的优秀。同样，作为一个共同体的政治组织或城邦，也有城邦的优秀或德性。二是德性有一种目的论的内涵。任何事物都有一种目的，事物最佳的状态就是朝向这种目的和本性而运行、行动。苏格拉底、柏拉图、亚里士多德强调人应修养智慧、勇敢、节制、公正四种德性，过一种理智的生活。苏格拉底认为："公正以及别的美德都是明智的一部分。"④ 柏拉图认为："德性和智慧是人生的真幸福。"⑤"智慧比快乐具有较大的善"，"智慧"节制"快乐"⑥，"德性就是正当履行责任"⑦，"最优越的生活之道就是生前死后实行公正和样样德性"⑧。亚里士多德强调，"德性存在于中道，为理性所规定"⑨，"人离开了德性，将是最肮脏、最残暴的，最坏的纵欲者和贪婪者"⑩。德性是古希腊人生活中非常核心的东西，德性构建他们对于

---

① 赵汀阳：《论可能的生活》，中国人民大学出版社 2010 年版，第 9 页。

② 参见江畅：《西方德性思想史》古代卷，人民出版社 2016 年版，第 1 页。

③ 王扬：《〈理想国〉汉译辨正》，华东师范大学出版社 2014 年版，第 3 页。

④ 周辅成：《西方伦理学名著选辑》上卷，商务印书馆 1964 年版，第 51 页。

⑤ 同上书，第 181 页。

⑥ 同上书，第 191 页。

⑦ 同上书，第 211 页。

⑧ 周辅成：《西方伦理学名著选辑》上卷，商务印书馆 1964 年版，第 213 页。

⑨ 苗力田：《古希腊哲学》，中国人民大学出版社 1989 年版，第 574 页。

⑩ 同上书，第 586 页。

整个世界的理解，古希腊的德性伦理学、德性政治学都建基于德性之上。柏拉图和亚里士多德认为，人最重要的事情是成就自己的德性，政治问题的核心也是德性问题；政治共同体或城邦最为重要的事情是促进人的德性。对于柏拉图来说，理想国中最为重要的事情便是培育公民的德性，像孔子主张通过礼乐教化来培养君子一样，他主张通过诗歌、音乐等来培养城邦未来的统治者。亚里士多德则认为，城邦的最高目的是为了优良的生活，即增进德性。"凡订有良法而有志于实行善政的城邦，就得操心全邦人们生活中的一切善德和恶行"，真正的城邦"必须以促进善德为目的"。[①]

当代伦理学家麦金太尔在揭露现代性的道德危机的同时，提出向以亚里士多德为代表的德性传统回归的思路，并据此构建了独特的新保守主义德性观。麦金太尔认为，德性无处不在，大到人类历史的发展，小到人生活的一举一动；道德寓于持续着的传统中，只有人们持守德性，方能使传统得到强化和维持；要想维护德性的统一性，就必须从整体的角度思考和评价生活，只有从生活整体的善才能适当地说明德性的背景条件；德性（善）与实践具有内在统一性。他指出："德性是一种获得性品质，这种德性的拥有和践行，使我们能够获得对实践而言的内在利益，缺乏这种德性，就无从获得这些利益。"[②]麦金太尔认为，现代社会中自由主义盛行是由于抛弃了亚里士多德的德性论传统，人们所继承的只是道德的残片，脱离了人之为人的内在目的性，我们的道德生活陷入困境。他强调，只有通过亚里士多德的德性观才能真正理解规则的功能和权威性。所以，要想解决现代道德的困境，必然要重新回到亚里士多德的德性论传统。

（二）中国古代的德性伦理

在中国古代，德性即道德品性，指人的自然至诚之性。通俗地讲，德性指人崇尚的道德理想信念和个人的品德操守。德性伦理强调人的内在信

---

① 〔古希腊〕亚里士多德：《政治学》，吴寿彭译，商务印书馆1965年版，第138—140页。
② 〔美〕阿拉斯代尔·麦金太尔：《德性之后》，龚群、戴扬毅译，中国社会科学出版社1995年版，第241页。

念、善性良知、责任义务对道德行为的引领和支撑作用。中国传统伦理特别强调德性，诸如"日新其德"（《易·大畜卦·象》），"孳孳为善"（《孟子·尽心》），"见贤思齐"（《论语·里仁》），"止于至善"（《礼记·大学》），以及"圣希天，贤希圣，士希贤"（《通书·志学》）等等。古人认为，人只要努力修养德性，便都有成圣成贤的可能，即所谓"人皆可以为尧舜"（《孟子·告子下》），"涂之人可以为禹"（《荀子·性恶》），中国传统伦理之所以影响深远、感人至深是与其注重德性及德性伦理密不可分的。"孔子'为己之学'的思想内涵'使我们作为学习者自己成为仁者'的目的。这目的使它孕育出一种德性伦理学。由于这种伦理学适合概括为孔子思想的重要特点，我们可以把孔子思想的体系概括为德性伦理学的人文主义。"① 儒家典籍《大学》和《中庸》对于德性伦理做出了系统精致的概括。《大学》讲"格物、致知、诚意、正心、修身、齐家、治国、平天下"，儒家德性修养论的这一经典表述，不仅强调了"诚意、正心"的德性修养，而且强调了德性与事功、内圣与外王的统一。《中庸》则提出"天命之谓性，率性之谓道，修道之谓教"，其作为儒家德性教化的纲领，与孟子讲的"尽心知性知天"（《孟子·尽心上》）一样，为德性伦理与德性教化提供了"天人合一"的本体论形上学根据。儒家的德性伦理对于提升人的道德水平和道德境界、促进个人完善和社会完善以及型塑中华礼仪之邦产生了巨大而深远的影响。

（三）道德是个人幸福与社会和谐的必要条件

西方古代哲学家最早对德性的思考是为了回答人们普遍关心的"什么是幸福"以及"如何获得幸福"的问题。苏格拉底认为，善是人的目的，是人的本质，过"好的生活"，就是过"善的生活"，就是"活得高尚、活得正当"。② 在他被判处死刑后，本来可以通过缴纳罚金或向法官认错而免

---

① 廖申白：《孔子德性伦理学的人文主义引论》，《道德与文明》2016 年第 1 期。

② 参见〔古希腊〕柏拉图：《克里托篇》，《柏拉图全集》第一卷，王晓朝译，人民出版社 2002 年版，第 41 页。

于一死，但苏格拉底认为这样活着是不高尚、不正当的，于是毅然赴死。他在法庭的最后陈述中说："放弃自己的私事，多年来蒙受抛弃家人的耻辱，自己忙于用所有时间为你们做事，像一名父亲或兄长那样看望你们每个人，敦促你们对德性的思考。"① 因此，黑格尔说："苏格拉底是各类美德的典型：智慧、谦逊、俭约、有节制、公正、勇敢、坚韧、坚持正义来对抗僭主与平民，不追逐权力。苏格拉底是具有这些美德的一个人——一个恬静、虔诚的道德形象。"② 柏拉图在《国家篇》中说："每个灵魂都在追求善，把善作为自己全部行动的目标。"③ 他明确指出："人应当以幸福生活为目的，而不应以获得财富为目的，当以正确的方式获得财富并将财富置于自己的控制之下则是允许的。"④ 亚里士多德认为，"幸福是善，而且是最高的、终极的、完满的、自足的善，因而是至善"⑤。在亚里士多德看来，灵魂的善就是德性，德性就在灵魂之中，"人的善就是合乎德性而生成的灵魂的现实活动"⑥。

无疑，就追求幸福而言，德行是人的明智之行。德性只有在伦理实践中转化为德行，才能真正成为个人美德和社会公德。德行即道德的行为，主要指客观活动、行为结果等符合社会伦理规范要求的行为。亚里士多德曾说，没有善良与伦理德性，就没有明智；同样，没有明智亦没有德性，德性离不开明智。⑦ 亚里士多德揭示了明智是一种德性的实践能力与实践

① 参见［古希腊］柏拉图：《申辩篇》，《柏拉图全集》第一卷，王晓朝译，人民出版社 2002 年版，第 19—20 页。

② 参见［德］黑格尔：《哲学史讲演录》第二卷，贺麟、王太庆译，商务印书馆 1960 年版，第 49 页。

③ ［古希腊］柏拉图：《国家篇》，《柏拉图全集》第 2 卷，王晓朝译，人民出版社 2003 年版，第 501 页。

④ ［古希腊］柏拉图：《法篇》，《柏拉图全集》第 3 卷，王晓朝译，人民出版社 2002 年版，第 632 页。

⑤ 江畅：《西方德性思想史》，古代卷，人民出版社 2016 年版，第 225 页。

⑥ ［古希腊］亚里士多德：《尼各马科伦理学》，苗力田主编：《亚里士多德全集》第八卷，中国人民大学出版社 1992 年版，第 14 页。

⑦ 参见［古希腊］亚里士多德：《尼各马科伦理学》，苗力田译，中国社会科学出版社 1992 年版，第 132 页。

品质，明智只有属于德性才是真正的智慧，而非纯粹工具性的谋划。[①] 明智是在应该的时间、对应该的对象、以应该的方式、办有用的事情。[②] 这样，明智就不仅是事物外在善，而且也是事物内在善，是事物内在善与外在善、目的善与手段善的统一。作为明智之行的德行将为个人带来幸福，使社会走向和谐。

在功利主义盛行的当代中国，许多人认为能够给自己带来幸福和快乐的是物质和金钱而非德性。特别是随着科学技术的高歌猛进和资本的恣意横行，一些人把金钱作为唯一的人生目标，功利成为不二的价值选择。其实，早在 18 世纪，由于自然科学所取得的巨大成就，牛顿事实上已经取代上帝而成为自然界的主宰。当时的人们相信科学将会把人类带入天国一般的幸福乐园，法国的启蒙思想家们也对科学的权威顶礼膜拜、推崇备至，甚至把对科学的态度作为甄别文明人与野蛮人的试金石。但"与那个时代几乎所有的知识精英的看法相反，卢梭把科学和艺术视为一些无聊而虚荣的奢侈品，认为它们产生于闲逸，导致了奢侈、腐化和道德堕落"。在卢梭看来，"科学、艺术和文明的进步是以道德的普遍沦丧作为代价的，科学和文明制造了欲望，从而给人类天真质朴的心灵套上了沉重的枷锁"。"由于科学和艺术的影响而形成的文明教养正在潜移默化地虚饰着人们的精神，腐蚀着人们的判断，却使人们遗忘了最起码的道德良知和责任感"。[③] 卢梭认为，世界上最可贵的东西是自由情感和道德良知，至于人们趋之若鹜的科学和艺术，不过是一些虚妄而无聊的欲望的产物。德行本身就是"纯朴的灵魂的崇高科学"，它的原则铭刻在每一个人的心中。因此人们只需反求诸己，"在感情宁静的时候谛听自己良知的声音就够了"。[④] 今天看来，卢梭的思想虽有一定的局限性，但其对科学技术所导致的工具

---

① 参见 [古希腊] 亚里士多德：《尼各马科伦理学》，苗力田译，中国社会科学出版社 1992 年版，第 120 页。
② 同上书，第 126 页。
③ 赵林：《浪漫之魂——让-雅克·卢梭》，武汉大学出版社 2005 年版，第 38 页。
④ [法] 卢梭：《论科学与艺术》，商务印书馆 1963 年版，第 37 页。

理性和欲望膨胀给予人类心灵和道德的负面影响的批判无疑是有远见卓识的。今天，人类对物质利益的无限追逐和物欲的泛滥已显现出愈来愈严重的弊端。谋求个人利益最大化在逻辑上意味着尽最大可能地最小化他人获得利益的机会，因此，经济人或"个人利益最大化者"的本质是"与他人为敌"。从某种意义上说，所谓"现代人"就是失去生活目的之人，是仅仅为利益活着的人，也是因此而敌视他人甚至漠视他人的人。① 现代人如此追求"物质"而漠视"他人"，岂不知生活的几乎全部意义、价值和幸福都不得不落实在"他人"上，倘若离开他人，不能与人为善或处处与人为敌，生活会完全丧失意义，人生亦将无幸福可言。为此，人类应呼唤仁义道德，因为"道德是容忍差异、是关怀他人、是正义感、是讲道理；道德是摆脱物化，回归人的本质，是最动人的精神力量；道德是通往幸福的必要条件！"②

康德将德性区分为本乎律令与合乎律令两种情形。合乎律令的道德行为是明智的德行，而本乎律令的行为才是高尚的德性，后者更为人赞美和向往。一个良序社会是能够向社会成员提供良好日常生活环境的社会，在这个环境中，选择德行被认为是明智的。这不仅需要有善的价值引导与精神塑造，更需要有善的社会结构与公正的社会制度体制。这样，在德行与明智相一致的社会结构、制度性安排之下，社会成员就可以通过生活体悟与理智认识，选择并践履正当的、善的行为规范。因为正当的、善的行为，同时也是明智的行为；不正当的、恶的行为，不仅是不应当的，同时亦是不明智的行为。明智的德性行为是与人为善之举，是个人幸福和社会和谐的必要条件。

(四) 德性是可以养成的

德性是否可教的问题最早是柏拉图在《普罗塔哥拉篇》中提出来的。

---

① 参见赵汀阳：《论可能的生活》，中国人民大学出版社 2010 年版，第 100—101 页。

② 林火旺：《道德：幸福的必要条件》，宝瓶文化事业有限公司 2006 年版，封底语。

普罗塔哥拉声称，德性是能够通过像他那样的智者传授给他人的，但苏格拉底认为，只有作为知识的德性才是可教的，而那些各种各样纷繁杂呈的德性则是不可教的。① 从历史上看，绝大多数伦理学家都认为德性是可以养成的。亚里士多德在其《政治学》、《尼各马科伦理学》中均较详细地论述了城邦、教育、法律对个体德性形成的意义。以亚里士多德为代表的古希腊文明之火在欧洲得到延续，康德的他律与自律思想，黑格尔的社会教化思想，均是对亚氏德性思想的弘扬。中国古代更是重视道德教化，中华礼仪之邦正是礼乐教化的结果。然而，对于德性究竟如何养成，却存在歧义，可以区分为教育修养论和环境决定论两种。教育修养论洞察了德性养成必须是心性改造这一深刻特征，却忽视了环境的影响，陷入了教育万能论；环境决定论合理地把握了人的存在环境对德性塑造的制约作用，却忽视了德性提升是人主动改造、修养之过程。其实，社会成员德性养成是在特定环境条件下的自我主动精神提升过程，社会的善美环境与个体的自觉修养均不可少。

德性的养成具有一定的规律性，即心理机制。如果人们生活在一种公正的社会结构中，这种社会结构、制度体制性安排及其运作机制注定了人们在利弊权衡之下，只有选择德行才是最明智的选择。人们在这种社会结构中所做出的德行选择在最初确实是他律的，然而，如果这种社会结构是稳定的，人们在行为选择过程中会形成一种稳定的行为选择图式，久而久之，这种行为选择图式就会成为人的"第二本能"，此时，人们的心理结构就会发生重大的跃迁。这种心理认知结构的变化是由他律转化为自律的最隐蔽机制，是道德境界提升的真实依据。② 一种行为习惯的养成，不仅仅是简单的行为动力定势，更重要的是心理结构的这种结构性跃迁之可能。这就是我们常说的"习惯成自然"。这也表明，道德教育不能脱离社会现实或社会环境，否则不仅难以产生实效，而且教育效果还会在真实的

①　参见江畅：《西方德性思想史》古代卷，人民出版社 2016 年版，第 30 页。
②　参见高兆明：《道德失范研究》，商务印书馆 2016 年版，第 152 页。

生活中"变形"、失效。如果说社会成员的德性水准也是教育的产物的话，那么，这种教育更多的是来自社会生活实践自身的教育。正如杜威所说："生活就是教育"，"生活的过程本身就是教化的过程。"① 当杜威将"教育就是生活"这一思想改变为"生活就是教育"时，事实上已经对教育作了一种影响深远的深刻理解。这种理解对道德教育同样是富有意义的。我国教育家陶行知对此作了更好的阐释："我们深信生活是教育的中心，生活教育是给生活以教育，用生活来教育，教育要通过生活才能发出力量而成为真正的教育。""教学做是一件事，不是三件事。我们要在做上教，在做上学。不再做上用功夫，教固不成为教，学也不成为学。"② 可见，道德教育只有融入日常生活之中，德性才能更好养成，德行才能成为生活习惯。

二、美德与伦理共同体

（一）美德与社会环境

爱尔维修曾说："人是环境的产物。"马克思也曾揭示改变环境与改变人自身的一致性，认为"人就是他所在的那个生活世界"③。人在改变自己所生活于其中的那个丑陋世界的同时，也在改变自身的丑陋性；在使不太完美的生活世界变得比较完美的同时，亦使自己变得比较完美。马克思毕生致力于建设一个合乎人性的环境，这就是自由人的联合体。对那种割裂环境与人、不深入探究社会成员堕落的深刻社会根源而简单地罪责于社会成员的做法，马克思深恶痛绝。他曾说过这么一段令人警醒的话：

> 并不需要多大的聪明就可以看出，关于人性本善和人们权力平等，关于经验、习惯、教育的可能，关于外部环境对人的影响、关于未来的

---

① 杜威：《确实性的寻求》，转引自周辅成：《西方伦理学名著选辑》下册，商务印书馆 1987 年版，第 716—726 页。

② 陶行知：《陶行知文集》，江苏教育出版社 2008 年版，第 692 页。

③ 《关于费尔巴哈的提纲》，《马克思恩格斯选集》第 1 卷，人民出版社 1995 年版，第 17 页。

重大意义，关于享乐的合理性等等的唯物主义学说，同共产主义和社会主义之间有着必然的联系。既然人是从感性世界和感性经验中汲取自己的一切知识、感觉等等，那就必须这样安排周围的世界，使人在其中能认识和领会真正合乎人性的东西，使他能认识到自己是人。既然正确理解的利益是整个道德的基础，那就必须使个别人的私人利益符合于人类的利益。既然从唯物主义意义上来说人是不自由的，就是说，既然人不是由于有逃避某种事物的消极力量，而是由于有表现本身的真正个性的积极力量才得到自由，那就不应当惩罚个别人的犯罪行为，而应当消灭犯罪行为的反社会的根源，并使每个人都有必要的社会活动场所来显露他的重要的生命力。既然人的性格是由环境造成的，那就必须使环境成为合乎人性的环境。既然人天生就是社会的生物，那他就只有在社会中才能发展自己的真正的天性，而对于他的天性的力量的判断，也不应当以单个人的力量为准绳，而应当以整个社会的力量为准绳。①

拉法格也曾表达过同样的思想："人生活在双重的环境里：在宇宙的环境或自然的环境里和在经济的或他们自己所创造的人为的环境里。这两种环境的共同作用和反作用决定人和人类的进化。""为了使人类变好，需要改变他们的生活环境。人自己创造了自己的社会环境，但是它又是环境的作品。当你改变环境的同时，你同时也在改变人的风格、习惯、激情和感情。"②

（二）伦理共同体对个体品德的影响

人是一种社会性存在，人的社会性最重要内容之一就是政治性。亚里士多德认为："人是天生的政治动物。"③作为动物，人类为什么能比蜂类或

---

① 《马克思恩格斯全集》第 2 卷，人民出版社 1956 年版，第 166—167 页。

② 参见《拉法格文选》上卷，人民文学出版社 1962 年版，第 168、364 页。

③ [古希腊] 亚里士多德：《政治学》，颜一、秦典华译，中国人民大学出版社 2003 年版，第 4 页。

其他群居动物所结合的团体达到更高的政治组织呢？亚氏的答案是因为人类有语言和理性。有了理性，人类就可以辨认善和恶、正义和不正义以及其它类似的观念；有了语言，人类就可以把这种理性的认识相互传达；有了语言和理性，人类就可以形成思想上的共识，进而结成政治上的共同体——"城邦"。人的"社会性"首先是"政治性"，或者说"人不同于动物之处不在于合群性，而在于组织性"[1]。从现实性上看，人的社会性或组织性就体现在其作为伦理共同体成员的身份上。人的品性与其生存的共同体关系密切。

什么样的共同体是"好"的共同体？柏拉图在《理想国》中指出，城邦秩序与个人灵魂同构[2]，其意是指城邦正义（和谐秩序）直接规定个体善。在柏拉图看来，公民在正义的城邦中才能形成正义的品德。柏拉图将城邦理解为一个有机体，公民各行其是、各尽其职、各得其所、和谐一体，即为城邦正义。智慧、勇敢、节制、正义四主德既是城邦正义秩序的灵魂，也是个人美德。亚里士多德则将美德理解为卓越、优秀，并认为公民是在城邦引导下过优良生活的过程中形成优良品质；更为重要的是，亚里士多德将伦理共同体的"好"、"优良"与人民的幸福生活紧密联为一体。他认为："最优良的政体……必须是一个能使人人……尽其所能而得以过着幸福生活的政治组织。"[3] 这里有两点值得特别注意：其一，人民的"幸福生活"是判断政体是否优良的根本依据与标准；其二，好的城邦政体是让每个个体都能过幸福生活，而不是让城邦中一部分人过幸福生活。在亚里士多德看来，公民是在过幸福生活的过程中形成优良品德的。古希腊哲人关于在过优良城邦生活中成为优良公民、形成优良美德的思想，日后成为欧洲的一种文化传统。

---

① ［美］阿伦特：《公共领域和私人领域》，载汪晖主编：《文化与公共性》，生活·读书·新知三联书店 1998 年版，第 58—61 页。

② 参见［古希腊］柏拉图：《理想国》，郭斌和、张竹明译，商务印书馆 2010 年版，第 172—173 页。

③ ［古希腊］亚里士多德：《政治学》，吴寿彭译，商务印书馆 1965 年版，第 385 页。

黑格尔的《法哲学原理》是一部关于自由及其秩序的专门著作。在该书中，黑格尔将作为伦理共同体的国家理解为地上行走的神，是自由理念的现实化。伦理共同体以法权人格平等为前提，人人权利平等；每个人都有精神意志自由，自主自抉自律，听从良知，追求至善；这些具有自由精神的平等人格在日常生活的每一个领域都能实现权利与义务的统一，都能在特殊规定性境遇中实现自由权利，自由地生活。在家庭生活中有亲情之爱，在市民社会中有平等互惠，在公共生活中有自由平等。在黑格尔那里，在作为自由理念现实存在的伦理共同体中，个人自由与类的自由达到统一，个人自由精神（美德）与类的自由生活秩序（正义）实现完美结合。①

总之，一个好的伦理共同体是有正义价值与正义秩序的伦理共同体。在这个共同体中，人们能够对自己的行为有合理预期，能够预期自己的权利得到有效保护、自己的人格尊严得到充分尊重。人们不再时刻担惊受怕，不再担心权利受伤害、尊严受践踏、生命无保障，不再生活在恐惧之中。从本质上说，"好"的共同体是一种客观社会结构及其制度安排，其中贯穿了一种自由的、人性的价值精神。有了这样"好"的共同体，每个个体才能形成好的习惯，并拥有美德。相反，如果一个伦理共同体缺失正义价值与正义秩序，或许个别优秀的个体可以保有自己的美德，但想让每个个体或多数个体拥有美德将是不可能的。

（三）人类理性与社会进步

理性（reason）是哲学上广泛使用的术语，它最早源于希腊语"逻各斯"。理性是指人在正常思维状态下为了获得预期结果，有自信与勇气冷静地面对现状，并快速全面了解现实，分析出多种可行性方案，再判断出最佳方案且对其有效执行的能力。从中国文化之视域看，梁漱溟认为："所谓理性者，要亦不外吾人平静通达的心理而已"，"清明安和之心，即

① 参见［德］黑格尔：《法哲学原理》，范扬、张企泰译，商务印书馆1982年版，第13—14页。

理性"，"理性始于思想和说话"，"理性实为人类的特征，同时亦是中国文化特征之所寄"。① 理性思维能对事物或问题进行观察、比较、分析、综合、抽象与概括。韦伯将理性分为两种，即价值理性和工具理性。价值理性相信的是一定行为的无条件的价值，强调的是动机的纯正和选择正确的手段去实现自己意欲达到的目的，而不管其结果如何；工具理性是指行动由追求功利的动机所驱使，行动者纯粹从效果最大化的角度考虑，从而漠视人的情感和精神价值。

从历史上看，社会的进步是在人类以物质生产活动为基础的追求自由的现实活动中实现的。从某种意义上说，社会的进步是人类理性支配行动的结果。因为人是理性的存在，所以，人以及由人构成的社会走向自由的过程，就是一个人类理性累进的过程。人是理性的存在物，这里的"理性"不仅仅指人的认知、推理的能力，更重要的是指人的反思性能力，特别是在实践过程中对生活、实践本身的批判性审视。人的理性是在对存在本真性把握基础之上的实践理性，人的反思并不是纯粹知识层面的反思，更重要的是对生活实践与行为的反思。当年康德反问"我是什么"，"我能做些什么"，"我应当做些什么"时，所透露出的正是这种实践理性之睿智。人类是世间惟一能够通过反思而自觉推进自己历史的存在物。

社会进步是一个由可能变为现实的过程。伴随着社会的进步，人的实践理性能力也在不断提高。社会历史的进步过程，在马克思看来是人的能动实践过程，在哈贝马斯看来是人的学习过程，在哈耶克看来则是人的理性累进过程。三者共同之处在于，都拒斥历史宿命论，都认为社会进步是人的活动的产物，是人在生活实践基础之上能动学习、逐渐进步的理性"累进"过程。② 需要说明的是，人类理性"累进"过程并不完全意味着人类文明与道德的进步。因为人类理性既有价值理性，也有工具理性。因此，当伏尔泰、狄德罗和整个"百科全书派"都狂热地对科学理性、国

① 梁漱溟：《中国文化要义》，上海人民出版社 2003 年版，第 144、154、145 页。
② 参见高兆明：《道德失范研究》，商务印书馆 2016 年版，第 79 页。

家主义和社会进化思想顶礼膜拜时，卢梭却孤零零地站在整个社会的对立面上，回顾已经失却了的自然状态的伊甸园，批判由于社会进步而导致的道德沦丧。卢梭将自然状态美化为一种自由、平等和幸福的"黄金时代"，从而与充满奴役、邪恶和不幸的文明社会形成了鲜明的对照。他认为文明社会由于它的私有制、贪婪和不平等而破坏了自然状态的纯朴道德和幸福。事实上，卢梭所揭示的文明社会的弊端主要是由于工具理性造成的。

> 面对着文明社会的普遍堕落状况，卢梭喊出了"回到自然去"的口号。对于这个口号，不能简单地解释为卢梭要求人类倒退回原始社会去。当卢梭提出这个口号时，他只是以淳朴的自然状态作为一种理想的参照物来批判邪恶的文明社会，因此在这个口号里，不仅表达了卢梭对虚构中的自然状态的眷念，而且更多地表达了卢梭对憧憬中的理想社会的向往。在这里我们可以看到浪漫主义的一般特征，即以一种交织着往昔的温馨与未来的梦幻的理想状态来否定现实生活。对于浪漫主义来说，追忆中的月光朦胧的魔夜与企盼中的云蒸霞蔚的晨景都同样令人痴迷，惟有冷冰冰的现实社会是令人憎恶的。当卢梭赞美自然状态时，他心中所向往的只是那种由于在现实生活中所缺乏而被设置于自然状态之中的自由、平等理想，自然状态不过是形式，自由、平等才是真正的内容。因此，对于卢梭来说，一个天真无邪的自然状态与一个返璞归真的未来社会在实质上是同一个社会，它们都具有同样的精神原则和道德内容，都与邪恶的现实社会处于格格不入的对立之中。[①]

基于卢梭思想的启示，我们应强调，在人类"理性累积"概念中的"理性"，主要指人类的价值理性。

从历史上看，社会文明的进步过程，是人类在生活实践中学习、试错、改进的过程，是人类理性的累积过程。人只能根据既有的知识、能

---

① 赵林：《浪漫之魂——让·雅克·卢梭》，武汉大学出版社 2005 年版，第 100—101 页。

力，大致地描绘未来世界的轮廓，选择自己的行为，安排自己的活动，人也只能在生活实践中才能发现自己的缺陷与不足，从而使自己与生活环境相适应。这个过程就是人对自我的调适，对自我与周围环境的调适过程，人的这种不断调适的过程就是人的进化过程，就是文明的累积进步过程。① 历史的发展、社会的进步，虽然从结果的角度回溯，似乎是一个有目的的过程，但是它并不是某个伟人的安排，也不是出于某个大师的计划，它是日常生活变迁的系统结果。社会的宏大进步，是众人日常平凡行为的结果，社会发展过程中的规律性、必然性，虽不同于单个人的自由意志行为，但又不完全脱离单个人的自由意志行为。② 一系列条理井然、关系复杂的制度体制，虽然其中充满了具体的设计，但这具体设计一方面是过去实践中理性累积之结果，另一方面其本身又须经受生活实践持续反复的批判。③ 文明的这种进步过程，同时就是文明自身的自我筛选、积淀之过程。人在生活中会遇到各种经验事实的冲击，在这种经验冲击下，人会暴露自身存在的欠缺——甚至那些一直被人们奉为圭臬、神圣且具有极强稳固性的道德原则，也会在经验生活世界的持续顽固有力冲击之下，失却既有的存在根基。④ 人们会通过理性反思的自我批判，对这种欠缺做出某种修正。这种修正最终受制于人的行为对自身存在的意义或有效性，通俗地说，对人自身存在的"功利""效用"是人们日常生活理性累积学习的最直接也是最根本的取舍器。⑤ 实践中的经验是理性的基础，基于经验基础上的理性才有可能具有合理性。

一种文明的生命力在于其自我批判与自我否定的勇气与能力。社会进步是人类理性累积的过程，社会发展的机遇存在于每一个普遍民众的日常

---

① 参见高兆明：《道德失范研究》，商务印书馆 2016 年版，第 80 页。

② 参见《马克思恩格斯全集》第 21 卷，人民出版社 1965 年版，第 314 页。

③ 参见〔英〕哈耶克：《自由秩序原理》上册，生活·读书·新知三联书店 1997 年版，第65—67 页。

④ 参见〔英〕黑尔：《道德语言》，商务印书馆 1999 年版，第 70—72 页。

⑤ 参见〔英〕哈耶克：《自由秩序原理》上册，邓正来译，生活读书新知三联书店 1997 年版，第 37、71 页。

生活中。理性累进无论是发生在个体、组织与社会哪个层面的，最终都必须通过现实个体的学习才能得以实现，即使是组织、社会层面上的理性进步，也是由现实个体的理性进步所构成的。没有个体的自主、自由、自觉创造性活动与价值批判，就不可能有社会历史的进步。人类的进步是通过个体理性的进步实现的。个体自由精神的张扬、理性精神的创造性发挥，是人类社会进步的原动力。从历史发展的轨迹看，人类理性所累积的是在实践中被证明是行之有效的行为方式、思想观念，其与原来的社会制度和行为规范有密切的关系。从这个意义上说，人类理性累进的过程既是新经验、新智慧产生的过程，也是对历史上优秀文化传统继承的过程。因此，在建立新的社会生活方式时，必须谨慎地对待既有的制度和规范，避免制度和规范缺失的真空状态。人类建设以市场经济为基础的社会生活方式过程，就是一个理性累进的发展过程。①人类在进入资本主义市场经济初期，经济社会运行规则缺失、物质匮乏、目光短浅、急功近利、道德失范，以至于整个社会几乎变成了争夺利益的战场。在经受了种种磨难和伤害之后，人们总结得失成败的经验教训，逐渐成熟起来，开始健全和完善制度机制、道德法规，社会才逐渐变得和谐有序，诚信和良知才日渐复归。这一转折过程的完成是基于人自身生活经验的理性累积，换言之，是人类理性引领世人摆脱了自身的狭隘、野蛮、自私，走向了博大、文明、智慧和自律。

从历史上看，建基于实践反思的人类"理性累积"，主要表现为人类的价值理性，确切地说，是人类在付出沉重代价之后对道德与经济或物质利益张力关系的觉醒与洞悉。正如王小锡所说："道德与资本并非风马牛不相及，其实，道德也是资本。"②他认为，道德不仅是人们安身立命之本，"道德也是生产力"。在他看来，从宏观上看，道德可以为生产的发展营造良好的劳动生产环境和必要的社会条件，减少生产发展的"社会成本"；从

---

① 参见高兆明：《道德失范研究》，商务印书馆2016年版，第81—83页。
② 王小锡：《德与美》，上海三联书店2017年版，第322页。

微观上看，道德作为劳动者个体的精神动力和价值支撑而参与使用价值的创造。① 基于人类"理性累进"与社会进步的关系，在当代新伦理共同体构建和道德失范救治的过程中，我们要充分重视社会个体对自身道德实践的深刻反思，重视社会对个体的道德教育和价值观引领，通过礼仪教化等手段将"生活即教育"、"教育即生活"的理念落在实处；通过个体美德的培育使民众从对道德规范的被动遵守逐步走向道德的自觉和自律。

三、角色美德的培育

（一）角色与角色规范

"角色"一词源于戏剧，原指演员扮演的剧中人物。自 1934 年米德（G.H.Mead）首先运用角色概念来说明个体在社会舞台上的身份及其行为以后，角色概念开始成为社会学和心理学的重要范畴。社会学对角色的定义是"与社会地位相一致的社会限度的特征和期望的集合体"。可见，角色是社会结构体系中的纽结，是社会结构网络中的实体性存在。每一个人以其在社会结构网络中的具体位置而获得其角色的具体规定性，这即意味着角色要求是社会对其成员的要求，它所追求的是社会系统结构的整体功能。对于个人而言，虽然可以一定程度上选择具体的角色位置，却无法选择角色要求。正如芬莱在《奥德修斯的世界》中所说："社会的基本价值是既存的、先定的，一个人在社会中的位置以及随其地位而来的特权与义务也是既存的、先定的。"基于此，麦金泰尔指出："每一个个体都在一个明晰而又高度确定的角色与地位系统内，拥有一个既定的角色与地位。其关键结构是亲属结构与家庭结构。在这样一个社会里，一个人通过认识他在这些结构中的角色而知道自己是谁；而且通过这种认识，他还了解了他应尽何种义务以及每一其他角色与地位的占有者应对他尽何种义务。"② 从

---

① 参见王小锡：《论道德资本》，《江苏社会科学》2000 年第 3 期。

② ［美］阿拉斯戴尔·麦金太尔：《追寻美德——道德理论研究》，宋继杰译，译林出版社 2011 年版，第 153 页。

某种意义上说，个体的角色化过程就是个体的社会化过程，个体通过角色进入社会。只要人类社会存在，就有角色存在，就有个体的角色化存在，这是一个与人类社会共始终的过程。

角色是社会共同体中的存在，一个人在拥有社会共同体成员资格的同时，就自然被赋予了各种特定的权利与义务。这是任何个体所无法逃避的权利与义务。中国古代是一个伦理型社会，在"家国一体"的社会心理结构中，特别强调角色义务以及家庭、国家对于个人的先在性与优先性。美国著名汉学家安乐哲提出了儒家角色伦理思想，认为儒家伦理的核心在于一种角色意识。他指出：

> 儒家思想从个人修身功夫的综合角度着眼，以家庭为人生经验的基地，追加个人角色、关系的最佳化。儒家观念中的人，从本质上具有浓厚的镶嵌性、响应性、针对性，因此需要用"焦点"与"领域"之类词汇，而不是传统的"个人与社会"、"部分与整体"之类，方能得以妥当表述。"儒家角色伦理为我们提供行为的规范。这些规范不依靠抽象的原则或价值或美德，而更侧重于以家庭和社会角色为指导标准。因为具体角色的教导作用远胜抽象概念。""道德人生从家庭内部及其关系开始，随后作为家庭角色的直接延展而往外展开，一直指导着我们的社会关系、角色。[①]

在安乐哲看来，儒家道德观的目标，从根本上讲，便是个人成长，即是成为仁人，成为大人，成为善人，成为成人，成为君子。而拥有"美德"则是将关系、角色中的意义最佳化的"最佳行为"。

儒家认为只有每个人在"五伦"关系中扮演好了自己的角色，遵守了相应的角色规范，践履了自己的道德义务，做到各尽其职、各守其分、各安其位，家庭和社会才能和谐有序。柏拉图也曾将各司其职作为其理想社会内容之一。各司其职隐含一个前提：特定的社会结构及其角色体系的存

---

① 　[美]安乐哲：《儒家角色伦理》，《社会科学研究》2014年第5期。

在，且这个角色体系中的每一个角色的角色要求是确定的。"如果一个社会结构中的角色出现了权利与义务的分裂，不对称，那么，意味着这个社会结构中权利与义务的不平等、不对称，意味着这个社会结构的不公正，意味着这个社会结构本身出现了分裂。此时，社会角色规范虽然尚在，但其已分裂为实存的与应然的两部分。在实存的角色规范之下，存在的是扭曲的社会秩序、不公正的社会关系，这种不公正的社会关系与扭曲的秩序，又受到应然的角色规范的批判。这种出于应然的角色规范批判，既是人类理性批判，更是人类理性在实践中的进步阶梯。"①

（二）角色美德的缺失与培养路径

改革开放以来，由于市场经济和多元价值观的冲击，特别是受拜金主义、享乐主义的影响，人们的角色意识日渐淡化，角色责任感愈加弱化，最终导致角色美德的缺失。所谓的"角色美德的缺失"，并不意味着日常生活中没有某种角色规范要求，而是说这种角色规范要求或者成为一纸空文，或者只是一种口头言说而缺少内心信念，进而社会事实上缺失作为健康有机体本应有的角色规范要求及其美德。② 例如，当今社会医德和师德的失范问题，就是医生和教师角色美德的缺失，是这两种职业道德的滑坡。中国古代社会是一个有着严格角色规定的社会，这个角色规定在其根本上是血缘身份等级的规定。它以日常生活礼仪规范的形式落实到人们的举止言行之中，如君仁臣忠、父慈子孝、兄友弟悌、夫义妇听等实质性规定。尽管这些角色规范几近严苛，但正是这些严苛的角色规定以及由其形成的角色美德，形成了中国古代社会的超稳固性结构，保证了中华文明五千年的生生不息。近代以来，这种封建角色规范与美德意识受到深刻的批判，再加上十年"文革"反传统文化的荡涤和近几十年市场经济的冲击，处于剧烈转型期的中国社会，角色意识与角色规范逐渐模糊和废弛，有角

---

① 参见高兆明：《道德失范研究》，商务印书馆 2016 年版，第 133 页。
② 同上书，第 140 页。

色而少规范、有权力而少义务的现象比比皆是。在浅薄的功利心与浮躁的存在感支配下，角色规范缺失或错位，角色美德被轻视或遭调侃，这是当下角色美德失范、职业道德滑坡的主要原因。

　　角色是一个人在现实生活中的真实存在，因此，角色美德的培育只能回到其所处的社会共同体中，通过履行角色规范来型塑角色美德。"我们生而为人，这并不足以使我们成为人；我们活着，这并不说明我们进入了人生；要进入人生，必须凭自己的自由意志去设计人生。人生没有现成的模式和模范，每个人的角色必须自己去创造。"① 当今社会的道德失范问题，宏观上看似乎是社会出了问题，如社会环境和社会制度等，但微观上看，道德失范的具体问题与每个社会成员不能正确践履自己的角色规范有关，与其不良的行为有关。麦金泰尔认为："一个人的所作所为就是这个人本身。""判断一个人就是判断其行为。要印证有关一个人的美德与罪恶的判断就看他在特定境遇中所表露的具体行为；因为美德恰恰就是维持一个自由人的角色，并在其角色所要求的那些行为中显示自身的那些品质。"②

　　社会个体依据什么来选择与评价自己的行为及其价值呢？个人行为选择与评价的最直接、最基本的依据之一，就是社会角色及其规范要求。黑格尔认为，一般的道德规范原则因其抽象空泛，必须回到社会共同体及其角色规定中寻得其具体内容和合理性根据。麦金泰尔赞赏从亚里士多德及《新约全书》流传下来的美德观，认为美德就是一个人能够接近、实现个人特定目标的品质，美德就是做一个好人，而做一个好人与做一个好公民是分不开的，即美德是在城邦共同体中被规定与被把握的。他主张回归以亚里士多德为代表的古典德性观，在社会共同体中认识德性。③ 可见，麦

---

① 邓晓芒：《灵之舞——论中西人格的差异性》，东方出版社 1995 年版，第 252—253 页。
② ［美］麦金泰尔：《德性之后》，龚群、戴扬毅译，中国社会科学出版社 1995 年版，第 153—154 页。
③ 参见［美］阿拉斯代尔·麦金泰尔：《德性之后》，龚群、戴扬毅译，中国社会科学出版社 1995 年版。

金太尔的观点在本质上与黑格尔一致，一个人的生活环境和其所处的伦理实体影响和决定着他应当做些什么、必须做些什么，才能成为有德的人。① 也就是说，应在社会角色中寻求美德的根据。人首先在家庭关系中承担一定的角色。在血缘家庭结构中，每个人都有其明确的角色与地位，都通过其在这个结构中的角色地位，来认识自己应当做什么。同样，每个人在社会共同体或社会结构中也扮演不同的角色，并由此获得自己的地位与身份。社会角色既规定了一个人作为这个角色所应当付出与应当得到的，同时也规定了如果一个人不能履行其角色要求时将要受到的处置。② 事实上，美德就是做社会结构所规定的角色所要求做的。个人以共同体作为其存在的依据，道德以共同体要求为其存在基础。离开了社会结构及其角色要求，就难以认识社会道德及其价值基础。

（三）角色扮演与独立人格

个体的角色意识及其角色美德意识，是社会规范有序公正的前提。培育角色美德不仅需要每个人都有明晰的角色规范，而且需要每个人都切实扮演好自己的角色。事实上，社会生活犹如舞台，每个人都以自己基本角色规范为灵魂，在各种角色面具之下，演绎着一个个鲜活的角色，演出了一幕幕富有特色的人生活剧。尽管每一个角色都有自己的道德规范，但做人处事的一些基本道德要求却是共同的。当一个人具备了尊德守法、勤奋尽职、大度宽容、知耻有礼、自尊尊人等基本素养时，就可以在不同的角色之间游刃有余，扮演并胜任自己的每一个角色。

需要说明的是，角色的扮演与角色规范的践履不能漠视社会成员个人的人格完整与人格独立，这就要求我们处理好所扮演角色与独立自我之间的紧张与冲突。严格地说，角色扮演与角色美德是一种对于身份的认同，对于自己在社会结构中所处具体位置身份的功能性认同，扮演好与自己社

---

① 参见［德］黑格尔：《法哲学原理》，范扬、张企泰译，商务印书馆1982年版，第150页。
② 参见［美］阿拉斯代尔·麦金太尔：《德性之后》，龚群、戴扬毅译，中国社会科学出版社1995年版，第153—154页。

会身份相适应的角色，是现代社会的身份认同的问题。不过，现代社会中的身份认同不同于传统社会的身份认同。传统社会中的身份认同是以人身依附、人格等级为前提，其核心是血缘关系；而现代社会在本质上是以人格独立、人身自由为前提，其核心是平等的契约关系。传统社会的身份认同常常导致独立人格以及个性自由的丧失，例如，中国古代社会以宗法血缘关系为核心的家国模式就对国人独立人格的形成产生了一定的负面影响。现代社会的身份认同也会导致对完整人格消解的可能，而这种对于人格普遍性消解的可能是人类进入现代社会所面临的一个自我挑战。这就需要现代社会应在制度层面给社会成员提供一个合理、明晰的角色权利—义务关系与角色规范要求，以此构建社会良好的交往秩序，塑造社会成员的善美品德，以使社会成员在注重自己的角色要求与角色美德的同时，更好保持自己完整人格的存在与塑造。

四、社会公德的养成

一个风清气正的社会，不仅需要每个人扮演好各自的角色，具有个人美德，而且要求其具有强烈的社会公德意识和良好的公德素质。

（一）社会公德及其缺失

社会公德是指存在于社会群体中间的道德，是生活于社会中的人们为了群体的利益而约定俗成的应该做什么和不应该做什么的行为规范。它对维系社会公共生活和调整人与人之间的关系具有重要作用。如果说"私德"是个人品德、作风、习惯以及个人私生活中的道德，那么，"公德"就是与国家、组织、集体、民族、社会等有关的道德。无论是公德还是私德，公民的德性都是其建设和提升的基础。

在中国社会的道德失范现象中，公德的缺失属于"重灾区"。基于中国社会的特质，学界有人认为，中国人和中国文化中公德意识先天阙如。梁启超在其《新民说》中指出：

　　我国民所最缺者，公德其一端也。公德者何？人群之所以为群，国家之所以为国，赖此德焉以成立者也……人人独善其身者谓之私德，人人相善其群者谓之公德，二者皆人生所不可缺之具也。无私德则不能立。合无量数卑污虚伪残忍愚儒之人，无以为国也。无公德则不能团。虽有无量数束身自好、廉谨良愿之人，仍无以为国也。吾中国道德之发达，不可谓不早，虽然，偏于私德，而公德殆阙如。试观《论语》、《孟子》诸书，吾国民之木铎，而道德所从出者也。其中所教，私德居十之九，而公德不及其一焉。……我国民中，无一视国事如己事者，皆公德之大义未有发明故也。①

费孝通也探讨了中国社会公德缺乏的原因，他认为中国乡土社会的基层结构是"差序格局"，"每个人都以自己为中心，以血缘关系为主线，以宗法群体为本位，以及由此而形成的远近亲疏的关系格局"②；每个人以自己为中心，好像把一块石子丢在水面，形成一圈圈向外推出的波纹，像一个富于伸缩性的网络。在差序格局中，波纹所推及之处就发生社会关系，波纹愈推愈远，人与人的情感关系也就愈来愈薄。这个能伸能缩、能放能收的社会关系网络，有利于我们理解中国传统社会中的"私"，个人可以自给自足，自食其力，生活在较为封闭的圈子里，再加上由己向外推而形成各种交往规范，故公共生活规范难以建立或规范因人而异。西方社会的结构是"团体格局"，耶稣被视为人们共同的父亲，大家生来平等。基督教倡导"不分差序的爱"，在个人与团体的交往关系中公共规范易于形成，不因人而异。为了更好探究公德问题，我们先来讨论两个与其相关的概念——私域和公域。

（二）"私域"与"公域"

　　"私域"即私人生活领域，是以个体独立人格为基础的私人或私人间

---

① 梁启超：《新民说》，辽宁人民出版社 1994 年版，第 16、20 页。
② 费孝通：《乡土中国生育制度》，北京大学出版社 1998 年版，第 27—31 页。

活动界域。在这个界域内的活动直接受私人或私人间的情趣爱好、情感友谊、承诺信誉、习俗等的调节，国家、社会在这个界域边际前驻足。"私域"与其说是一个空间范畴，毋宁说是一个生活范式范畴。"公域"即公共生活领域，是人们的共同生活世界。汉娜·艾伦特将其界定为"共同的空间"。这个共同的生活世界，借用哈贝马斯的话，就是拥有自由权利的人们通过"对话"（即"交往活动"）自由构成的，众人由于生活的关系自由走到一起所形成的。在这个界域里，调节众人行为的不仅有在共同生活中所形成的风俗习惯、道德规范，还有在"对话"、交往活动中达成的契约规范以及相关成文法。私人生话与公共生活的分化，是社会走向现代化的一个显著标志。没有私人生活领域与公共生活领域的分化就不可能有真实的独立人格，也不可能有现代化的社会。但人是社会动物，一个人的生存、发展和自我价值的实现都离不开与他人的相处与合作，都需要在与他人构成的"共同空间"来完成。因此，阿伦特说："私人生活的贫乏在于他人的缺席，就此而言。私人无法显现，从而他存在就如同不存在一样。他做任何事情都不会对他人产生意义或影响，对他重要的东西对别人来说无足轻重。"① 也就是说，如果一个人的行为只与自己有关，就不会对他人产生影响和意义，这样的话，人生的丰富多彩和价值意义就无以实现。

（三）家族精神与公共精神

林语堂曾说中国人"缺乏公共精神"，其缘由在于家族制度的根深蒂固。在中国人的骨子里头，"深深伏有一种根性"，"不欲为国家而死，更没有一个人肯为世界而死"②。此语虽有偏颇，如忽视了国人"国家兴亡，匹夫有责"的精神，但还是抓住了问题的关键。公共精神的缺乏在于公共生活（领域）的缺乏。在一个相当长的历史时期内，中国既没有公共生活也没有私人生活，只有家族生活，或者说家族生活就是公共生活，就是私

① ［德］汉娜·阿伦特：《人的境况》，王寅丽译，上海世纪出版集团1999年版，第39页。

② 林语堂：《吾国与吾民》，中国戏剧出版社1990年版，第157—170页。

人生活。个人是空虚幻影，家族是惟一实在，家族消融了一切。在这个场景中，个人只能在麻木浑噩中生长出家族精神。然而，家族精神、家族生活并不等于公共精神、公共生活，这不仅是如林语堂所说的家族生活以血缘为连接纽带，因而它对于家族血缘联系以外的人难以产生体认接纳，产生出"对于公众是一种恶行，对于家族却是美德"①的家族自私主义，更重要的还在于公共生活是建立在个体独立人格基础之上的，而家族生活貌似公共生活，以一种公共的面目出现，其实是一种没有公众的公共，在家长制之下是不可能生长出公共生活及其精神来的。既没有真正的公共生活，也没有真正的私人生活，这正是中国数千年宗法血缘社会的基本特征。②纵观中华民族近两千年历史，宗法结构及其宗法精神似乎可以成为解读中华民族为什么在其漫长的发展过程中既缺乏个体独立性又缺乏社会法治精神、而长期滞留于前现代社会的钥匙。即使在新中国成立以后，在一个相当长的时期之内，我们的生活中也存在着两个越位：公共生活对私人生活的越位，国家生活对社会公共生活的越位。这两种越位在造成社会生活僵滞的同时，又严重地阻碍着走向现代化的步伐。基于此，有学者认为："一个没有私人生活的民族是没有生机与希望的民族，一个没有社会公共生活的民族是没有民主秩序的民族。一个没有私人生活与公共生活领域的民族，既是一个没有宽容与个性、没有创造力与生命力的民族，又是一个没有健全法治国家生活的民族。"③此语强调私人生活与公共生活领域区分的重要性，虽有一定道理，但也有强调过分之嫌。

其实，家族生活并不与公共生活直接对立，家族精神也并不与公共精神水火不容。相反，在家国同构、家国一体文化背景下的中国，家族生活规则可以外推为公共生活准则，家族精神可以延展出公共精神。钱穆指

---

① 林语堂：《吾国与吾民》，中国戏剧出版社 1990 年版，第 166—170 页。

② 高兆明认为："不能以为中国封建社会中王权对族权、家长权、夫权承认，就断定中国封建社会中存在私人领域。确实王权对族权、家长权、夫权不予干涉甚至加以保护，但不能说氏族之类的就是公共生活，因为公共生活的关键在于私人的存在，而中国封建社会中的氏族却没有私人。"见《道德失范研究》，商务印书馆 2016 年版，第 230 页。

③ 高兆明：《道德失范研究》，商务印书馆 2016 年版，第 211 页。

出："'家族'是中国文化一个最主要的柱石，我们几乎可以说，中国文化，全部都从家族观念上筑起，先有家族观念乃有人道观念，先有人道观念乃有其他的一切。""人道观念的核心是家族不是个人。因此中国文化里的家族观念，并不是把中国人的心胸狭窄了、闭塞了，乃是把中国人的心胸开放了，宽大了。"① 他认为："孝是时间性的'人道之直通'，弟是空间性的'人道之横通'。孝弟之心便是人道之'核心'，可以从此推扩直通百世，横通万物。中国人这种内心精神，早已由夏、商时代萌育胚胎了。"② 在他看来，孝弟作为人道观念之胚胎，是中国现实人生和平文化之真源。如果不懂得这些，将永远不懂得中国文化。钱穆与林语堂云泥之别的观点，可以说是对中国文化的洞见。这就提醒我们，对中国传统的家族精神和家族生活的文化意蕴和当代价值要作客观辩证的分析，不能蔽于一隅。这有真正厘清其真相与本质，才能恰当地扬其所长，避其所短。

事实上，中国社会历史上公共空间、公共生活和公共精神的缺失，真正的原因并不是家族生活、家族制度和家族精神的发达与强势，而是几千年自给自足的农业经济所致。小农经济束缚了人们的生活空间和交际范围，限制了人们的眼界和心胸，使人们祖祖辈辈、终其一生都生活在狭小的私域空间中。而由此所造成的公共空间的缺失，使得中国人缺乏公德意识的培育和践履训练。这一切最终导致了国人公共精神与公德的缺失。在当代社会，严格区分私域与公域，保持公域生活中个体的独立性和平等性，对公民公德意识的培养和公德水平的提升至关重要。罗尔斯曾说："在社会体系的设计中，我们必须把人仅仅作为目的而决不作为手段。"③ 任何一种政治结构的设计都有一个最初的逻辑原点。在中国古代农业社会，逻辑原点是以血缘关系为枢纽的"家"；在以市场经济为基础的现代社会，逻辑原点则是现实存在的个人。只有从个人平等、自由的权利出发，从个人利益出发，才能培育民主与公正的意识，才能夯实公德的基础。

---

① 钱穆：《中国文化史导论》，商务印书馆 1994 年修订版，第 51 页。

② 同上。

③ ［美］罗尔斯：《正义论》，何怀宏等译，中国社会科学出版社 1988 年版，第 2、175 页。

五、生活伦理、教化伦理与新道德范型建构

(一)"生活伦理""教化伦理"的界定

"生活伦理"是相对于"教化伦理"而言的,有学者认为"这是一种全新的道德类型与道德结构理论。"[①] 其实,对自古就以"伦理型社会"存在和发展的中国而言,"生活伦理"对中国人一点儿也不陌生,贯穿中国古代两千多年的国家意识形态和社会主流价值"三纲五常"就是处理生活中"五伦"关系的准则。事实上,古代的民间生活伦理,与官方正统的教化伦理关系密切,一些儒学教义原本就与民间的生活经验相重合,或者已融入人们的生活伦理之中了,只是由于后来统治阶层对某些内容的提倡,才使得在某些观念上正统教化伦理与民间生活伦理显分二途。[②] 然而,在1840 年之后,随着帝国主义的入侵和中国社会的积贫积弱,世人错误地将这一切都归咎于传统文化和传统道德。其后,一百多年来,传统道德以及中国社会赖以生存和延续的"生活伦理"受到了多次的批判、砸烂和革命,几乎丧失殆尽,仅剩下了由国家层面倡导的自上而下层层推进的"教化伦理"。也正是这种改变,导致了中国当代道德教育的误区和低效。

所谓生活伦理,即世俗民间伦理。这一解释性概念最初是由日本著名思想史家沟口雄三提出来的。他把广义的中国儒教分解为三个层面:一是由为政阶层注入的、来自上层的"教化伦理";二是从平民自身生活需要中产生的、来自下层的"生活伦理";三是表现在社会职业观念中的"职业伦理"。[③] 中国学者对此也有论述,陈来把儒家伦理分为精英儒家伦理和世俗儒家伦理,他指出:"明清间蒙学读物中大量反映的世俗儒家伦理,除了精英文化向下传播过程所必然发生的世俗化之外,也是以这一时期理学内部的世俗化转向为基本背景的。"[④] 刘志琴则从道与器的内在统一上论

---

① 肖群忠:《"生活伦理"论》,《中国人民大学学报》2006 年第 1 期。
② 参见李长莉:《十九世纪中叶租界社会风尚与民间生活伦理》,《学术月刊》1995 年第 3 期。
③ [日]沟口雄三:《中国儒教的十个方面》,《孔子研究》1991 年第 2 期。
④ 陈来:《中国近世思想史研究》,商务印书馆 2003 年版,第 448 页。

述了中国传统思想重视生活价值与生活伦理的观点，她认为，中国古代思想特别是儒家思想尤为重视生活价值与生活伦理，"百姓日用之学是儒家的经典之教"。① 肖群忠认为，"教化伦理与生活伦理的道德类型理论以其对历史事实的客观准确概括和科学解释而具有思想上的冲击力。它符合我国古代思想文化与道德生活的实际，对近代中国历史文化也有很强的解释力。"不仅如此，"这一理论解释框架对于我们认识当代中国的道德生活和道德建设也具有很强的理论说服力，是伦理学实现理论研究的转型和学术进步的重要思维方法。"② 所谓生活伦理，就是存在于民众实际生活中、人们主要根据生存方式和实际需要、从生活实际经验中得来并实际应用于生活的伦理观念和规范。所谓教化伦理，是指由统治阶级倡导、居于社会正统地位、自上而下灌输、用于教化民众以维系社会秩序的伦理观念和规范。

（二）生活伦理与教化伦理的关系

生活的本质是人在自然和社会空间中，通过享受、占有、内化并创造人类物质文化、精神文化和制度文化，围绕人的生命存在和发展，实现人生价值和意义的能动的活动。人的生命存在是生活的基点，而人的生命的实现则是生活的归宿。日常生活是人的一种自在性、自主性的生活，是在非制度约束情境中的生活。日常生活具有明显的自发性、习惯性和情感性等基本特征。但基于人的社会属性，人们的日常生活也不是完全随心所欲的，它同样要受到生活伦理和教化伦理的规范和约束。

生活伦理与教化伦理的差异主要反映在以下几个方面：其一，主体与社会作用不同。教化伦理的主体是国家，其实际代表者主要是各级官员、意识形态的教化工作者；而生活伦理的主体则是广大民众。教化伦理是一部分人用于教化另一部分人的伦理；而生活伦理则是民众各自生活经验的

---

① 刘志琴：《百姓日用之学是儒家的经典之教》，载马来西亚孔学研究会编：《孔学论文集》2002 年第 1 辑。

② 肖群忠：《"生活伦理"论》，《中国人民大学学报》2006 年第 1 期。

积累，是不具备互相间不平等意义上的教化性的。其二，根本目标和基本立场不同。"为了社会"还是"为了人的生活"，这是教化伦理与生活伦理在根本目标上的不同。教化伦理是由社会利益和统治阶级的利益所决定的，它是社会、国家向民众提出的价值观念导向和行为义务要求。教化伦理所要达到的目标主要是秩序与和谐，其基本立场具有鲜明的意识形态性，总是站在社会、国家和统治者的立场上，为其倡导的主导价值观念和道德规范进行辩护。而生活伦理其利益基础则是广大民众的日常生活需要，其追求的目标是安宁和幸福。其三，伦理精神和价值取向不同。教化伦理的伦理精神和价值取向是"礼义为上"，具有鲜明的道义论特点。而生活伦理的伦理精神与价值取向则是幸福主义，具有鲜明的功利论色彩。其四，调节社会生活的领域不同。教化伦理具有某种公共性、群际性、族际性、国际性，调节的主要是人与团体、国家、社会之间的关系。而生活伦理则具有私人性、人际性，有的学者把它称为主体间性或交互主体性，主要是调节民众在私人生活和私人交往过程中的人际关系。其五，传承方式上不同。在我国古代，教化伦理主要体现在士大夫的鸿篇巨著中，得到国家权力的肯定，并借助政治和法律的手段加以推行。民间生活伦理则主要存在于各种谚语、传说、家训、童蒙读物、戏曲鼓词、民间信仰，以及一些切近生活的民间文化形式之中。教化伦理与生活伦理在现实中是不能截然分开的，二者之间存在着密切联系，完整的社会道德结构应是两者的统一。一方面，教化伦理要以民众的生活伦理为基础。教化伦理的内容如果严重脱离民众的生活实际和道德水平，就会变成空洞的说教。国家教化伦理要尽可能地从民众的生活实际出发，体现并维护民众的利益和要求。另一方面，民众的生活伦理也要自觉认同国家教化伦理的价值导向和规范作用。① 中国当下道德建设的困境，既有教化伦理因"高悬"而不接地气的问题，也有生活伦理因"三俗"文化冲击而碎片化乃至严重缺失的问题。

---

① 参见肖群忠：《"生活伦理"论》，《中国人民大学学报》2006 年第 1 期。

（三）伦理如何指导和引领生活

马克思说："人们为了能够'创造历史'，必须能够生活。但是为了生活，首先就需要吃喝住穿以及其他一些东西。因此第一个历史活动就是生产满足这些需要的资料，即生产物质生活本身"①。"现代历史著述方面的一切真正进步，都是当历史学家从政治形式的外表深入到社会生活的深处时才取得的。"② 这两段话表明，源于日常生活实践的生活伦理，较之国家层面的教化伦理具有基础性和先在性。一个社会完整而健康的道德结构，应该是国家教化伦理与民众生活伦理的协调互动。一个社会的道德建设不能只是服务于国家稳定有序的政治需要，还应对民众的日常生活有切实的指导，以提升人们生活的幸福感。

> 生活的根本问题是生活本意或者说生活本身的目的；生活本意在于创造幸福生活。无论去活去死去谋利益还是去牺牲，都是因为我们觉得这样做比不这样做更有意义，每一个人都不得不放弃某些快乐以换取另一些被认为更重要的利益，但没有一个人愿意牺牲幸福去换取什么东西，因为这会使自己的整个生活变得毫无意义。假如一个人为了幸福而放弃许多快乐，他不会觉得不幸；但如果一个人放弃了种种快乐而觉得很不幸，那么一定不是因为失掉了快乐而是因为没有能够因此换来幸福。在生活中不存在高于幸福的行为借口。假如一个人说他宁愿放弃快乐、财富或者名声之类的利益，尽管这种事情难得一见，但仍然可以想象和理解，因为至少我们可以想象他另有某种特别的追求。一种不寻常的追求无论多么怪诞，都仍然是生活里的一种可能性，是一种可能生活，所以可以理解。但是如果有人声称不要幸福生活，这在任何意义上都于理不通，因为幸福就是生活的目的。如果不要幸福，就是不要生活，就是反对生活，反对生活不是一种可能生活。③

---

① 《马克思恩格斯选集》第 1 卷，人民出版社 2012 年版，第 158 页。
② 《马克思恩格斯全集》第 12 卷，人民出版社 1962 年版，第 450 页。
③ 赵汀阳：《论可能生活》，中国人民大学出版社 2010 年版，第 20—21 页。

从我国的伦理实践来看，新中国成立以来的道德建设存在着重视国家教化伦理而忽视了民众生活伦理的偏差。我国的社会主义道德是由战争年代的革命道德发展演变而来的。在马克思主义理论指导下，中国共产党基于武装斗争的需要，采取高度统一的共产主义和集体主义的政治道德，这在战争环境中是非常必要的。在新中国成立以后的相当长的时期内，政治成为我国社会生活的主旋律，国家即社会，社会即国家，国家与社会处于高度同一之中，政治权力渗入日常生活、私人领域的很多方面。在这种社会背景下，道德结构是以政治化的国家教化伦理代替了所有道德，如社会、职业与个体日常生活道德，导致了道德结构的单一化。改革开放以后，我国社会逐步实现了从计划经济向市场经济的转型，随着经济成分和利益主体的多元化，独立于国家行政干预的私人领域、民间社会生活也得以形成和发展，中国的市民社会正在形成。与此同时，随着国家与社会的分离，国家行政权力已逐渐从人们的日常生活、私人领域退出，仅仅依靠国家政治教化伦理来指导多元而丰富的民众道德生活实践，已经越来越无法适应现实社会的需要。①

基于此，我们的道德建设必须面向生活、面向民众、面向实践，必须树立民众不是政治生活的附庸，而是社会生活的主人的理念，必须尊重民众生活的特点和要求，建构适应民众日常生活特点和要求的道德体系。道德不仅仅源于自上而下的教化，道德还来源于民众鲜活的生活实践，离开了民众的生活实践，道德就会成为无源之水、无本之木。一种道德理论，如果已经和民众的生活实践没有关联，就会沦为伪善。道德作为人类生活中的一种价值观念和善恶意识，其评价的标准仍然是能否代表绝大多数人的最大利益，是否代表社会文化的前进方向。道德的应然和正当，其价值根据也只能是人性的自我完善和社会关系的完善，而不单纯是一定统治阶级的利益。长期以来，由于国家层面对教化伦理的过分强调和对生活伦理的忽视，导致了道德理论与社会现实严重脱节，使道德教育变成了枯燥的

---

① 参见肖群忠：《"生活伦理"论》，《中国人民大学学报》2006 年第 1 期。

说教，从而使道德建设陷入困境。因此，加强对民众日常生活伦理的研究，是当下道德建设的突破点和生长点。20 世纪西方文化哲学的一个重要倾向是将日常生活提高到理性层次来思考，使哲学研究贴近生活。胡塞尔向"生活世界"的回归，维特根斯坦对"生活形式"的剖析，海德格尔有关"日常共在"的观念，都表明西方哲人已把注意力转向日常生活的研究。在国内哲学界，也有学者提出"哲学就是生活观"，生活观就是关于人类生活的根本观点，强调通过对生活世界的深刻观察和理解，为人类提供一种能充分表达生活目的、特点和意义的生活理念。换言之，哲学研究的对象是人类的生活世界，研究的主题是人类的存在方式，研究的核心是人类生活的意义，而总的研究成果则是对于人类"生活理念"的系统表达。[1]伦理学作为一种实践理性，更应关注生活，描述生活，诠释生活，寻求生活的意义，建构生活的规范，指导和引领现实的人生。

（四）古代生活伦理资源的现代转化

中国古代的道德构建基本上遵循的是生活伦理与教化伦理相结合的模式。这表现为古代以礼教为核心的体验式道德教育。中华民族作为一个早慧的民族，有着发达的仪式文化，具体表现为中国的礼乐文明和礼教文化。在"三礼"中，如果说《周礼》、《礼记》主要体现的是国家层面的教化伦理，那么《仪礼》中的十七种仪式之礼则集中反映了古代民众生活伦理的样态。这些以礼义道德为基本内容的教化伦理和生活伦理，在相当长的历史时期影响和陶冶了一代代炎黄子孙，甚至在一定程度上已内化为中华民族的人格心理和精神气质。朱伯崑曾说："《仪礼》记载的是周朝以来的各种礼节仪式，即所谓的'曲礼三千'，可以说这是一部周代贵族礼节仪式的细目单子。……这些记载反映了当时的生活规范和道德规范。"[2]《礼记·经解》云："礼之教化也微，其止邪也未形，使人日徙善远罪而不自

---

① 参见杨魁森：《哲学就是生活观》，《学习与探索》2004 年第 2 期。

② 朱伯崑：《先秦伦理学概论》，北京大学出版社 1984 年版，第 8 页。

知也，是以先王隆之也。"《仪礼》"十七礼"是"体验式"礼教文化的载体和生活伦理的基本内容。《仪礼》是中国春秋战国时代的礼制汇编，记载了周代的冠、婚、丧、祭、乡、射、朝、聘等十七种与世俗生活关系密切的礼节仪式。在宗教意识不甚发达的古代中国，这些礼仪、制度不仅是约束世道人心和规范人们行为的手段，更是统治阶级教化民众、治国理政的工具。据《仪礼》载，天子、诸侯、大夫、士日常所践行的礼有士冠礼、士昏礼、士相见礼、乡饮酒礼、乡射礼、燕礼、大射礼、聘礼、公食大夫礼、觐礼、士丧礼、丧服、既夕礼等等。在中国古代，礼一直是贵族子弟和一般士人的必修课程，是大多数士大夫为学为人的重要内容。在《仪礼》中，从仪式开始到仪式结束，从每个人站立的位置到每件器物陈放的地点，一一记载，巨细无遗。表面上看，似乎都是繁文缛节；实质上，制礼者正是通过这些渗透在生活细节中的繁琐的仪式，要让行礼者在进退、揖让、升降、酬酢之中，"序尊卑之制，崇敬让之节"，以陶冶品性人格，提升道德境界。正如《礼记·经解》所云"恭俭庄敬，《礼》教也。"

古代"体验式"礼教文化是生活伦理的实践模式。据《周礼》记载，以礼教化民众是古代统治者治国的重要手段，古代通过"教之以德，齐之以礼"，让民众有归正之心、敬畏之心和规矩意识，以实现人际和谐、社会有序之目标。中国古代最重要的生活伦理实践模式当属祭祀礼仪和孝道礼仪，借助祭祀礼仪引导民众尊卑有序。古人认为："祭者，教之本也。"（《礼记·祭统》）在祭祀活动中，祭祖尤为重要，因为"万物本乎天，人本乎祖"（《礼记·郊特牲》）。通过祭祀可以理顺十种人伦关系："祭有十伦焉：见事鬼神之道焉，见君臣之义焉，见父子之伦焉，见贵贱之等焉，见亲疏之杀焉，见爵赏之施焉，见夫妇之别焉，见政事之均焉，见长幼之序焉，见上下之际焉。"（《礼记·祭统》）生活中的孝道礼仪则教化民众长幼有序。班固在《汉书·艺文志》中说："夫孝，天之经，地之义，民之行也。"古礼要求子女要从内心深处尊敬父母，不仅要做到"出必告，反必面"，"冬温而夏清，昏定而晨省"（《礼记·曲礼上》），而且要能够"居则致其敬，养则致其乐，病则致其忧，丧则致其哀，祭则致其严"（《孝经·纪孝行章第十》）。上述这些生活伦理对个体及家庭的幸福和谐、对国家与社会的稳定有序发挥了重要作用。

今天，我们要构建转型期社会新的道德范型，就需要借鉴古代伦理型社会丰富的道德资源，将生活伦理与教化伦理相结合，做好中国传统伦理文化思想的现代转化与发展。中国古代礼文化中蕴含的生活伦理思想是传统伦理文化的主要内容，尽管其中不乏真理性的成分，但由于历史和时代的局限性，在 21 世纪的今天，要使其焕发新的生命，就必须对其进行现代转换。基于各种复杂的原因，在当今的中国，一些人认为儒家思想已失去了解读现实的能力，因此是一种过去的、与现代化相对立的观念体系。希尔斯说："如果传统给继承它的人带来了明显的和普遍的不幸后果，那么它就不能长久地维持下去了；一个传统要延续下来的话，就必须'发挥作用'。一个传统反复带来灾难，或反复被证明明显不灵，那就行将灭亡了。"① 那么，儒家思想是否是那个"带来了明显的和普遍的不幸后果"的传统？事实上，我们并不能简单地认为是儒家思想导致了中国的落后和不幸，正如我们不能简单地认为是基督教造成了西方的强大一样。这种典型的文化决定论观点，是缺乏逻辑上的依据的。同时，一种文化的价值，关键在于其核心理念，而不是一种现实性的策略。儒家伦理文化的核心理念孝道伦理、仁爱仁政、尊尊亲亲、忠恕诚信、和而不同等具有超越时代的价值，通过合理转换与发展仍能在当代发挥重要价值。

1. 尊尊亲亲：从家庭伦理到社会契约、从等级名分到仁爱平等

古代中国是一个典型的伦理型社会，遵守家庭伦理规范是一个人存在的最基本条件和人生最重要的意义所在。如钱穆所说："在个人层面上，无论是自觉的或不自觉的，人生都离不开一套'意义之网'的支持。这是人的'精神的家园'。一旦'意义之网'破灭了，个人便当然落到存在主义所说的'无家可归'的境地。"② 没有了意义世界，失去了精神家园，孤

① ［美］爱德华·希尔斯：《论传统》，傅铿等译，上海人民出版社 1991 年版，第 272 页。
② 钱穆：《文化学大义》，台北中正书局 1980 年版，第 50 页。

独的个体就会被抛向道德的荒漠。这里的"意义之网"最基本的内涵就是通过遵守家庭伦理规范而建立起来的人伦关系网。礼文化中的尊尊亲亲原则是儒家思想的核心理念之一，它既是国家的教化伦理也是社会的生活伦理。

> 人道亲亲也。亲亲故尊祖，尊祖故敬宗，敬宗故收族，收族故宗庙严，宗庙严故社稷重，社稷重故爱百姓，爱百姓故刑罚中，刑罚中故庶民安，庶民安故财用足，财用足故百志成，百志成故礼俗刑，礼俗刑然后乐。（《礼记·大传》）

可以看出，古人试图通过"人道亲亲"以最终实现社会稳定和谐的目的。事实上，尊尊亲亲是想通过"正名"，即辩证每个社会成员在礼制等级中的名分，使其严格遵守"君君、臣臣、父父、子子"的等级秩序，使人人明白自己在社会之网中的地位，控制自己的"欲"，不超出由"名分"规定的"度量"范围，从而消除纷争，维护社会的有序。其实，尊尊亲亲也是相关社会角色的角色美德规范。当然，尊尊亲亲原则是由"礼"来体现和维持的，如孔子所说的"克己复礼"、"非礼勿视，非礼勿听，非礼勿言，非礼勿动"（《论语·颜渊》）。在儒学中，举凡社交礼仪、生活标准、政治秩序、风俗习惯等，无不囊括在"礼"之内。在整个社会系统中，"礼"从各个侧面、各个层次、各个角度，细致而微地限定了每个社会成员的地位、责任、义务，要求人们各安其位、各得其所。从积极方面看，它承认每个个体的基本生存权利，认为每一社会成员在获得一份生活资料的同时，还要承担一定的社会责任，从而为社会的和谐预备下一个安定的"细胞"。从消极方面看，它又极大地抑制了人的主观能动性和创造欲望，在严格的社会名分的重压下，剥夺了人的自由意志和人格尊严。这种两重性作用于孔子以后的漫长岁月，造成了中华民族崇奉家庭和群体利益、压抑个人私欲、强调义务、蔑视权利、重义轻利、安贫乐道、因循守旧等社会文化心理特征。因此，冯天瑜等学者指出：

儒家学说的最精妙之处，就在于把外在的等级制度、历史传统转化为内在的道德伦理的自觉要求，从整顿人的社会性（人际关系）中最基本、最一般、最亲爱的家庭关系入手，讲求父义、母慈、兄友、弟恭、子孝，并以家国同构精神推而广之，讲求"父子有亲、君臣有义、夫妇有别、长幼有序、朋友有信"（《孟子·滕文公》），从而扶宗法等级大厦之将倾。①

可以看出，"礼"文化中的尊尊亲亲原则，更多地体现为家庭伦理规范，是通过家庭成员的角色扮演和角色美德来达到区分等级名分的目的。在 21 世纪和社会主义市场经济的今天，其局限性是十分明显的，一是宗法等级名分是封建社会的产物，它与当今社会人人平等的原则是相违背的；二是该原则仅仅局限在"五伦"关系之中，对"五伦"关系之外各种人际关系、社会关系的协调作用十分有限。从抽象的意义上讲，一个社会应该倡导"尊其尊，亲其亲"，即尊敬那些应该尊敬的人，如家庭中的长辈、社会上的老人、比自己年长的人或上级；亲近那些应该亲近的人，如家人、朋友等。只要我们剔除掉尊尊亲亲原则中宗法等级的陈腐成分，并将其范围扩大到全社会，该原则作为一种和谐理念就可以发挥其协调各种人际关系的作用。事实上，在社会交往中，我们应该尊重每一个人的人格与尊严，也应该以友善的态度对待每一个人，不论其年龄大小、地位高低、与自己关系的远近，这是构建和谐社会的基本要求。

在当今时代，尊尊亲亲原则也应与时俱进，特别是要实现从维护等级名分到倡导仁爱平等的现代转换。尽管尊尊亲亲原则是以家庭伦理为主的道德规范，但它是法律制度的有力补充，作为维护社会秩序的两大手段之一，这些道德规范仍具有不可低估的作用。因此，"以家庭伦理为核心的传统文明对于以契约为基础的现代文明具有互补性，两者的互补是和谐社

---

① 冯天瑜、何晓明、周积明：《中华文化史》，上海人民出版社 2005 年版，第 301 页。

会所要求的文明形态。"① 按照这一思想，先秦儒家圣人所要构建的秩序是以家庭伦理为核心的秩序，而现代西方文明是以契约为基础的秩序，当代中国所要建立的和谐社会文明形态属于中国特色社会主义的范围，即是后资本主义的。先秦儒家圣人构建社会秩序的理论，重视尊尊亲亲的家庭伦理和理想人格的道德感化，主张通过仁爱精神和谐社会关系、凝聚人心，以构建理想的社会，这对于弥补以法律和规则明确社会成员利益、以财富为唯一最终目的的现代契约型社会的缺失具有积极意义。

2. 仁爱百姓：从代民行政到让民参政、从为民作主到让民作主

仁爱之心、仁政之举是古代儒家倡导的政治伦理思想，其中蕴含有"民主"的因子。但学术界对此存在争议。有人认为儒家思想作为封建专制社会的主流意识形态，恐怕很难保有民主性的成分。事实上，儒家学说整体上说是"仁"、"礼"并重的，如果说"礼"被统治阶级提升为礼制之后产生了不少专制主义的东西，那么，"仁"或"仁政"学说则一直滋生着一种与专制主义相对立的东西，即以民为本、为民作主等理念。随着封建专制社会的解体，儒家思想中意识形态和礼制层面的内容也开始消解。但制度化儒家的解体，与其说是儒家的衰落，不如说是儒家发展的一种转机。我们现在要做的是，一方面，回到元典，但不拘泥于元典，去挖掘儒家思想中具有普适意义的成分；另一方面，发掘儒家核心价值在处理人与人、人与社会、人与自然关系时可以发挥的重要作用。正如爱德华·席尔斯所说："现代中国已经到了重新审视儒家的价值的时候，这种审视并非是简单地回到过去，而应该是一种富有想象力的建设。确立一种建构主义的态度比重读经典更为重要。"② 在现代社会，"儒家如何保持其一以贯之的内在精神，在塑造新的民族精神的时候，提供背景性的价值，又能与现代性的社会特征保持一种和谐，将是未来中国知识阶层不可推卸的责任。"③那么，在民主建设方面，儒家学说能提供什么样的"背景性价值"呢？

---

① 陈卫平：《后现代社会的文明形态：传统与现代的互补》，《中山大学学报》2005 年第 6 期。
② [美] 爱德华·席尔斯：《论传统》，傅铿译，上海人民出版社 1991 年版，第 69—70 页。
③ 干春松：《儒家的未来》，《东岳论丛》2005 年第 1 期。

　　杜维明认为："儒学现代化的核心问题是儒家传统对于民主和科学能否作出创造性的回应。"① 在他看来，基督教的核心价值在未来的天国，佛教的核心价值在彼岸，"但儒家是入世的，是经世致用的，它如果不能面对民主和科学的挑战，要进一步发展就非常困难。"② 制度化的儒家解体之后，中国人始终没有放弃发掘儒家的价值观对于中国人的民族认同和民族自信的意义。在这方面，熊十力、梁漱溟、冯友兰、钱穆等都曾作出过突出的贡献。现代新儒家则以西方的启蒙思想为对象，防御性地将儒学的主流和本质定义为心性之学，并认为自己是继宋明儒学之后的"儒学第三期"发展，为儒学在现代社会重新受到人们的关注发挥了很大的作用。但新儒学放弃儒学对社会秩序的关注，而将立足点归结于道德教化，并提出了儒家思想与民主科学具有一致性的观点。其实，早在 1942 年，钱穆就曾在《中国文化传统之演进》一文中对中国古代社会的"专制"问题发表过自己的看法，他说：

　　　　一般人往往说，中国过去是一个"君主专制"的国家。我认为称它为"君主"则诚然的，称它为"专制"，那就未免有一点冤枉。中国社会，自秦以下，便没有所谓特权阶级之存在。政府里面的做官人，并不是社会上享有特权的贵族。那么秦汉以下，什么样的人才可以做官呢？用一句现在时行的话来说，什么人才可以参与政治呢？中国从汉以下，国民参政，均有一种特定的制度。汉制先入学校教育，毕业后进入政府历练办事，做事务官，当时称作"吏"。待他练习实际行政有经验，有相当成绩，便得推举到朝廷，再经一度考试，才正式做政务官。至于官阶高低，则由其服官后成绩来升降。魏晋南北朝以下，此制有变动，但大体总有一制度。唐以后直到清代，便是有名的科举制。所以中国自汉以后，固然有皇帝，但并没有封建贵族。又并没有由资本家变相而来的财阀贵族。

---

① 杜维明：《儒家传统的现代转化》，《浙江大学学报》2004 年第 2 期。

② 同上。

> 做官人都由民众里面挑选受教育有能力的人来充当，并在全国各地平均分配。东汉时，大概二十万户口中，可以有一人参政。直到清代，各省应科举的人，都规定录取名额，仍是照地域平均分配。单有这一点看，中国传统政治，早不是君主专制。因全国人民参政，都有政府法律规定，皇帝也不能任意修改。……因此，所以中国的传统政治，实在不能说它是君主专制。[①]

钱穆的这番高论笔者不敢完全苟同，因为在古代官吏制度的整个体制中，仅仅因为其中的一个小环节具有民众代表色彩就肯定整个社会制度是民主的而非专制的，恐怕有些夸张。按照钱穆的观点，古代官吏作为一定范围内民众代表的身份，似乎应该在为官之后为其所代表的民众鼓与呼，或者说应为官一任，造福一方，为民请命。然而实质上，这样的清官在历史上为数甚少。原因是表面上具有民主色彩的选官制度，事实上仍是皇帝任命的，而不是直接的、真正的民主选举的产物，这些官吏视头上之乌纱帽为君主所恩赐而非民众所赋予，因此他们要为其负责的对象是皇帝而非人民。受此影响，儒家的仁爱思想、仁政设想在封建官吏那里，就仅仅表现为以民为本、为民作主，而民主的本义——让民参政、让民作主则根本不复存在，当然在封建专制的背景下也不可能存在。由此也就出现了一个现象：几千年来中国的官吏都被民众称为"父母官"而非"公仆"，直到21世纪的今天，这种惯用的称谓依然存在。尽管如此，钱穆的这段话至少向我们传递了一个信息，那就是中国古代的官制中蕴涵有一定的民主成分。这种非世袭的、具有民众代表色彩的官僚体制，实质上赋予了君臣关系新的内涵，即臣的重要职责是为万民而非一君。正如黄宗羲在《明夷待访录·原臣》中所说："夫治天下犹曳大木然……君与臣，共曳大木之人也。""故我之出而仕也，为天下，非为君也；为万民，非为一姓也。……天下之治乱不在一姓之兴衰，而在万民之忧乐。"这表明，君是为民而设

---

① 钱穆：《中国文化史导论》，商务印书馆1994年版，第241—242页。

的，君臣之间的关系不同于父子，父子是血缘关系，君臣是共事关系。但在中国古代制度的背景下，要让君臣成为共事关系、让臣为民而不为君，确非易事。

在几千年的历史发展中，中国文化精神的基本特征是以"仁爱""仁政"为内核的人文主义。然而，在中国丰富的人文资源中，民主的成分却属于"稀有元素"。其主要原因是几千年的封建专制，窒息并湮灭了先秦时期所点燃的民主火苗，使其始终未成燎原之势。在当今现代化与全球化的大背景下，我们应继续弘扬以"仁爱"为核心的人本主义思想，大力培养公众的民主意识，扩大人文精神中的民主成分，牢固树立以民为本的理念，在社会主义民主体制下，尽快实现从代民行政到让民参政、从为民作主到让民作主的时代转换，以推进中国社会的政治文明和精神文明。

3.忠恕诚信：从私德到公德的延伸

诚信本来是道德范畴，是协调人与人之间关系的生活伦理原则。但随着儒家在《中庸》、《大学》等重要典籍中对"诚"的强调，诚信逐渐成为协调统治者与民众、国家之间关系的政治伦理原则。"忠"作为协调上下关系的原则更是教化伦理的主要内容。随着近代市场经济的发展，诚信对市场经济建设的重要意义日益显露，诚信已经纳入法治范畴，成为经济活动的黄金规则。信用制度是市场经济发展的必然产物，没有信用就没有正常的金融秩序和市场经济。这是因为，市场经济是交换经济，交易行为的形成是以交易双方的互相信任为基本前提的，诚实守信是市场交易的基本条件。同时，市场经济又是契约经济，交易形成后，彼此双方要订立合同来保证和确定双方的权利和应尽的义务，而履行合同必然要求恪守诚信，否则合同就成了一纸空文，交易就失去了安全保障，市场活动就无法正常运转。

在古代礼文化中，忠恕诚信是人际关系和谐的重要原则保证。但由于历史和时代的局限性，这一原则多被运用于以"五伦"关系为主的私德领域，没能成为更大范围中的道德准则。梁启超以"公德殆阙""偏于私德"概括中国人的伦理特点是十分深刻的。如果说古代中国社会道德规范的重点是私德，那么现代社会道德规范建设的重心就应是公德，这是由公共生活领域的不断扩大和市场经济的特点决定的。譬如"诚信"作为儒家伦理规范，过去只是在"六亲"或"五伦"之内为巩固差序社会结构服务，就是说在人伦亲情关系之内讲诚信，欺骗"六亲"之外的陌生人则不一定受谴责。这种系于情缘、熟人的"诚信"，显然有违现代社会人人平等理念下的道德要求。当然，今日中国道德失范、诚信缺失的原因是复杂的，既有传统道德解构和断裂的原因，也有市场经济和智慧转型的原因，其中上世纪中期各种政治运动对人伦道德的漠视和消解是不容忽视的一个原因。特别是"文化大革命"中登峰造极的因文生祸、因言致罪、罗织罪名等做法，使得人们违心讲话、互相揭发、明哲保身。随着政治运动的深入和斗争范围的扩大，越来越多的知识分子被送上了专制主义的祭坛，导致作为民族脊梁的社会精英阶层精神品格近乎整体的堕落，尽管其中也有"富贵不能淫，贫贱不能移，威武不能屈"（《孟子·滕文公下》）的中流砥柱般的勇士。但作为政治运动的对象，许多人在无法忍受精神煎熬和肉体摧残的情况下，逐渐放弃了曾经引以为傲的品格——独立精神、自尊自强、忠恕诚信，最后只能违心地承认强加在他们头上的罪名，以牺牲人格尊严的谎言换取苟且偷生的机会。这种屈从政治压力而舍弃人伦道德的现象，扭曲了人性，动摇了信仰，贬低了人格，践踏了道德。昔日建立在修身养性基础上的伦理型道德规范在政治风暴面前显得软弱无力，"耻与荣"已不再是道德判断，而变成了是否符合某种政治路线的评语。在这种严峻的政治态势下，规约人际关系、社会关系的公德成了重灾区，这使得原本就先天不足的公德规范体系更是雪上加霜。

近年来随着社会主义市场经济的确立，一直制约着人们的行政和政治约束逐渐松绑，而道德在让位于政治之后，再次让位于经济，以牺牲道德环境为代价的工具理性大行其道，成为追名逐利的人们嘲弄崇高、践踏理想、抛弃道德的理由。然而，由于旧的道德体系崩溃，新的价值体系和道德规范尚未形成，人们的欲望未受到理性的规范和控制，由极度压抑、收缩到极度放纵、膨胀，最终导致了普遍的行为失范；同时，由于"三俗"文化冲击下的是非、荣辱、美丑不分现象加剧，以及大众普遍认同的道德规范标准的缺失，最终导致了道德认识和道德实践上的混乱局面。

今天中国的道德建设，需要公德、私德并重，不断拓展私德的范围。如"忠恕诚信"、敬老爱幼、崇德尚义、"己所不欲，勿施于人"等，都应从君臣、父子、夫妇、兄弟、朋友这"五伦"关系拓展到社会上的各种交往活动中。其实，古代一些圣贤已经在这方面作了努力和尝试，如孟子所说的"老吾老以及人之老，幼吾幼以及人之幼"即是。人类生活有三大领域——家庭生活、职业生活和公共生活，我们应从中国传统道德资源中挖掘那些具有现代价值的道德规范，并将其从过去以家庭生活为主的私德领域推广提升为职业生活领域的职业道德和公共生活领域的社会公德，将过去运用于熟人之间的道德规范延伸至陌生人之间，从而建立起人与人、人与社会、人与自然之间以及上下级之间、商家与消费者之间的和谐关系。只有这样，中国的传统道德才能焕发出新的生机与活力。

4. 孝道伦理：从愚孝到互尊，从忠君到忠国

孝道既是中国社会一向倡导的教化伦理，也是百姓日用不辍的家庭生活伦理。在 21 世纪的今天，先秦儒家的"孝道"和"忠孝观"应该在新的时代背景下与时俱进，注入新的内涵，确定新的目标。唯如此，传统"孝道"才能焕发生机与活力。

"孝"作为中国古代社会重要的道德观念和道德规范，其实质是个体对家庭的责任和义务，表现为晚辈对长辈的尊敬服从。在中国家国一体的社会结构里，它不但维护着家族的秩序，而且在由家而国的扩大中，由孝而忠地维护着整个社会的秩序。《礼记·祭统》中说："凡治人之道，莫急于礼；礼有五经，莫重于祭。"汉代以后历代帝王无不推崇孝道，汉高祖以后的汉代皇帝谥号都先冠以"孝"字，不孝成"十恶"之首。可见"孝"在社会生活中的特殊意义。这样，家族是一个伦理实体，社会和国家也是一个扩大了的伦理实体，即王国维所说的"纳上下于道德，合天子诸侯卿

大夫庶民为一道德的团体"①。然而，人类文明的发展史表明，思想文化的生命力来自于它的与时俱进，礼文化中的忠孝思想也不例外。关于"忠"，孙中山早就指出："在国家之内，君主可以不要，忠字是不能不要的，……照道理上说，还是要尽忠，不忠于君，要忠于国，要忠于民，要为四万万人去效忠。"②就当今时代而言，我们要倡导的"忠"，应是忠于祖国、忠于人民、忠于职守。这种"忠"表现为对祖国和人民的深深热爱，对事业和工作的尽职尽责。这种"忠"是国家强盛、民族复兴的动力支撑，是个人道德素养的集中体现。关于"孝"我们也应在吸纳传统孝道精华的基础上，融入新的时代精神。例如，在"亲其亲"、"尊其尊"中注入更多平等与民主的成分，在强调幼对长、下对上的尊重和孝敬的同时，也重视长对幼、上对下的尊重与关爱，在双方之间形成双向的、平等的情感沟通和人际交流，从而建立起以互尊互爱、真诚友善、民主平等为核心的健康和谐的家庭关系、组织关系和社会关系。

今天，我们应将"孝道"作为当代社会道德建设的切入点。俗话说"百善孝为先"，《孝经·开宗明义》亦云："夫孝，德之本也。"这表明孝是一个人道德修养的前提和基础，一个对父母无情无义、不孝不敬的人，不可能有良好的道德修养；一个不崇尚或摒弃孝道的民族，不可能是仁义之邦、文明之邦。先秦儒家一向视孝为道德之本，把履行孝道作为提高道德修养的重要途径。《孝经》云："教民亲爱，莫善于孝；教民礼顺，莫善于悌；移风易俗，莫善于乐；安上治民，莫善于礼。"（《孝经·广要道》）孝敬父母、尊重长辈和老人是每个人践行道德规范、培养善德最直接、最具操作性、最持久且最易于考察的修养途径和方法，仁义礼智信诸德都可经由孝行培养出来。今天，我们应大力倡导孝敬和赡养父母、尊重和关心老人的个人美德和社会公德，坚决抨击虐待父母和不敬老人的不良现象。当然，我们也需摒弃封建孝道中"愚孝"、"愚忠"、扼杀人性的成分，弘扬先秦

---

① 王国维：《殷周制度论》，引自陈其泰主编：《二十世纪中国礼学研究论集》，学苑出版社1998年版，第296页。

② 孙中山：《孙中山选集》，人民出版社1981年版，第125页。

孝道中重视亲情、升华人性、和谐家庭的道德精神，使基于人性基础上的孝道成为社会主义核心价值体系的重要内容，为构建当代和谐家庭与和谐社会发挥积极功用。

5. 和而不同：从生活领域到思想领域、政治领域的拓展

儒家主张的"和而不同"、"仇必和而解"、"己欲立而立人，己欲达而达人"等和谐思想，最初主要是处理人与人关系的生活伦理准则，如孔子所说的"君子和而不同，小人同而不和"等，这种思维方式因其所具有的合理性与真理性成分而被一些学者和政治家扩展到了思想与政治领域，如《国语·郑语》中史伯所说的"和实生物，同则不继"，《左传》中晏子所说的"和如羹"及君臣之间的和而不同等。然而，由于种种原因，"和而不同"的思维与行为方式在中华民族的历史上并未得到彻底的贯穿，尚未真正地内化为民族的思维与行为方式，其表现就是历史上在思想文化和政治领域发生的诸多悲剧，如历史上统治阶级制造的文字狱，散见于历史长河中的民族冲突与战争，以及不同宗教之间的纷争等等。即使在新中国成立后，我们仍能看到这类悲剧的上演，如反右扩大化、文化大革命等。冯友兰的一段话对此作了形象地描述："任何革命都要破坏两个对立面所共处的那个统一体。那个统一体破坏了，两个对立面就同归于尽，革命到这个程度就'到底'了。"在新的统一体中，形势和任务都发生了变化，"革命家和革命政党原来反抗当时的统治者，现在转化为统治者了。作为新的统治者，他们的任务就不是要破坏什么统一体，而是要维护这个新的统一体。使之更加巩固，更加发展。这样，就从'仇必仇到底'的路线转到'仇必和而解'的路线。"① 然而，在我国由革命时期向社会主义建设时期转变的过程中，"斗争哲学"并没有自然地转向"和谐哲学"，而是经历了一个曲折的过程。当然，我们不能否认，在中国历史上也有很好地贯彻了"和而不同"原则的例子，印度佛教东渡传入中国及其中国化的过程就体现了"和而不同"的思维模式。佛教源于古印度，东汉末年传入中国。经过

---

① 冯友兰：《中国现代哲学史》，中华书局 1996 年版，第 259 页。

两千多年的发展，佛教与中国本土文化相融合，成为中国文化的一个重要组成部分。在这个过程中，我们可以看到，佛教与中国传统的道、儒两家相互影响，相互吸取，相互融合，共同发展。儒、释、道三家并没有强调"唯我独尊"，也没成为单一的文化，而是共同作为中国文化的有机组成部分，"和而不同"，和平共处，共存互补。众所周知，在人类历史上的几大古代文明中，只有中国文化延续至今，从未中断。这与中国文化本身提倡"和而不同"有着密切的关系。中国传统哲学崇尚宇宙的统一性，认为万物在宇宙的广袤和谐中合而为一，不同物体相互补充，和平共处。中国传统文化的最高理想是"万物并育而不相害，道并行而不相悖"，"万物并育"和"道并行"是"不同"，"不相害"、"不相悖"则是"和"。这种思想为多元文化共处提供了取之不尽的思想源泉。

在经济全球化、政治民主化、思想文化多元化的今天，"和而不同"的和谐理念必须从个人交往领域拓展到不同思想流派、不同文化类型、不同政党、不同国家或民族的交往和沟通领域之中，更重要的是，要让"和而不同"的理念变成习惯性的思维与行为方式，甚至必要时将其变成制度化的规范。不能将其仅仅留于口号或文字，亦不能将其作为冠冕堂皇的文饰，而必须将其付诸于行动。只有这样，和谐文化与和谐世界的构建才能成为现实。例如，不同民族和国家可以通过文化的交往对话来达成"共识"，这是由"不同"到某种意义上的相互"认同"的过程。这种相互"认同"不是一方消灭另一方，也不是一方"同化"另一方，而是在两种不同文化中寻找交汇点，并在此基础上推动双方文化的发展，这正是"和"的作用。不同民族和国家之间由于地理的、历史的和某种偶然的因素，形成了不同的文化传统，正因这种文化的差异，才有了人类文化的丰富多彩，并在人类的历史长河中形成了互补和互动的格局。文化上的不同可能引起冲突甚至战争，但不能认为"不同"必然引起冲突和战争。如果各民族和国家以"和而不同"为原则努力进行沟通与交流，就能实现和谐相处。近年来，中西方许多学者都认识到，通过对话进行沟通、增进相互了解，对每个民族的发展和世界和平是非常重要的。例如，哈贝马斯提出"正义"和"团结"

的观念，把它们作为处理不同民族文化之间关系的原则。其"正义"原则可理解为，保障每一种民族文化的独立自主，尊重各民族按照其意愿发展自己的权利；其"团结"原则可理解为，要求对其他民族文化有同情、理解和尊重的义务。只有不断对话和交往，才能在不同民族之间形成互动中的良性循环。2002年德国哲学家伽达默尔提出把"理解"扩展到"广义对话"的层面，以使沟通或对话双方从不平等地位过渡到平等地位，从而保障对话的顺利进行。[①] 平等意识和文化对话正是我们这个时代所需要的重要理念。无论是哈贝马斯的"正义"和"团结"原则，还是伽达默尔的"广义对话"，都需要以"和而不同"原则为前提，只有承认不同文化传统的民族和国家之间可以和谐相处，不同文化传统的民族和国家才能获得平等的权利和义务，"广义对话"才能具有实质上的意义。因此，孔子以"和为贵"为基础的"和而不同"原则应成为处理不同文化之间关系的基本原则。

事实上，"和而不同"不仅是一种思维方式，更是一种博大的心胸和宽容的气度，是现代文明需要的一种做人修养、思想境界和政治风度。有了这种心胸和气度，不同思想流派、不同文化类型、不同政党、不同国家或民族的交往和沟通才能有效展开，文化和谐、政治文明、世界和谐才能最终实现。

---

① 汤一介：《新轴心时代与中国文化的建构》，江西人民出版社 2007 年版，第 208 页。

第九章　制度正义、伦理共同体
与良序社会构建

> 人是制度里的公民。我们能够成为什么样的人，与我们生活在一个什么样的社会制度中、我们能够创造一个什么样的社会制度直接相关。
>
> ——康芒斯

> 正义是社会制度的首要价值，正像真理是思想体系的首要价值一样。一种理论，无论它多么精致和简洁，只要它不真实，就必须加以拒绝或修正；同样，某些法律和制度，不管它们如何有效率和有条理，只要它们不正义，就必须加以改造或废除。
>
> ——罗尔斯

社会的道德建设是一个系统工程，道德失范的文化救赎，需要从价值观、传统文化、道德教化、道德自律、角色美德和社会公德等主客观方面做深入细致的研究，但与道德建设相关的制度建设也不容轻视。没有制度保障的道德建设不仅难以持久，而且可能半途而废或功亏一篑。道德失范的救治不仅需要主观道德素质之提升，而且需要客观制度之构建。然而，由于历史的原因，中国社会在确保正义的制度建设方面存在缺失，我们需要借鉴西方的经验和智慧。19世纪德国古典学家阿斯特（Friedrich Ast）曾言："只要我们尚未辨识东方，我们关于西方的知识就无根据，亦无目的。"[①] 这种宏大的气度和比较的眼光在两百年后的当下中国愈加重要，我们同样"尚未辨识"西方，仍需要在深入了解西方的基础上学习西方，以

---

① 转引自张巍：《希腊古风诗教考论》，北京大学出版社2018年版，"前言"。

扬长补短。

黑格尔认为："无论法的东西和道德的东西都不能自为地实存，而必须以伦理的东西为其承担者和基础，因为法欠缺主观性的环节，而道德则仅仅具有主观性的环节，所以法和道德本身都缺乏现实性。"伦理是"自由的理念"，是"活的善"，是"自在自为存在的神"，对于个人是"永恒的正义"。①他对"伦理"和"伦理实体"的强调，一方面提醒我们，道德建设必须扎根于生活世界，不能脱离实际；另一方面告诉我们，"伦理实体"是价值合理性根据，是把握伦理关系与伦理秩序的钥匙，基于现实伦理关系的道德规范具有普遍性和必然性，对于个人是"永恒的正义"。这就意味着，我们身处其中的伦理关系和伦理共同体是我们自身无法选择和改变的，我们所能做的只能是按照一定的角色要求和道德标准做好自己应当做的事。

"伦理"与"道德"是两个既有密切关系又有一定区别的概念。一般说来，"伦理"范畴侧重于社会关系，强调客观、客体、社会、团体方面；"道德"范畴则侧重于个体，强调主观内在操守方面。这种区别有助于伦理学自身理论研究的深化和细化。在中国历史上，虽然很早就出现了"道德"、"伦理"这两个词，例如，《礼记·乐记》云："乐者，通伦理者也。"《礼记·曲礼》云："道德仁义，非礼不成。"《庄子》云："恬淡寂寞，虚无无为，此天地之平而道德之质也。"《韩非子·五蠹》亦云："上古竞于道德，中世出于智谋，当今争于气力。"但这些地方所用的"伦理"和"道德"并不是固定常用的伦理学概念。中国古代在"伦理"意义上，常被使用的近义词有义、理、伦、人伦、伦常、纲常、仁义、天理等词；在"道德"意义上，常被使用的近义词有道、德、仁、仁爱、德性、德行、心性等词。只是到了近代，"伦理"和"道德"才成为固定和基本的伦理学概念，并且分别和西文中的"ethics""morality"相对应。黑格尔认为，"伦理"比"道德"要高，"道德"是主观的，而"伦理"是抽象的客观意志和同样抽象

---

① 参见［德］黑格尔：《法哲学原理》，范扬、张企泰译，商务印书馆 1982 年版，第 161—165 页。

的个人主观意志的统一。"伦理"可以是低层次的、外在的、类似于法律的、"百姓日用而不知"的东西，但也可以是高层次的、综合了主客观的、类似于家园的、体现了人或民族精神本质的东西，它连接内外，沟通上下，甚至在凡俗和神圣之间建立起通道。他认为，自由意志在内心的实现就是道德；自由意志既通过外物又通过内心得到充分的现实性就是伦理。伦理是主观与客观的统一，是绝对精神在客观精神阶段的真理性存在。① 如果把良序社会的伦理共同体比喻为一个宏伟的建筑物，那么，制度正义就是梁柱，角色美德就是檩椽，而公民个人尊严就是高居其上的精美屋脊，是人类构建伦理共同体的鹄的。

一、公平正义与伦理共同体的构筑

罗尔斯在《正义论》的开篇申言："正义是社会制度的首要价值，正象真理是思想体系的首要价值一样。一种理论，无论它多么精致和简洁，只要它不真实，就必须加以拒绝或修正；同样，某些法律和制度，不管它们如何有效率和有条理，只要它们不正义，就必须加以改造或废除。每个人都拥有一种基于正义的不可侵犯性，这种不可侵犯性即使以社会整体利益之名也不能逾越。因此，正义否认为了一些人分享更大利益而剥夺另一些人的自由是正当的，不承认许多人享受的较大利益能绰绰有余地补偿强加于少数人的牺牲。所以，在一个正义的社会里，平等的公民自由是确定不移的，由正义所保障的权利决不受制于政治的交易或社会利益的权衡。允许我们默认一种有错误的理论的唯一前提是尚无一种较好的理论，同样，使我们忍受一种不正义只能是在需要用它来避免另一种更大的不正义的情况下才有可能。作为人类活动的首要价值，真理和正义是决不妥协的。"② 罗尔斯将正义视为社会制度"首要价值"的真正本义在于：作为建

---

① 参见何怀宏：《伦理学是什么》，北京大学出版社 2002 年版，第 11 页。

② ［美］约翰·罗尔斯：《正义论》，何怀宏、何包钢、廖申白译，中国社会科学出版社 1988 年版，第 2 页。

构社会基本秩序和规范社会公共行为的制度体系，社会制度所应追求和可能达到的最高目标，首先且最终是社会制度安排本身的公平正义。

一个良序的伦理共同体的构建，离不开公平和正义。正义是伦理学、政治学的基本范畴。在伦理学中，正义通常指人们按一定道德标准所应当做的事，也指一种道德评价，即公正。公平是一个社会学名词，公平也是法律所追求的基本价值之一。公平是指参与社会合作的每个人承担着他应承担的责任，得到他应得的利益。人们常常将公平和正义并提而论，认为公平即是正义，简称公正。社会公平就是社会的政治利益、经济利益和其他利益在全体社会成员之间合理而平等的分配，它意味着权利的平等、分配的合理、机会的均等和司法的公正。"正义"或"公平"作为词语，在中国很早就已出现。《荀子·儒效》云："不学问，无正义，以富利为隆，是俗人者也。"《管子·形势解》云："天公平而无私，故美恶莫不覆；地公平而无私，故小大莫不载。"可见，在中国古代，正义即公正的道理，与公平、公道、正直、正当等相连。正义意味着按照一定道德标准做自己应当做的事。在西方语言中，"正义"有公正、公平、正直、法、权利等多种含义。

从历史上看，正义是一个相对的概念，不同的社会、不同的阶级有不同的正义观。在荷马那里，正义是宇宙的秩序；在柏拉图那里，"各尽其职就是正义"，即人们按自己的等级做应当做的事就是正义；在亚里士多德看来，正义既是城邦的秩序，又是各种美德中最核心的美德；古罗马法学家乌尔比安认为"正义就是给每个人以应有权利的稳定的永恒的意义"；霍布斯则认为"要么正义是由权力所强加的，要么根本就不存在什么正义"；在"纯粹法学"理论家凯尔森看来，"正义是一种主观的价值判断"。到了20世纪六七十年代，面对元伦理学探究的理论困境与实践局限——即由"是然"（to be）与"应然"（ought to be）之不可通约这一著名的休谟命题所引发的伦理学之科学特性和科学基础的困境，以及由元分析伦理学的单纯技术性追求所产生的道德实践功能的疑惑，罗尔斯以其对现代西方社会本性的深刻理解和精辟有力的逻辑论证，将人们从空洞的学究幻想中拉回到洛克、卢梭和康德的理论世界中来，使其重温西方现代化奠基时代早已确立起来的基本价值学说——即以"自由、平等、博爱"为核心精神的自由主义。他挽狂澜于既倒，把伦理学从纯逻辑语言的分析路向扭转到现代性的规范伦理学轨道上来，自由平等与行为规则、个人权利与社会公正、正当合理与公共秩序等近代西方伦理的基本范畴又重新成为伦理学的主题。罗尔斯认为，一种行为、状态是否正义涉及到三个要素：人、社会和与人直接相关的事物。基于此，他提出了正义的两个原则：

> 第一个正义原则：每个人对与所有人所拥有的最广泛平等的基本自由体系相容的类似自由体系都应有一种平等的权利（平等自由原则）。第二个正义原则：社会的和经济的不平等应这样安排，使它们：（1）在与正义的储存原则一致的情况下，适合于最少受惠者的最大利益（差别原则）；（2）依系于在机会公平平等的条件下职务和地位向所有人开放（机会的公正平等原则）。①

罗尔斯将其正义观概括为："所有社会价值——自由和机会、收入和财富、自尊和基础——都要平等的分配，除非对其中一种价值或所有价值的一种不平等分配合乎每一个人的利益。"②纵观古今中外各种正义观、公平观，可以看出，其共同点在于，都强调人们按一定道德标准做自己应当做的事，国家或社会应以合理的标准平等地对待每个人，使其各居其位、各尽其能、各得其所、各安其位。综上，可以说，就个人而言，正义是一种主观的价值判断；就社会而言，正义是有客观标准的。正义是人类社会崇高的价值，是具有公正性、合理性的观点、行为、活动、思想和制度等。衡量正义的客观标准是这种正义的观点、思想、行为和制度是否促进社会进步，是否符合社会发展规律，是否满足社会中绝大多数人的最大利益需要。

---

① ［美］罗尔斯：《正义论》，何怀宏等译，中国社会科学出版社 1988 年版，"译者前言"，第 7—8 页。

② 何怀宏：《公平的正义：解读罗尔斯的〈正义论〉》，山东人民出版社 2002 年版，第 18 页。

自古以来，中国就是一个伦理型社会，纲常伦理是规范个人行为、家庭关系和社会关系的基本法则。基于此，中国社会就是一个伦理共同体。古代推行纲常伦理的目的就是要求民众遵守封建时代的道德标准，做到各居其位、各尽其能、各得其所、各安其位。这也是孔子所说的"不患寡而患不均，不患贫而患不安"（《论语·季氏》）中"均平"思想的要义。① 这是那个时代所谓的正义，具有浓厚的等级色彩。在现代社会，为了社会共同体的有序运转，我们既要吸纳传统纲常中的积极元素（如仁、义、礼、智、信），又要融入现代社会制度正义中合理成分（如公平、民主、自由等）。究竟如何以公平和正义构筑良序的伦理共同体，这是我们必须思考和回答的问题。

（一）伦理共同体的内涵与特性

黑格尔认为伦理性的东西具有强烈的现实性，他认为对伦理的考察有两种方法："或者是从实体性出发，或者原子式地进行探讨，即以单个的人为基础而逐渐提高"，他主张前一种方法。② 在他看来，社会不是单个人的"集合并列"，只有从伦理实体出发才能做到"单一物和普遍物的统一"，实现特殊性与普遍性的统一，才能为具体事物寻得价值合理性之现实必然性根据。"人的本质不是单个人所固有的抽象物，在其现实性上，它是一切社会关系的总和。"③ 人类的生活世界是关系世界，是存在的价值合理性基础之所在。人是社会关系的总和，更是伦理关系的总和。因此，凡与道德建设相关的制度都应建立在由伦理关系汇集而成的"伦理实体"之上。然而，生活世界的现象斑驳杂陈，只有其中那些具有普遍性、本质意义的内容，才是生活世界的本真存在，才能成为存在的价值合理性基础。生活世界的本真存在，借用黑格尔的概念表达就是"伦理实体"。根据黑格尔的"伦理实体"思想，在现实生活中，社会关系体系可能是多样的，然

① 参见张自慧：《真相与启示：先秦儒家"均平"思想探微》，《孔子研究》2014 年第 4 期。
② 参见 [德] 黑格尔：《法哲学原理》，范扬、张企泰译，商务印书馆 1982 年版，第 173 页。
③ 《马克思恩格斯选集》第 1 卷，人民出版社 2012 年版，第 139 页。

而，并非所有的社会关系体系均能作为伦理实体存在，只有那些具有必然性，或者说，代表了时代历史发展必然方向的社会关系体系才能成为伦理实体，才能成为社会价值合理性根据之所在。社会历史领域中的自由通过"伦理实体"被规定。① 这种思维方向与历史主义、社群主义寻求价值合理性根据的思维方向吻合，在东西方文化传统中都有深厚的根基。如中国古代的"五伦"关系及其伦理规范是基于当时的伦理实体而存在的，正因如此，其后的"十义"才作为支撑华夏民族生活伦理共同体的准则并长期发挥作用。

（二）善与正义的"第二天性"：伦理共同体的"内聚力"

"伦理实体"是人类自我立法的规范关系体系。黑格尔称这种规范关系体系为"自在自为地存在的规章制度"，"它们是从事物的本性中产生出来的规定"。② 一方面，伦理实体作为一种社会关系范式，为特定社会交往活动提供背景性安排；另一方面，伦理实体作为关系结构体系，为社会所有组织、成员规定了基本权利义务。一切权利义务关系的具体内容都依赖伦理实体而合理存在。例如，在中国古代的社会伦理共同体中，父子关系、君臣关系、兄弟关系、夫妻关系是具有存在必然性的关系，父慈子孝、君仁臣忠、兄良弟悌、夫义妇听是处于该共同体的人们的"自我立法"。当今时代由罗尔斯所引发的关于社会正义的思想争论，其焦点之一是现时代的价值合理性基础。他通过对个人自由权利保障的关注而将视野引向了社会制度正义、义务论的立场，其目的也是要为当代的社会共同体进行自我立法。由于人不是作为纯粹的个体自我存在于世，而是作为交互主体或共主体存在于社会中的，人类社会的存在需要某种共通的基准与共通的语言。③ 这种"共通的基准与共通的语言"就是其所说的"正义"原则。

---

① ［德］黑格尔：《法哲学原理》，范扬、张企泰译，商务印书馆 1982 年版，第 164—165 页。
② 同上。
③ 参见万俊人：《现代社会道德合理性基础论证——兼及中国现代化运作中的道德问题》，《北京大学学报》（哲学社会科学版）1996 年第 2 期。

既然"伦理实体"是具有必然性的伦理关系体系，因而，对"伦理实体"的深刻把握就必须深入"伦理关系"范畴。黑格尔将家庭、市民社会、国家作为伦理的不同环节，并在这些不同的环节中仔细讨论了人与人的关系，这就意味着伦理关系以人与人的关系为内容，并存在于家庭、市民社会、国家生活中。他还认为，在家庭、市民社会、国家生活中，"各种伦理性的规定都表现为必然的关系"，在这些必然的关系中，人们获得现实义务的内容，拥有权利，成为实体性的存在，或者说"达到了实体性的自由。"① 这样，在黑格尔那里，伦理关系的最基本规定就是具有"必然"性的"伦理性规定"，这种"必然"即为伦理共同体中的"自由"。正因为它是必然性的，所以它同时就是普遍、客观的，并在人们的自由意志活动中成为应当的。人们在这种必然性的关系中获得现实的"自由"。同时，伦理共同体只有建立起属于自身的以爱为规定的血亲关系、以互利互惠为规定的经济合作关系、以基于平等权利的公平正义为规定的政治关系，并建立起正义的制度、健全的法律，才可能是真正自由的"体系"或生活秩序。在这种伦理共同体中，每个成员通过日常生活被引导向善与正义，形成"合乎人性"的"第二天性"。② 这意味着，伦理生活并不像人们通常所理解的那样，仅仅只是"道德"生活，仅仅只是个体内向心性的修养，而是个体的日常生活过程。在日常生活过程中，每个人遵守健全的法律，通过理性与经验体悟认知伦理共同体的价值精神，接受既有文化，在做一个好人的日常生活中形成好的习惯，形成好的第二天性，拥有好的品质，这是伦理共同体必备的"内聚力"。因此，构建健康的伦理共同体对道德失范的救治和善良人性的培育至关重要。

（三）角色规范与角色美德：伦理共同体"良序"的保障

哈耶克认为"秩序"一词可以用系统论中的"系统"来替代。"秩序"

---

① ［德］黑格尔：《法哲学原理》，范扬、张企泰译，商务印书馆1982年版，第167—168页。
② 参见［古希腊］亚里士多德：《尼各马可伦理学》，廖申白译，商务印书馆2003年版，第313页。

是事物的一种状态，在这种状态中，事物各要素之间的关系极其密切，以致只要根据对系统整体中的某些特殊部分要素的认识，就能形成对其他部分的正确预期。

> 社会秩序在于人类活动的有效合作，它在本质上意味着生活在这个关系结构中的行为者，可以有效地运用他们的知识，且能够极有信心地预见到他们能从其他人那里所获得的合作，他们的行动为正确的预期所引导。①

"伦理秩序"是伦理关系的结构性存在，可区分为伦理关系的内在秩序和外在秩序。社会伦理秩序的建设，不仅要重视伦理共同体规范条文的订立，对中国社会而言，这些规范应包括传统纲常伦理中的精华，也包括以公平、正义为基准道德的 24 字核心价值观——富强、民主、文明、和谐，自由、平等、公正、法治，爱国、敬业、诚信、友善；而且更要着力于现实客观社会伦理关系的构建与伦理关系中角色规范的践行。

黑格尔曾说："德毋宁应该说是一种伦理上的造诣。"即当伦理实体的要求变为行为者自由意志的一部分时即为德；当伦理秩序表现为"个人的普遍行为方式"、成为人们的"第二天性"时，即为风尚习惯；当伦理秩序通过思想被"明确规定，并作为法的东西和有效的东西予以公布"时，即为实在法。② 客观的关系结构及其主观规则表达，对于社会成员均是一种拘束，然而，这种拘束仅仅对于逸脱于这个秩序之外的人才存在，在此伦理实体秩序之内的行为则是自由。

从历史上看，社会秩序是通过每个社会角色对其角色规范的践履来实现的，而社会对个体行为评价的主要依据就是个体在伦理共同体中的角色行为和角色美德。黑格尔认为，一个人应当作些什么、必须作些什么，才

---

① 参见［英］哈耶克：《自由秩序原理》上册，生活·读书·新知三联书店 1997 年版，第199—200 页。

② ［德］黑格尔：《法哲学原理》，范扬、张企泰译，商务印书馆 1982 年版，第 170 页。

能成为有德的人，这在其生活的伦理实体中最容易明白，这就是做他的生活环境中已经确定指出的。①麦金太尔也主张在社会共同体中认识德性，他们的共同之处是在社会角色中寻求美德的根据。美德就是做社会结构所规定的角色所要求做的。个人以共同体作为其存在的依据，道德以共同体要求为其存在基础。离开了社会结构及其角色要求，就难以认识社会道德及其价值基础。当每个个体按照伦理共同体的角色要求扮演好自己的角色，不仅个体自身拥有了美德，而且伦理共同体也会和谐稳定，一个良序社会亦将由此而形成。

二、转型期社会的规范整合与良序构建

一般说来，在社会结构性转型时期，当社会出现普遍道德失范现象时，我们不应简单地一味苛责那些违背道德的个体成员，因为问题的关键可能不只在于社会成员个体，更在于作为整体的社会结构和社会制度，在于社会成员所处的社会环境。假若没有社会结构和制度的公正，没有生存环境的风清气正，就不可能有公民个体的道德恪守和自律。这也正是罗尔斯所揭示的社会公正优先于个体善的要义之所在。

（一）以制度体制为保障增强道德规范的权威性和约束力

道德失范的救治需要制度和体制的保障。在甘肃的敦煌莫高窟，有一张壁画，画面内容是传说中的华夏民族的人文始祖——伏羲和女娲，他（她）们人面蛇神身在一起，一人手中拿"规"，一人手中持"矩"，他（她）们要为炎黄子孙立"规矩"。可见，作为礼仪之邦的中华民族，早在远古时代就洞悉了"没有规矩，不成方圆"的人类社会发展规律，并在西周初年由周公"制礼作乐"拉开了礼乐文明的序幕。人类社会是一个不能没有规矩和规范的世界，表面上看，人是自由的，然而，人又无时不受到规范

---

① 参见［德］黑格尔：《法哲学原理》，范扬、张企泰译，商务印书馆1982年版，第168页。

的约束。社会生活中的规范虽然种类繁多，但大致可以分为两类：道德规范与法律规范。卢梭曾指出，"人是生而自由的，但却无往而不在枷锁之中"①，自以为是万物主人的人却比其他万物更是奴隶。他的本意是要表明人虽然身处枷锁之中却无不追求自由，是要揭露那个罪恶的社会制度、该诅咒的规范世界，所以，他要通过公意来建立一种新的社会制度与规范体系。罗素在谈到《社会契约论》的历史影响时说道：

> 《社会契约论》成了法国大革命中大多数领袖的圣经，但是当然也和《圣经》的命运一样，它的许多信徒并不仔细读它，更谈不上理解它。这本书在民主政治理论家中间重新造成讲形而上的抽象概念的习气，而且通过总意志说，使领袖和他的民众能够有一种神秘的等同，这是用不着靠投票箱那样世俗的器具去证实的。它的哲学有许多东西是黑格尔为普鲁士独裁制度辩护时尽可以利用的。它在实际上的最初收获是罗伯斯庇尔的执政；俄国和德国（尤其后者）的独裁统治一部分也是卢梭学说的结果。②

康德的"哥白尼式的革命"，倡导人为自然立法，为自身立法，其实质就是要确立人的世界，使人作为主体存在于宇宙之中。人为自然立法，就是探究自然界的实然规范世界，获得对外部世界的自由，做自然界的主人；人为自身立法，就是探究人类社会的应然规范世界，获得社会关系的自由，做自身的主人。

人作为社会规范世界的塑型物，其所应遵循的是社会生活中的应然规范，即道德规范和法律规范，它们是人类社会规范世界的两种基本规范类型，二者之区分在于是否具有强制性。人作为社会共同体的存在，就必然有用以协调相互关系的行为规范，且"这些行为规范是人类基于一定的自

---

① ［法］卢梭：《社会契约论》，商务印书馆 1980 年版，第 8 页。
② ［英］罗素：《西方哲学史》下卷，商务印书馆 1976 年版，第 243 页。

然基质，在社会交往中逐渐形成的"①。人类最初的行为规范是什么？

在中国早期文明中，人们最初的行为规范是习俗礼仪，道德规范和法律规范最早都包括在"礼"之中。巫术是初民习俗礼仪中的核心，在一定意义上甚至可以说，在巫术这一粗俗外表之下隐含着人类最初的自由主体精神的萌芽②，这种自由主体精神萌芽中就有人类自我规范立法之胚胎。最初的"礼"几乎关涉初民生活的每一个方面，它具有强烈的神秘感与令人敬畏感，并对全体初民具有普遍强制性。它既对初民社会成员的精神具有威慑作用，又对社会生活自身具有整合功能。庄严的祭祀仪式能使氏族部落成员感受到个人意志必须服从全体意志，个人与氏族部落整体利益密不可分，个人对氏族部落的忠诚不仅是必须应尽的义务，也是换取本氏族部落保证个人生活所需权利的渊源。这种祭祀仪式能使初民社会成员自然明了原初的是非善恶、长幼尊卑等社会道德价值与伦理关系，从而一开始就与伦理道德浑然一体。③ 可见，中国古代"礼"之内容几乎涉及全部社会生活、人际交往、人生旅途，正如著名礼学家钱玄在《三礼辞典·自序》中所说："礼范围之广，与今日'文化'之概念相比，或过之而无不及。是以三礼之学，实即研究上古文化史之学。"中国古代礼的系统化始于周公制礼，周公制礼之要旨是确立一整套以尊尊亲亲为核心的社会等级秩序与宗法制度，而宗法制度是西周礼制的重心。就"礼"之社会文化意义角度而言，礼具有极复杂的内在意蕴与社会功能，它既具有强烈的社会政治整合、道德教化、情感节制功能，也具有社会消费资源等级分配功能。④ 这个意义上的礼，就不是诸如"宗教""道德""法律""政治"等任何一个单一范畴所能把握或对应的范畴，而几乎是所有上述范畴的统一体。如

---

① 高兆明：《道德生活论》，河海大学出版社 1993 年版，第 40—41 页。

② 参见［德］恩斯特·卡西尔：《人论》，甘阳译，上海译文出版社 2003 年版，第 144—171 页。

③ 参见何炳棣：《原礼》，载王元化主编：《释中国》第 4 卷，上海文艺出版社 1998 年版，第 2383—2384 页。

④ 参见陈来：《古代宗教与伦理——儒家思想的根源》，生活·读书·新知三联书店 1996 年版，第 264—270 页。

果我们将外在行为之仪、刚性社会结构制度体制要求大致称之为"法"，将内在心性之理、非刚性伦常习俗大致称之为"德"的话，礼则集法、德于一身。可以说，中国远古时代的礼是集原始宗教、伦理道德、典章制度、法律等为一身，是社会原始未分化状态的规范体系。在这个内容庞杂的规范体系中，有多方面的规范内容或要求，依据这些规范对于社会共同体的意义和作用的不同，其对社会成员要求的强烈程度与强制程度是有差别的。随着社会的发展与进步，这些规范逐渐发生分化，强制程度较弱的就成为道德规范，强制程度强烈的则成为法律规范。这样，道德和法律就从礼中分离出来，原来无所不包的礼，范围日渐缩小至协调人们日常生活和交往活动的礼仪规范。

在古希腊，法律与道德的分化经历了相似的过程。在古希腊罗马时期，法律与道德就已萌芽，亚里士多德的《尼各马科伦理学》与《政治学》研究内容之分野，即为法律与道德分化的学理标志。一般认为，古罗马人是在人类历史上最早实现了法与伦理分化的民族。古罗马人的《十二铜表法》则是法律独立出来的实证。在古罗马时代，法已成为来自国家的外在强制性规范，道德伦理则成为个人的内在精神。但法与伦理分化独立之要素的完整具备，是在商品经济大规模发展后才成为现实的。概言之，法规与德规是从人类原初混沌一体的规范世界中分化出来的两大规范系统，它们同根异体，同源异流。它们均是"人为了自由的自我立法，差别在于一个是外在立法，一个是内在立法，一个是外在的自由，一个是内在的自由"①。虽然它们各自有其相对独立的发展逻辑与规律，但它们却又一脉相承、内外相依、互补共生。这两大规范系统的协调统一，既构成了一个完整的社会生活规范世界，又在共同整合社会的过程中，使人获得自由，使社会生活呈现秩序。

法律规范与道德规范分离的意义在于：法从伦理中的分化，一方面通过强制的力量表达了一整套道德规范体系要求，在这个意义上强化了社会

---

① 〔德〕康德：《康德文集》，改革出版社 1997 年版，第 361—364 页。

基本道德规范要求；另一方面，由于法自身发展的内在逻辑及其实证化趋向，又使得社会在法规统摄之下淡漠了道德规范及其权威性，疏远了法与道德之间的内在联系，模糊了二者在价值上的一致性。就道德与法律的关系来说，道德在逻辑上优先于法律，这种优先性在于：第一，道德提供法律规范体系价值合理性的根据。任何一种法律体系之中都渗透着一种道德精神，是一整套道德规范体系的法的表达。那些与具有合理性的道德规范背道而驰的法规是没有存在根据的，也是要被废弃的。民众为什么愿意履行这种法律？因为他们认为它们基本上是公正的。一个有真实效力的法律，是为民众所拥护并自觉遵守的法律，因而，也是经过民众价值合理性诘问后取得存在合理性根据的法律。第二，道德为法律提供民众遵守法律义务的前提。只有存在服从法律的这一道德义务，才能谈得上法律义务的可普遍化。当人们普遍不将守法当作道德上的善与荣誉，不将不守法当作一种道德上的耻辱时，法律义务就会成为一纸空文。这就如米尔恩所揭示的那样，"道德在逻辑上先于法律。没有法律也可以有道德，但没有道德就不会有法律。这是因为尽管法律能创立具体的义务，却不能创立服从法律的一般义务"，"没有服从法律的道德义务，就不可能有本来意义上的法律义务"。[①] 第三，道德为实施法律规范提供必要的道德前提。法规是被专门机构的专门人士实施的，若这些专门机构、专门人士缺少道义上的诚笃廉正之精神，则法可能就是腐败的。所以这些专门机构与专门人士既应当具有善之道义精神，又必须接受民众道义上的监督。第四，从原则上说，凡是法律规范所惩罚的，都应当是受道义谴责的，如法律规范所惩罚的并不能引起道义上的普遍谴责，那么，这种惩罚的法规依据本身的合理性是值得质疑的，因而也就是要进一步被修正的。总之，"法律的生命力在于永远力求执行在法律制度和法律规则中默示的实用的道德命令。"[②] 基于此，法律的生命力就在于其内在的道德价值，同时，保障道德规范的权威

---

① ［美］米尔恩：《人权哲学》，东方出版社 1991 年版，第 51 页。

② ［英］麦考密克等：《制度法论》，中国政法大学出版社 1994 年版，第 226 页。

性和约束力也应成为法律的基本责任与使命。

(二) 以正义为指导制定和完善各种社会制度

当代中国现代化过程中存在的社会失范现象，既是两种生活范型转换中的必然，又是制度有效供给不足的表现。特别是在大量的道德失范现象背后，隐藏的是制度性失范问题。如果社会的制度性安排是不公正的，或者说，这种制度性安排有严重缺陷，那么，它就可能引导社会成员趋恶背善、为非作歹，这种道德失范现象就是制度性失范，或制度性堕落。生活在这种有严重制度缺陷或严重制度不公的环境中，社会成员往往会身不由己地趋于沉沦与堕落，因为这种制度机制给人们的预期受益信息，明白无误地引导人们应当且必须如此。如果在一个社会结构、制度体制中，那些弄虚作假者升迁，真实守信者遭贬，溜须拍马者受宠，犯颜直谏者被整，奉公守法者穷困，贪赃枉法者富甲，正门正道者被拒，歪门邪道者成功，那么，这个社会制度就会造就出更多刁民、流氓、投机钻营者与腐败政客。在这样的社会结构中，洁身自好者、品行高尚者会越来越少，人心不古、世风日下将成为现实。只有改变这种有严重缺陷、缺失正义的社会结构及其制度体制，才能从根本上制止道德失范和社会堕落。只有公正、合理的制度，才能有效规范社会行为、形塑社会良序。

治理制度性失范的社会难题是一系统工程，需要社会诸领域的协同合作，其中，制度的有效供给和制度的合理性是关键。社会转型期也是两种生活范型的更替时期，社会生活秩序失范的基本原因是制度有效供给不足。旧的生活秩序被打破，新的生活秩序有待建设与完善，这就要求政府及时制定和修订一系列制度来保证新生活范型对新的行为规范的需求。面对转型期社会道德失范救治的难题，强调客观制度构建和制度正义的声音一直占据主流。波普指出："我们需要的与其说是好的人，还不如说是好的制度。我们渴望得到好的统治者，但历史的经验向我们表明，我们不可能找到这样的人。正因为这样，设计使甚至坏的统治者也不会造成太大损害的制度是十分重要的。"① 十年"文革"结束之后，邓小平在总结历史教训时指出："制度好可以使坏人无法任意横行，制度不好可以使好人无法充分做好事，甚至会走向反面。"② 但基于各种复杂的客观因素，制度缺陷是不可避免的，因此，问题的关键是如何克服制度的缺陷。一方面，对存在缺陷的制度应在实践中不断地完善和矫正。健康的道德社会不是根绝败德行为的社会，而是具有不断修复败德行为所造成的社会损害的能力，从而维持道德行为的存在环境和道德信念的社会。只有以正义为原则而设计的制度才具有修复败德行为的能力。就道德建设来说，这种合乎正义的制度就是要重建道德行为的社会存在环境，使每个人都感受到道德在社会中的现实存在性。而现实存在性决定重建道德存在环境的手段本身必须具有直接的存在现实性，它用存在的强制力量反对一切败德行为并使其破产，同时保证那些道德行为取得成功。有了这样的制度保障，人们就会对自我严格要求，坚定道德信念，恪守道德规范，主动与社会上各种不道德行为作斗争，从而不断提升道德建设的有效性。另一方面，要有效提升执行和贯彻制度的官员和公民的道德素质和精神境界。由于制度缺陷难以避免，公民的道德素质和精神境界就显得尤为重要。因此，康德十分强调人们的道德自律精神，罗尔斯也呼吁人应当具有自觉不利用制度缺陷的义务。倘若生活在有缺陷制度中的人们具备了这种自律精神与义务感，制度的缺陷就会在一定程度上得到有效矫正。但罗尔斯《正义论》所强调的重心仍是制度而非道德。其原因大概如高兆明所说："就社会成员的美德塑造而言，生活秩序优先与心灵秩序，制度正义优先于个体美德。我们曾习惯寄希望于理想的灌输与说教的打动，但经验事实证明，这在目前至多是一种良善的愿望，虽美好却柔弱。如果一个社会作为背景性存在的制度框架以及与制度框架相匹配的价值框架是混乱乃至扭曲的，如果人们的日常生活秩序是紊乱

---

① ［英］卡尔·波普：《猜想与反驳——科学知识的增长》，上海译文出版社 1986 年版，第495—496 页。

② 《邓小平文选》第二卷，人民出版社 1994 年版，第 333 页。

乃至不公正的，那么，在普遍意义上就很难指望这个社会的成员具有健全人格、善良德性。"①

就西方现代伦理学的发展来看，也经历了一个从重视制度正义到重视美德教化再到制度与美德并重的过程。如果说，罗尔斯以其《正义论》冲开了元伦理学的重重封锁，重新开创了现代西方规范伦理的繁荣局面，那么，麦金太尔则在一种更广阔、更深远的意义上，率先对整个现代西方伦理学——规范型的或元分析型的——进行了一种全面的批判反省，提出了重返古典美德伦理传统、克服现代性伦理单面歧向的警言。麦金太尔在其警世之作《美德的追寻》中，以一种尼采式的语气大胆地宣告：自洛克、亚当·斯密以来到罗尔斯的整个现代启蒙运动的现代性思想谋划已经彻底破产，而寄生在这一谋划中的"现代性伦理"——即沉迷于为现代性社会制定道德规则与道德秩序的规范伦理也随之失败了。他认为，罗尔斯的新自由主义的伦理学以"人的权利"为核心概念、以制定社会公共道德规则（公正与秩序）为理论宗旨，人的权利的正当合理性与人的善生活或人的道德目的不仅被人为地分割开来，而且成了两个不可通约的领域。由是，"规则成了道德生活的首要概念"，而人的美德却被忽略，成了某种"按照基本正当原则而行动的强烈而通常是有效的欲望"。对于罗尔斯等人的这种轻视美德或道德品格、转而把道德规则当作伦理学的全部探究任务或道德论证的惟一可能方式的做法，麦金太尔甚为不满。在麦金太尔看来，无论道德规则多么周全，如果人们不具备良好的道德品格或美德，也不可能对人的行为发生作用，更不用说成为人的道德行为规范了。他说："在美德与法则之间还有另一种关键性的联系，因为只有对于拥有正义美德的人来说，才可能了解如何去运用法则。"而伦理学绝不是一门纯粹制定规则或标准的学问，相反，它首要的任务是告诉人们如何认识自己的生活目的，并为实现一种善生活的内在目的而培植自我的内在品格和美德。"道德"的原始本义固然含有"行为

---

① 参见高兆明：《道德失范研究》，商务印书馆 2016 年版，第 23 页。

规则或实践训诫"的意义，但它首要的基本含义则是"关于品格"。① 麦
金泰尔上述言说的目的是揭示罗尔斯等人的正义规则伦理所存在的内在
人格或品德解释力的缺陷（"谁之正义？"），分析当代西方伦理学界盛行
的追求道德普遍合理性基础的种种道德论证方式所呈现的多元歧向事实，
以及这一事实所内含的不相容性或无公度性困境（"何种合理性？"），其
终极目的决不应是对制度正义的简单否定或反动，而应是在"重回亚里
士多德"的口号下，实现美德正义和制度正义的统一。因为在古希腊，
正义概念原本就包括作为美德的正义和作为规则的正义。这两种相互对
应的正义概念有着两方面的不同含义：其一是按照优秀或完美来定义的
正义；其二是按照有效性来定义的正义。作为一种社会的道德规则，正
义既表示一种社会的道德理想，如柏拉图在其《理想国》中所设想的使
公民服从严格的社会等级秩序并充分践行各自的社会角色，从而达到社
会的理想正义一样；也表示对一种社会合作的有效性规则的服从和践行。
作为一种个人的道德美德，正义若按优秀或完美来定义，则表示一种个
人的美德品质，即给予每一个个人（包括自己）以应得的善或按照每个
人的功德来给予善的回应的品质，这也就是人的公道、正直的品质；而
如果按照有效性来定义正义，则正义的美德是指个人遵守正义规则的品
质。麦金太尔提醒人们，一个遵守正义规则的人也"可能是一个不正义
的人"，因为他可能只是由于惧怕惩罚而遵守正义的规则。所以，在古希
腊，除正义之外，还有一些基本的维护着正义的美德，比如，节制、勇
敢、友谊、智慧和忠诚等等。② 事实上，无论一套规则多么系统周全，它
都无法给所有可能的偶然事件提供指导。柏拉图曾在《理想国》中把正
义看做是一种秩序的善，但他也把正义看作是个人美德中的一种关键因
素。亚里士多德则更注重从社会化的人性角度去解释正义的美德，即在

---

① 　[美] 阿拉斯戴尔·麦金太尔：《谁之正义？何种合理性？》，万俊人等译，当代中国出版
　　社 1996 年版，《关于美德伦理的传统叙述、重述和辩述》（译者序言）。
② 　参见 [美] 阿拉斯戴尔·麦金太尔：《谁之正义？何种合理性？》，万俊人等译，当代中国
　　出版社 1996 年版，第 15 页。

城邦生活的实践情景中解释正义的美德。在麦金太尔看来，亚里士多德关于正义和合理性的解释始终包括这样两个方面：首先，正义和合理性不仅是外在的规则和秩序，而且更重要的是人的一种内在能力和品质或美德。因此，它需要以人的内在本性和人对善生活的追求（终极性的目的因）概念为理解基础。

需要强调的是，今天我们对于道德失范的救治、制度规则的建构与个人美德的培育教化同样重要，二者相辅相成，相得益彰。重视制度建设并不是意味着在现代化过程中可以置道德于不顾。相反，没有道德价值意义系统的现代化，社会现代化过程中的有序性是难以实现的。正如麦金泰尔在批判罗尔斯"建构主义"思想时所说，一种完全缺乏社会历史情景解释的、自然化的或"未经教化的人性"如何能认识自身的真实目的？一个只享有此种人性而又不能认识其真实目的的个人又如何去认同、接受和实践非人格性的客观道德规则？① 历史经验表明，人的道德状况对社会进步至关重要。中国古代是"人治"社会，人的因素体现得更加明显，尤其是对统治者道德素质的强调。早在西周时期，周公就将"明德"作为统治者必备的政治道德。孔子强调："政者正也，子帅以正，孰敢不正？"（《论语·颜渊》）"其身正，不令而行，其身不正，虽令不从。"（《论语·子路》）孟子指出："上好礼，则民莫敢不敬；上好义，则民莫敢不服；上好信，则民莫敢不用情。夫如是，则四方之民襁负其子而至矣。"（《孟子·离娄上》）古代儒家思想充分揭示了统治者的道德品性对社会、国家生活的意义。在高度的技术进步与丰富物质文明的今天，无论是全球化还是现代化，都丝毫不能减弱道德对于人类自身的永恒意义。但就道德失范救治和社会有序和谐而言，制度正义和个人美德同样重要，二者不可或缺。就中国社会的实际看，由于历史上强调个人道德重于制度建设，在社会主义市场经济的当下，理应着力实行法治，让制度管人。只有将制度建构与道德教化相结

---

① 参见［美］阿拉斯戴尔·麦金太尔：《谁之正义？何种合理性？》，万俊人等译，当代中国出版社1996年版，第6页。

合，才能建立一个德福一致的良序社会。

（三）以价值引领与规范整合为路径建立良序社会

自古至今，人类都向往和谐有序、生活幸福的美好社会。从古希腊柏拉图的"理想国"到中国先秦儒家的"大同"世界，从莫尔的"乌托邦"到陶渊明的"桃花源"，都可视为人类对良序社会的憧憬。人类文明发展到今天，现代社会是否已是良序社会？良序社会有哪些基本特征？按照罗尔斯的设想，在以民主政治为背景的现代良序社会，至少有以下几层含义：其一，在这个社会中，有一种公众认可的正义理念。每一个人都接受且确信这个社会中的其他人也接受这个相同的正义原则；其二，在这种正义理念指导之下，社会成员间形成稳定的合作系统，这个合作系统不仅被公众认为是公正的，而且还构成社会的基本结构，具体化为社会的具体制度体制；其三，社会所有成员都有正义感，都能按照社会的基本制度行事。[①] 当然，良序社会不是一个消失了一切差别的社会同一体，而是社会的每一个公民、集团拥有平等的自由权利，都将公众认同的公正理念作为自己的内在精神，且严格在这种正义理念的指导之下处理日常生活事务。这样，良序社会就既是一个制度公正、富有德性精神的合乎人性的社会，同时，又是有一定社会德性精神滋润的社会。它是文明得以充分延续与健康发展的自由人联合体。[②]

如何建立和维系一个良序社会？对当下的中国而言，良序社会应是一个人性善良、制度公正、民风淳厚、具有较高幸福指数的和谐有序的社会。罗尔斯根据其思想实验，认为只要具备了下列三个条件，就足以在具有平等的自由权利的公民之间建立起一种和谐而稳定的公正合作系统。这三个条件是：其一，以一种政治正义观念所规导建立起的社会基本结构；其二，这种政治正义观念是各种理想重叠共识的核心；其三，当在日常生

---

① 参见 [美] 约翰·罗尔斯：《政治自由主义》，万俊人译，译林出版社 2000 年版，第 36 页。
② 同上书，第 41—44 页。

活中出现各种危机包括宪法与基本正义问题发生危机时，公众能够按照这种政治正义的观念进行积极地对话讨论。① 罗尔斯这一思想的核心是对社会政治生活价值精神的关注。他旨在强调，没有一种积极有效的价值精神深入公民内心并成为时代精神，就不可能有一种民主制度意义上的公平正义。这就将社会的价值引领提到了良序社会建设的重要位置。

以市场经济为基础的现代社会是一个多元社会。多元社会是一个非排他性的生活世界，不同社会群体彼此间身份平等、相互包容，并以一种理性的态度在经验生活中彼此商谈、交流，构建起主体间关系。现代多元社会是一个民主的社会，是一个个体拥有平等的基本自由权利的社会。非排他性的多元社会是合理多元的社会，一个现代民主制度的多元社会，要保持和谐、稳定而又公正的秩序，必须在所有公民中确立起一种价值共识理念，且无论社会生活发生怎样的变化，这种价值理念都深植于每一个公民的内心，既坚信他人会如此行事，自己亦坚定不移地如此行事。这种价值共识借用卢梭的术语表达，就是公意（general will）。在西方，这种价值共识如博爱、平等，常常借助于宗教来实现；在中国传统社会，这种价值共识主要表现为道德的规范与训勉，如仁、义、礼、智、信等。"中国人没有唯一人格神，没有西方那样的宗教和上帝，……中国人信仰的不是一个发号施令、全知全能与人完全异质的上帝。""中国人的信仰是天地国亲师。"② 因此，中国古代的价值共识是行政权威与宗法血缘精神的结合体，二者互动互补，相得益彰，既强化了宗法血缘精神，又巩固了帝国中央集权。对现代社会来说，价值共识的内容包括制度认同和道德认同，而在我国伦理共同体和新道德体系建构中，价值共识重叠度不高，制度认同度和道德认同度亟需提升。所谓制度认同就是指公民对一制度框架体系在价值上的承认与肯定，认为它是基本公正的，自己愿意遵守与维护这一制度体

---

① 参见［美］约翰·罗尔斯：《政治自由主义》，万俊人译，译林出版社 2000 年版，第 45—48 页。

② 李泽厚、刘绪源：《该中国哲学登场了：李泽厚 2010 谈话录》，上海译文出版社 2011 年版，第 66 页。

系。制度认同的关键是对该社会制度所倡导的核心价值观的认同与肯定。在当代中国，社会大众的价值共识就表现为其对社会主义核心价值观的认同度，以及其将富强、民主、文明、和谐、自由、平等、公正、法治、爱国、敬业、诚信、友善 12 个价值理念贯彻和落实到自己生活与工作实践中的程度。道德认同是个体对社会道德体系中诸多规范的认可程度和接受程度，其核心是对道德价值的认同和基准道德的接受。其中，对道德价值的认同既包括对中国传统纲常伦理的合理成分，如仁、义、礼、智、信"五常"之道的认同和践行，也包括对现代道德理念，如公平、正义、平等、民主等的认同与接受。而对基准道德的认同就是对最低限度的道德规范或原则，如不伤害、公正与仁爱等的接受与践行。

规范整合的核心是探究多元社会中新的价值精神如何引导民众的社会公共生活，界定社会公正的现实内容，并构建出合理的社会结构。现代社会的规范整合可以从以下几个方面入手：对社会提供一个基本关系框架，并通过这种基本关系框架为社会提供一个基本的行为范型，厘定一个基本的社会存在范式。现代社会是建立在市场经济基础之上的开放多元的民主社会，在这样的社会中公民具有平等自由的权利。一个社会基本结构是否公正，关键是看所有公民在此结构中是否都有可能享有并维护平等的基本自由权利，是否能够为所有公民认同与接受。没有得到公民认可的社会基本结构、制度，谈不上拥有什么公正性。现代社会的规范整合包括法律整合和道德整合。所谓法律整合就是通过社会的法律制度体制将社会统一协调为一整体；道德整合则是通过具有伦理性的风俗习惯、道德规范、人们的良心将社会统一为一整体。[①] 现代社会是一个多元社会，多元社会的一元共识就是宪法法律。法是大家在共同生活的经验世界中通过理性累积学习而成的基本生活规则要求，法规是一个社会的最基本规范，对公民而言，守法不仅是应当的，而且是必须的。基于此，法就是统摄多元社会的一元内在规定。多元社会与一元法治，互为依赖，互为规定。因此，良

---

① 参见沙莲香：《现代社会学》，中国人民大学出版社 1994 年版，第 207—209 页。

序社会是一个法治整合的社会，是一个以法治国、法规面前人人平等的社会。同时，社会规范整合也离不开道德整合。道德整合是社会的内凝剂，它以道德认同为前提，而道德认同是公民对社会某种道德法则及其价值精神的肯定，以及基于这种肯定基础之上的自觉践履趋向。在道德整合中，基准道德是最为核心的内容。

（四）"德福一致"：构建良序社会的必要氛围

一个良序社会应该是一个教化昌明的社会，是一个德性能够很好生长的社会。为此，要酿造一个"德福一致"的社会环境。在当今中国，存在着这样的怪象：有道德的人常被认为是老实人，而老实人总是吃亏；无道德的人常被认为是精明人，而精明人总是占便宜。这样，就不再有人愿意做好人、讲道德。久之，社会就会人心不古，世风日下。虽然每个人都希望社会公正、他人善良，都对社会道德失范的丑恶现象深恶痛绝，但社会上却有相当一部分人事实上在远离崇高和正义，甚至主动选择自己内心并不赞成的不道德行为。产生这种怪象的主要原因就是伦理学上所说的"德福不一致"，换言之，是社会缺乏引导和激励人向善的制度机制。我们知道，在现实生活中，凡具有理性能力的人，都始终处于向社会学习的过程中，但这种理性能力极易受社会环境的影响。理性精神既可以使人在生活实践、社会交往中学会发现并遵守道德规则，变得文明，也可以使人在社会交往中学会发现并利用社会结构与规则中的缺陷，变得卑劣。如果社会成员基于德行成本分析而选择丑陋、卑劣行为的现象普遍存在，就表明社会结构及其激励机制存在重大缺陷乃至扭曲。社会只有调整其结构、制度体制及其激励机制，将社会成员基于成本——收益分析的行为选择引向良性轨道，使社会成员从生活经验中感受到德行不仅是美好的，而且也是有效用的，社会的这种普遍失范现象才能从根本上得到有效救治。为此，"社会应当向其成员供给一套德行有用的社会结构、制度体制及其激励机制，这个社会结构、制度体制及其激励机制应当是德福一致的，在这个社会结构中，德行是社会惟一的通行证，并且是个人从社会获得收益的最好方式。"[1] 在这样的制度体制中，道德失范、行为卑劣的机会成本大大提高，以至于得不偿失。因为只有这样，社会普遍存在的道德失范现象才会失去存在的现实土壤，道德滑坡现象才能得到有效扼制。

关于"德福一致"问题，西方伦理学家早有关注和研究。托克维尔曾经提出过"德行有什么用"的问题。他指出，在已经建立起资产阶级民主制度的美国社会中，人们几乎绝口不提什么是美的，他们只相信德行是有用的。托克维尔试图揭示美利坚民族是如何企图在"正确理解的利益"基础上实现个人利益与他人利益、社会利益的统一。[2] 康德以揭示人为自己立法而著称，那么，人为什么要为自己立法？道德对人究竟有什么用？他认为，道德原本就是人为了自身利益而做出的选择。事实上，义务论与目的论并非彼此截然对立，相反，其各自只有从对方才能获得存在的充分理由与内容。义务论须以一定主体及其价值为其内在规定，否则，义务论就会在貌似隽永高大之下沦为漂浮无根之存在；同样，目的论须以一定的义务法则为其规定，否则，目的论就会由于失去对主体存在的本根关注而沦为蝇营狗苟的工具。目的论、义务论应当在人这一主体中实现统一。道德不仅仅是人的精神提升与享受，同时也应当是人物质生活方式中的一个有机内容。道德的实践品性主要不在于它的内心修养性，而在于它的现实行动性冲动；道德也不仅仅是像康德所说的配享幸福的学问，而是如古希腊哲人多次揭示的那样，是关于人如何获得包括物质生活在内的人生幸福的一种智慧生活方式。为善，令人仰慕，获得崇高之精神价值，这的确是美的，但善仅仅是美的还远远不够，善同时还应该是有用的。否则，善自身就既是软弱的，也是不充足和分裂的，这样的"善"也难以被真正称之为"善"。善与幸福的分裂，就是存在的分裂，是利益的分裂，是社会结构的分裂。这实际上就是德与福的分裂。黑格尔当年在评价康德时曾提及当时

---

[1]　高兆明：《道德失范研究》，商务印书馆 2016 年版，第 159 页。

[2]　参见［法］托克维尔：《论美国的民主》下卷，董果良译，商务印书馆 2016 年版，第 709—719、730—733 页。

人们感觉到的一种经验现象：有道德的人常常遭受不幸，而不道德的人则往往是幸运的。① 这种现象背后的原因是他所生活其中的那个社会的制度和结构丧失了公平和正义，它激励了那些不道德的人。如果善仅仅是美的而不同时是有用的，那么，此善虽可能令人仰慕，但缺少强烈、普遍、持久的行为感召力与激励力，因而是苍白无力的，不能促进良序社会的构建。善只有变得有用，才能成为民众的普遍自觉行为。因此，在一个公正的社会制度中，德行应当是美而有用的。

需要指出的是，我们说德行是有用的，不能简单理解为社会直接依一个人的"品德"、"德性"或行为的合乎道德而进行利益分配，而是说，社会运作规则、制度性安排应当合乎"善"的规定，使人们只要通过正当、合法的行为，即可得到自己应得的正当利益。这里隐含着一个结论：由于社会成员能力的差异，由于德性与社会利益分配的复杂中介环节，一个人的物质收益并不能直接等于其品性，不能以物质收益来衡量一个人的品性。因此，有必要对德行有用的社会结构作进一步修正性规定：个人通过德行从社会中的收益是一种广义收益，物质利益仅是其中之一，精神的褒奖、舆论的赞扬、工作的变动、职务的升迁等，均属其列。德行有用这是立足于社会宏观结构、制度体制角度而言的，其核心是德福一致。② 总之，在一个基本公正的社会结构中，德行应当是有用的。但对德行有用、德福一致命题应当从社会宏观结构及其运作设计的视角进行把握，其所关注的焦点是：一个社会应当努力构建起依靠赏罚分明机制调节社会利益分配的公正的社会结构，在宏观上创造出不让"老实人"吃亏的合乎人性生长的良好环境，消除"卑鄙是卑鄙者的通行证，高尚是高尚者的墓志铭"的德福相悖现象，让德行真正成为人生畅行无阻的"通行证"，成为社会公正有序、和谐稳定、长治久安的"定海神针"。

---

① 参见 [德] 黑格尔：《精神现象学》下册，贺麟、王玖兴译，上海人民出版社 2013 年版，第 141 页。

② 参见高兆明：《道德失范研究》，商务印书馆 2016 年版，第 162—163 页。

三、倡扬正义，涵养德性，过有尊严的幸福生活

人是有尊严的动物，人人都希望过有尊严的生活。然而，在一个"三俗"文化泛滥、道德失范严重的社会，人的尊严会时时面临被践踏的危险。这也是近年来国人在物质生活水平大幅提高之后，幸福感缺失的主要原因。遏制道德滑坡、提升道德素养，既不能完全靠道德楷模的引领和感化，也不能仅靠爱国主义、集体主义这类意识形态性质的教育，真正的道德教育应该是针对灵魂的。如果每个人都追求灵魂的高贵，珍视做人的尊严，人际间的相互关系就会符合道德并和谐有序。为此，人与人之间应该普及尊严感，讲道理，守规则，从而良性竞争，这样的社会才是美好的社会。

（一）何谓"人的尊严"

"尊严"一词原指等级制所造成的身份的高贵，与卑贱是反义词，最初用在社会关系上。这种尊严是相对的、特殊的。当社会被分成许多等级时，高等级在低等级面前就有自己的尊严，而在更高等级面前则没有尊严。在此意义上的"尊严"含义有二：一指尊贵庄严；二指可尊敬的或者不容侵犯的身份或地位。无论是在中国古代还是古罗马，都是在此含义上使用"尊严"一词的。例如《荀子·致士》云："尊严而惮，可以为师。"在古罗马，尊严与官职、等级和社会地位有关，主要是指贵族的尊严，而不是平民的尊严。然而，当人们把这种尊严概念转用于人与动物（或事物）之间的等级关系时，这种尊严则是绝对的，各个不同社会等级的人在动物面前都有相同的尊严，这即为"人的尊严"，其指称的是人和具有人性特征的事物，拥有应有的权利，并且这些权利被其他人和具有人性特征的事物所尊重。简而言之，"人的尊严"就是人的权利和人格被尊重。这种尊严不仅悬置了社会等级，甚至悬置了人的道德善恶，而仅仅立足于一个人的人格。通俗地讲，只要是一个人，他就拥有高于动物之上的尊严，哪怕他做的事情配不上这种尊严，甚至堕落到"禽兽不如"，也不能用对

待禽兽的方式对待他，否则就是不道德的。即使对死刑犯，也要尽可能采取比较合乎人的尊严的方式结束其生命。反过来说，如果有人把自身人格中的"人格性"即理想性发挥到极致，成为了道德人格的楷模，人们就会把更多的尊重和仰慕加之于他。但他由此所获得的尊严已不再限于"人的尊严"，而是在类似于身份等级的意义上形成了一种新的社会道德等级，这种尊严又不再是绝对的，而是相对的。根据各人的道德水平和社会的承认而有所不同，通常我们会对这种人"高山仰止，景行行止"，称之为"圣人"。这种道德境界不是人人都能够做到的，却是人人都"应当"追求的理想，西方那些如苏格拉底般的殉道者、中国那些"杀身成仁舍生取义"的君子都是这种道德境界和尊严的拥有者。基于此，邓晓芒提出："有三种不同层次上的尊严。第一种是社会等级制下的相对的尊严；第二种是每个人相对于动物都具有的绝对尊严；第三种是立足于人的道德水平而形成的更高层次的相对尊严。"① 他认为真正可以称得上"人的尊严"的只能是第二层次。所以我们可以把"人的尊严"定义为：每个人立足于自己的人格而与他人平等地拥有的对于动物或其他事物的等级上的高贵性或不可等同性。② 无疑，该定义强调"人的尊严"表示的是人类在宇宙中的地位，其依据是人类在万物中可类比于具有贵族身份和管理者身份的生物，因此相对于其他生物，他应该有不可降低的尊严，不能把人类像对其他动物那样对待。而这种尊严是每个人都具有且不可剥夺的。人的尊严本质上是一个社会性的（或者"主体间性的"）概念，人并非凭单个人在等级上高于动物，而是作为一个社会整体高于动物界。但若对"人的尊严"的理解仅仅留于这个层面，就会导致人类中心主义，同时也不能从根本上说明"为什么人类比动物或其他事物高贵"的问题。事实上，只有再加上第三层次的"尊严"内涵——立足于人的道德水平而形成的更高层次的相对尊严，才能最终解决人的高贵性问题。因此，中国古人申言"人之所以为人

---

① 邓晓芒：《关于人类尊严的思考》，《读书》2019 年第 7 期。
② 同上。

者，礼义也"（《礼记·冠义》）；西塞罗把人的尊严建立于人的理性能力之上；亚里士多德把"理性的动物"视为人本质；康德则强调人不仅要"为自然立法"，而且要"为自己立法"，要遵从自己心中的"道德律"。米兰多拉·皮科在《论人的尊严》中，指出要把尊严建立在人的自由意志上，其实也就是建立在理性本身固有的选择能力上。上述这些从理性和道德上对人的尊严的理解与强调，都旨在言说"人为何是万物之灵"，意在阐明人比动物高贵的理由。这一点是任何时候都不能忘却的。

在当下的中国，人的"尊严"和"幸福"越来越成为社会各界热烈讨论的话题，"有尊严的幸福生活"第一次被写进了政府工作报告。这的确是一个具有重大意义的历史事件。那么，具备哪些基本的前提条件，我们才能过有尊严的幸福生活？

（二）"人真正成为目的"：有尊严的幸福生活之理念前提

人的尊严首先表现为让人成为人、过人的生活。黑格尔曾说："人间最高贵的事就是成为人（person）"，并认为人格内在地包含着"权力能力"。同时，他强调，要成为一个人，就必须尊重其他人也成为人，基于此，他提出了一个"法的命令"，"成为一个人，并尊敬他人为人。"[1] 为什么成为一个人必须"尊敬他人为人"？一是因为每个人都是目的而非手段；二是因为一个人要作为人存在，只有在普遍的意义上才是真实的、必然的。只有使社会中的所有人都成为人，都拥有自由权利，社会中的任一成员才能无论在何种境况都必定拥有自由权利，过自由生活。也就是说，只有使每一个人成为目的，自己才能真正作为这个社会的目的存在于这个社会；只有大家都成为人，才真的能做一个人。这正是黑格尔反复强调自由的抽象性、普遍性的深刻意蕴。思想和理念是行动的先导。把人视为"内在的目的"而不是达到某种"外在目标"的工具和手段，这是有尊严的幸福生活达成的必要理念前提。人成为"内在的目的"意味着，"人"是与"物"

---

① ［德］黑格尔：《法哲学原理》，范扬、张企泰译，商务印书馆 1982 年版，第 46 页。

有着根本区别的特殊存在。有了这一理念引领，人的尊严才有实现和持久保持的可能

　　法国哲学家帕斯卡尔曾说："人只不过是一根芦苇，是自然界最脆弱的东西"，"用不着整个宇宙都拿起武器来才能毁灭他；一口气、一滴水就足以致他死命了。"① 但人作为脆弱的芦苇，乃是"能思想的芦苇"，"纵使宇宙毁灭了他，人却仍然要比致他于死命的东西要高贵得多；因为他知道自己要死亡，以及宇宙对他所具有的优势，而宇宙对此却是一无所知。因而，我们的全部尊严就在于思想。正是由于它而不是由于我们所无法填充的空间和时间，我们才必须提高自己。因此我们要好好地思想；这就是道德的原则。"② 正是人的思想与意识使人得以超越有限的时间和空间，超越人的有限性，使人成为"有"历史、"有"世界的存在，使人不仅生活在世界之上——象动物那样，而且生活"在世界之中"。"我应该追求自己的尊严，绝不是求之于空间，而是求之于自己思想的规定。我占有多少土地都不会有用；由于空间，宇宙便囊括了我并吞没了我，有如一个质点；由于思想，我却囊括了宇宙。"③ 由于人区别于物的特殊存在方式，人永远不应被视为如同物一样的工具和手段，而是具有至高无上的内在价值和尊严。因此，人的尊严和幸福要成为可能，就必须克服人被工具化的命运，把人确立为真正的目的。康德在哲学史上第一次深刻论证了"人是目的"这一思想。他区分了理论理性与价值理性，并由此区分了"认知主体"与"价值主体"。随着人成为"价值主体"，人作为至高无上的目的也得到确立："每个有理性的东西都必须服从于这样的规律：不论是谁在任何时候都不应把自己和他人仅仅当作工具，而应该永远看作自身的目的。"④ 遵守"每个人都应被视为目的"这一"绝对命令"，所组成的将是一个人与人互为目的的"目的王国"，每一个有理性的人都成为这一目的王国的成员。与

---

① ［法］帕斯卡尔：《思想录》，商务印书馆1995年版，第157—158页。
② 同上书，第158页。
③ 同上。
④ ［德］康德：《道德形而上学原理》，上海世纪出版集团2005年版，第53页。

"自然王国"不同，"目的王国"不受制于任何机械必然性，因而永远不能被"物化"为外在的手段和工具。在"目的王国"中，人真正确立了自己的价值和尊严。"目的王国的一切，或者有价值，或者有尊严。一切有价值的东西能被其他东西所代替，这是等价。与此相反，超越于一切价值之上，没有等价物可代替，才是尊严。"① 马克思在其著作中对康德的这一思想高度肯定，在他看来，人是一种与物有着根本区别的特殊存在者。在《1844 年经济学哲学手稿》中，马克思说："一个种的全部特性、种的类特性就在于生命活动的性质，而人的类特性恰恰就是自由的自觉的活动。"② 马克思的这些论述表明，人之区别于物，最为根本之处就在于他摆脱了"物"的存在方式，而真正成为"以自身为根源"、具有"自为本性"的自我创造性存在。这意味着人的生命存在与物相比，已经发生了"质"的变化：人超越了物种规定的限制，不再受生命本能的完全支配，具有了自我主宰和自我创造的"自由"和"自觉"的特性。"自由"和"自觉"的生命活动特性意味着人的生命的"主体性""目的性"和"价值性"。它表明，人不是如同物一样被外在力量所支配、由自然本能所规定的"客体"，而成为了自己存在和活动的主人和主宰，这就意味着人被赋予了超越物的更高价值追求，这一价值追求最根本的就是成为具有"自由个性"的全面发展的人。

（三）社会公正：有尊严的幸福生活之客观前提

有尊严的幸福生活的客观前提是"社会公正"。在现实中，每个人不仅有其"私人生活"而且总是生活在一定的社会条件下，人的生存状况、生活前景和发展机遇甚至整个生存命运都深受他所处的社会基本结构和制度的影响，而且这种影响往往超出个人的控制范围因而是他所无法选择的。在此意义上，一个社会的基本结构和制度是否公正，对于人的尊

---

① ［德］康德：《道德形而上学原理》，上海世纪出版集团 2005 年版，第 55 页。
② 《马克思恩格斯全集》第 42 卷，人民出版社 1979 年版，第 96 页。

严和幸福具有极为重大的意义。社会正义对于人的尊严和幸福的重要性，可以从"正义状态"与"自然状态"的比较中得到最为清楚的凸显。所谓"自然状态"就是每个人都从自身利己欲望出发，努力把自己的利益最大化并因此导致人与人之间相互争斗的野蛮状态。霍布斯把它称为"每一个人对每一个人的战争状态"，每个人为了"求利益""求安全""求荣誉"都把其他人视为"敌人"，"最糟糕的是人们不断处于暴力死亡的恐惧和危险中，人的生活孤独、贫困、卑污、残忍而短寿。"①康德把"自然状态"称为由"盲目的偶然性"控制的状态，人与人、国家与国家之间相互对抗，人的生活被充满分裂和冲突的"非社会性"原则所统治，由此所导致的结果将把人类拖向毁灭的"坟场"。②毫无疑问，在此状态下，人的尊严必然让位于人与人之间"奴役"与"被奴役"的两极对立关系，"幸福"也必然让位于令人绝望的恐惧和颤栗。只有避免上述"自然状态"，人的尊严和幸福才成为可能。而要从"自然状态"摆脱出来，建立起"文明社会"最为根本的条件就是在社会结构和社会制度层面确立起"社会正义"的价值。通过"正义"的社会结构和社会制度的确立，化解人与人之间的冲突，协调其利益关系，实现从"自然状态"向"文明状态"的根本转变，只有这样才能使个人的尊严和幸福在社会制度的层面得到最为有力的保证。③

康德认为："要是没有以有效法律表现的正义，就根本不会有道德，而人类生活就会失去价值。"④只有按照这一普遍法则确立起正义的社会制度，协调人们的关系，人类才能避免在人和人的相互分裂和冲突中陷入毁灭，才能超越"自然状态"建立一个有秩序的文明社会。正义的普遍原则构成了对于社会生活的所有成员都具有约束力的、有效的"绝对命令"，离开它，人的生活将失去基本秩序并变得毫无意义。罗尔斯继承并发扬了

---

① ［英］霍布斯：《利维坦》，商务印书馆 1985 年版，第 94—95 页。

② 参见 ［德］康德：《历史理性批判文集》，商务印书馆 1990 年版，第 97 页。

③ 参见贺来：《有尊严的幸福生活何以可能？》，《哲学研究》2011 年第 7 期。

④ ［美］博格：《康德、罗尔斯与全球正义》，上海译文出版社 2010 年版，第 39 页。

康德的上述思想，他相信，正义是构成人的尊严和幸福的最为基本的条件。他指出："正义是社会制度的首要价值，正像真理是思想体系的首要价值一样。一种理论，无论它多么精致和简洁，只要它不真实，就必须加以拒绝或修正；同样，某些法律和制度，不管它们如何有效率和有条理，只要它们不正义，就必须加以改造或废除。"① 今天的人们越来越认识到，只有社会制度层面的正义，才能保证社会生活的良善秩序，才能实现社会生活的真正稳定与长治久安。"一个社会不管它处在什么样的发展水平上，只要制度公正，人们就会具有基本的德性，就已经是一个不错的、可以长期相安的社会，进一步发展繁荣可以在这个基础上稳定地展开。"② 因此，社会正义是个体生命获得尊严和幸福的最为基本的保障。

（四）涵养德性：有尊严的幸福生活之主观前提

人的生命的有限性与生存意义的无限性使人生的伦理意蕴凸显出来。在中国，儒家的意义世界就是一个伦理道德的世界。《中庸》云："天命之谓性，率性之谓道，修道之谓教。"在儒家看来，天地是具有伦理道德意味的实体，人们追求、践履道德并立志成为君子，是为了取得与天地同等的位置，是为了"与天地合其德，与日月合其明，与四时合其序，与鬼神合其吉凶"（《周易·乾·文言》），最终成为可以"与天地参"的"大人"。这样，人的有限生命就进入了天地的无限之境，人就实现了人生的"天地境界"，从而获得人生的"不朽"和永恒。在西方，海德格尔把每个人必须面对的死亡以"冷酷"而"无可逃避"的方式提前摆在人们面前，他认为作为"主体"的人应"先行到"死亡之中，要意识到自己是"朝向死亡的存在"③，并学会向死而生。海德格尔所讲的死亡是指"人这种存在者的根本有限性或终极性，以及由这种有限而产生的一系列与人生在世相适应的思想问题，即那逼着人非以构成的和牵挂的方式去回答不可的终极可能

---

① [美] 罗尔斯：《正义论》，何怀宏等译，中国社会科学出版社 1988 年版，第 1 页。

② 何怀宏：《守卫底线伦理》，《人民日报》2015 年 2 月 16 日。

③ [德] 海德格尔：《存在与时间》，陈嘉映、王庆节译，商务印书馆 2016 年版，第 243 页。

性的问题，比如'存在的意义'、'善的意义'等等。"① 生命的有限性使得
人无法增加人生的长度，但人们可以通过自己的不懈努力增加人生的厚
度、提升人生的境界。人之为人，意味着努力去超越人的有限存在，追求
更高的可能生活价值，创造无限的生命意义。"自我超越不仅仅指对自我
的改善，而且是自我对有限性的突破。自我能够实现超越，因为自我可以
审视过去及未来，可以认清自己在目前的处境，可以审视自己和批判自
己。"② 超越性亦即个体在意识到自身的生存局限的同时，意识到自身的潜
能和使命，从而自觉地赋予自己有限的生命以充实的内涵，谋求自我生命
价值的创造与提升。没有超越性，人就会失去生存的目标和精神依据，人
生就难免坠入混同于动物的命运。"没有这种超越现存世界的对价值理想
的追求，全人类就失去了希望的召唤，而这一切的丧失，将是人性的彻底
沦丧。所以，我们立足于人本真的独特存在方式，说人在根本上是一种价
值存在的时候，就意味着乌托邦精神是人的根本精神。"③

　　人是精神性的存在，这是人之为人的本质之所在，也是人与其他动物
的根本区别，这是中西文化的共识。古代儒家认为："鹦鹉能言，不离飞
鸟，猩猩能言，不离禽兽，今人而无礼虽能言，不亦禽兽之心乎？"(《礼
记·曲礼上》)"人之所有为人者，礼义也。"(《礼记·冠义》)在此，礼和
礼义基本上是指道德。可以看出，道德是人之为人的内在规定性，是人与
动物区别的标志，当然，也是人的尊严之所在。另外，在儒家各种道德范
畴中，"仁"是总德目，孔子认为："仁者，爱人。"孟子认为："仁者，人
也"，"仁，人心也；义，人路也。"(《孟子·告子上》)"恻隐之心，仁之
端也"(《孟子·公孙丑上》)，而无"恻隐之心"就是"非人"。因此，有
仁、义、礼之德性者方为人，方有人之尊严；而无仁、义、礼之德性者就
是动物，就没有人之尊严。换言之，德性是一个人自尊的基础，德性精神

① 张祥龙：《海德格尔思想与中国天道》，生活·读书·新知三联书店1996年版，第123页。
② [美] 莱茵霍尔德·尼布尔：《道德的人和不道德的社会》，贵州人民出版社1998年版，第3页。
③ 贺来：《现实生活——乌托邦精神的真实根基》，吉林教育出版社1998年版，第13页。

是人赖以安身立命之所在。康德认为，人是由两个部分构成的：一方面，人是肉体的存在，属于现象界，服从自然法则，是不自由的；另一方面，人是精神的存在，属于本体界，不受自然法则支配，是自由的。他的意思是说，作为精神的存在，人能够按照道德法则生活，而道德法则和自然法则在某种意义上是相反的，自然法则决定了人仍然是动物，受本能支配，道德法则要人超越动物本能，真正作为人来生活，体现出人身上的精神性、神性。他指出："人是生活在目的的王国中。人是自身目的，不是工具。人是自己立法自己遵守的自由人。人也是自然的立法者。"① 从某种意义上说，人之所以成为人，就在于人有道德上的自由能力，能超越因果，有能力为自己的行为负责。为了有尊严地生活，每个人都应涵养自己的德性，这也是为什么儒家将"修身"作为"齐家、治国、平天下"的起点和基础的原因。在现代性社会，一个合格的有尊严的公民，应有良好的礼貌教养，优雅谦逊的绅士风度，克制自律、自尊尊人、诚实守信的理性精神和道德素养。

　　罗尔斯认为，现代性社会的政治正义实际上是以一定的公民风范或理性的公民为前提的，社会制度公正的实现以公民的美德精神为必要条件。在罗尔斯看来，有公民风范或理性的公民必须具有进行社会合作的一系列美德与能力，必须有两种道德能力，即正义感与善观念能力，用以参与公平的社会合作、合理调节自己的合作行为；必须具有理性的能力，即用来判断、思想、推理的能力；必须具有道德认同的能力与公共认同的能力，即在享有向社会制度提出自己合理性要求之权利的同时，承诺对社会正义制度的义务。② 在此，罗尔斯事实上揭示了一个公正良序社会的存在离不开公民德性精神的滋养与补充。人们经过痛苦的日常生活秩序动荡与心灵秩序迷惘历程，会以自己的方式，逐渐形成一种新的适合新时代的交往关系及其秩序，并逐渐孕育出一种新的社会精神与公民德性，从而实现民族

---

① ［德］康德：《实践理性批判》，韩水法译，商务印书馆 2003 年版，第 95 页。

② 参见［美］罗尔斯：《政治自由主义》，万俊人译，译林出版社 2000 年版，第 85—86 页。

精神的现代化，公民心性的现代化。

20 世纪后半叶，世界哲学——伦理学界曾刮起一阵"回到康德去"的飓风，人类思想界为何深深眷念康德？事实上，"回到康德去"思潮的实质就是强调人应当有自己的崇高价值理想、责任精神；在现代化进程中，人类应当找回自己的精神家园，重建自己灵魂之寓所。现代性社会中的人不同于传统社会中的人，这种不同不仅仅在于认知——实践能力的异质性差别，更在于精神气质、人格类型的异质性差别。这样，现代性的人就不是一个简单的历史纪年概念，而是一种人格类型。正是在这个意义上，现代性社会精神气质对于现代性社会自身而言具有特别重要的意义。现代性社会由现代性的人所构成，没有现代性的人，现代性社会本身将不复存在。

无论是"三俗"文化还是道德失范，折射出的都是人性的丑陋和邪恶。制度虽然可以惩戒、扼制、减少邪恶，但制度并不能从根本上彻底消灭邪恶。邪恶是人类的一种精神力量，精神的问题在根本上只有通过精神来解决，人类只有确立起一种崇高的生活目标、健康的价值精神与人格类型，才能真正从根柢上杜绝邪恶。当然，社会制度和社会结构的公正是一个始终不能低估的因素。坎默指出："我们必须充分认识到社会结构公正对于个体德性的意义，个体的自我拯救离不开社会拯救。"① 总之，一个社会的安定祥和、风清气正、良序和谐、繁荣昌盛，既有赖于社会所供给的公正制度和现代基准道德，也有赖于个体的德性涵养、尊严守护、人性提升和道德自律，还离不开国家或民族对传统伦理文化精华的承继以及价值观教育、道德教化的开展。

今天的中国正在迈向现代化，正疾行在中华民族伟大复兴的大道上，在这个前所未有的、社会巨变的转型期，我们面临着各种无法预测的问题和挑战。从文化视角为中华民族谋划未来，从文化维度为腾飞的中国提供

---

① 参见［美］查尔斯·坎默：《基督教伦理学》，中国社会科学出版社 1994 年版，第 192—216 页。

前行的动力，包括对"三俗"文化和道德失范进行文化救赎等，都是打造文化软实力的重要举措。我们只有通过文化自觉走向文化自信和文化自强，才能以传统文化之精华构筑中华民族的道德高地和精神家园，才能最终解决"中国文化往何处去"、"中国往何处去"的"时代之问"，完成 21 世纪中华民族的"旧邦新命"。

主要参考文献

一、古代典籍

1. 《礼记》《十三经注疏》，中华书局 1980 年版。
2. 《仪礼》《十三经注疏》，中华书局 1980 年版。
3. 《周礼》《十三经注疏》，中华书局 1980 年版。
4. 《周易》《十三经注疏》，中华书局 1980 年版。
5. 《诗经》《十三经注疏》，中华书局 1980 年版。
6. 《左传》《十三经注疏》，中华书局 1980 年版。
7. 《论语》《十三经注疏》，中华书局 1980 年版。
8. 《孟子》《十三经注疏》，中华书局 1980 年版。
9. 《孝经》《十三经注疏》，中华书局 1980 年版。
10. 《尚书》《十三经注疏》，中华书局 1980 年版。
11. 《管子》《诸子集成》，岳麓书社 1996 年版。
12. 《晏子春秋》《诸子集成》，岳麓书社 1996 年版。
13. 《老子》《诸子集成》，岳麓书社 1996 年版。
14. 《庄子》《诸子集成》，岳麓书社 1996 年版。
15. 《吕氏春秋》《诸子集成》，岳麓书社 1996 年版。
16. 《淮南子》《诸子集成》，岳麓书社 1996 年版。
17. 《白虎通》《百子全书》，岳麓书社 1993 年版。
18. 《史记》，中华书局 1982 年版。
19. 《汉书》，中华书局 1962 年版。
20. 《通典》，中华书局 1984 年版。
21. 《通志》，中华书局 1987 年版。
22. 王先谦：《荀子集解》，中华书局 1980 年版。
23. 王聘珍：《大戴礼记》，中华书局 1983 年版。
24. 朱熹：《四书章句集注》，中华书局 1983 年版。
25. 程颢、程颐：《二程集》，中华书局 1981 年版。
26. 朱熹：《朱子语类》，黎靖德编，中华书局 1986 年版。

27. 何晏、邢昺：《论语注疏》，北京大学出版社 1999 年版。

28. 刘宝楠：《论语正义》，河北人民出版社 1988 年版。

29. 王阳明：《王阳明全集》，上海古籍出版社 1992 年版。

30. 周敦颐：《周敦颐集》，中华书局 1990 年版。

31. 张载：《张子正蒙》，上海古籍出版社 2000 年版。

32. 王夫之：《读四书大全说》，中华书局 1975 年版。

33. 顾炎武：《日知录集释》，上海古籍出版社 1985 年版。

34. 皮日休：《皮日休文薮》，萧涤非、郑庆笃整理，上海古籍出版社 1981 年版。

二、近现代著作

1. 康有为：《孟子微礼运注中庸注》，中华书局 1987 年版。

2. 康有为：《康有为全集》，上海古籍出版社 1987 年版。

3. 梁启超：《饮冰室合集》第 6 卷，中华书局 1989 年版。

4. 梁启超：《先秦政治思想史》，天津古籍出版社 2004 年版。

5. 梁启超：《新民说》，辽宁人民出版社 1994 年版。

6. 钱穆：《中华文化精神》，九州出版社 2011 年版。

7. 钱穆：《中国历史研究法》，生活·读书·新知三联书店 2001 年版。

8. 钱穆：《中国文化史导论》，商务印书馆 1994 年版。

9. 钱穆：《文化学大义》，台北中正书局 1980 年版。

10. 梁漱溟：《东西文化及其哲学》，商务印书馆 2015 年版。

11. 梁漱溟：《中国文化要义》，上海人民出版社 2003 年版。

12. 冯友兰：《三松堂学术文集》，北京大学出版社 1984 年版。

13. 冯友兰：《新世训》，华东师大出版社 1996 年版。

14. 冯友兰：《三松堂全集》，河南人民出版社 2001 年版。

15. 冯友兰：《中国现代哲学史》，广东人民出版社 1999 年，

16. 冯友兰：《贞元六书》，华东师范大学出版社 1996 年版。

17. 冯友兰：《新理学》，江苏文艺出版社 2010 年版。

18. 蔡元培：《蔡元培美学文选》，北京大学出版社 1963 年版。

19. 贺麟：《文化与人生》，商务印书馆 1947 年版。

20. 张岱年：《张岱年全集》第 5 卷，河北人民出版社 1996 年版。

21. 张岱年：《中国哲学大纲》，中国社会科学出版社 1982 年版。

22. 胡适：《中国哲学史大纲》，东方出版社 1996 年版。

23. 辜鸿铭：《中国人的精神》，海南出版社 1996 年版。

24. 费孝通：《文化与文化自觉》，群言出版社 2016 年版。

25. 费孝通：《乡土中国生育制度》，北京大学出版社 1998 年版。

26. 陈寅恪：《寒柳堂集》，上海古籍出版社 1980 年版。

27. 陈寅恪：《陈寅恪诗集》，生活·读书·新知三联书店，2001 年版。

28. 陈独秀：《陈独秀著作选》，上海人民出版社 1984 年版。

29. 郭沫若：《女神》，人民文学出版社 1978 年版。

30. 郭沫若：《青铜时代》，中国人民大学出版社 2005 年版。

31. 贺麟：《文化与人生》，商务印书馆 1988 年版。

32. 李泽厚：《中国古代思想史论》，人民出版社 1985 年版。

33. 李泽厚：《由巫到礼　释礼归仁》，生活·读书·新知三联书店 2015 年版。

34. 李泽厚：《新版中国古代思想史论》，天津社会科学院出版社 2008 年版。

35. 李泽厚、刘绪源：《中国哲学该登场了：李泽厚 2010 谈话录》，上海译文出版社 2011 年版。

36. 李泽厚：《美的历程》，生活·读书·新知三联书店 2009 年版。

37. 李泽厚：《华夏美学·美学四讲》，生活·读书·新知三联书店 2008 年版。

38. 楼宇烈：《中国文化的根本精神》，中华书局 2016 年版。

39. 楼宇烈：《中国的品格》，当代中国出版社 2007 年版。

40. 余英时：《中国思想传统的现代诠释》，江苏人民出版社 2003 年版。

41. 冯天瑜、何晓明、周积明：《中华文化史》，上海人民出版社 2005 年版。

42. 冯天瑜：《中华元典精神》，武汉大学出版社 2006 年版。

43. 蔡尚思：《中国礼教思想史》，上海古籍出版社 2006 年版。

44. 杨向奎：《宗周社会与礼乐文明》，人民出版社 1992 年版。

45. 徐复观：《中国人性论史》，台湾学生书局 1984 年版。

46. 徐复观：《中国艺术精神》，辽宁出版集团春风出版社 1987 年版。

47. 陈来：《古代宗教与伦理——儒家思想的根源》，生活·读书·新知三联书店 1996 年版。

48. 陈来：《有无之境——王阳明哲学的精神》，北京大学出版社 2013 年版。

49. 陈来：《中国近世思想史研究》，商务印书馆 2003 年版。

50. 庞朴：《儒家精神》，中国华侨出版社 2014 年版。

51. 牟宗三：《中国哲学的特质》，台湾学生书局 1984 年版。

52. 王国维：《殷周制度论》，《王国维文集》第 4 卷，中国文史出版社 1997 年版。

53. 龚群：《道德乌托邦的重建——哈贝马斯交往伦理思想研究》，商务印书馆 2003 年版。

54. 林存光：《文明以止：中华民族的人文精神与文明特性研究》，学习出版社 2016 年版。

55. 高兆明：《道德文化：从传统到现代》，人民出版社 2015 年版。

56. 高兆明：《道德失范研究》，商务印书馆 2016 年版。

57. 高兆明：《存在与自由：伦理学引论》，南京师范大学出版社 2004 年版。

58. 高兆明：《制度公正论——变革时期道德失范研究》，上海文艺出版社 2001

年版。

59. 陈嘉映：《海德格尔哲学概论》，生活·读书·新知三联书店 1995 年版。

60. 陈嘉映：《何为良好生活》，上海文艺出版社 2015 年版。

61. 孙周兴：《海德格尔选集》，生活·读书·新知三联书店 1996 年版。

62. 朱学勤：《道德理想国的覆灭》，上海三联书店 1994 年版。

63. 樊浩：《文化与安身立命》，福建教育出版社 2009 年版。

64. 樊浩：《中国伦理精神的历史建构》，江苏人民出版社 1992 年版。

65. 黄文山：《多维视野中的文化理论》，浙江人民出版社 1987 年版。

66. 陈其泰主编：《二十世纪中国礼学研究论集》，学苑出版社 1998 年版。

67. 金观涛、刘青峰：《兴盛与危机：论中国社会超稳定结构》，湖南人民出版社 1984 年版。

68. 潘乃穆：《中和位育：潘光旦百年诞辰纪念》，中国人民大学出版社 1999 年版。

69. 赵汀阳：《天下体系：世界制度哲学导论》，中国人民大学出版社 2011 年版。

70. 赵汀阳：《论可能生活》，中国人民大学出版社 2010 年版。

71. 余治平：《忠恕而仁：儒家尽己推己、将心比心的态度、观念与实践》，上海人民出版社 2012 年版。

72. 何兆武：《中国印象——外国名人论中国文化》，中国人民大学出版社 2011 年版。

73. 姜广辉主编：《中国经学思想史》，中国社会科学出版社 2003 年版。

74. 王海明：《人性论》，商务印书馆 2005 年版。

75. 刘起釪：《古史续辨》，中国社会科学出版社 1991 年版。

76. 杜维明：《儒家传统与文明对话》，河北人民出版社 2006 年版。

77. 向培风：《智慧人格——苏格拉底 柏拉图 亚里士多德》，长江文艺出版社 1996 年版。

78. 赵林：《浪漫之魂——让-雅克·卢梭》，武汉大学出版社 2005 年版。

79. 何怀宏：《伦理学是什么》，北京大学出版社 2002 年版。

80. 何怀宏：《新纲常——探讨中国社会的道德根基》，四川人民出版社 2013 年版。

81. 何怀宏：《公平的正义：解读罗尔斯的〈正义论〉》，山东人民出版社 2002 年版。

82. 方朝晖：《"三纲"与秩序重建》，中央编译出版社 2014 年版。

83. 崔大华：《儒学的现代命运——儒家传统的现代阐释》，人民出版社 2012 年版。

84. 卢雪崑：《常道：回到孔子》，广西师范大学出版社 2016 年版。

85. 李志逵：《欧洲哲学史》，中国人民大学出版社 1981 年版。

86. 杜维明：《儒家传统与文明对话》，河北人民出版社 2006 年版。

87. 熊十力：《读经示要》，南方印书馆民国三十四年（1945 年）。

88. 庞朴：《儒家辩证法研究》，中华书局 1984 年版。

89. 宗白华：《美学散步》，上海人民出版社 1981 年版。

90. 朱立元：《美学》，高等教育出版社 2001 年版。

91. 崔平：《道德经验批判》，上海文化出版社 2006 年版。

92. 周辅成：《西方伦理学原著选辑》，商务印书馆 1987 年版。

93. 鲁洁：《回望八十年：鲁洁教育口述史》，教育科学出版社 2014 年版。

94. 岩崎、允胤主编：《人的尊严、价值及其自我实现》，刘奔译，当代中国出版社 1993 年版。

95. 邓正来、J.C. 亚历山大编：《国家与市民社会：一种社会理论的研究路径》，中央编译出版社 1999 年版。

96. 江畅：《西方德性思想史》古代卷，人民出版社 2016 年版。

97. 王扬：《〈理想国〉汉译辨正》，华东师范大学出版社 2014 年版。

98. 苗力田：《古希腊哲学》，中国人民大学出版社 1989 年版。

99. 林火旺：《道德：幸福的必要条件》，宝瓶文化事业有限公司 2006 年版。

100. 陶行知：《陶行知文集》，江苏教育出版社 2008 年版。

101. 王小锡：《德与美》，上海三联书店 2017 年版。

102. 邓晓芒：《灵之舞——论中西人格的差异性》，东方出版社 1995 年版。

103. 林语堂：《吾国与吾民》，中国戏剧出版社 1990 年版。

104. 朱伯崑：《先秦伦理学概论》，北京大学出版社 1984 年版。

105. 孙中山：《孙中山选集》，人民出版社 1981 年版。

106. 张巍：《希腊古风诗教考论》，北京大学出版社 2018 年版。

107. 何炳棣：《原礼》，载王元化主编：《释中国》第 4 卷，上海文艺出版社 1998 年版。

108. 沙莲香：《现代社会学》，中国人民大学出版社 1994 年版。

109. 张祥龙：《海德格尔思想与中国天道》，生活·读书·新知三联书店 1996 年版。

110. 贺来：《现实生活——乌托邦精神的真实根基》，吉林教育出版社 1998 年版。

三、外国译著

1. [英] 亚当·斯密：《道德情操论》，谢宗林译，中央编译出版社 2008 年版。

2. [英] 汤因比：《历史研究》，曹未风等译，上海人民出版社 1986 年版。

3. [美] 布莱克：《现代化的动力：一个比较史的研究》，景跃进等译，浙江人民出版社 1989 年版。

4. [德] 康德：《道德形而上学原理》，苗力田译，上海人民出版社 1986 年版。

5. [美] 亨利·基辛格：《论中国》，中信出版社 2012 年版。

6. [英] 托尼·布莱尔：《旅程：布莱尔回忆录》，译林出版社 2011 年版。

7. [德] 恩格斯：《反杜林论》，人民出版社 1970 年版。

8. [美] 迈克尔·桑德尔：《金钱不能买什么》，邓正来译，中信出版社 2012 年版。

9.［法］涂尔干：《社会分工论》，渠东译，生活·读书·新知三联书店 2000 年版。

10.［德］马克思·舍勒：《资本主义的未来》，生活·读书·新知三联书店 1997 年版。

11.［法］卢梭：《社会契约论》，商务印书馆 1980 年版。

12.［法］卢梭：《爱弥儿》，商务印书馆 1978 年版。

13.［法］卢梭：《论人类不平等的起源和基础》，商务印书馆 1962 年版。

14.［法］卢梭：《论科学与艺术》，商务印书馆 1963 年版。

15.［法］帕斯卡尔：《思想录》，商务印书馆 1995 年版。

16.［德国］海德格尔：《诗·语言·思》，文化艺术出版社 1991 年版。

17.［德］尼采：《权力意志——重估一切价值的尝试》，张念东等译，商务印书馆 1991 年版。

18.［德］列奥·施特劳斯：《现代性的三次浪潮》，见贺照田编：《西方现代性的曲折与展开》，吉林人民出版社 2002 年版。

19.［美］戴维·哈维：《后现代的状况——对文化变迁之缘起的探究》，阎嘉译，商务印书馆 2004 年版。

20.［英］鲍曼编：《后现代伦理学》，张成岗译，江苏人民出版社 2003 年版。

21.［德］恩斯特·卡西尔：《人论》，甘阳译，上海译文出版社 2003 年版。

22.［美］丹尼尔·贝尔：《资本主义的文化矛盾》，赵一凡等译，生活·读书·新知三联书店 1992 年版。

23.［西］奥尔托加·加塞特：《大学的使命》，徐小洲等译，浙江教育出版社 2001 年版。

24.［美］惠特曼、汉密尔顿：《价值观的力量》，吴振阳等译，机械工业出版社 2010 年版。

25.［美］塞缪尔·亨廷领、劳伦斯·哈里森：《文化的重要作用》，程克雄译，新华出版社 2010 年版。

26.［美］约瑟夫·奈：《软实力》，马娟娟译，中信出版社 2013 年版。

27.［日］池田大作、季羡林、蒋忠新：《畅谈东方智慧》，四川人民出版社 2004 年版。

28.［英］汤因比、［日］池田大作：《展望 21 世纪——汤因比与池田大作对话录》，荀春生等译，国际文化出版社 1985 年版。

29.［日］池田大作、杜维明：《对话的文明》，四川人民出版社 2007 年版。

30.［英］罗素：《中国问题》，秦悦译，学林出版社 1996 年版。

31.［美］爱德华·希尔斯：《论传统》，傅铿、吕乐译，上海人民出版社 2009 年版。

32.［德］康德：《实践理性批判》，韩水法译，商务印书馆 1999 年版。

33.［德］黑格尔：《精神哲学》，杨祖陶译，人民出版社 2006 年版。

34.［德］雅斯贝尔斯：《历史的起源与目标》，华夏出版社 1989 年版。

35.[美] 约瑟夫·列文森:《儒教中国及其现代命运》,中国社会科学出版社 2000 年版。

36.[美] 杜维明:《儒家传统与文明对话》,河北人民出版社 2010 年版。

37.[德] 黑格尔:《精神现象学》,贺麟等译,商务印书馆 1996 年版。

38.[德] 黑格尔:《哲学史讲演录》,商务印书馆 1959 年版。

39.[德] 黑格尔:《逻辑学》,杨一之译,商务印书馆 1982 年版。

40.[德] 黑格尔:《法哲学原理》,范扬、张企泰译,商务印书馆 1982 年版。

41.[德] 黑格尔:《历史哲学》,商务印书馆 1936 年版。

42.[德] 黑格尔:《美学》,朱光潜译,商务印书馆 1979 年版。

43.[日] 柳田圣山:《禅与中国》,生活·读书·新知三联书店 1988 年版。

44.[美] 余英时:《文史传统与文化重建》,生活·读书·新知三联书店 2004 年版。

45.[德] 马克思·舍勒:《同情感与他者》,朱雁冰、林克等译,北京师范大学出版社 2017 年版。

46.[德] 马克斯·舍勒:《价值的颠覆》,生活·读书·新知三联书店 1997 年版。

47.[英] 约翰·洛克:《教育漫话》,人民教育出版社 1957 年版。

48.[法] 德尼·狄德罗:《狄德罗美学论文选》,张冠尧、桂裕芳译,人民文学出版社 1984 年版。

49.[德] 康德:《判断力批判》,邓晓芒译,人民出版社 2001 年版。

50.[美] 列奥·施特劳斯:《什么是自由教育》,载刘小枫:《古典传统与自由教育》,华夏出版社 2005 年版。

51.[美] 保罗·库尔茨:《保卫世俗人道主义》,东方出版社 1996 年版。

52.[德] 马克斯·韦伯:《社会科学方法论》,中国人民大学出版社 1999 年版。

53.[英] 哈耶克:《自由秩序原理》,生活·读书·新知三联书店 1997 年版。

54.[英] 托马斯·赫胥黎:《天演论》,严复译,商务印书馆 1981 年版。

55.[美] 本尼迪克特:《菊与刀》,吕万和等译,商务印书馆 2002 年版。

56.[俄] 尼古拉·别尔嘉耶夫:《人的奴役与自由》,贵州人民出版社 1994 年版。

57.[德] 伽达默尔:《伽达默尔论柏拉图》,余纪元译,光明日报出版社 1992 年版。

58.[古希腊] 亚里士多德:《尼各马科伦理学》,廖申白译注,商务印书馆 2003 年版。

59.[古希腊] 亚里士多德:《政治学》,吴寿彭译,商务印书馆 1965 年版。

60.[古希腊] 柏拉图:《申辩篇》,《柏拉图全集》第 1 卷,王晓朝译,人民出版社 2002 年版。

61.[古希腊] 柏拉图:《法篇》,《柏拉图全集》第 3 卷,王晓朝译,人民出版社 2002 年版。

62.[古希腊] 柏拉图:《国家篇》,《柏拉图全集》第 2 卷,王晓朝译,人民出版社 2003 年版。

63.[古希腊] 柏拉图：《理想国》，郭斌和、张竹明译，商务印书馆 2010 年版。

64.[美] 费什米尔：《杜威与道德想象力：伦理学中的实用主义》，徐鹏等译，北京大学出版社 2010 年版。

65.[美] 马克·马陶谢克：《底线——道德智慧的觉醒》，高园园译，重庆出版社 2013 年版。

66.[美] 麦金太尔：《德性之后》，龚群、戴扬毅译，中国社会科学出版社 1995 年版。

67.[美] 麦金泰尔：《追寻美德——道德理论研究》，宋继杰译，译林出版社 2011 年版。

68.[美] 麦金太尔：《谁之正义？何种合理性？》万俊人等译，当代中国出版社 1996 年版。

69.[德] 阿伦特：《公共领域和私人领域》，载汪晖主编：《文化与公共性》，生活·读书·新知三联书店 1998 年版。

70.[英] 黑尔：《道德语言》，商务印书馆 1999 年版。

71.[英] 哈耶克：《自由秩序原理》，邓正来译，生活·读书·新知三联书店 1997 年版。

72.[德] 汉娜·阿伦特：《人的境况》，王寅丽译，上海世纪出版集团 1999 年版。

73.[美] 罗尔斯：《正义论》，何怀宏等译，中国社会科学出版社 1988 年版。

74.[英] 罗素：《西方哲学史》下卷，商务印书馆 1976 年版。

75.[德] 雅斯贝尔斯：《什么是教育》，邹进译，生活·读书·新知三联书店 1991 年版。

76.[德] 康德：《康德文集》，改革出版社 1997 年版。

77.[德] 康德：《历史理性批判文集》，商务印书馆 1990 年版。

78.[德] 海德格尔：《存在与时间》，陈嘉映、王庆节译，商务印书馆 2016 年版。

79.[英] 米尔恩：《人权哲学》，夏勇等译，东方出版社 1991 年版。

80.[英] 麦考密克等：《制度法论》，中国政法大学出版社 1994 年版。

81.[英] 波普：《猜想与反驳——科学知识的增长》，上海译文出版社 1986 年版。

82.[美] 约翰·罗尔斯：《政治自由主义》，万俊人译，译林出版社 2000 年版。

83.[美] 托克维尔：《论美国的民主》，董果良译，商务印书馆 2016 年版。

84.[法] 孔特 - 斯蓬维尔《小爱大德》，吴岳添译，中央编译出版社 2006 年版。

85.[英] 霍布斯：《利维坦》，商务印书馆 1985 年版。

86.[美] 博格：《康德、罗尔斯与全球正义》，上海译文出版社 2010 年版。

87.[美] 莱茵霍尔德·尼布尔：《道德的人和不道德的社会》，贵州人民出版社 1998 年版。

88.[美] 查尔斯·坎默：《基督教伦理学》，中国社会科学出版社 1994 年版。

89.[美] 赫伯特·芬格莱特：《孔子：即凡而圣》，江苏人民出版社 2016 年版。

四、学术论文

1. 蔡元培：《以美育代宗教说》，《新青年》1917 年第 3 卷第 6 期。

2. 梁启超：《什么是文化》，《时事新报》副刊《学灯》1922 年 12 月 7 日。

3. 费孝通：《文化自觉的思想来源与现实意义》，《文史哲》2003 年第 3 期。

4. 许启贤：《周公是中国第一位伦理思想家》，《道德与文明》2003 年第 2 期。

5. 张九海：《文化中不能承受之俗——论"三俗"的内涵、表现与成因》，《新疆社会科学》2011 年第 2 期。

6. 朱传欣：《警惕网络影视"三俗"化倾向》，《光明日报》2016 年 8 月 15 日。

7. 张九海：《当前十大"三俗文化"现象评析》，《编辑之友》2014 年第 9 期。

8. 刘悦笛：《"反三俗"：后乌托邦时代的文化救赎》，《探索与争鸣》2010 年第 12 期。

9. 漆思：《现代文化矛盾的哲学反思与文化自觉》，《社会科学战线》2012 年第 5 期。

10. 黄鹃：《当前道德乏力的原因及对策之我见》，《中共浙江省委党校学报》1998 年第 5 期。

11. 杜维明：《阳明心学的时代已经来临》，《贵州文史丛刊》2010 年第 4 期。

12. 赵汀阳：《文化为什么成了个问题?》，《世界哲学》2004 年第 3 期。

13. 赵汀阳：《共在存在论：人际与心际》，《哲学研究》2009 年第 8 期。

14. 陈独秀：《新文化运动是什么?》，《新青年》第七卷第五号。

15. 洪黎民：《共生概念发展的历史、现状与展望》，《中国微生态学杂志》1996 年第 4 期。

16. 朱贻庭：《"天人合一"的道德哲学精义》，《华东师大学报》2017 年第 4 期。

17. 朱贻庭：《"和"的本质在于"生"——"大道和生学"之我见》，《江汉论坛》2016 年第 11 期。

18. 朱贻庭：《树立荣辱观重在知耻、有耻》，《探索与争鸣》2006 年第 6 期。

19. 贺来：《有尊严的幸福生活何以可能?》，《哲学研究》2011 年第 7 期。

20. 钱穆：《中国文化对人类未来可有的贡献》，《中国文化》1991 年第 1 期。

21. 钱逊：《"和"——万物各得其所》，《清华大学学报》2001 年第 5 期。

22. 钱耕森：《大道和生学》，《光明日报》2015 年 3 月 2 日。

23. 庞朴：《孔孟之间——郭店楚简的思想史地位》，《中国社会科学》1998 年第 5 期。

24. 颜炳罡：《依仁以成礼，还是设礼以显仁》，《文史哲》2002 年第 3 期。

25. 陈瑛：《克己复礼与公民道德建设》，《湖南科技学院学报》2006 年第 2 期。

26. 陈瑛：《三纲五常的历史命运》，《道德与文明》1998 年第 5 期。

27. 干春松：《儒家的未来》，《东岳论丛》2005 年第 1 期。

28. 杜维明：《儒家传统的现代转化》，《浙江大学学报》2004 年第 2 期。

29. 万俊人：《现代社会道德合理性基础论证》，《北京大学学报》1996 年第 2 期。

30. 邓晓芒：《关于人类尊严的思考》，《读书》2019 年第 7 期。

31. 舒芜：《"国学"质疑》，《理论参考》2007 年第 7 期。

32. 邹昌林：《试论儒家礼教思想的人文价值》，《湖南大学学报》1996 年第 4 期。

33. 庞朴：《本来样子的三纲——漫说郭店楚简之五》，《寻根》1999 年第 5 期。

34. 方朝晖：《"三纲"真的是糟粕吗?》，《天津社会科学》2011 年第 2 期。

35. 景海峰：《仁义礼智信与中华文化的核心价值》，《马克思主义与现实》2012 年第 4 期。

36. 王殿卿：《"仁义礼智信"与建构共同价值观》，《中国德育》2006 年第 1 期。

37. 刘旭光：《"审美"的历程与"审美"的重建》，《学术月刊》2016 年第 1 期。

38. 刘旭光：《保卫美，保卫美学》，《文艺争鸣》2012 年第 11 期。

39. 刘旭光：《"审美"不是"艺术化"》，《文艺争鸣》2011 年第 7 期。

40. 何平：《中国和西方思想中的"文化"概念》，《史学理论研究》1999 年第 2 期。

41. 闵家胤：《西方文化概念面面观》，《国外社会科学》1995 年第 2 期。

42. 王黔首：《"文化"概念的古今对峙与美学的抉择》，《贵州大学学报》2012 年第 3 期。

43. 陈望衡：《美是境界》，《理论与创作》1999 年第 11 期。

44. 何怀宏：《底线伦理的概念、含义与方法》，《道德与文明》2010 年第 1 期。

45. 何怀宏：《一种普遍主义的底线伦理学》，《读者》1997 年第 4 期。

46. 何怀宏：《守卫底线伦理》，《人民日报》2015 年 2 月 16 日。

47. 伍正翔：《现代性的救赎：教师身份的返魅》，《中国教育学刊》2008 年第 10 期。

48. 高兆明：《耻感与存在》，《伦理学研究》2006 年第 3 期。

49. 高兆明：《有尊严地生活：美德与生活世界》，《道德与文明》2013 年第 6 期。

50. 廖申白：《孔子德性伦理学的人文主义引论》，《道德与文明》2016 年第 1 期。

51. 王小锡：《论道德资本》，《江苏社会科学》2000 年第 3 期。

52. 肖群忠：《"生活伦理"论》，《中国人民大学学报》2006 年第 1 期。

53. 李长莉：《十九世纪中叶租界社会风尚与民间生活伦理》，《学术月刊》1995 年第 3 期。

54. 刘志琴：《百姓日用之学是儒家的经典之教》，《孔学论文集》2002 年第 1 辑。

55. 杨魁森：《哲学就是生活观》，《学习与探索》2004 年第 2 期。

56. 陈卫平：《后现代社会的文明形态：传统与现代的互补》，《中山大学学报》2005 年第 6 期。

57. [美] 安乐哲：《儒家角色伦理》，《社会科学研究》2014 年第 5 期。

58. [日] 森三树三郎：《名与耻的文化》，《中国文化研究》1995 年第 2 期。

59. [日] 沟口雄三：《中国儒教的十个方面》，《孔子研究》1991 年第 2 期。

后　记

　　这本小书是笔者主持的教育部人文社科基金项目"'三俗'文化冲击下的道德失范与文化救赎"（12YJA710096）的结项成果。从课题立项至今，时历九载，数易其稿，方有今日之面貌。对本人而言，该课题与其说是一项研究任务，毋宁说是一番对中国近百年道德境况的理性检视，是一次对中国当代文化的理论反思。

　　对中华民族来说，21世纪是一个挑战与机遇并存、问题与辉煌共在的世纪。面对流变不居、复杂多元、物欲泛滥的外部世界和"低俗""媚俗""庸俗"的文化氛围，人们的理想信仰、道德底线、良知和理性、自信和尊严皆遭遇失守和消解的危机，"我们该如何生活""道德何为""文化何为"成为世人困惑与思考的问题。此本小书正是笔者对上述社会问题思索和探赜的结果。

　　本书沿着从问题到方法的思维进路，剖析"三俗"文化和道德失范的成因及危害，探究"文化何以救赎道德""传统纲常何以建构意义世界""仁义礼智信与当代核心价值观何以相关"等问题，并从理论与实践结合的维度探求道德教化如何实施、底线伦理与基准道德如何构筑、君子人格如何型塑、社会公德如何培育、善治政治和良序社会如何构建等现实难题。上述探索虽是个人的一管之窥，但作为从伦理学视域直面问题与困境的沉思，还是在理论与现实的碰撞中擦出了几朵火花；尽管其现状离本人的愿望还很远，仍期待这微弱的"沉思"之"火花"能给读者以瞬间之"明亮"。

　　英国历史学家艾瑞克·霍布斯鲍姆曾预言："21世纪的世界，将是一个比较美好的世界"，"如果世人能够避免自我毁灭的愚蠢行为，这个成就获得实现的百分比将更高。然而，这并不等于确定无疑。未来唯一可以确定的事，是它将出乎人们的意料之外，即使是目光最远大的人。"即便如此，我们仍相信荷尔德林之言，"只要良善纯真尚与心灵同在"，只要人们恪守"地之上的尺规"，遵循心中的"道德律"，人就能够"诗意地栖居在大地上"。我们坚信，有底线的、有道德原则的生活会令人更加快乐；而底线和道德原则，既来自于共同的文化，也来自于个人独立的人格和情感。正如佛教经典所言：

> 心是万物先驱
>
> 若我们以不洁之心言语或施为
>
> 则苦难跟随，一如车随马行。
>
> 心是万物先驱
>
> 若我们以圣洁之心言语或施为
>
> 则幸福跟随，如影随形。

"凡是过去，皆为序曲"。在拙作即将付梓之际，突然觉得自己对"道德失范和文化救赎"问题的探索似乎刚刚开始。由于本人学力之不逮，小书尚有很多不足。记得维特根斯坦在其《哲学研究》之序中说："我愿意奉献一本好书，结果不曾如愿。可是能由我来改善它的时辰已经逝去。"这也是本人此时的心情和遗憾，我期待着读者诸君的批评和指正。

张自慧

上海师范大学学思湖畔望星居

2021 年 3 月 16 日

责任编辑：杜文丽

封面设计：汪　莹

图书在版编目（CIP）数据

道德失范与文化救赎 / 张自慧 著 . — 北京：人民出版社，2021.8

ISBN 978－7－01－022920－1

I. ①道… II. ①张… III. ①品德教育－研究－中国 IV. ① D648

中国版本图书馆 CIP 数据核字（2020）第 256373 号

道德失范与文化救赎

DAODE SHIFAN YU WENHUA JIUSHU

张自慧　著

人 民 出 版 社 出版发行

（100706　北京市东城区隆福寺街 99 号）

北京汇林印务有限公司印刷　新华书店经销

2021 年 8 月第 1 版　2021 年 8 月北京第 1 次印刷

开本：710 毫米 × 1000 毫米 1/16　印张：24.75

字数：385 千字

ISBN 978－7－01－022920－1　定价：88.00 元

邮购地址 100706　北京市东城区隆福寺街 99 号

人民东方图书销售中心　电话（010）65250042　65289539